中央党校（国家行政学院）
离退休人员科研成果资助出版项目

时代感召和哲学思考

阮 青 著

人民东方出版传媒
People's Oriental Publishing & Media
東方出版社
The Oriental Press

图书在版编目（CIP）数据

时代感召和哲学思考 / 阮青著 .-- 北京 : 东方出版社，2022.3

ISBN 978-7-5207-1428-0

Ⅰ.①时…　Ⅱ.①阮…　Ⅲ.①马克思主义哲学一文集
Ⅳ.① B0-0

中国版本图书馆 CIP 数据核字（2020）第 129480 号

时代感召和哲学思考

（SHIDAI GANZHAO HE ZHEXUE SIKAO）

责任编辑： 张晓雪　韩封三祝
出　　版： 东方出版社
发　　行： 人民东方出版传媒有限公司
地　　址： 北京市东城区朝阳门内大街 166 号
邮　　编： 100010
印　　刷： 永清县晔盛亚胶印有限公司
版　　次： 2022 年 3 月第 1 版
印　　次： 2024 年 6 月第 2 次印刷
开　　本： 787 毫米 ×1092 毫米　1/16
印　　张： 24.5
字　　数： 340 千字
书　　号： ISBN 978-7-5207-1428-0
定　　价： 86.00 元
发行电话：（010）85924640

目录

真信、真知、真用、真诚
讲好马克思主义哲学经典著作

（代序）

中央党校历来重视学习马克思主义经典著作。特别是习近平同志在2011年5月13日中央党校春季学期第二批入学学员开学典礼上作了《领导干部要重视学习马克思主义经典著作》的重要讲话后，中央党校各个班次都有计划地开设了相关的马克思主义经典著作课。我在省部班、地厅班、民族班等主要讲授恩格斯晚年哲学著作《路德维希·费尔巴哈和德国古典哲学的终结》。

说起哲学，学员们的第一个反应往往是深奥、枯燥、难懂；说起哲学原著，学员们总是笑着说：更深奥、更枯燥、更难懂。面对这样一部一百多年以前、在西方文化背景之下、运用西方的思维方式和语言表达方式、为了解决西方尖锐复杂的社会问题而撰写的著作，如何通过教员的讲授，把经典著作的深奥变成深刻、把枯燥变成灵动、把难懂变成易懂、把理论变成方法、把排斥变成喜欢，让广大学员勇于读经典著作、善于读经典著作、乐于读经典著作，而且读得懂、记得住、用得上，这是每一位讲授经典著作的教员都要面对的艰巨任务和严峻挑战。

总结自己多年来讲授哲学经典著作的体会，我认为最重要是把握好八个字：真信、真知、真用、真诚。

一、真信，焕发哲学经典著作的生命力

真信，是说讲授马克思、恩格斯经典著作的教员必须引领学员搞清楚马克思、恩格斯的著作所阐述的基本理论是科学的，能够指导我们解决当代中国社会发展过程中所面临的重大理论和实践问题，实现真理确信和价值认同的统一。

毫无疑问，马克思、恩格斯的经典著作写于一个多世纪以前。当时，人类历史正处在工业文明兴起和工业化开启的现代化进程的初期，处在由古代文明向现代文明、由农业文明向工业文明转折的重大历史阶段。伴随着资本主义的快速发展和社会矛盾的急剧积累，无产阶级和资产阶级的矛盾也日益尖锐起来。无产阶级作为一支独立的政治力量开始登上世界历史舞台。思想界面临的时代课题是，揭示和阐明资本主义社会的内在矛盾及其发展规律，揭示和阐明正在兴起的现代社会的本质和发展趋势，进而揭示和阐明人类社会发展的一般规律，为无产阶级争取解放，从而为人类争取解放提供思想武器。马克思、恩格斯创立的马克思主义理论应运而生。时代课题决定着马克思主义具有独特的理论主题、基本立场、分析框架、思维方式、逻辑结构等，从而表现出鲜明的时代特色。

与马克思、恩格斯所处的时代相比，当代世界发生了根本性的变化，呈现出世界多极化、经济全球化、科技智能化、文化多样化、社会信息化、交往虚拟化等基本特点。正处在全面深化改革关键时期的中国，除了呈现出一般性的时代基本特点之外，又面临着自己独特的时代主题、发展问题、文化特征和精神气质。这一切不仅有别于当代西方发达国家，更不

同于马克思、恩格斯所处的时代。因此，在这样一种历史条件下，广大非哲学专业的领导干部阅读马克思、恩格斯的哲学经典著作，首先就遇到一个“有没有必要”的问题；“有没有必要”的背后是“有没有用”的问题；而“有没有用”的背后是“信不信”的问题。因此，作为讲授经典著作的教员，首先要解决“信不信”的问题，然后才有可能讲清楚“为什么信”“信什么”“怎么信”的问题。

信不信马克思主义？回答是肯定的。应该说，在人类几千年的文明史上，相继出现的思潮、流派、著作不计其数。但是，能在人类思想宝库中占据重要地位，且对世界历史进程发生重大影响的却为数不多，而马克思主义则是其中一颗最具异彩的璀璨明珠。马克思主义哲学是马克思主义的理论基础。马克思主义哲学作为科学的世界观和方法论，揭示了自然、社会和人类思维发展的一般规律，是无产阶级和人民群众认识世界、改造世界的锐利思想武器。马克思主义哲学植根于无产阶级的革命实践，并随着无产阶级革命实践的发展和人类认识的进步而不断得到丰富和发展。马克思主义哲学从创立到现在已经一个多世纪了。在这个漫长的历史进程中，它同各种资产阶级思潮和各种错误思想进行了不懈的斗争，并以自己的方式不断解决社会实践中提出的各种问题，从而对世界历史进程发生了巨大的影响。

马克思主义创始人历来重视阅读原著。恩格斯在 1890 年 9 月 21 日致约·布洛赫的信中说：“我请您根据原著来研究这个理论，而不要根据第二手材料来进行研究——这的确要容易得多。”[①] 恩格斯曾批评德国“有教养的意识”从“通俗读物和日报中汲取自己的思想材料”，说明德国资产阶级已经失去了理论创新的激情和冲动，必然走向衰弱和没落。毛泽东的一生是读书学习的一生，即使在条件极其恶劣的战争年代，也是手不离

① 《马克思恩格斯文集》第 10 卷，人民出版社 2009 年版，第 593 页。

书。在延安时期，毛泽东曾亲自向广大领导干部推荐五本书：《共产党宣言》《社会主义从空想到科学的发展》《在民主革命中社会民主党的两个策略》《共产主义运动中的“左派”幼稚病》《联共（布）党史简明教程》。后来，毛泽东根据中国革命和建设形势的变化，对书目进行了调整。陈云同志要求全党读书要发扬钉子精神，“挤”进去、“钻”进去，日积月累，真正读懂弄通。

在改革开放新的历史条件下，中国共产党人更加重视学习经典著作。习近平同志在《领导干部要重视学习马克思主义经典著作》的重要讲话中特别强调：哲学是人类的智慧之学。领导干部学习马克思主义经典著作，尤其要注意学习马克思主义哲学经典著作。他指出，马克思主义经典著作包含着经典作家所汲取的人类探索真理的丰富思想成果，体现着经典作家攀登科学理论高峰的不懈追求和艰辛历程。阅读经典著作，本身就是增长知识、开阔眼界、增加思想深度和训练思维方式的过程，就是培养高瞻远瞩的战略洞察力和脚踏实地的工作作风的过程，会使我们在潜移默化中受到他们崇高风范和人格力量的熏陶，从而实现自己思想境界和道德情操的升华。①

今天，我们正在全面推进中国特色社会主义伟大事业，这是一项前所未有的艰巨而复杂的系统工程。面对不断出现的大量的新情况、新问题、新挑战、新机遇，有的领导干部感到手足无措，有的领导干部感到茫然困惑，也有的领导干部感到力不从心，追到底是分析问题和解决问题的能力不够，本领不强，也就是哲学素养不高。习近平同志在分析干部队伍的状态时有一个经典的说法，即“本领恐慌”，“老办法不够用，新办法不会用，硬办法不敢用，软办法不顶用”。因此，他强调，马克思主义哲学深刻揭示了客观世界特别是人类社会发展的一般规律，在当今时代依然有着

① 《领导干部要重视学习马克思主义经典著作》，《人民日报》2011 年 5 月 14 日。

强大生命力，依然是指导我们共产党人前进的强大思想武器。我们党要团结带领人民协调推进全面建成小康社会、全面深化改革、全面依法治国、全面从严治党，实现“两个一百年”奋斗目标、实现中华民族伟大复兴的中国梦，必须不断接受马克思主义哲学智慧的滋养，更加自觉地坚持和运用辩证唯物主义世界观和方法论，增强辩证思维、战略思维能力，努力提高解决我国改革发展基本问题的本领。

二、真知，增强哲学经典著作的解释力

真知，是说讲授马克思、恩格斯经典著作的教员必须引领学员科学认识和全面把握马克思、恩格斯著作中所阐述的基本理论、运用的基本方法、推演的基本逻辑，实现信念信仰和学术研究的统一。真知的本质是解决“为什么信”的问题。

要做到“真知”，就必须认真阅读马克思主义哲学经典著作。马克思主义哲学经典著作，是指在马克思主义哲学领域里公认的最重要、最权威、最能反映学科特色的著作。首要的就是马克思主义哲学的创始人和最重要的继承者和发展者的著作中的精品。马克思主义哲学经典著作，博大精深、气势恢宏、说理透彻、语言精美，可以给人一种百读不厌、常读常新的感觉。

真知，就是要真正系统全面地而不是片面零碎地理解和把握马克思主义哲学基本理论，要通过认真地阅读和研究，真正把握哪些是贯穿整个体系发展过程始终的基本立场、观点和方法，哪些是这些基本立场、观点和方法在不同的国家、不同的时代、针对解决不同问题而表现出来的具体形式和特点。基本立场、观点和方法是在任何情况下都不能背离的，而具体形式和特点则随着历史条件的变化而不断发生变化。

真知，就是要准确理解和把握马克思主义哲学经典著作中的重要概念，决不能对一些基本概念随心所欲地附加一些其他含义，从而造成思想混乱。如关于唯物主义和唯心主义的概念，恩格斯讲得非常清楚：哲学家依照他们如何回答思维和存在的关系问题而分成了两大阵营。“除此之外，唯心主义和唯物主义这两个用语本来没有任何别的意思，它们在这里也不是在别的意义上使用的。”“如果给它们加上别的意义，就会造成怎样的混乱。”长期以来，我们不仅把唯物主义和唯心主义的理论简单化、绝对化，甚至把其当作政治标签，当作评价的标准，当作整人的工具。如果一个理论体系被贴上唯物主义的标签，就是进步的、应该褒扬的；如果被贴上唯心主义的标签，就是反动的、应该打倒的。这种做法在理论研究中带来了极大的危害，在实践工作中造成了极坏的后果。在以往学习马克思、恩格斯著作的过程中，这种误读非常多，必须拨乱反正。

真知，就是要深入学习和认真把握马克思、恩格斯研究问题的逻辑。逻辑是理论的内在结构，展示了理论的博大精深。马克思、恩格斯的经典著作正是通过其逻辑的力量，让我们理解了什么叫“力透纸背”，从而感受到经典著作的震撼力。如恩格斯在分析德国资产阶级哲学的特点时举了一个例子：“凡是现实的都是合乎理性的，凡是合乎理性的都是现实的。”说明这是一个“引起近视的政府的感激和同样近视的自由派的愤怒”的命题。为什么“近视”？因为只看到文字表面的力量，而没有看到这个命题背后通过逻辑而得出的结论。恩格斯以这个命题为例，运用黑格尔的逻辑来展开分析：第一，现存不等于现实。现存是指当下存在的一切事物。现实是指合乎规律的、具有必然性的事物。第二，现实的东西也不会永远都是现实的。第三，由此得出结论：“这样一来，黑格尔的这个命题，由于黑格尔的辩证法本身，就转化为自己的反面：……凡是现存的，都一定要灭亡。”通过这样一个步步深入的逻辑分析，恩格斯得出结论：“黑格尔哲学的真实意义和革命性质，正是在于它彻底否定了关于人的思维和行动的一切结果具有最终性质的看法。”并进一步阐述了唯物辩证的发展观。这种逻辑的力量具有巨大的震撼力和解释力。

真知，就是要学习和研究马克思、恩格斯经典著作中所展示出来的研究问题的方法。从某种意义上说，学习经典著作最重要的就是研究其方法。马克思、恩格斯的经典著作又处处给予我们以方法的启示。如过程分析方法、历史分析方法、阶级分析方法、条件分析方法、辩证分析方法等，这些都值得我们很好学习和研究。

三、真用，发挥哲学经典著作的创新力

真用，是说讲授马克思、恩格斯经典著作的教员必须引领学员在科学理解和全面把握马克思、恩格斯经典著作的基本理论、基本方法和基本逻辑的基础上，敢于结合当代中国社会发展过程中出现的重大理论问题和实践问题，深刻挖掘马克思、恩格斯经典著作的重要观点并赋予其时代新意，实现坚持坚守与开拓创新的统一。真用的本质是解决“信什么”的问题，即确立科学的马克思主义观。

如何对待马克思主义？照抄照搬照转？还是用马克思主义的立场观点方法来研究和解决中国特色社会主义现代化建设过程中出现的问题？这是一个常讲常新的问题。我们必须认识到，伟大的思想家从他们各自的社会实践出发，把握时代脉搏，集中群众智慧，回答了实践提出的一系列重大问题，创立了科学的思想体系，为工人阶级的解放事业指明了方向。所以，“老祖宗不能丢”！但是，经典作家是人不是神，他们不可能穷尽对真理的认识，他们的思想也需要在实践中接受检验得到发展。所以，教条主义的态度不可取。对待马克思主义的科学态度只能是，在坚持中发展，在发展中创新，“创新由实践来修正，由实践来检验”，从而发展马克思主

义哲学的创新力。

毋庸置疑，马克思、恩格斯的哲学经典著作是一个庞大的理论宝库。不同时代的人，带着不同时代的问题来阅读马克思、恩格斯的经典著作，便会重视不同的理论，运用不同的方法，得出不同的结论。这正是马克思、恩格斯经典著作的魅力所在。新文化运动时期，李大钊在第一篇系统传播马克思主义的文章《我的马克思主义观》中说：马克思主义的哲学、政治经济学和科学社会主义三大组成部分，“都有不可分的关系，而阶级竞争说恰如一条金线，把这三大原理从根本上联络起来”。毛泽东也曾说过，我学马克思主义，读了三本书，记住四个字，“阶级斗争”。李大钊、毛泽东之所以都强调阶级斗争，有着深刻的时代背景和历史原因。近代中国面临的时代主题是推翻压在中国人民身上的三座大山，争取民族独立、人民解放。这必须依靠阶级斗争理论的指导。但是如何运用阶级斗争理论来指导中国革命？在党的八七会议前后，我们学习俄国革命的经验，正规军攻打大城市，脱离了国情，仗越打越惨；面对这种情况，毛泽东建议队伍离开大城市到敌人统治的薄弱地方去，到山区去。队伍经过“三湾整编”到了井冈山。正是这一步，中国共产党人冲破了马克思、恩格斯书本模式，冲破列宁书本模式，冲破俄国十月革命模式，从中国的实际出发，开拓了农村包围城市、武装夺取政权的道路。这就是把马克思主义普遍真理与中国革命实际相结合，这就是实事求是，这就是理论创新、道路创新和旗帜创新。

当代中国处在改革开放的关键时期，我们遇到许多新情况、新问题，同样可以从马克思、恩格斯的著作中寻找解决问题的理论资源，并不断赋予其新的内涵，进行理论创新。如恩格斯在批判费尔巴哈的伦理观时指出：“追求幸福的欲望只有极微小的一部分可以靠观念上的权利来满足，绝大部分却要靠物质的手段来实现。”结合马克思的另外两段话：“人们奋斗所争取的一切，都同他们的利益有关”，“‘思想’一旦离开利益，就一定会使自己出丑”，可以很好结合当代中国改革实践讲讲利益观、需要观等问题，讲清楚“让人民群众有实实在在的获得感”的实质是满足人民群众的需要。应该肯定，能否准确把握人民群众的需要，能否用恰当的方式满足人民群众的利益诉求，不仅是一个理论问题，更是一个直接关系到党和国家事业兴衰成败的实践问题。在这个问题上，我们有成功的经验，也经历过严重的挫折。中国共产党人坚持“全心全意为人民服务”的价值观，全面准确理解和把握人民群众的需要，最大限度地满足人民的需要，取得了举世瞩目的伟大成就。在新民主主义革命时期，高举“打土豪分田地”的旗帜，利用一切时机进行土地改革，满足了农民对土地的渴望；有计划地开展民主选举，支持民众参与政治活动，满足民众对政治参与的诉求；广泛开展“夫妻识字”等扫盲运动，出版大量报刊图书，演出各种戏剧节目，满足民众对文化生活的要求；积极进行灵活多样的理论学习，举办各种形式学校，满足民众对精神生活的追求，等等。被称之为“人民救星”的中国共产党赢得了民众的高度信任和衷心热爱，最终带领人民群众完成了推翻三座大山、建立新中国的历史使命。然而，新中国成立后，因为多方面的原因，我们走了弯路，犯了错误。党的十一届六中全会明确提出，我国所要解决的主要矛盾，是人民日益增长的物质文化需要同落后的社会生产之间的矛盾。围绕如何解决这个主要矛盾，我们开展了全面的、系统的、深层次的改革，创造性地解决了一个经济文化落后的东方大国所面临的一系列重大基本问题，开创了中国特色社会主义道路，概括出中国特色社会主义理论，构建起中国特色社会主义制度。处于整体转型升级的当代中国社会，人民群众的需要呈现出新的特点，人民群众的需要与需要的满足也呈现出诸多困境。党的十八届三中全会提出，全面深化改革以“促进社会公平正义、增进人民福祉为出发点和落脚点”。习近平同志在中央全面深化改革领导小组第 21 次会议提出：“把是否促进经济社会发展、是否给人民群众带来实实在在的获得感，作为改革成效的评价标准”。这是适应全面深化改革的新形势而提出的新论断，是对我国改革实践的新认识，赋予马克思、恩格斯利益观以新内容。

要真正讲清楚马克思、恩格斯经典著作的创新力，首先要真正读懂弄通马克思、恩格斯经典著作的精神实质；其次对中国国情要有着深刻理解和把握；最后才能在两者之间找到最佳的结合点，这就是解决中国问题的新思路、新办法、新途径。我们既要对马克思、恩格斯经典著作抱有一种坚持坚守的心态，同时又勇于结合中国现代化建设的实践大胆创新。

四、真诚，提升哲学经典著作的感染力

真诚，是说讲授马克思、恩格斯经典著作的教员必须引领学员采取一种真诚的态度来讲授经典著作，既要肯定马克思、恩格斯经典著作的真理性和价值性；同时也要承认马克思、恩格斯经典著作并不是句句都是真理，实现真诚敬畏和理性思考的统一。真诚的本质是解决“怎么信”的问题。

真诚，首先要用真诚的态度引导学员克服阅读经典著作的畏惧心理。“马克思、恩格斯的经典著作到底难读不难读？”这是所有学员首先会提出的问题，也是所有教员必须要回答的问题。如果教员一味否认经典著作难读，必然会被学员认为是说假话，产生逆反心理；如果教员一味肯定经典著作难读，必然会增加学员阅读经典著作的畏惧情绪，产生抗拒心理。

我首先肯定，马克思、恩格斯的经典著作确实难读，有时即使读懂了字面的意思，而实际上并没有真正理解其深刻的内涵。导致这种情况的原因是多方面的。其一，文化背景的差异。马克思、恩格斯经典著作的写作

是以欧洲文化为背景的，导致其语言表达方式、逻辑结构模式、思维演进程式都带有浓重的欧洲文化色彩，这就必然给具有完全不同文化背景的中国读者带来阅读和理解的困难。其二，许多著作特有的论战性质。马克思主义的创立是在与各种错误和敌对思想的斗争中实现的，许多著作的写作目的就是为了批判当时存在的各种错误理论和敌对思想，在批判的过程中阐明自己的理论和思想。这种状况给读者带来双重困难：一是不了解论敌思想产生的历史背景、基本内容、阶级倾向和社会危害；二是马克思、恩格斯的经典著作往往根据论敌的观点而提出自己的思想，跟随论敌的思维逻辑而展开论证。这就导致表面看起来马克思、恩格斯的经典著作本身似乎缺乏逻辑性。其三，许多著作里含有大量的自然科学知识和各种专门知识，这已经成为各个学科发展史的内容。其四，语言翻译问题。马克思主义在中国传播的一世纪以来，我们试图克服语言上的障碍，在语言翻译上花费了很大的功夫，先后出版多个版本，但是还是存在着许多不尽如人意的地方。

真诚，重要的是教给学员们读哲学经典著作的方法。我提出以下的基本原则：一是坚持全面性和重点性相统一的原则，完整把握马克思主义哲学的科学体系。二是坚持继承性和变革性相统一的原则，正确理解马克思主义哲学同前人优秀理论遗产的批判继承关系，把握马克思主义哲学的创立在人类思想史上所实现的伟大变革。三是坚持逻辑性和历史性相统一的原则，注意把握马克思主义哲学整个发展过程中的内在联系和不同发展阶段上具体的历史特点，注意把握马克思主义哲学的理论内容与其所处的历史条件之间的内在关联。四是坚持精读和泛读相统一的原则。马克思主义哲学著作的数量非常多，要选择一些最能代表马克思主义哲学的著作进行精读，尤其要注意理解和把握经典作家在分析各种问题的过程中所采取的立场、观点和方法，理解和掌握马克思主义哲学的基本原理，注意培养和提高自己的理论思维能力。而对于其他一些著作，则可以泛读。五是坚持理论和实践相统一的原则，就是通过学习马克思主义经典著作，坚定马克思主义信仰，增强解决改革发展过程中重大理论问题和实践问题的本领，在增强理论自信的基础上，真正具有道路自信、制度自信和文化自信。

从理论、实践和方法三大维度解读马克思主义的真理性

马克思主义无论作为一种理论、一种学说，还是一种意识形态，对于19世纪以后人类社会发展所产生的巨大影响，是任何人都不能否认的。然而，马克思主义从诞生那一天起，“马克思主义有无真理性”的争论，就不绝于耳。特别是20世纪后半叶以来，整个世界局势发生了深刻变化，社会主义社会和资本主义社会的发展似乎都遭遇到重大困境，面临着严峻挑战。这一切促使更多的人把目光转向马克思主义，重新捧起马克思主义创始人的著作，试图从中找到应对当代世界困境、解决当代世界难题的钥匙。“马克思主义有无真理性”的争论再次高调展开。习近平同志在全国党校工作会议上的讲话中提出：“加强党的理论教育，要坚持实事求是，坚持理论联系实际的马克思主义学风，坚持问题导向，注重回答普遍关注的问题，注重解答学员思想上的疙瘩”；特别提出“如何看待马克思主义的真理性”问题“就需要重点加以回答”。

马克思主义有没有真理性？回答是肯定的。在人类几千年的文明史上，相继出现的主义、理论和学说不计其数。然而，在漫长的社会变革过程中，一些曾经喧嚣一时的理论如过眼云烟，一些曾经迷惑多人的学说如昙花一现，一些曾经标榜“万能”的主义已销声匿迹；唯独马克思主义作为一个完整科学的理论体系，经受住来自敌对势力的谩骂和诋毁，经受住共产主义运动挫折和失败的考验，随着科学和社会的前进而不断丰富和发

展自己，表现出旺盛的生命力、跨越时空的影响力和异乎寻常的吸引力。可以断言，在人类文明发展进程中，还没有哪一种理论、学说或主义能像马克思主义那样，对人类思想文化发展作出如此巨大的贡献，对世界历史进程产生如此深远的影响，也必将对未来世界发展产生伟大的推动作用。

马克思主义真理性有其深刻的理论依据、实践依据和方法论依据。

一、马克思主义真理性的理论依据

马克思主义真理性在于实现了世界观和方法论的有机结合，科学性和价值性的有机结合，现实性和超越性的有机结合，从而克服了以往各种学说的弊端，构建起一个全新的、科学的理论体系。

（一）马克思主义真理性源自于理论自身的科学性，即全面系统阐述了自然界、人类社会和人的思维发展的一般规律。

马克思主义诞生于一个多世纪以前。当时，人类历史正处在工业文明兴起和工业化开启的现代化进程的初期，处在由古代文明向现代文明、由农业文明向工业文明转折的重大历史阶段。伴随着资本主义的快速发展和社会矛盾的急剧积累，无产阶级和资产阶级的矛盾日益尖锐，无产阶级作为一支独立的政治力量开始登上世界历史舞台。时代所要求回答的课题是，揭示和阐明资本主义社会的内在矛盾及其发展规律，揭示和阐明正在兴起的现代社会的本质和发展趋势，进而揭示和阐明人类社会发展的一般规律，为无产阶级从而为人类解放提供思想武器。社会发展需要新的理论指导，无产阶级革命需要新的思想武器。马克思、恩格斯创立的马克思主义应运而生，并展现出独特的理论主题、基本立场、分析框架、思维方式、逻辑结构和价值取向等。

马克思主义作为一个完整的理论体系，包括哲学、政治经济学和科学社会主义三大组成部分。马克思主义的诞生，立足于哲学的伟大变革。马克思主义的创始人批判地改造了德国古典哲学，把辩证法和唯物论结合起来，把辩证唯物主义引入社会历史领域，创立历史唯物主义学说。历史唯物主义科学解决了社会存在与社会意识的关系问题，从人们的物质生产活动出发，全面分析了人类社会发展的基本特点，系统阐述了人类社会基本矛盾的运动过程，精辟概括出人类社会发展的基本规律。又以历史唯物主义的世界观和方法论为指导，从历史和现实中最简单的商品和商品交换出发，研究商品背后所隐藏的人与人、阶级与阶级之间的关系，全面分析了资本主义社会商品生产的目的和实质，系统阐述了资本家剥削工人的秘密和剩余价值的来源，深刻揭露了资本主义剥削的本质，说明资产阶级不仅锻造了置自身于死地的武器，而且产生了将要运用这种武器的人，即现代无产阶级。在此基础上，马克思主义创始人考察了无产阶级的发展过程，阐述了无产阶级的历史使命，说明社会主义社会取代资本主义社会的必然性，预言“代替那存在着阶级和阶级对立的资产阶级旧社会的，将是这样一个联合体，在那里，每个人的自由发展是一切人的自由发展的条件”①。这个社会就是共产党人所追求的共产主义社会。恩格斯在《反杜林论》中指出，正是唯物主义历史观和通过剩余价值揭开资本主义生产的秘密这两个伟大的发现，使社会主义从空想变成了科学。由此可见，马克思主义是一个主题明确、体系恢宏、说理透彻、逻辑严谨、价值取向鲜明的科学理论体系。

（二）马克思主义真理性源自于方法的科学性，成为无产阶级和人民群众认识世界和改变世界的强大认识工具。

马克思主义不仅揭示了自然界、社会和人的思维发展的最一般规律，使我们能够从宏观上正确认识和全面理解人与自然、人与社会、人与自身的关系，而且把这种理论作为观察和研究一切事物的科学方法。恩格斯在《路德维希·费尔巴哈和德国古典哲学的终结》一文中谈到，历史唯物主义一经创立，就“把这个世界观彻底地（至少在主要方面）运用到所研究的

① 《马克思恩格斯选集》第1卷，人民出版社1995年版，第294页。

一切知识领域里去了”[①]。这就明确告诉我们，马克思主义是世界观，更是方法论。恩格斯在致韦尔纳·桑巴特的信中强调：“马克思的整个世界观不是教义，而是方法。它提供的不是现成的教条，而是进一步研究的出发点和供这种研究使用的方法。”[②]所谓方法，是人们认识世界和改变世界的思维方式或工具系统，是主体作用于客体的中介。马克思主义把方法论建立在辩证唯物主义和历史唯物主义的基础上，结束了唯心主义方法论在其领域中的统治地位，第一次使方法论具有科学的属性；马克思主义把实践观点引入方法论，提出哲学的使命不仅为了解释世界，更重要的在于改变世界，使方法论的功能发生了革命性的变革；此外，马克思主义的实事求是方法，矛盾分析方法，过程分析方法，主客体方法，社会基本矛盾方法，阶级和阶层分析方法，群众路线和群众观点方法等，为我们构建了一个完整的方法论系统，真正实现了科学的世界观和科学的方法论的高度统一。

（三）马克思主义的真理性源自于理论自身的价值追求，使马克思主义占据了最高的道义制高点。

恩格斯告诉我们：“科学越是毫无顾忌和大公无私，它就越符合工人的利益和愿望。在劳动发展史中找到了理解全部社会史的锁钥的新派别，一开始就主要是面向工人阶级的，并且从工人阶级那里得到了同情。”[③]马克思主义是代表无产阶级的利益，为无产阶级获得自由和解放而创立的理论，也成为指导无产阶级争取自由和解放的理论武器。无产阶级是最大公无私、彻底革命的阶级，不但要消灭资本主义私有制，而且要求消灭一切私有制，解放全人类最后解放自己。这种彻底革命的阶级本性，决定其必然采取真正科学的态度来认识社会发展的规律，把握自己的历史使命，规划未来的理想社会。《共产党宣言》指出：“过去的一切运动都是少数人的或者为少数人谋利益的运动。无产阶级的运动是绝大多数人的、为绝大多数人谋利益的独立的运动”，共产党人“没有任何同整个无产阶级的利益

① 《马克思恩格斯选集》第 4 卷，人民出版社 1995 年版，第 242 页。

② 《马克思恩格斯文集》第 10 卷，人民出版社 2009 年版，第 691 页。

③ 《马克思恩格斯选集》第 4 卷，人民出版社 1995 年版，第 258 页。

不同的利益”，[①] 因此，这是唯一真正革命的运动。无产阶级政党代表人民群众根本利益的最高表现，是带领他们推翻资本主义制度，确立无产阶级和广大人民群众在国家政治经济生活中的主体地位，发挥其主人翁作用。马克思早在 1856 年就指出：“我们知道，要使社会的新生力量很好地发挥作用，就只能由新生的人来掌握它们，而这些新生的人就是工人。”[②] 现代无产阶级的历史使命和获得社会主体地位的根本途径，是推翻资本主义制度、建立社会主义制度，“通过社会生产，不仅可能保证一切社会成员有富足的和一天比一天充裕的物质生活，而且还可能保证他们的体力和智力获得充分的自由的发展和运用”。[③] 那些至今一直统治着人们的客观的异己的力量，现在受到人们的支配和控制，人们第一次成为自然界的和社会关系的自觉的和真正的主人，并完全自觉地创造自己的历史。这是人类从必然王国进入自由王国的飞跃。恩格斯专门提醒，党的各级领导干部必须时刻牢记无产阶级政党代表无产阶级和最广大人民群众的根本利益这个宗旨，警惕自己由人民的公仆变成人民的主人。

马克思主义价值观揭露了资产阶级价值观的虚伪性和欺骗性，阐明自己的价值主体是无产阶级和人民群众，价值取向是无产阶级和人民群众翻身得解放、过上富足充裕的物质生活，最高价值理想是实现人的自由而全面发展，从而占据了人类道义的最高制高点。马克思主义价值观，已经融入无产阶级政党的意识，构成无产阶级政党的品格，成为无产阶级政党的精神标识。

（四）马克思主义真理性源自于理论自身的超越性，成为无产阶级及其先锋队崇高的理想信念和信仰。

马克思主义经典作家历来强调，无产阶级及其政党必须确立崇高的理想信念和信仰。恩格斯在《未来的意大利革命和社会党》一文中曾指出：无产阶级在整个革命的过程中，一时一刻也不忘记自己的伟大目标，“这

① 《马克思恩格斯选集》第 1 卷，人民出版社 1995 年版，第 283、285 页。
② 《马克思恩格斯全集》第 12 卷，人民出版社 1962 年版，第 4 页。
③ 《马克思恩格斯选集》第 3 卷，人民出版社 1995 年版，第 633 页。

种永远不忽视伟大目标的策略，能够防止社会党人产生失望情绪，而这种情绪却是其他缺少远大目光的政党……无法避免的”。[①]列宁在《第二国际的破产》一文中也明确提出：“社会主义是一种庄严的信念……国际的破产就是大多数正式社会民主党令人触目惊心地背叛了自己的信念。”[②]所谓理想、信念和信仰，是人们超越现实、对未来美好前景和远大价值目标的自觉追求，是超越自我、塑造自我、发展自我、面向未来、努力实现最高价值的自我意识。这里既包括以价值理想为核心的价值目标体系，也包括以信念和信仰为精神动力的自觉的价值追求过程。因此，马克思主义信仰具有明确的社会规范功能，是无产阶级及其政党从事一切社会活动的内在尺度和根本依据；具有超越的社会定向功能，引导无产阶级及其政党把自己的价值追求与社会价值理想相协调，进而认同共产主义社会价值理想；具有强烈的驱动功能，激发无产阶级及其政党内在或潜在的各种能力，并使之产生并保持追求理想的热情，自觉为实现共产主义远大理想而努力奋斗。

回顾历史，多少志士仁人都提出过各种消灭剥削压迫、消灭阶级、实现世界大同的人类理想，但都由于缺乏科学性而沦于失败，由于脱离社会现实而成为空想。只有马克思恩格斯科学地揭示了人类社会的发展规律，说明社会主义代替资本主义的必然性，指出共产主义社会是人类最美好的社会，实现共产主义是人类最远大的理想。共产主义的远大理想是建立在对人类社会发展规律深刻认知的基础上。没有对人类社会发展规律的深刻认知，就没有对马克思主义的坚定信念或信仰，就没有坚定的共产主义远大理想，就没有为实现共产主义的自觉奋斗，也就不会有共产主义事业的胜利。假如对马克思主义的信仰发生动摇，共产主义远大理想发生动摇，共产主义事业必然会迷失方向，共产主义运动必然会遭受曲折。因此，马克思主义坚定信仰和共产主义远大理想，是共产主义运动的灵魂。

---

① 《马克思恩格斯选集》第 4 卷，人民出版社 1995 年版，第 454 页。
② 《列宁选集》第 2 卷，人民出版社 1995 年版，第 454 页。

当然，马克思主义创始人是人不是神，他们只能在当时的历史条件下，依靠其所能掌握的思想资料，运用其所特有的思维方法，从理论上来回答时代所要求其回答的问题。以今天的眼光来看，其中不可避免带有理论上的某些缺失或局限。但这并不能够影响马克思主义真理性。恰恰相反，确认并坚守马克思主义真理性，是确认和坚守其理论自身所表达的基本立场、观点、方法和价值追求；而马克思主义创始人理论中的某些缺失或局限，为我们今天丰富和发展马克思主义提供了广阔的空间。

二、马克思主义真理性的实践依据

实践是检验真理的唯一标准。习近平同志在哲学社会科学工作座谈上的讲话中指出："马克思主义进入中国，既引发了中华文明深刻变革，也走过了一个逐步中国化的过程。在革命、建设、改革各个历史时期，我们党坚持马克思主义基本原理同中国具体实际相结合，运用马克思主义立场、观点、方法研究解决各种重大理论和实践问题，不断推进马克思主义中国化，产生了毛泽东思想、邓小平理论、'三个代表'重要思想、科学发展观等重大成果，指导党和人民取得了新民主主义革命、社会主义革命和社会主义建设、改革开放的伟大成就。"[①] 中国共产党领导中国人民在革命、建设和改革各个时期所取得的举世瞩目的伟大成就，为马克思主义真理性提供了可靠而深刻的实践依据。

（一）把马克思主义与中国具体国情相结合，开创新道路、概括新理论、构建新制度、形成新文化，是中国共产党领导人民取得革命、建设和改革伟大胜利的根本经验。

中国共产党是在中华民族陷入内忧外患的深刻危机、"中国向何处去"成为时代焦虑的严重关头登上政治舞台的。近代以来，苦难深重的中华民

① 《在哲学社会科学工作座谈会上的讲话》，人民出版社 2016 年版，第 9 页。

族面临着两大历史性课题：一是救亡图存，争取民族独立和人民解放；二是寻求发展，实现国家富强和人民富裕。先进的中国人为了解决这两大历史性课题而苦苦探索，先后搞了洋务运动、戊戌变法、辛亥革命、新文化运动等，都没有解决问题。正当先进的中国人苦苦思索而不得其解时，毛泽东说："十月革命一声炮响，给我们送来了马克思主义。"我们运用马克思主义世界观和方法论来分析当时中国社会的状态，明确认识到，近代中国半封建半殖民地的国情，决定着中国革命的对象是帝国主义、封建主义和官僚资本主义，革命的任务是推翻长期压在中国人民头上的三座大山，革命的领导者只能是作为无产阶级先锋队组织——中国共产党，革命的指导思想是马克思列宁主义，革命的性质是新民主主义革命，革命的前途是走社会主义道路。中国共产党人把马克思主义与中国国情相结合，开创了农村包围城市、武装夺取政权的道路。中国共产党人把马克思主义的人民主体思想升华为"全心全意为人民服务"的根本宗旨，高举"打土豪分田地"的旗帜，利用一切时机进行土地改革，满足了农民对土地的渴望；有计划地开展民主选举，支持民众参与政治活动，满足民众对政治参与的诉求；广泛开展"夫妻识字"等扫盲运动，出版大量报刊图书，演出各种戏剧节目，满足民众对文化生活的要求；积极进行灵活多样的理论学习，举办各种形式学校，满足民众对精神生活的追求，等等。被称之为"人民救星"的中国共产党赢得了民众的高度信任和衷心热爱，最终带领人民群众完成了推翻三座大山、建立新中国的历史使命。中国共产党把马克思主义普遍真理与中国革命实践相结合，开创了新民主主义革命的道路，深刻改变了近代以后中华民族发展的方向和进程，深刻改变了中国人民和中华民族的前途和命运，深刻改变了世界发展的趋势和格局。

新中国成立后，社会主义改造和建设的任务提到党的工作议程。中国共产党依然高举马克思主义的伟大旗帜，团结带领中国人民完成社会主义革命，确立社会主义基本制度，消灭一切剥削制度，推进了社会主义建设，从而完成了中华民族有史以来最广泛而深刻的社会变革，为当代中国一切发展进步奠定了根本政治前提和制度基础，为中国发展富强、中国人民生活富裕奠定了坚实基础，实现了中华民族由不断衰落到根本扭转命运、持续走向繁荣富强的伟大飞跃。然而，由于对“什么是社会主义、怎样建设社会主义”的问题没有搞清楚，对社会主义建设规律和执政党建设规律还知之不多、知之不深，理论上准备不足，实践上缺乏经验，导致正确与错误交织，经验与教训并存。尽管探索艰辛坎坷，但中国共产党取得的积极成果是极其丰富而宝贵的，为开创中国特色社会主义提供了宝贵经验、理论准备、物质基础。

党的十一届三中全会开启了改革开放的序幕。中国共产党人以彻底唯物主义的革命胆略和科学态度，以高超的政治智慧和领导艺术，围绕着“什么是马克思主义，怎样对待马克思主义”，“什么是社会主义，怎样建设社会主义”，“建设什么样的党，怎样建设党”，“实现什么样的发展，怎样发展”，“为什么要坚持和发展中国特色社会主义，怎样建设和发展中国特色社会主义”等一系列重大理论和实际问题，进行了艰苦探索和全面创新：从“两个凡是”的精神禁锢中解放出来，坚持实践是检验真理的唯一标准，重新认识中国社会的主要矛盾，实现全党工作重心的转移，恢复了党的实事求是的思想路线。从苏联僵化的社会主义模式的束缚中解放出来，坚持走自己的道路，开创中国特色社会主义。从超阶段的“左”的思想束缚中解放出来，重新认识中国社会所处的历史阶段，纠正“跑步进入共产主义”的超阶段论，提出社会主义初级阶段理论。从抽象谈论姓“社”姓“资”的思维定势中解放出来，重新认识评价社会主义制度优越性的标准，纠正“一大二公、纯之又纯的公有制”标准，提出生产力标准和“三个有利于”标准理论；重新认识社会主义经济体制，纠正高度集中的计划经济体制，构建起社会主义市场经济理论。重新认识中国共产党所面临的新的执政条件，围绕保持党的先进性和纯洁性问题，提出“三个代表”重要思想，创新了党的建设理论。重新认识中国现代化建设的发展实际，围绕“实现什么样的发展，怎样发展”的问题提出科学发展观。围绕着如何解决人民群众反应强烈的突出问题，在全党开展以“为民务实清廉”为主要内容的党的群众路线教育实践活动。正确认识中国改革开放所处的关键时期，指出其既是战略机遇期又是矛盾突显期，提出全面建成小康社会、全面深化改革、全面依法治国、全面从严治党的战略布局理论。为了振兴伟大中华民族、实现美丽中国梦的战略目标，提出创新、绿色、协调、开放、共享的五大发展理念。在这个艰苦卓绝的伟大实践过程中，中国共产党带领中国人民开拓了中国特色社会主义道路，概括出中国特色社会主义理论体系，构建起中国特色社会主义制度，形成中国特色社会主义文化，不断丰富中国特色社会主义的实践特色、理论特色、民族特色、时代特色，使中国共产党人真正具有了坚定的道路自信、理论自信、制度自信和文化自信。习近平同志指出："一个国家实行什么样的主义，关键要看这个主义能否解决这个国家面临的历史性课题。"[①] 这就从理论和实践相结合的高度实现了高扬"主义"与解决"问题"的有机统一，也为马克思主义传到中国时开始的"主义"与"问题"之争画上一个圆满的句号。

（二）马克思主义社会基本矛盾理论是当代中国共产党人进行改革开放伟大事业的理论基础。

当代中国共产党人根据马克思主义社会基本矛盾思想，把改革开放作为发展中国特色社会主义的强大动力。马克思主义哲学告诉我们，生产力和生产关系、经济基础和上层建筑的矛盾，构成人类社会的基本矛盾。生产关系一定要适应生产力的发展状态是人类社会的基本规律。社会主义的根本任务是解放和发展社会生产力，最大限度地满足人民群众日益增长的物质文化需要，最终促进人的自由全面发展。因此，解放和发展生产力是马克思主义的基本原则，是解决现阶段社会主要矛盾的根本途径，是社会主义制度优越性的根本体现，是社会主义过渡到共产主义的根本条件。中国共产党人全面分析当代中国社会矛盾的运动状态，明确提出，改革开放是社会主义社会基本矛盾运动的必然要求，是解放和发展生产力的必由之路，是中国共产党在新的时代条件下带领全国各族人民进行的新的伟大革命，是当代中国最鲜明的特色；改革开放的目的就是要解放和发展社会生

---

① 《习近平谈治国理政》，外文出版社 2014 年版，第 22 页。

产力，实现国家现代化，让中国人民富裕起来，振兴伟大的中华民族；就是要推动我国社会主义制度自我完善和发展，赋予社会主义新的生机活力，建设和发展中国特色社会主义；就是要在引领当代中国发展进步中加强和改进党的建设，保持和发展党的先进性，确保党始终走在时代前列。全面深化改革的总目标是完善和发展中国特色社会主义制度，推进国家治理体系和治理能力现代化。必须更加注重改革的系统性、整体性、协同性，加快发展社会主义市场经济、民主政治、先进文化、和谐社会、生态文明，让一切劳动、知识、技术、管理、资本的活力竞相迸发，让一切创造社会财富的源泉充分涌流，让发展成果更多更公平惠及全体人民。要正确处理改革、发展和稳定关系，把改革的力度、发展的速度和社会可以承受的程度有机协调统一起来。

毋庸置疑，改革开放使国家综合国力大大提升，成为世界第二大经济体；使社会主义制度更加完善，国家治理能力和治理水平迅速提高；使人民群众物质文化需要基本得到满足，生活质量得到明确提高；使各项社会事业获得长足发展，人民安居乐业，社会安定有序；使生态文明建设有序开展，人与自然和谐发展的现代化建设新格局正在形成。总之，一个富饶、和谐、美丽的东方大国展示在人们面前。

（三）马克思主义群众观点是当代中国共产党人“以人为本”“执政为民”理念的哲学基础。

当代中国共产党坚持马克思主义以人民为主体的思想，继承了中国共产党人的群众路线和群众观点的优良传统，赋予“全心全意为人民服务”新的含义，就是“以人为本”“执政为民”。习近平同志在庆祝中国共产党成立95周年大会上的讲话中指出：“人民立场是中国共产党的根本政治立场，是马克思主义政党区别于其他政党的显著标志。”[①]我们把“人民拥护不拥护、赞成不赞成、高兴不高兴、答应不答应”作为制定各项方针政

① 《习近平在庆祝中国共产党成立95周年大会上的讲话》，人民出版社2016年版，第18页。

策的出发点，把“深怀爱民之心，恪守为民之责，善谋富民之策，多办利民之事，更好地为广大人民群众服务”作为执政的使命，把“坚持问政于民、问需于民、问计于民，真诚倾听群众呼声，真实反映群众愿望，真情关心群众疾苦，依法保障人民群众经济、政治、文化、社会等各项权益”当作执政的担当，把“人民对美好生活的向往”当作执政的奋斗目标。一切相信人民，一切依靠人民，人民群众的积极性、主动性、创造性得到充分发挥，物质文化生活水平得到普遍提高，参政议政的国家主人意识得到极大增强。处于整体转型升级的当代中国社会，人民群众的需要呈现出新的特点，人民群众的需要与需要的满足也呈现出诸多困境。党的十八届三中全会提出，全面深化改革以“以促进社会公平正义、增进人民福祉为出发点和落脚点”。习近平同志在中央全面深化改革领导小组第 21 次会议提出：“把是否促进经济社会发展、是否给人民群众带来实实在在的获得感，作为改革成效的评价标准。”这是适应全面深化改革的新形势而提出的新论断，是对我国改革实践的新认识，赋予中国共产党人根本宗旨的新内容。中国共产党人一切言行以合乎最广大人民的根本利益为最高标准。习近平同志在中共中央政治局第 26 次集体学习时强调：“凡是有利于党和人民事业的，就坚决干、加油干、一刻不停歇地干；凡是不利于党和人民事业的，就坚决改、彻底改、一刻不耽误地改。”从根本上说，无产阶级政党所进行的一切活动，都是为追求真理。而中国共产党人所追求的最高真理，就是为最广大人民群众谋利益，从而正确解决了中国共产党人追求真理为最广大人民群众谋利益的问题，实现了价值评价标准与真理评价标准的统一，价值观与真理观的统一。

（四）马克思主义的价值观念是当代中国共产党人的精神追求。

革命理想高于天。当代中国共产党人坚持用马克思主义信仰作为崇高的精神追求，凝魂聚气、强基固本，打造一支具有“铁一般信仰、铁一般信念、铁一般纪律、铁一般担当”的革命队伍。习近平同志说：“坚定理想信念，坚守共产党人精神追求，始终是共产党人安身立命的根本。对马克思主义的信仰，对社会主义和共产主义的信念，是共产党人的政治灵魂，是共产党人经受住任何考验的精神支柱。”[①] 毋庸置疑，与马克思、恩格斯所处的时代相比，当代世界发生了根本性的变化，呈现出世界多极化、经济全球化、科技智能化、文化多样化、社会信息化、交往虚拟化等基本特点。正处在全面深化改革关键时期的中国，除了呈现出一般性的时代基本特点之外，又面临着自己独特的时代主题、发展问题、文化特征和精神气质。面对这种新情况、新问题、新挑战、新机遇，有的领导干部感到手足无措、茫然困惑、力不从心、精神漂泊，甚至违法犯罪，追到底是信念信仰的错位或缺失。因此，只有坚持马克思主义信仰，才能使每一位中国共产党人具有一种超越于现实的生活目标和价值理想，使之逐步摆脱物欲肉欲层面的蝇营狗苟，把自己的价值追求融入社会价值理想之中，进而在实现社会价值理想的同时实现自己的人生价值理想，从而获得对自己行为合理性的自信心、使命感、荣誉感和神圣感，避免由于生活目的失落而产生各种焦虑和恐慌，找到“精神安宁”的家园。只有坚持马克思主义信仰，才能使每一位共产党人树立和落实“以人为本”“执政为民”的执政理念，切实做到权为民所用、情为民所系、利为民所谋；驱动我们放低身段，深入基层、深入实际、深入群众，主动为人民群众排忧解难，真心诚意地为群众办实事、解难事、做好事，努力实现富民、安民、乐民、康民；只有坚持马克思主义信仰，才能使每一位中国共产党人面对伴随着经济全球化所带来的全方位冲击，特别是对中国共产党人产生的精神震荡，各种“主义”粉墨登场、各种“理论”高调宣传、各种“学说”充分较量、各种“模式”轮番上阵，能够稳住阵脚，从容对待，具有政治上的自信、主义上的自觉、理论上的超越。

总之，中国共产党人带领中国人民所进行的革命、建设和改革的过程中，把马克思主义普遍真理与中国实际相结合，实现了马克思主义的指导性和应用性的统一、继承性和创新性的统一、坚定性和发展性的统一，从而证明了马克思主义的真理性。

---

① 《习近平谈治国理政》，外文出版社 2014 年版，第 15 页。

三、马克思主义真理性的方法论依据

以什么样的方法和态度对待马克思主义，是导致马克思主义是否具有真理性争论的重要原因。习近平同志在哲学社会科学工作座谈会上的讲话中指出：“对待马克思主义，不能采取教条主义的态度，也不能采取实用主义的态度。如果不顾历史条件和现实情况变化，拘泥于马克思主义经典作家在特定历史条件下、针对具体情况作出的某些个别论断和具体行动纲领，我们就会因为思想脱离实际而不能顺利前进，甚至发生失误。什么都用马克思主义经典作家的语录来说话，马克思主义经典作家没有说过的就不能说，这不是马克思主义的态度。同时，根据需要找一大堆语录，什么事都说成是马克思、恩格斯当年说过了，生硬‘裁剪’活生生的实践发展和创新，这也不是马克思主义的态度。”[①] 因此，以科学的态度对待马克思主义，要求我们在研究和宣传马克思主义的过程中，要坚持客观的立场、广阔的视野、辩证的方法、透彻的说理和风趣幽默的语言，真正解决广大党员干部中普遍存在的真学、真懂、真信、真用的问题。

（一）客观的立场。站在什么样的立场上来研究马克思，直接决定着研究者的研究视角的选择和研究成果的质量。当前，很多人是站在主观主义的立场上来研究或阐释马克思的。如有的人站在敌对的立场上，采取一种简单粗暴的态度，一味反对马克思，全盘否定马克思，其研究成果很难令人信服；有的人则采取原教旨主义的态度，一味维护马克思，全盘肯定马克思，其研究成果不仅很难令人信服，甚至引起人们的逆反心理。因此，我们必须抛弃主观主义的态度，采取客观的立场。我们必须认识到，伟大的思想家从他们各自的社会实践出发，把握时代脉搏，集中群众智慧，回答了实践提出的一系列重大问题，创立了科学的思想体系，为无产阶级的解放事业指明了方向。所以，“老祖宗不能丢”！同时，要坚持客观的立场。首先要对马克思主义采取客观的立场，真正读懂马克

① 《在哲学社会科学工作座谈会上的讲话》，人民出版社 2016 年版，第 13—14 页。

思主义创始人的经典著作，真正弄通马克思主义的精神实质，真正把握马克思主义的基本立场、观点和方法，真正理解马克思主义的远大理想和精神追求。其次，对中国国情要有深刻的理解，对中国社会发展特殊的规律要有正确的把握。最后才能在两者之间找到最佳的结合点，这就是解决中国问题的新思路、新办法、新途径。我们既要对马克思主义抱有信仰层面的敬畏，理论层面的坚信，方法层面的坚守；同时，更要勇于把马克思主义与当代中国社会主义现代化建设的伟大实践相结合，大胆进行理论创新，在实践中丰富和发展马克思主义。我们决不能把马克思主义教条化、标签化、口号化，决不能用马克思主义的某些只言片语来否定亿万人民参与的鲜活生动的伟大实践，决不能用马克思主义创始人百年前的某些设计来否定当代中国改革开放所取得伟大成就的现实，决不能用没有经历过社会主义建设伟大实践的思想家的某些观点来否定从火热的社会主义改革开放伟大实践中概括出来的新思想、新理念和新战略。也只有站在客观的立场上来研究马克思主义，才能还马克思主义的本来面目，使马克思主义更加可信、能懂、会用。

（二）广阔的视野。马克思主义诞生于19世纪40年代。马克思主义诞生以后，来自各国资产阶级的指责、谩骂和反对的声浪，是前所未有的；同时，来自各国无产阶级的拥护、赞扬和传播的盛况，也是前所未有的。经过一百多年血与火的洗礼，马克思主义已经由欧洲一隅传播到全世界，由一种著作形态的学说变成一种指导革命和建设的思想武器，由一种理论形态的主义变成现实的社会主义道路和制度。马克思主义的这种特性，决定着要回答“马克思主义的真理性”问题，必须采取广阔的视野，即不仅要研究马克思主义之所以成为马克思主义自身的原因，而且要研究马克思主义之所以成为马克思主义的历史背景和社会原因；不仅要研究马克思主义在欧洲的传播和影响，而且要研究马克思主义在全世界，特别是在社会主义国家的传播和影响；不仅要研究各种拥护和赞扬马克思主义的思潮，而且要研究各种反对和否定马克思主义的思潮；不仅要研究历史上的马克思主义，而且要研究马克思主义对当下社会生活中的意义。这种研究会使我们更加清晰地认识到，一方面，马克思主义对资本主义制度作了有史以来最彻底、最严厉、最全面的批判，只要资本主义制度还存在一天，马克思主义就不会消亡。尽管“第二次世界大战”后资本主义社会发生了巨大变化，但资本主义社会不仅没有解决马克思主义创始人在世时所存在的各种社会矛盾，而且还产生了许多新的社会矛盾，这就从马克思主义存在的必然性和合理性角度证明其具有强大的生命力。另一方面，马克思主义在亚洲和第三世界的传播，诸多社会主义国家的建立，诸多信奉马克思主义的国家所取得的辉煌成就，为马克思主义生命力提供源源不断的证明；同时，一些国家背离马克思主义所遭受的挫折和苦难，从反面给我们提供了警示。因此，广阔的视野，深邃的洞察，历史和现实的比照，欧洲与亚洲的全方位关注，从中探索某些带有规律性的认识，才能使马克思主义真理性具有很强说服力。

（三）辩证的方法。对待马克思主义，是坚持全面、联系和发展的观点，还是运用片面、孤立和静止的观点，这是两种根本对立的研究方法。毋庸置疑，马克思主义是一个庞大的理论宝库。不同时代的人，带着不同时代的问题来理解和运用马克思主义，便会重视不同的理论，运用不同的方法，得出不同的结论。这正是马克思、恩格斯经典著作的魅力所在。新文化运动时期，李大钊在第一篇关于在中国系统传播马克思主义的文章《我的马克思主义观》中说：马克思主义的哲学、政治经济学和科学社会主义三大组成部分，“都有不可分的关系，而阶级竞争说恰如一条金线，把这三大原理从根本上联络起来”。[①] 毛泽东也曾说过，我学马克思主义，读了三本书，记住四个字，“阶级斗争”。李大钊、毛泽东之所以都强调阶级斗争理论，有着深刻的时代背景和历史原因。近代中国面临的时代主题是推翻压在中国人民身上的三座大山，争取民族独立、人民解放。这必须依靠阶级斗争理论的指导。但是如何运用阶级斗争理论来指导中国革命？以毛泽东为代表的中国共产党人冲破了马克思、恩格斯书本模式，冲破列

① 《李大钊文集》下，人民出版社 1984 年版，第 50 页。

宁书本模式，冲破俄国十月革命模式，从中国的实际出发，开拓了农村包围城市、武装夺取政权的道路。这就是把马克思主义普遍真理与中国革命实际相结合，这就是实事求是，这就是理论创新、道路创新和旗帜创新。当代中国处在改革开放的关键时期，我们遇到许多新情况、新问题，同样可以从马克思、恩格斯的著作中寻找解决问题的理论资源，并不断赋予其新的内涵，进行理论创新。

辩证的思维方法告诉我们，马克思主义揭示了人类社会发展的客观规律，给人们提供了研究问题、解决问题的科学世界观方法论，在人类社会发展史上起到了划时代的作用。同时，马克思恩格斯必然受到各种局限性，其理论也会存在某种不完善。因此，对于马克思主义的科学态度是，既坚持又发展，在坚持中发展，在发展中坚持。简单地否定马克思主义是肯定站不住脚的，而简单地肯定马克思主义也会损害马克思主义。

（四）透彻的说理。马克思倾其一生来研究资本主义社会的各种矛盾，说明社会主义代替资本主义的必然性，揭示了人类社会发展的客观规律，使社会主义从空想变成科学。对于这样一个内容丰富、体系恢宏、逻辑严密、说理性很强的学说，决不能单纯依靠情感的宣泄，凡是马克思主义的理论就给予充分肯定，凡是资产阶级的理论就全盘否定；而应通过透彻的说理、理性的申辩，论证马克思主义的合理性及其合理性的原因，批判资产阶级学说的不合理性及其不合理性的原因。要懂得，真理不是靠专制手段来传播的，不是靠舆论工具来灌输的，也不是靠高压手段来征服人心的；真理一定是在日常生活中，通过透彻的说理，用“润物细无声”的方式，潜移默化地被广大民众所接受。否则，再好的真理也会被民众所反对，所抛弃，最后受伤的一定是真理自身和真理的宣传者。

（五）风趣幽默的语言。理论是灰色的，阐述理论的语言就一定是枯燥笨拙的吗？恩格斯晚年曾谈到费尔巴哈的《基督教的本质》一书之所以产生重大影响的原因之一是，“美文学的、有时甚至是夸张的笔调赢得了广大的读者，无论如何，在抽象而费解的黑格尔主义的长期统治以后，使人们的耳目为之一新”。[①] 这就充分肯定了语言在理论传播过程中的重要作用。

从某种意义上可以说，用什么风格的语言来宣传一种理论，会决定着这种理论的命运。中国读者都不会忘记，20 世纪 30 年代艾思奇的一本《大众哲学》让洛阳纸贵，整整影响了一代中国人。其中的重要原因是把大家普遍认为应该是“笨拙枯燥”“迂腐晦涩”的哲学用生动风趣的语言，结合民众身边的案例，研究中国老百姓自己的事，讲得民众喜欢听，自觉读，愿意信。实践证明，靠着政治强势甚至理论暴力，是永远不能真正征服理论的受众者。因此，每一位马克思主义宣传者、研究者，都应该站在客观的立场上，以深邃广阔的视野，辩证理性的思考，透彻雄辩的说理，风趣幽默的语言，讲述出马克思主义的真理性。

（原文发表于《中共合肥市委党校学报》2017 年第 2 期，后对第一、二部分进行改写，以《马克思主义始终闪烁着耀眼的真理光芒》为题，发表在《人民日报》2018 年 5 月 8 日理论版）

① 《马克思恩格斯文集》第 4 卷，人民出版社 2009 年版，第 275 页。

社会根本性决定力量的历史变迁

实践是马克思、恩格斯创立新唯物主义、实现哲学史上伟大革命变革的立足点，也是我们在新的历史条件下坚持和发展马克思主义的立足点。在实践的基础上，人类的认识不断丰富、完善和发展，社会不断实现历史性的跃迁和变革。而今天的社会实践，无论在其广度还是在其深度方面，无论在其形式还是在其内容方面，都发生了深刻变化，都对人类社会乃至整个属人世界产生着巨大影响。目前，整个属人世界正在迈向一个全新的发展阶段。摆在马克思主义哲学面前的首要任务，就是揭示时代变化的新特征、历史发展的新规律，指导人们更好地认识世界和改造世界。那么，社会历史变迁，或者说社会根本性决定力量的历史性变迁到底是什么呢？它又是按照什么规律、以什么方式来实现变迁，从而决定整个社会历史发生变迁的呢？这就是本文所要讨论的理论问题。

一、世界上没有一成不变的事物

唯物辩证法认为，一切事物都是过程的集合体，都是亦此亦彼的矛盾统一体，时刻处在运动、变化和发展之中。事物在普遍联系和相互作用的过程中，不断改变其存在的条件和基础。新的东西不断产生并趋于成熟，旧的东西则日趋没落逐渐灭亡。事物稳定的有序运动，不断受到多变的无序运动的干扰。当这种量的变化积累到一定程度，便突破事物质的存在界限，原质事物的有序运动状态被打破而进入到无序运动状态。经过质变，建立起新质的联系和组织，事物又趋于稳定和有序，开始新质事物的矛盾运动过程。新质事物再经过这样的历程变成更新的事物。事物这种不断自我更新的过程，内在地包含着亦此亦彼、有生有灭的矛盾和由此及彼的介质与联系，使事物随着时空的变易和条件的改变而不断更新，不断增添新的内容与属性，发生着不以人的意志为转移的历史性变迁。整个世界只有物质永恒、运动永恒。

自然界在变，在缓慢而又实在地发生着演变和进化；人类社会也在变，而且是加速度地实现着自身变化，并由此带动整个属人世界的加速度变化。今天，这似乎已经成为尽人皆知、毋庸置疑的事实和道理。多少年来，人们只知道社会形态的变化和更替，却不曾知道整个社会有机体尤其是其中的决定性因素和根本性决定力量也发生着历史性变化。有的则只承认有社会生产力和生产方式的变革，只承认物质资料生产的生产力和生产方式的变革是社会发展的根本性决定力量，不承认还有别的社会根本性决定力量，而这些根本性决定力量在人类社会不同历史发展阶段是有着主次地位变化的。在社会发展的不同阶段，作为社会发展根本性决定力量的社会生产力的一些质的差别及其历史性地位变化，被人们有意无意地回避或抹杀了。搞清这个问题，其意义不仅在于实事求是地认识社会发展的历史，更好地坚持辩证唯物主义和历史唯物主义，而且有利于我们在社会主义建设中按照社会发展的变化和历史发展的趋势，采取适宜的发展战略，抓住工作重心，推动社会主义事业更快地向前发展。

二、社会发展的根本性决定力量——占主导地位的社会生产力的历史性变化

从根本上说，人类社会的状况和面貌是由其自身的生产和再生产所决

定的。在各个历史发展阶段，人类社会都有三种根本性的生产：人类自身生产、物质资料生产和精神生活生产。这三种生产互为条件、相互渗透，内在地交织在一起，共同决定着整个社会的发展面貌，而其主次地位及所起作用却呈现着历史的不同和变化。要确切地说明社会发展过程，就要确切地反映这些历史的不同和变化，证明在一定历史阶段到底是哪一种具体的生产占主导地位、起主导作用，不能仅仅笼统地说社会生产方式决定社会历史状况，更不能一成不变地认为在社会历史的各个发展阶段，只有一种生产始终起决定作用。认为在社会历史的各个发展阶段，只有物质资料生产对社会起根本性决定作用，犯的就是形而上学不变论和独断论的错误。

在原始社会，还没有可能出现以广泛的社会联系、发达的精神力量为支撑的、真正社会性的生产力。这时的社会生产力与其说是社会性的，倒不如说是以自然关系为纽带的、初具社会群体性的，更为确切。社会生产力水平的低下，使得原始社会人类的存在和发展主要依赖其自然关系及自然生产力。如果有丰富的自然食物资源，人类就繁衍得快，存活率高，体质也较为健壮。如果自然食物资源匮乏，不仅情况与此相反，还会引起人类的迁徙流动，甚至引起人们之间的争夺和族群之间的战争。恶劣的自然生存条件及族群间的矛盾，更需要氏族集体的强大力量和氏族内部的精诚团结，加速自身的生殖繁衍，以维持氏族的生存。于是，以血缘关系为纽带的家庭组织和集体组织及其制度便随之形成发展起来。由于人们逐步认识到血缘家族成员间的群婚杂居状态严重影响家庭的生存和发展（开始往往是某些偶然因素使人们认识到这一问题），便有了先是族内不同辈分之间、后是兄弟姐妹之间禁婚的伦理关系和原则，并由族内婚过渡到族外婚，由族外婚逐渐演变成对偶婚。历史研究的资料说明，物质资料生产方式的不同，在原始社会主要是由于不同地区自然资源的不同而造成的。物质资料生产方式的差别在原始社会并没有带来与其相应的社会发展程度的差别，倒是血缘关系和两性关系的变革对社会发展更具决定性作用。那些实行族外婚的血缘家族，由于婚亲血缘关系的扩大和发展，不仅优化了人们的遗传关系，增强了人的智能和体质，而且形成了以氏族制度为基础的、较强大的部落或部落联盟。这样就为他们扩大更多的领地，占有更多的资源，夺取部族战争的胜利，奠定了坚实的社会物质基础。在原始社会，正是婚姻血亲关系的演变，导致了氏族制度和部落及部落联盟制度的形成和发展，导致并推动了人类由原始的采集业、狩猎业向渔业、畜牧业、游牧业和农业生产方式的发展和过渡。畜牧业、农业以及剩余产品的出现，又促进了一夫一妻制婚姻家庭关系和私有制经济的产生与发展。但这已是原始社会晚期的事情了。

总的说来，在原始社会，尤其是在其发展缓慢的早期和中期，人们生活的自然环境、人的各种自然关系，尤其是人的血亲关系和人类自身的生产，在人们的实践中占据主导地位，比物质资料生产对人类社会起着更为根本的决定性作用，决定社会发展全貌的根本性力量主要是人类所遇到的现成自然生产力和人类自身生产力。这些观点在马克思、恩格斯晚年的著述中均有所表述，特别是集中在恩格斯的《家庭、私有制和国家的起源》一书中。

物质资料生产作为一种新的生产，相对独立于人类自身生产。只有在人类社会的生产发展到一定阶段，人类凭借生产的力量和由此发展起来的智慧足以与大自然的力量相抗衡的时候，它才能成为一种相当普遍的社会生产方式，成为人类社会生存和发展的基础。原始社会中后期新石器的使用和第一次社会大分工的出现，就是这一时代到来的标志。只有在这时，人类才真正开始由以自然生产和自身生产为基础的社会发展到以物质资料生产为基础的社会，而这也就意味着原始公有制社会的解体和私有制社会的来临。相伴随的是母权社会向父权社会的过渡。

当然，以自然索取和人的自然生命的生产为主体的生产，不具有生产创造性和经济效益属性，严格说来，不具备社会生产的根本特征。只有能够提供剩余的、具有创新性物质资料的生产达到相当普及的程度，真正的生产分工，打破人的社会组织、社会交往，以及不断更新的人的社会需求，才能被不断地生产出来，使社会发展建立在社会生产发展的现实基础之上。这就是原始社会早中期发展缓慢而后来则发展越来越快的原因所在。因此，人区别于动物的、真实的社会生产和社会历史，是伴随物质资料的生产成为人类基本的生产活动开始的。正是在这个意义上，马克思认为，物质资料的生产和生产方式，是人类社会存在和发展的基础，是以往一切历史演变的前提。社会分工和物质资料生产的发展直接导致了私有制、阶级和国家的产生，使一部有文字记载的人类文明史变成了阶级和阶级斗争的历史。

资产阶级依靠科技革命和工业革命，使物质生产和商品生产达到高度发达的程度。以此为基础，资本主义的社会制度打破了人对人、对集体的强制性依附关系，建立并形成了人对物和对资本的强制性依附关系。在这种关系的约束下，人对其生活的各种资源采取掠夺式、破坏式占有和利用，达到了前所未有的疯狂程度，使人类的分化、对立、极少数人剥削和奴役绝大多数人等社会矛盾，发展到登峰造极的地步。资本主义发展起来的社会化生产力，高度机械化、自动化的生产方式，日益发展并不断转化为新生产力的科学技术、科学管理和由此而来的劳动者知识化，劳动力智能化，财富生产多样化、高效化并主要依靠知识更新、科技进步来获得资源和财富等情况，意味着人类将最终摆脱对于物的强制性依赖关系，进入由精神生产为主导，以智能提高和科技进步为基础的、全面发展的社会历史阶段。它要求以生产资料公有制为基础，资源共享、财富共享、民主管理、社会协商、合理利用资源，克服资本主义制度的种种弊端。目前，这个时代已经开始或者正在到来。

三、未来历史时代的瞻望

物质资料生产至今经历了上万年的发展历史，大体经历了如下三个阶段：第一，手工生产——形成以农业为主业的自然经济；第二，机器生产——形成以工业为主业的商品市场经济；第三，自动化生产——形成以计算机控制的系统联合生产为特征、以科技创新业为主业的高度社会化知识经济。在手工生产的农业经济基础上，形成了以奴隶主、封建主为首的社会。在机器生产的工业经济基础上，形成了以资本家为首的社会。在自动化生产的知识经济基础上，将形成由联合起来的知识化工人当家作主的社会。

在高度社会化、自动化、知识化经济中，作为高技术、高知识含量的知识型产品，尤其是创新型产品，将受到社会的普遍欢迎。这些部门将在一、二、三产业发展基础上，作为新兴的第四产业获得比前三个产业快得多的发展。它提供高新技术产品，培养造就高素质人才，为一、二、三产业的高效快速发展提供有力的人才支持和技术支持。由于知识、技术、管理、创新在经济发展中的作用日益增强，尤其是在降低生产成本、增加效益方面的作用日显突出，原来依靠资本实力进行的各种竞争将更多地依靠人才来进行，更多地表现为人才竞争、技术竞争、建立健全创新机制和科学管理的制度竞争等。而科技、人才、管理、效率的竞争，归根到底取决于制度的竞争。没有一个好的约束激励机制，没有制度的科学创新，就很难设想这一切。而未来科学的发展、高新技术的突破，将更加迅猛，呈现交叉综合的趋势。落后的制度将使生活其中的人更为落后。

过去的百年间，人类对自然和社会的认识有了长足的进步，在有些领域甚至发生了理论科学的革命性变革。如物理学领域的量子论、相对论的提出，地学领域的大地构造活动论的提出，化学生物学领域的分子生物学、基因组合、基因隔离与替换及分析化学等新理论的提出，边缘交叉多学科综合的控制论、信息论、系统论的提出，社会科学领域的实践哲学（当然并非各种形式的实践哲学都具有科学创见）、社会历史哲学、数量分析经济学、社会交往互动理论、持续发展理论、领导决策学、管理科学和国家宏观调控理论等，都使人类的认识在理论上取得了许多重大突破。这些突破直接导致一系列新技术的出现，引发一系列新产业的兴起，最终决定整个社会经济的新面貌，社会生产方式、生活方式及人的文化价值观念等因此发生一系列变革。20 世纪具有创新意义的现代技术有：以半导体、光导纤维、复合材料为代表的各种新材料技术；以原子能为代表的新能源技术；以微电子、分子电子、光电子、超导电子为代表的信息技术；以基因工程、细胞工程为代表的生物技术；以海底钻探、海能利用为代表的海洋技术；以宇宙飞船、地球卫星为代表的空间技术等。与此相应，作为第三产业的商业、交通、通信、旅游等服务产业、信息产业、生态产业以及更为重要的科技、教育、卫生、体育产业，获得了比传统制造业更为迅速的发展。传统产业结构正在向现代产业结构急剧转变。可以预见，在不久的未来，制造业也将由于信息产品、自动控制产品、各种生物制品、复合材料制品的制造而发生根本性的变化。社会从业人口的职业结构、脑体劳动结构、时间安排结构、活动空间范围以及择业就业观念，都在发生重大变化。总的说来，产品的换代将更为迅速，知识技术的更新将更为频繁，脑力劳动者将更多地替代体力劳动者，整个劳动者阶级将逐步实现知识化。劳动者的闲暇娱乐时间和学习新知识、掌握新技能、参与各种社会公务活动的时间也将大大延长。其食物结构、消费支出、婚姻家庭关系也将因为生产、生活方式的变化而发生相应的改变。人的社会关系将更加紧密，并在更大范围内形成相互制约、相互影响的关系。创新意识，自我发展意识，充分发挥个人才能的意识，公平竞争、合作共事、互利互惠的意识，崇尚科学与民主的意识，将成为未来人类的主流意识，决定着人们的价值观念。

当然，物质资料生产作为人类基础性社会生产，在任何时候都是与其他社会生产活动交织并存、相互联结、交互作用的。在未来社会，人类仍然要依靠物质资料生产来解决衣食住行的问题，依靠它来提供生产、生活及各种社会实践的物质手段。随着科技进步，物质资料的生产活动将成为完全“可以让物来替人从事的劳动”①。“劳动表现为不再象以前那样被包括在生产过程中，相反地，表现为人是以生产过程的监督者和调节者的身份同生产过程本身发生关系。……工人不再是生产过程的主要当事者，而是站在生产过程的旁边。”② 真正有意义的生产活动将越来越多地主要表现为机器和物所不能替代人来进行的首创性精神生产和新技术手段的发明创造。正是在这个意义上，我们把未来称为信息社会、知识经济时代。目

① 《马克思恩格斯全集》第 46 卷（上），人民出版社 1979 年版，第 287 页。
② 《马克思恩格斯全集》第 46 卷（下），人民出版社 1980 年版，第 218 页。

前，发达资本主义国家的社会经济开始表现出这一历史发展趋势，并初具这方面的某些特征。在这种形势下，单纯资本要素的追加，如果不与知识创新、技术创新结合起来，将很难实现资本价值增殖的本性和功能。知识创新和技术创新在市场经济条件下，若没有资本运作的支持以及同市场需求的结合，也很难实现自身的发展。这就有可能促成知识技术创新阶层与资本家阶级的结盟，使一部分高级知识分子从总体工人中分离出来，成为当今社会最富有的资本家阶层。传统的、跟不上知识技术创新时代潮流的资本家，只能作为社会食利者存在。在资本主义条件下，技术创新还可能使工人阶级中的一般劳动群众和其他劳动者遭受新技术应用带来的强制性排挤。一般劳动者就业方面的竞争，必然进一步降低他们的社会经济政治地位，加剧他们的分化和收入状况的恶化。在资本主义经营利润最大化机制的作用下，他们的个人劳动收入与其相应的消费购买力严重滞后于经济增长速度和社会发展速度，劳动者个人的发展严重滞后于时代前进的步伐，势必导致严重的经济危机和尖锐的社会矛盾。接下来，就是整个市场经济体系崩溃，资本家被剥夺（尽管资本家总是将危机造成的困难转嫁给工人，发达资本主义国家总是通过掠夺落后国家，控制资源和市场，将危机转嫁给落后国家，但这最终会进一步激化矛盾），资本主义为更高级的社会制度所取代。知识经济时代经济危机和社会矛盾的加深及对社会持续发展的破坏，将大大超过前资本主义时期，并将进一步证明资本主义的历史局限性。

适应信息社会、知识经济时代的最合理的社会制度，只能是实行生产资料公有制、实施民主科学管理的共产主义社会制度。正如马克思在《资本论》中所说，使每个人全面发展的共产主义自由王国，“只是在由必需和外在目的规定要做的劳动终止的地方才开始；因而按照事物的本性来说，它存在于真正物质生产领域的彼岸”，“在这个（物质生产领域的）必然王国的彼岸，作为目的本身的人类能力的发展，真正的自由王国，就开始了”。[①] 就是说，资本主义的充分发展，物质资料生产的高度自动化、社

① 《马克思恩格斯全集》第 25 卷，人民出版社 1974 年版，第 927 页。

会化，整个世界经济的一体化和劳动效率的成倍提高，将为每个人的自由发展和共产主义社会的到来准备充分的物质基础。只有共产主义社会制度，才能保障每个人充分享有生产发展、劳动效率提高所带来的极大好处，既享有越来越多的自由支配时间，又享有生活的不断丰富和改善，从而使社会生活的各个领域得以不断创新，获得持续健康的发展，避免资本主义那种“非人的”、完全由利润驱动的、畸形病态的非持续性发展。

在信息社会和知识经济时代，工人阶级和知识阶层的绝大多数人将融为一体。代表新生产力的知识阶层必须认识到，他们所拥有的科学文化，所拥有的创新能力，尽管包含着个人努力，是个人劳动的结果，但更多的是全人类的文明结晶，是世世代代劳动人民在社会实践中形成的智慧结晶。离开人类文明，离开他人的劳动创造，永远不会产生纯粹个人的发明创造。在商品经济中，虽然知识如同劳动力那样，可以作为商品，也包含着价值，但这无非是因为它们都是一种特殊的劳动产品，是在私有制条件下直接表现为私人劳动的产品。私人劳动向社会劳动的转化采取了商品价值的形式。知识本身并不能像劳动力那样可以自动地提供劳动，创造价值。它必须与劳动者的劳动行为相结合，才能转化为现实的生产力，为人类创造社会财富。知识本身作为劳动成果和社会财富，只不过是死劳动，是个人的、更多的是已经发生的社会劳动的凝结，本质上属于全人类共有共享的社会财富。事实上，并没有可以取代劳动价值论的知识价值论，也不应该把个人掌握的知识当作剥削奴役他人的资本。

知识离开人的劳动，离开社会实践，就不能给人们创造任何财富，不能发生价值增殖。掌握和运用知识，要付出复杂程度较高甚至很高的劳动，才能创造财富、创造新价值。所以，对掌握运用知识于社会生产（包括精神生产）为人类创造了物质财富和精神财富的脑力劳动者，应当给予足够的尊重并做出相应的经济补偿。

知识阶层在官本位社会和等级身份制社会中，不过是依附于官僚政客的寄生性阶层，是统治阶级及其官僚特权阶层的御用工具。知识阶层在资本主义社会，也不过是资本价值增殖的工具，充当资本家阶级对付广大工人阶级和一般劳动者阶级的挡箭牌和撒手锏（资本家用机器和技术来排挤工人和小生产者，又把劳动者贫穷的原因归之于劳动者没有知识和技术，而西方马克思主义的一些代表人物则把马克思对资本主义的社会批判转换成文化批判和科学技术批判）。因此，知识阶层作为当今社会最有发展前途的阶层，要想获得真正的解放，摆脱对人和资本的依附，使自己的劳动成果既造福于全人类，也造福于自己，并由此取得全社会的尊重，充分实现自己的价值和作用，就必须认识到工人阶级的前途命运也就是自己的前途命运，工人阶级的历史使命也就是自己的历史使命，自觉地站在工人阶级立场上与工人阶级保持一致，用先进的思想文化武装工人阶级和其他劳动者阶级，为共产主义事业而奋斗。作为工人阶级思想武器的马克思主义，也正是由知识阶层的最优秀分子创立和发展起来的。

（此文是我和杨思基教授合写的文章，2000 年 5 月发表于《中共中央党校学报》第 4 卷第 2 期，全文转载于中国人民大学复印报刊资料《哲学原理》2000 年第 6 期）

社会基本矛盾理论与全面深化改革的方向

习近平同志指出："要学习和掌握社会基本矛盾分析法，深入理解全面深化改革的重要性和紧迫性。"社会基本矛盾是生产力和生产关系、经济基础和上层建筑之间的矛盾；社会基本矛盾的运动是推动人类社会发展的基本动力，社会基本矛盾运动和展开构成人类社会发展的基本规律；社会基本矛盾分析法是运用社会基本矛盾理论为指导来研究和揭示人类社会发展规律的基本方法。因此，社会基本矛盾理论构成马克思历史唯物主义的基石。这是马克思主义哲学的基本原理，也是社会科学的常识。然而，生产力和生产关系、经济基础和上层建筑之间的关系如何表述？马克思恩格斯使用"适应"，毛泽东同志有时使用"适应"，有时则使用"平衡"。那么，不同的概念是否能表达同样的思想？不同的概念对理论体系的构建会产生什么影响？不同理论体系对实践活动又会产生什么样的结果？这些不仅是重大的基本理论问题，而且是直接关系到当代中国能否顺利推进"全面深化改革"战略布局的重大实践问题。

一、马克思恩格斯和毛泽东同志对社会基本矛盾关系表述的异同

马克思恩格斯一直使用"适应"一词来表述社会基本矛盾之间的关

系。在马克思恩格斯的著作中，“适应”一词俯拾即是。如《德意志意识形态》作为第一部阐述历史唯物主义思想的著作，根据《马克思恩格斯文集》10 卷本收录文本统计，马克思恩格斯共 16 处使用“适应”一词，其中有一段文字竟然使用了 3 次。马克思恩格斯说：“已成为桎梏的旧交往形式被**适应**（笔者标注加黑，以下类同）于比较发达的生产力，因而也**适应**于进步的个人自主活动方式的新交往形式所代替；新的交往形式又会成为桎梏，然后又为另一种交往形式所代替。由于这些条件在历史发展的每一阶段都是与同一时期的生产力的发展相**适应**的，所以它们的历史同时也是发展着的、由每一个新的一代承受下来的生产力的历史，从而也是个人本身力量发展的历史。”①

马克思恩格斯认为，生产关系一定要适应生产力的发展状况，上层建筑一定要适应经济基础的发展状况。当生产关系适应生产力的发展状况时，就会推动生产力的发展；当生产关系不适应生产力发展状况时，就会阻碍或破坏生产力的发展。“适应”和“不适应”是马克思恩格斯阐述社会基本矛盾的关系时使用的唯一概念，反映了他们关于社会基本矛盾关系理论的基本观点，表达了他们关于社会基本矛盾理论的成熟思想。

毛泽东同志在表达社会基本矛盾关系时则使用了两个概念，即“适应”与“平衡”。毛泽东的理论贡献在于创造性地提出“社会基本矛盾”概念，并使用“适应”概念来分析社会主义社会基本矛盾的性质。他指出：“社会主义生产关系已经建立起来，它是和生产力的发展相**适应**的；但是，它又还很不完善，这些不完善的方面和生产力的发展又是相矛盾的。除了生产关系和生产力发展的这种又相**适应**又相矛盾的情况以外，还有上层建筑和经济基础的又相**适应**又相矛盾的情况。”② 这与马克思恩格斯的思想是一致的。

然而，毛泽东同志更喜欢“平衡”概念。早在《矛盾论》中，他在谈

---

① 《马克思恩格斯文集》第 1 卷，人民出版社 2009 年版，第 575—576 页。

② 《毛泽东文集》第 7 卷，人民出版社 1999 年版，第 215 页。

到主要矛盾和次要矛盾的关系时，明确提出这是矛盾的“不平衡性”。建国后，他更是经常用“平衡”概念来表达对经济问题的看法。他在中共八届二次全体会议上的讲话中说：“我们的计划经济，又**平衡**又**不平衡**。平衡是暂时的，有条件的。暂时建立了平衡，随后就要发生变动。”[①]甚至用“平衡”概念来表达对社会基本矛盾关系的认识，集中体现在《读苏联〈政治经济学教科书〉的谈话》中。他指出：“我们要以生产力和生产关系的平衡和不平衡，生产关系和上层建筑的平衡和不平衡，作为纲，来研究社会主义社会的经济问题。”[②]在有的时候，又把“平衡”和“适应”两个概念等同起来使用。他说：“生产力和生产关系之间、生产关系和上层建筑之间的矛盾和不平衡是绝对的。上层建筑适应生产关系，生产关系适应生产力，或者说它们之间达到平衡，总是相对的。平衡和不平衡这个矛盾的两个侧面，不平衡是绝对的，平衡是相对的。如果只有平衡，没有不平衡，生产力、生产关系、上层建筑就不能发展了，就固定了。”[③]很显然，毛泽东在理论上已经把“平衡”与“适应”相混淆，甚至用“平衡”取代了“适应”，把上层建筑和经济基础、生产关系和生产力之间的关系理解为一种“平衡”和“不平衡”的关系；而且认为生产力和生产关系之间，经济基础和上层建筑之间，平衡是相对的，不平衡是绝对的。因此，要把这种“平衡和不平衡”作为纲，来研究社会主义社会的经济问题。

从中国文字学的角度来看，“适应”和“平衡”是两个区别比较大的词。何谓适应？东汉文学家许慎所著《说文解字》释为：“適，施隻切，之也。从辵，啻聲。適，宋魯語。”含有不断前行的意思。“應，於陵切，當也。从心，聲。”含有两个事物彼此配合，形成某种恰当的状态。“适应”的核心释义是构成事物的多个要素在发展过程中呈现出来的一种自我调整、自我约束、自我完善、相互配合、不断优化的状态。

① 《毛泽东选集》第5卷，人民出版社1977年版，第313页。
② 《毛泽东文集》第8卷，人民出版社1999年版，第130—131页。
③ 《毛泽东文集》第8卷，人民出版社1999年版，第131页。

何谓平衡？《说文解字》释为："平，符兵切，語平舒也。从亏、从八。八，分也。爰禮说。"意谓语调平舒，号音稳定悠长，引申为警情安定，没有起伏变化。"衡，户庚切，牛觵，横大木其角。从角、从大，行聲。"解释为牛角上横木，引申为相等，保持平均。"平衡"的核心释义是构成事物多个要素之间保持稳定、相等、均衡的状态，而且这种状态主要是由于外力的作用，是一种被动的状态。

由此可见，"适应"与"平衡"是两个含义差别很大的概念。首先，"适应"强调的是事物构成各要素之间的不相等性，相互之间存在着决定与被决定的关系；"平衡"强调的是事物构成要素之间的相等性，只是存在着某种数量、质量等的差异关系。其次，"适应"强调的是构成事物多个要素的自我运动、自我调节和自我完善的过程；"平衡"强调的是事物构成各要素的比例、数量、质量等的相互关系。再次，"适应"强调的是由于事物内部矛盾运动而展示出来的发展规律性，具有不以人的意志为转移的特点；而"平衡"强调的是事物构成要素的数量、质量的改变，是受到外力的作用，甚至是在主体的干预下实现的。

由此可见，如何认识和表达社会基本矛盾的关系，使用"适应"概念还是采取"平衡"概念，决不是简单的概念转变。因为"适应"和"平衡"作为理解社会基本矛盾的关键词，会直接关系到对整个社会基本矛盾理论体系的理解和构建，进而直接影响到理论指导下的社会实践后果。

二、马克思恩格斯的"适应"理论和毛泽东同志"平衡"理论的异同

马克思恩格斯以"适应"为核心理念，构建起关于生产力和生产关系、经济基础和上层建筑的基本理论体系。

首先，马克思恩格斯认为，生产力和生产关系、经济基础和上层建筑作为构成社会形态的一般结构性要素，其地位和作用并不是同等的，而是

有着决定和被决定的关系。其中，生产力决定生产关系，经济基础决定上层建筑。“人们生产力的一切变化必然引起他们的生产关系的变化。”[①]“这些生产关系的总和构成社会的经济结构，即有法律的和政治的上层建筑树立其上并有一定的社会意识形式与之相适应的现实基础。”[②]尽管，马克思恩格斯也肯定生产关系对生产力、上层建筑对经济基础具有反作用，但是，“根据唯物史观，历史过程中的决定性因素归根到底是现实生活的生产和再生产”[③]。

其次，马克思恩格斯强调，生产力和生产关系、经济基础和上层建筑作为构成社会发展动力系统的基本要素，推动人类社会的发展经历了从低级到高级的演进，最终实现人的自由而全面的发展。马克思指出：“物质生活的生产方式制约着整个社会生活、政治生活和精神生活。”[④]就是说，生产力与生产关系、经济基础和上层建筑，涵括了社会的经济、政治、文化等各个层面的内容；生产力与生产关系、经济基础与上层建筑的发展过程，也就是整个社会经济、政治、文化的发展过程，这是多种矛盾相互交错、多种因素相互作用、通过无限多的偶然性最终展示其必然性的复杂过程。

再次，马克思恩格斯认为，生产力和生产关系、经济基础和上层建筑的矛盾运动过程展示为社会发展规律，具有不以人的意志为转移的客观必然性。马克思说：“我的观点是把经济的社会形态的发展理解为一种自然史的过程”[⑤]；特别强调，“人们不能自由选择自己的生产力——这是他们的全部历史的基础，因为任何生产力都是一种既得的力量，是以往的活动的产物”[⑥]。因此，人们只能根据生产力与生产关系、经济基础和上层建筑矛盾运动的规律办事，解决历史已经提出或正在提出的任务，而决不能超

① 《马克思恩格斯文集》第1卷，人民出版社2009年版，第613页。
② 《马克思恩格斯文集》第2卷，人民出版社2009年版，第591页。
③ 《马克思恩格斯文集》第10卷，人民出版社2009年版，第591页。
④ 《马克思恩格斯文集》第2卷，人民出版社2009年版，第591页。
⑤ 《马克思恩格斯文集》第5卷，人民出版社2009年版，第10页。
⑥ 《马克思恩格斯文集》第10卷，人民出版社2009年版，第43页。

越客观实际，凭主观愿望办事。

马克思恩格斯的理论贡献在于，科学说明生产力是人类社会发展的根本动力，阐述生产力与生产关系、经济基础与上层建筑的矛盾运动构成人类社会发展的基本动力系统，揭示人类社会发展是一个随着生产力与生产关系、经济基础与上层建筑矛盾运动的展开而实现的由低级到高级的客观发展过程。但是，由于多方面的原因，马克思恩格斯没有详细研究生产关系适应生产力、上层建筑适应经济基础的内在机制，没有研究当生产关系不适应生产力、上层建筑不适应经济基础时如何进行变革和怎么变革，没有研究“适应”和“不适应”的评价标准等问题。这种理论上的缺憾，既为后人研究社会基本矛盾理论提供了极大的空间，也使后人在理解这个理论时造成误读甚至错读成为可能。

毛泽东继承了马克思恩格斯关于生产力与生产关系、经济基础与上层建筑之间的“适应”理论，又力图解决马克思恩格斯在创立理论时所没有解决的问题，并根据当时中国社会的实践要求和自己对理论的理解，加上自己的“平衡”思想，使其社会基本矛盾理论具有自己的特点。

毛泽东更加强调生产关系、上层建筑的“反作用”，甚至用“决定性”一词来表达这种反作用。毛泽东强调：“诚然，生产力、实践、经济基础，一般地表现为主要的决定的作用，谁不承认这一点，谁就不是唯物论者。然而，生产关系、理论、上层建筑这些方面，在一定条件之下，又转过来表现其为主要的决定的作用，这也是必须承认的。当着不变更生产关系，生产力就不能发展的时候，生产关系的变更就起了主要的决定的作用。”① 毛泽东这里所讲的“决定”一词没有明确的内涵，也没有明确地使用边界，这就使把生产力与生产关系、经济基础与上层建筑的决定与被决定的地位搞混淆成为可能。或许正是因为将这种决定与被决定关系搞混淆了，将其在社会发展动力体系中的不同地位和作用搞混淆了，毛泽东就将“适应”和“平衡”混用，甚至用“平衡”取代“适应”。如果说，“适应”

① 《毛泽东选集》第1卷，人民出版社1991年版，第325—326页。

表达的是生产力与生产关系、经济基础与上层建筑作为社会发展动力系统的基本要素之间的自我运动、自我调整、自我优化的过程；那么，“平衡”就一定要求有一个主体，按照某种主观意志或价值取向，将社会发展动力系统中的各个要素进行有目的性的排列组合。

这个理论的逻辑展开必然要求确立实现“平衡”的主体性要素。毛泽东把“平衡”的主体设计为“人”，进而演变成国家政权。毛泽东将“生产力”要素简单化。他说：“生产力有两项，一项是人，一项是工具。工具是人创造的。工具要革命，它会通过人来讲话，通过劳动者来讲话，破坏旧的生产关系，破坏旧的社会关系。”[①]很显然，毛泽东将“人”作为生产力构成要素的主体因素，这是正确的。毛泽东进一步指出：“一切革命的历史都证明，并不是先有充分发展的新的生产力，然后才改造落后的生产关系，而是要首先造成舆论，进行革命，夺取政权，才有可能消灭旧的生产关系。消灭了旧的生产关系，确立了新的生产关系，这样就为新的生产力的发展开辟了道路。”[②]这个理论逻辑的必然结论是，在社会动力系统结构中，主体因素由“人”演变成为国家政权。

顺理成章，毛泽东将社会基本矛盾之间的“平衡”机制，设计为是由国家政权主导的变革生产关系和上层建筑的活动。马克思恩格斯认为，生产关系是生产力诸要素结合的社会形式，是人们在物质生产和再生产过程中所形成的经济关系，包含生产资料所有制关系、生产过程中人与人的关系和产品分配关系；体现在生产、分配、交换和消费四个环节中。这是一个非常复杂的结构体。毛泽东将马克思恩格斯的生产关系和经济基础概念简单化。他在中共八届二次全体会议上的讲话时说：“所谓的经济基础，就是生产关系，主要是所有制。”[③]在这种理解的基础上，毛泽东将社会主义革命和建设简单地等同于变革所有制，即“农业和手工业由个体的所有制变为社会主义集体所有制，私营工商业由资本主义所有制变为社会主义

① 《毛泽东选集》第5卷，人民出版社1977年版，第319页。
② 《毛泽东文集》第8卷，人民出版社1999年版，第132页。
③ 《毛泽东选集》第5卷，人民出版社1977年版，第319页。

所有制，必然使生产力大大地获得解放”。到1957年7月9日，面对错综复杂的国际国内环境，毛泽东在上海干部会议上的讲话中指出：“社会主义改造有两方面：一方面是制度的改造，一方面是人的改造，制度不单是所有制，而且有上层建筑，主要是政权机关、意识形态。”[①]由此拉开新中国成立以后漫长的思想改造运动的序幕。正如邓小平评论毛泽东所说：“不是说他不想发展生产力，但方法不都是对头的，例如搞‘大跃进’、人民公社，就没有按照社会经济发展的规律办事。”[②]

总之，毛泽东关于社会基本矛盾的思想，继承和发展了马克思恩格斯关于社会基本矛盾的理论观点，又带有鲜明的中国特色，表现了毛泽东作为一个领导中国人民推翻三座大山、争取民族独立和人民解放的革命领袖所必然具有的品质和特点。然而，正如毛泽东所说：“我们要保持过去革命战争时期那么一股劲，那么一股革命热情，那么一种拼命精神，把革命工作做到底。”[③]将战争年代的一些做法，哪怕是一些非常成功的做法，简单搬到社会主义革命和建设时期来运用，如更加重视生产关系、上层建筑的反作用，而忽视了解放和发展生产力这个根本任务；过于强调人的主观能动性，而忽视规律的客观必然性；更加突出政党或政权的领导力和执行力，而忽视社会各项要素的全面协调发展等，最终导致“文化大革命”那种全局性的、长时间的严重错误。这个教训是极其深刻的，也是刻骨铭心的，值得我们很好地反思和总结。

三、以社会基本矛盾理论为指导正确把握全面深化改革的方向

习近平同志指出：“我们提出进行全面深化改革，就是要适应我国社会基本矛盾运动的变化来推进社会发展。”能否正确理解马克思主义的社

① 《毛泽东选集》第5卷，人民出版社1977年版，第43页。
② 《邓小平文选》第3卷，人民出版社1993年版，第116页。
③ 《毛泽东选集》第5卷，人民出版社1977年版，第420页。

会基本矛盾理论，直接关系到中国全面深化改革顶层设计是否科学，全面深化改革的路径选择是否合理，全面深化改变的评价标准是否最佳，全面深化改革的主体能动性能否调动，最终关系到全面深化改革的目标能否实现。因此，中国共产党作为中国特色社会主义事业的领导核心，必须以马克思主义社会基本矛盾理论为指导，正确把握全面深化改革的方向。

首先，应将社会基本矛盾作整体性把握，在科学制定全面深化改革的顶层设计的同时，更要注重关键问题的攻坚克难。马克思恩格斯具有丰富的整体性思想，并把整体性思想作为方法来构建自己的理论体系。作为社会基本矛盾构成要素的生产力和生产关系、经济基础和上层建筑之间，有着非常复杂的决定与被决定、作用与反作用的关系。在考察社会基本矛盾及其运动的过程中，必须放到特定的社会环境下，从整体性方面来确定各个要素的地位，分析各个要素发挥作用的条件和方式，从而制定出科学合理的顶层设计。试图把任何一方绝对化的做法不是唯物史观的态度，试图把两方平衡化的做法也不是唯物史观的态度。与此同时，更要关注影响中国改革开放大局的关键性问题，勇于发挥“壮士断腕”的精神，冲破利益固化的藩篱，下大力气解决问题。正如习近平所强调指出：“只有把生产力和生产关系的矛盾运动同经济基础和上层建筑的矛盾运动结合起来观察，把社会基本矛盾作为一个整体来观察，才能全面把握整个社会的基本面貌和发展方向。坚持和发展中国特色社会主义，必须不断适应社会生产力发展调整生产关系，不断适应经济基础发展完善上层建筑。”[①] 真正做到加强顶层设计和摸着石头过河相结合，整体推进和重点突破相促进，才能提高改革决策的科学性，广泛形成共识，调动各方面的积极性，形成改革合力，成就改革大业。

其次，要辩证地看待社会基本矛盾的适应和不适应的关系，坚守改革的根本目的，把握全面深化改革的正确方向。当前，中国的改革正处在

① 《习近平在中共中央政治局第十一次集体学习时强调 推动全党学习和掌握历史唯物主义 更好认识规律更加能动地推进工作》，《人民日报》2013 年 12 月 5 日。

深水区和攻坚期，面对错综复杂的矛盾，人们普遍出现一种迷茫感、困惑感和无力感。迷茫中更需要坚守，即以经济建设为中心，促进社会公平正义，增进人民福祉为出发点和落脚点，全面深化改革不动摇；困惑中更需要方向，即完善和发展中国特色社会主义制度，推进国家治理体系和治理能力现代化；无力中更需要活力，即更加注重改革的系统性、整体性、协同性，加快发展社会主义市场经济、民主政治、先进文化、和谐社会、生态文明，让一切劳动、知识、技术、管理、资本的活力竞相迸发。这就要求我们必须下决心彻底改革生产关系和上层建筑中不相适应的环节。正如习近平所强调："只有既解决好生产关系中不适应的问题，又解决好上层建筑中不适应的问题，这样才能产生综合效应。同时，只有紧紧围绕发展这个第一要务来部署各方面的改革，以解放和发展社会生产力为改革提供强大牵引，才能更好推动生产关系与生产力、上层建筑与经济基础相适应。"当然，生产关系和上层建筑中不相适应的问题，有些问题已经在改革过程中得到切实解决；有些问题随着改革开放的推进已经明显暴露出来，只要我们下定决心制定科学的方案就可以解决问题。当然，有些问题会随着改革开放的深入而逐步显露甚至日益尖锐起来，这就需要我们静下心来、脚踏实地、深入实际调查研究，找到问题的关键所在。我们既要克服遇到困难缩手缩脚甚至自我否定的右倾情绪，也要克服急功近利超越阶段的"左"倾情绪。老路走不能，邪路不能走。改革过程中出现的问题只能通过改革来解决，在改革的过程中实现凤凰涅槃。

最后，正确处理好尊重客观规律与发挥人的主观能动性的关系，核心是处理好市场和政府的关系。社会规律是通过人的活动来实现的。但是，人不能创造规律，也不能违背规律，只能遵循客观规律办事。否则，无论人的主观动机多么善良，愿望多么美好，能力多么强大，都必定受到规律的惩罚。在这方面我们有着惨痛的教训。因为，人的主观能动性的发挥是有边界的，即是否合乎事物的发展规律；客观规律与人的主观能动性的有机统一决定着人们实践的最终结果。当前，经济体制改革的核心问题是处理好政府和市场的关系，使市场在资源配置中起决定性作用，更好发挥政府作用。毋庸置疑，市场经济具有自己的客观规律性。尽管经过三十多年的实践探索，我们已经积累了大量的知识，但是总体上对市场经济规律还是知之不多、知之不深，遇到一些事情就显得手忙脚乱。相反，我们对发挥政府的作用却有着丰富的经验，甚至已经成为一种工作习惯，形成一种思维定势，遇到事情就自觉不自觉地运用起来，在某些时候就出现“越位”“错位”的现象。因此，我们必须在全社会确立清醒的尊重市场规律的意识，保证社会主义市场经济按照自身的规律去运行；同时，通过立法程序，明确政府权力的定位，明晰政府权力的边界，明了政府权力的职能，真正实现政府职能由管理转向服务，提高政府对国家的治理能力，从而为全面深化改革提供根本保证。

（这是我和叶胜红博士合写的文章，发表于《科学社会主义》2016 年第 3 期）

恩格斯关于共产主义与社会民主主义本质区别的思想

在新出版的《马克思恩格斯文集》第 4 卷中收录了恩格斯在 1894 年 1 月 3 日写的《〈人民国家报〉国际问题论文集（1871—1875）》序。在这篇序言中，恩格斯简要介绍了收入论文集的四篇文章：《再论〈福格特先生〉》《行动中的巴枯宁主义者》《波兰人的声明》《论俄国的社会问题》。序言的文字很短，以前也没有引起人们更多的关注。

新版《马克思恩格斯文集》收录这篇序言的重要原因，是恩格斯在这篇序言中明确表达了一个重要思想，即马克思主义的共产主义与社会民主主义是完全不同的两个主义、两个思想体系，决不能混淆。恩格斯说："我根本不把自己称作社会民主主义者，而称作共产主义者。这是因为当时在各个国家里那些自称是社会民主主义者的人根本不把全部生产资料转归社会所有这一口号写在自己旗帜上。"① 在法国，社会民主主义者指的是对工人阶级怀着或多或少真实的、但总是捉摸不定的同情心的民主共和主义者，即 1848 年的赖德律－洛兰式的人物和 1874 年的带有蒲鲁东主义情绪的"激进社会主义者"；在德国，自称为社会民主主义者的是拉萨尔派。虽然他们中间的许多人已越来越深刻地意识到生产资料社会化的必要性，但是，道地的拉萨尔式的由国家资助的生产合作社仍然是唯一得到他们公开承认

① 《马克思恩格斯文集》第 4 卷，人民出版社 2009 年版，第 448 页。

的纲领要点。恩格斯强调指出，虽然在一定历史条件下社会民主主义这个词也许可以过得去，但是，对于经济纲领不单纯是一般社会主义的而直接是共产主义的党来说，对于政治上的最终目的是消除整个国家因而也消除民主的党来说，选择如此有伸缩性的名称来表示我们特有的观点，是绝对不行的。

阅读恩格斯的这段话，可以帮助我们思考三个问题。

一、正确理解和科学把握马克思恩格斯所设想的共产主义的本质特征

马克思恩格斯所设想的共产主义的本质特征，是“把全部生产资料转归社会所有”。这是马克思恩格斯通过对资本主义社会基本矛盾的深入分析得出的精辟结论。

恩格斯指出：“唯物主义历史观从下述原理出发：生产以及随生产而来的产品交换是一切社会制度的基础；在每个历史地出现的社会中，产品分配以及和它相伴随的社会之划分为阶级或等级，是由生产什么、怎样生产以及怎样交换产品来决定的。所以，一切社会变迁和政治变革的终极原因，不应当到人们的头脑中，到人们对永恒的真理和正义的日益增进的认识中去寻找，而应当到生产方式和交换方式的变更中去寻找；不应当到有关时代的哲学中去寻找，而应当到有关时代的经济中去寻找。”①

马克思恩格斯根据历史唯物主义的基本原理，认为资本主义生产方式能够代替封建主义生产方式的根本原因，是把“生产资料从个人的生产资料变为社会化的即只能由一批人共同使用的生产资料”。在资本主义生产出现之前，普遍存在着以劳动者私人占有生产资料为基础的小生产，如农村的农民和城市的手工业。所有的劳动资料，如土地、农具、作坊和手

① 《马克思恩格斯文集》第9卷，人民出版社2009年版，第283—284页。

工工具等都归个人所有，也只供个人使用，因而必然是小的、简陋的、有限的。把这些分散的、小的生产资料加以集中和扩大，把它们变成现代的强有力的生产杠杆，这是资本主义生产方式及其承担者即资产阶级的历史作用。人类社会发展的历史已经证明，资产阶级要是不把这些有限的生产资料从个人的生产资料变为社会化的即只能由一批人共同使用的生产资料，就不能把它们变成强大的生产力。同生产资料一样，生产本身也从一系列的个人行动变成了一系列的社会行动，劳动产品也从个人的产品变成了社会的产品。正是在这个过程中，“资产阶级日甚一日地消灭生产资料、财产和人口的分散状态。它使人口密集起来，使生产资料集中起来，使财产聚集在少数人的手里”[①]。由此必然产生的结果就是政治的集中，形成统一的政府、统一的法律、统一的民族和统一的关税等。正是这样的原因，才使得资产阶级在它不到一百年的阶级统治中所创造的生产力，比过去一切世代创造的全部生产力还要多，还要大。马克思恩格斯由此得出结论说：“资产阶级赖以形成的生产资料和交换手段，是在封建社会里造成的。在这些生产资料和交换手段发展的一定阶段上，封建社会的生产和交换在其中进行的关系，封建的农业和工场手工业组织，一句话，封建的所有制关系，就不再适应已经发展的生产力了。这种关系已经在阻碍生产而不是促进生产了。它变成了束缚生产的桎梏。它必须被炸毁，它已经被炸毁了。”[②]

马克思恩格斯通过研究资本主义生产方式的内在矛盾运动，说明用社会主义制度代替资本主义制度，“把全部生产资料转归社会所有”的必然性。在资本主义制度下，生产已经社会化了。但是，按社会化方式生产的产品已经不归那些真正使用生产资料和真正生产这些产品的人占有，而是归资本家占有，这就是资本主义社会所固有的生产社会化和资本主义私人占有之间的矛盾，而且这一矛盾已经包含着现代的一切冲突的萌芽。这一

---

① 《马克思恩格斯选集》第 1 卷，人民出版社 1995 年版，第 277 页。

② 《马克思恩格斯选集》第 1 卷，人民出版社 1995 年版，第 277 页。

矛盾在社会生活中集中体现为无产阶级和资产阶级的对立，在生产领域中则表现为个别工厂生产的组织性和整个社会生产的无政府状态之间的对立，这种对立发展到一定程度必然导致经济危机。经济危机说明，资本主义占有阻碍着生产的物的杠杆和人的杠杆的结合，不允许生产资料发挥作用，不允许工人劳动和生活。一方面，资本主义生产方式暴露出它没有能力继续驾驭这种生产力；另一方面，这种生产力本身以日益增长的威力要求消除这种矛盾，要求摆脱它作为资本的那种属性，要求在事实上承认它作为社会生产力的那种性质，因此，全部生产资料转归社会所有，已经成为一种必然。

马克思恩格斯大体描绘出共产主义社会的状态。一旦社会占有了生产资料，商品生产就将被消除，而产品对生产者的统治也将随之消除。社会生产内部的无政府状态将为有计划的自觉的组织所代替。个体生存斗争停止了，人最终脱离动物的生存条件进入真正人的生存条件。人们控制了自然界、社会等各种一直统治人们的异己力量，第一次成为自觉的、真正的主人。只是从这个时候起，人们才完全自觉地自己创造自己的历史。这是人类实现由必然王国进入自由王国的飞跃。

遗憾的是，马克思恩格斯由于历史和实践的局限性，对于如何实现、通过怎样的形式来实现“全部生产资料转归社会所有”这个科学社会主义的本质特征没有加以说明。这种遗憾，一方面使后人在理解科学社会主义的本质特征时产生理论上的混乱，进而带来实践中的曲折。另一方面，也为中国共产党人勇敢探索、积极开创中国特色社会主义提供了广阔的空间。

二、正确理解和科学把握社会民主主义的本质特征

社会民主主义或民主社会主义是对起源于欧洲社会主义运动中的改良主义的一个统称。最初是指 19 世纪 40 年代法、德等国社会民主工党

或社会党等的主张。恩格斯在《序言》中提到的赖德律－洛兰（1807—1874），是法国政论家和政治家，小资产阶级民主派领袖，在1848年革命期间任临时政府内务部部长和执行委员会委员，在议会中领导山岳派。他们建立了世界上第一个社会民主党，自称社会民主主义者，主张依靠资产阶级国家的帮助，来组织“国家工厂”，从而建立起社会主义。马克思认为，他们“代表着摇摆于资产阶级和无产阶级之间的群众，这些群众的物质利益要求民主制度”，是“半保守、半革命和全然空想的改良家”。[①] 蒲鲁东主义从小资产阶级立场出发批判资本主义，幻想使小生产者私有制永远存在；主张建立“交换银行”和发放无息贷款，以维护小生产者的私有制；宣传用改良的办法消除资本主义“坏的”方面，保留资本主义“好的”方面；反对无产阶级进行暴力革命和政治斗争，主张取消所有政府和国家。拉萨尔曾当过成立于1863年5月的全德工人联合会主席，参加过1848年德国革命，并与马克思相识。他认为，国家是全体人民的共同体，国家的使命是推动人们朝着自由的方向发展；依靠国家资助建立的生产合作社是工人阶级获得解放的最合法、最和平、最简单的方法；把劳动资料提高为社会公共财产，集体调节总劳动并公平分配劳动所得是实现工人阶级解放的根本途径；争取直接的普选权是工人阶级的政治基本原则，是改善工人阶级物质状况的唯一手段；劳动的解放应当是工人阶级的事情，其他一切阶级都是反动的一帮，等等。很显然，这些观点是极端错误的，在当时就受到马克思恩格斯的尖锐批判。马克思恩格斯在《共产党宣言》指出：“这种社会主义按其实际内容来说，或者是企图恢复旧的生产资料和交换手段，从而恢复旧的所有制关系和旧的社会，或者是企图重新把现代的生产资料和交换手段硬塞到已被它们突破而且必然被突破的旧的所有制关系的框子里去。它在这两种场合都是反动的，同时又是空想的。”[②]

---

① 《马克思恩格斯选集》第1卷，人民出版社1995年版，第432页。
② 《马克思恩格斯选集》第1卷，人民出版社1995年版，第298页。

在马克思恩格斯逝世之后，社会民主主义经历了曲折的发展过程。列宁时代社会民主主义改名为民主社会主义。1951 年六七月间在德国法兰克福召开了国际社会党会议，宣告社会党国际正式成立，并通过了题为《民主社会主义的目标和任务》的基本纲领，把“民主社会主义”作为社会党国际的目标和宗旨。到 20 世纪 80 年代前后，德国社会民主党最具代表性的思想家托马斯·迈尔明确提出：“民主社会主义是建立这样一种国家和社会制度的原则，在这种制度下，所有的人在一切生活领域的平等的自由将能通过团结互助和社会组织而得到实现。”[①] 民主社会主义是近代自由主义的自由运动的彻底的继续发展，其目的是要使所有人在一切生活领域的自由成为现实；其原动力是为所有的人争取平等的机会，使他们能在共同生活和劳动的一切领域发挥自己的个性。其历史原则是在公平分配共同创造的财富和所有的人参与决定大家共同的事务的前提下，实现所有的人在一切生活领域里的自决权；平等和自由只有通过人们彼此之间的团结互助才能实现，等等。1989 年，社会党国际在瑞典的斯德哥尔摩召开会议，根据出现的新情况和新问题，提出新的观点和战略，通过了《社会党国际原则声明》，进一步强化了民主社会主义在出发点的伦理性，立足点的全球性，指导思想的多元性，政治立场的中立性。

三、马克思、恩格斯的共产主义与民主社会主义的根本对立

通过对马克思恩格斯所倡导的共产主义，即科学社会主义与民主社会主义进行比较研究，可以看出二者至少在以下几个方面是根本对立的：

（一）对生产资料所有制的态度：这是恩格斯所提出的科学社会主义与民主社会主义的根本区别之点。科学社会主义认为，无产阶级取得政权后，必须根据生产力的发展要求，有步骤地“把全部生产资料转归社会

---

① ［德］托马斯·迈尔：《社会民主主义导论》，殷叙彝译，中央编译出版社 1996 年版，第 5 页。

所有”，以生产资料公有制代替资本主义私有制，不断提高劳动生产率，提高全体人民的物质和文化生活水平。所以马克思和恩格斯曾庄严宣布：“共产党人可以把自己的理论概括为一句话：消灭私有制。”[①] 民主社会主义不认为生产资料的社会占有是社会主义的必要条件和根本基础，而认为这只是实现社会主义可有可无的条件，没有决定意义。甚至有人把资本主义私有制看作“民主的因素”和“自由的表现”，认为消灭私有制就等于消灭民主和自由。这就完全丧失了社会主义应有的本质特征，成了为资本主义私有制永恒存在作论证的理论。

（二）理论基础：科学社会主义以辩证唯物主义和历史唯物主义为理论基础。恩格斯说，现代社会主义“同任何新的学说一样，它必须首先从已有的思想材料出发，虽然它的根子深深扎在经济的事实中”。[②] 科学社会主义批判地改造了空想社会主义和黑格尔的辩证法思想，创立了历史唯物主义学说，并以此为理论武器分析资本主义社会的基本矛盾，揭示了资本家剥削工人的秘密。正是唯物主义历史观和剩余价值这两大发现，使社会主义由空想变成科学。民主社会主义以人道主义为理论基础。他们从“人是目的，不是手段”出发，把“自由、平等、正义、友爱、互助”作为社会主义的基本内容。以此为基础所构建的理论体系必然是脱离工人阶级革命斗争的实际，陷入一种混乱、多元、自相矛盾的状态。

（三）指导思想：马克思恩格斯历来主张：“为了保证革命的成功，必须有思想和行动的统一。”[③] 科学社会主义始终坚持马克思主义的指导思想。如果否认马克思主义的指导作用，搞指导思想的多元化，必然会导致党组织和广大党员思想混乱，从而不可避免地导致党在政治上软弱和组织上分裂，甚至导致党的衰亡。民主社会主义主张指导思想的多元化，思想来源的多途径化，反对单一的思想理论基础。有的人甚至打着“政党没有世界观”的旗号，把民主社会主义说成是“人类社会思想的最高成就”，是一

① 《马克思恩格斯选集》第 1 卷，人民出版社 1995 年版，第 286 页。
② 《马克思恩格斯文集》第 9 卷，人民出版社 2009 年版，第 19 页。
③ 《马克思恩格斯全集》第 18 卷，人民出版社 1964 年版，第 385 页。

种吸收日常生活各种表现及其精神的开放性理论。当前，指导思想多元化已经成为导致民主党思想混乱、组织分裂的根本原因。

（四）社会发展动力：科学社会主义主张社会基本矛盾的运动是社会发展的根本动力。生产力和生产关系、经济基础和上层建筑的矛盾，构成人类社会的基本矛盾。“随着新生产力的获得，人们改变自己的生产方式，随着生产方式即谋生的方式的改变，人们也就会改变自己的一切社会关系。”[①] 由此推动着人类社会由低级到高级的发展。所以，历史唯物主义“在劳动发展史中找到了理解全部社会史的锁钥”[②]。民主社会主义主张伦理的必然性，认为“为所有的人争取平等的机会，使他们能在他们共同生活和劳动的一切领域发挥自己的个性，这是欧洲社会主义的原动力”[③]。这是非常典型的唯心史观。

（五）社会前进目标：科学社会主义主张实现最高理想是共产主义，即当实现“全部生产资料转归社会所有”之后，就会使社会生产力快速发展，社会财富极大丰富，阶级彻底消灭，国家完全消亡，人把自己从自然界、社会关系和人类自身的束缚中提升出来，获得自由而全面的发展。民主社会主义主张，要实现所有的人在一切生活领域的自决权。以此为社会目标，在经济上，“一种以全社会的利益为目标的经济计划和劳动者对经济的参与和决定是这一社会制度的特征”；在政治上，国家要成为为全社会利益服务的工具，人们由于共同的利益联系在一起而能够互相关怀和互相帮助。很显然，在资本主义制度下，这只能是闪耀着绚丽色彩的肥皂泡。

（六）实现途径：科学社会主义强调用暴力革命推翻资本主义社会。因为社会基本矛盾作为社会发展的根本动力，在阶级社会集中表现为敌对阶级之间的对立和斗争。资本主义社会基本矛盾的解决，只有通过无产阶级反对资产阶级的斗争，摧毁旧的上层建筑及其维护的经济基础，

---

① 《马克思恩格斯选集》第 1 卷，人民出版社 1995 年版，第 142 页。

② 《马克思恩格斯文集》第 4 卷，人民出版社 2009 年版，第 313 页。

③ [德]托马斯·迈尔:《社会民主主义导论》，殷叙彝译，中央编译出版社1996 年版，第5 页。

夺取政权，建立与生产力发展要求相适应的新上层建筑和经济基础才能实现。所以，马克思说："暴力是每一个孕育着新社会的旧社会的助产婆。"①但是，马克思恩格斯从来不排除和平转变的可能性。民主社会主义反对革命尤其是反对暴力革命，主张和平过渡和议会道路，提出："在社会主义为争取解放的斗争中，以及在社会主义关于一个符合人道精神的社会的设想中，团结互助是起关键作用的。只有当单个的人懂得通过自愿的团结为他人的生活机会分担责任并据此采取行动时，所有的人的自由和平等才是可能的。"②很显然，在尚存在剥削制度的资本主义社会，这些观念不仅是不可能实现的，而且会成为削弱工人阶级革命斗志的麻痹剂。

（七）党的性质：科学社会主义强调无产阶级政党的阶级性。共产党是无产阶级的先锋队组织，以马克思主义为指导思想，按照民主集中制的原则组织起来，具有坚强的组织纪律性和战斗力，是领导社会主义事业的核心力量，肩负着领导广大人民推翻资本主义制度、实现社会主义和共产主义的伟大历史使命。民主社会主义强调党的全民性，主张社会党的大门向一切承认民主社会主义的人们敞开。这是为了适应扩大党的群众基础，争取更多的选票，提高自己在议会中地位的需要。但是，这样的做法使党的性质发生了根本性变化，党"已经从一个工人阶级的政党变成了人民的政党"，党不再是以领导无产阶级推翻资本主义，建设社会主义为历史使命的党，而成为政治多元化体制中的多个政党中的一员。这就完全否定了党的阶级性、革命性和先进性。

不可否认，民主社会主义在欧洲以及其他发达资本主义国家的实践中取得一些成绩，有些经验和做法也是值得我们学习和借鉴的；民主社会主义与科学社会主义在历史渊源上是有联系的。但是，随着社会主义运动的深入发展，民主社会主义把科学社会主义的基本原则都抛弃了，已经成了

① 《马克思恩格斯选集》第2卷，人民出版社1995年版，第266页。

② [德]托马斯·迈尔：《社会民主主义导论》，殷叙彝译，中央编译出版社1996年版，第31页。

两个完全不同的思想体系。如果把两个思想体系混为一谈，甚至用民主社会主义取代马克思恩格斯的科学社会主义，则是完全错误的。

（文章发表于《中国出版》2010 年，后收录进《哲学与社会》2011 年第 4 期）

提高哲学素养 增强工作本领

重视学习马克思主义哲学是中国共产党人领导中国人民取得革命、建设和改革伟大胜利的基本经验。当前，在深入贯彻落实党的十八大以来各次会议精神、实现全面建成小康社会奋斗目标的过程中，摆在我们面前的矛盾更加尖锐、问题更加复杂、冲突更加激烈、危机更加严峻，这就要求广大党员干部更要自觉学习马克思主义哲学，始终保持坚定的理想、信念和信仰，坚定不移地贯彻党在现阶段的基本路线和各项方针政策，有效提高自身的哲学素养，不断提高自己观察问题、分析问题和解决问题的本领，带领广大人民群众攻坚克难，积极推进中国特色社会主义伟大事业。

一、中国共产党人历来重视学习马克思主义哲学

中国共产党是以学习哲学起家的。早在 1937 年，毛泽东同志就强调："辩证唯物论对于指导革命运动的干部人员，尤属必修的科目，因为主观主义与机械观这两种错误的理论与工作方法，常常在干部人员中间存在着，因此常常引导干部人员违反马克思主义，在革命运动中走入歧途。要避免与纠正这种缺点，只有自觉地研究与了解辩证法唯物论，把自己的

头脑重新武装起来。”[①] 正是在毛泽东同志的倡导和带动下，延安时期全党掀起了空前规模的学习哲学的高潮。毛泽东同志对哲学的研究，达到了如饥似渴的程度。亲历其境的美国记者斯诺在《西行漫记》中描写道：“毛泽东是个认真研究哲学的人。我有一阵子每天晚上都去见他，向他采访共产党的历史，有一次一个客人带了几本哲学新书来给他，于是毛泽东就要求我们改期再谈。他花了三四夜的时间专门读了这几本书，在这期间，他几乎是什么都不管了。”在这期间，毛泽东同志精读了《资本论》《反杜林论》《谈谈辩证法问题》《从猿到人》《唯物论与经验批判论》等马克思主义经典著作；阅读了苏联哲学家西洛可夫、爱森堡的《辩证法唯物论教程》、米丁等的《辩证唯物论与历史唯物论》；阅读了艾思奇的《哲学与生活》和《哲学选辑》、李达的《社会学大纲》等，并对所阅读的哲学著作写下了大量的批注。陈云同志后来回忆说，抗战初期从莫斯科回到延安，毛泽东同志亲自给他讲过三次要学哲学，特别是强调实事求是，他受益很大。正是因为学习哲学，极大地增强了全党的理论素养，提高了党员干部分析问题和解决问题的能力，破除了经验主义、主观主义和教条主义的束缚，为夺取中国革命胜利奠定了坚实的思想理论基础。

邓小平同志同样十分重视学习马克思主义哲学。早在改革开放之初，邓小平同志就明确指出：“实现四个现代化是一场深刻的伟大的革命。在这场伟大的革命中，我们是在不断地解决新的矛盾中前进的。因此，全党同志一定要善于学习，善于重新学习。”学习什么？“根本的是要学习马列主义、毛泽东思想，要努力把马克思主义的普遍原则同我国实现四个现代化的具体实践结合起来。”[②] 在邓小平同志看来，马克思主义最根本的观点就是辩证唯物主义和历史唯物主义。毛泽东思想的精髓就是实事求是。因此，学习马克思主义、毛泽东思想最重要的就是学习其哲学思想。

江泽民同志也非常重视学习马克思主义哲学。在庆祝中华人民共和国

---

① 《辩证法唯物论（讲授提纲）》，八路军军政杂志社 1937 年版，第 8 页。

② 《邓小平文选》第 2 卷，人民出版社 1994 年版，第 152—153 页。

成立四十周年大会上的讲话中，他就特别强调："党的理论上的提高，是党的领导的正确性、科学性的根本保证。鉴于世界和中国的许多新情况、新问题，鉴于我们党在中国社会主义建设中担负的重大责任和在国际共产主义运动中所处的重要地位，有必要把学习和研究马克思主义基本理论，在马克思主义指导下研究和探讨当代重大的政治、经济、社会理论问题，作为一项紧迫任务，提到全党面前。"他要求："在党内首先是党的高级干部中，要提倡认真学习和研究马克思列宁主义、毛泽东思想基本理论，特别是要学习和研究马克思主义哲学，掌握科学的世界观、方法论。一个缺乏马克思主义理论素养，不善于运用正确的立场、观点、方法分析和解决问题的共产党员，不可能发挥应有的作用，更不可能成为党的合格的领导干部。"① 江泽民同志正是运用哲学思维来分析和研究"建设什么样的党，怎样建设党"这个我国改革开放所面临的基本问题，科学提出"三个代表"重要思想，从中国共产党执政的社会功能的角度解决了党的先进性问题。"三个代表"重要思想是运用马克思主义哲学的世界观和方法论来分析和解决当代中国社会重大实践问题的光辉典范。

胡锦涛同志不仅重视马克思主义哲学的学习，更加注重马克思主义哲学的应用。他提出的"大力弘扬求真务实的精神、大兴求真务实之风"，"牢固树立社会主义荣辱观"，"构建社会主义和谐社会"，"科学发展观"等理论，都是运用哲学思维来分析和解决当代中国社会发展过程中所遇到问题的智慧结晶。特别是"科学发展观"，是立足社会主义初级阶段基本国情，总结我国发展的实践，借鉴国外发展经验，适应新的发展要求，集中马克思主义关于发展的世界观方法论，正确回答了"实现什么样的发展，怎样发展"的问题。

习近平同志依然十分重视学习马克思主义哲学。2011 年 5 月 13 日，在中央党校春季学期第二批入学学员开学典礼上，习近平同志作了《领导干部要重视学习马克思主义经典著作》的重要讲话。他在讲到领导干部应

① 《十三大以来重要文献选编》中册，人民出版社 1991 年版，第 660 页。

该重点学习哪些马克思主义经典著作时特别强调：哲学是人类的智慧之学。领导干部学习马克思主义经典著作，尤其要注意学习马克思主义哲学。在马克思主义三个组成部分中，哲学是基础。掌握马克思主义哲学，是掌握马克思主义完整科学体系的门径和前提。领导干部无论从事什么工作最要紧的是把思想方法搞对头。习近平同志指出：今天，我们的领导干部要正确判断形势，在错综复杂的世界变化面前保持头脑清醒，坚定理想信念，科学分析我国发展面临的机遇和挑战，全面看待前进道路上的主流和支流、出现的矛盾问题，都离不开马克思主义哲学的指导，离不开辩证唯物主义和历史唯物主义的思想方法。在我们现在的各级领导干部中，不少同志还比较缺乏马克思主义哲学知识。哲学是人类的智慧之学。我希望各级领导干部尤其要注重加强对马克思主义哲学的学习。2015 年 1 月 23 日下午，习近平同志主持中共中央政治局第二十次集体学习时再次强调，辩证唯物主义是中国共产党人的世界观和方法论，我们党要团结人民协调推进全面建成小康社会、全面深化改革、全面依法治国、全面从严治党，实现“两个一百年”奋斗目标、实现中华民族伟大复兴的中国梦，必须不断接受马克思主义哲学智慧和滋养，更加自觉地坚持和运用辩证唯物主义世界观和方法论，增强辩证思维、战略思维能力，努力提高解决我国改革发展基本问题的本领。这就从新的时代高度提出学习马克思主义哲学的重要性，并明确回答了当前学习马克思主义哲学的目的，为全党学习马克思主义哲学提出了要求，指明了方向。

二、学习哲学理论必须认真阅读经典著作

学习哲学理论必须认真阅读马克思主义哲学经典著作，真正搞懂马克思主义哲学基本原理。我们经常讲要理论联系实际，其前提是认真读书，真正搞懂理论。不懂理论，脑子是白板一块，拿什么东西去联系实际？习近平同志指出：“当前，全党面临的一个重要课题，就是如何正确认识

和妥善处理我国发展起来后不断出现的新情况新问题。现在，我们遇到的问题中，有些是老问题，或者是我们长期努力解决但还没有解决好的问题，或者是有新的表现形式的老问题，但大量是新出现的问题。新问题每时每刻都在出现，而且多数又是我们过去不熟悉或者不太熟悉的。出现这样的状况，是由世情、国情、党情的发展变化引起的。不论是新问题还是老问题，不论是长期存在的老问题还是改变了表现形式的老问题，要认识好、解决好，唯一的途径就是增强我们自己的本领。增强本领就要加强学习，既把学到的知识运用于实践，又在实践中增长解决问题的新本领"。[①]目前，党内的学习风气和学习情况总体上是好的，多数党员干部学习自觉性比较高，但是也存在着一些不容忽视的问题。主要表现为：有些党员干部不思进取、碌碌无为，不愿学；热衷应酬、忙于事务，不勤学；装点门面、走走形式，不真学；心浮气躁、浅尝辄止，不深学；食而不化、学用脱节，不善学。这些问题，是与保持党的先进性和纯洁性的要求相背离的，需要认真加以解决。

当然，党员干部要学习的内容非常多，重要的是要学习马克思主义经典著作。习近平同志指出："马克思主义经典著作包含着经典作家所汲取的人类探索真理的丰富思想成果，体现着经典作家攀登科学理论高峰的不懈追求和艰辛历程。阅读经典著作，本身就是增长知识、开阔眼界、增加思想深度和训练思维方式的过程，就是培养高瞻远瞩的战略洞察力和脚踏实地的工作作风的过程，会使我们在潜移默化中受到他们的崇高风范和人格力量的熏陶，从而实现自己思想境界和道德情操的升华。"[②]

在阅读马克思主义哲学经典著作时，要遵循一些基本原则：第一，坚持全面性和重点性相统一的原则，完整把握马克思主义哲学的科学体系。第二，坚持继承性和变革性相统一的原则，正确理解马克思主义哲学同前人优秀理论遗产的批判继承关系，把握马克思主义哲学的创立在人类思想

---

① 《在中央党校建校80周年庆祝大会暨2013年春季开学典礼上的讲话》,《人民日报》2013年3月3日。

② 《在中央党校春季学期第二批入学学员开学典礼上的讲话》,《人民日报》2011年5月14日。

史上所实现的伟大变革。第三，坚持逻辑性和历史性相统一的原则，注意把握马克思主义哲学整个发展过程中的内在联系和不同发展阶段上具体的历史特点，注意把握马克思主义哲学的理论内容与其所处的历史条件之间的内在关联。基本立场、观点和方法是在任何情况下都不能背离的，而具体形式和特点则随着历史条件的变化而不断发生变化。第四，坚持精读和泛读相统一的原则，马克思主义哲学著作的数量非常多，要选择一些最能代表马克思主义哲学的著作进行精读，尤其要注意理解和把握经典作家在分析各种问题的过程中所采取的立场、观点和方法，理解和掌握马克思主义哲学的基本原理，注意培养和提高自己的理论思维能力。

三、理论联系实际培养正确的思想方法和工作方法

学习的目的在于应用。学习马克思主义哲学重在坚持世界观和方法论的统一，自觉改进思想方法和工作方法，提高分析和解决问题的能力。恩格斯在他逝世前写的一封信中强调指出："马克思的整个世界观不是教义，而是方法。"[①]1937年，毛泽东同志在一个讲课提纲中说：辩证法唯物论是无产阶级的宇宙观，同时又是无产阶级认识周围世界的方法和革命行动的方法，它是宇宙观和方法论的一致体。1941年，毛泽东同志在给"中央学习组及高级学习组"的信中提到："本组研究方针，以理论与实际联系为目的"，"关于理论方面，暂时以研究思想方法为主"。[②]1959年4月的八届七中全会上，毛泽东同志再次强调方法问题，并科学阐述了思想方法和工作方法的关系。他说，所谓方法，无非就是思想方法和工作方法。思想方法和工作是互相结合的，思想方法不对头，工作方法也就不对头。所谓思想方法就是认识世界的方法，所谓工作方法就是改造世界的方法；思

---

① 《马克思恩格斯全集》第39卷，人民出版社1974年版，第406页。

② 《毛泽东书信选集》，人民出版社1983年版，第189页。

想方法决定工作方法，工作方法是思想方法在实践活动中的表现。二者在表现形态上有所区别，而在实质上都是世界观的体现。

习近平同志继承中国共产党人重视理论联系实际的优良学风，强调把握思想方法和工作方法的重要性。他说："很多同志有做好工作的真诚愿望，也有干劲，但缺乏新形势下做好工作的本领，面对新情况新问题，由于不懂规律、不懂门道、缺乏知识、缺乏本领，还是习惯于用老思路老套路来应对，蛮干盲干，结果是虽然做了工作，有时做得还很辛苦，但不是不对路子，就是事与愿违，甚至搞出一些南辕北辙的事情来。这就叫新办法不会用，老办法不管用，硬办法不敢用，软办法不顶用。我看这种状态，在党内相当一个范围、相当一个时期都是存在的。"① 由此，习近平同志重提延安时期我党就提出的"本领恐慌"问题。他说，我们的队伍里有一种恐慌，不是经济恐慌，也不是政治恐慌，而是本领恐慌。过去学的本领只有一点点，今天用一些，明天用一些，渐渐告罄了。我们现在是不是也面临这样一种状态呢？我看是的。全党同志特别是各级领导干部，都要有本领不够的危机感，都要努力增强本领，都要一刻不停地增强本领。只有全党本领不断增强了，"两个一百年"的奋斗目标才能实现，中华民族伟大复兴的"中国梦"才能梦想成真。

习近平同志特别强调，领导干部加强学习，根本目的是增强工作本领、提高解决实际问题的水平。"空谈误国，实干兴邦"，说的就是反对学习和工作中的"空对空"。战国赵括"纸上谈兵"、两晋学士"虚谈废务"的历史教训大家都要引为鉴戒。读书是学习，使用也是学习，并且是更重要的学习。领导干部要发扬理论联系实际的马克思主义学风，带着问题学，拜人民为师，做到干中学、学中干，学以致用、用以促学、学用相长，千万不能夸夸其谈、陷于"客里空"。从这个角度讲，领导干部学习不学习不仅仅是自己的事情，本领大小也不仅仅是自己的事情，而是关乎

① 《在中央党校建校80周年庆祝大会暨2013年春季学期开学典礼上的讲话》，《人民日报》2013年3月3日。

党和国家事业发展的大事情。这也就是古人所说的“学者非必为仕，而仕者必为学”。只有加强学习，才能增强工作的科学性、预见性、主动性，才能使领导和决策体现时代性、把握规律性、富于创造性，避免陷入少知而迷、不知而盲、无知而乱的困境，才能克服本领不足、本领恐慌、本领落后的问题。否则，“盲人骑瞎马，夜半临深池”，虽勇气可嘉，却是鲁莽和不可取的，不仅不能在工作中打开新局面，而且有迷失方向、落后于时代的危险。

习近平同志专门指出，兴趣是激励学习的最好老师。“知之者不如好之者，好之者不如乐之者。”领导干部应该把学习作为一种追求、一种爱好、一种健康的生活方式，做到好学乐学。有了学习的浓厚兴趣，就可以变“要我学”为“我要学”，变“学一阵”为“学一生”。学习和思考、学习和实践是相辅相成的，正所谓“学而不思则罔，思而不学则殆”。脑子里装着问题了，想解决问题了，想把问题解决好了，就会去学习，就会自觉去学习。要“博学之，审问之，慎思之，明辨之，笃行之”。学习要善于挤时间。中央强调要转变工作作风，能不能多一点学习、多一点思考，少一点无谓的应酬、少一点形式主义的东西，这也是转变工作作风的重要内容。群众说，现在，有的干部学风不浓、玩风太盛。这样“以其昏昏，使人昭昭”是不行的！是要贻误工作、贻误大事的！不注意学习，忙于事务，思想就容易僵化、庸俗化。学习需要沉下心来，贵在持之以恒，重在学懂弄通，不能心浮气躁、浅尝辄止、不求甚解。领导干部一定要把学习放在很重要的位置上，如饥似渴地学习，哪怕一天挤出半小时，即使读几页书，只要坚持下去，必定会积少成多、聚沙成塔，积跬步以至千里。

总之，好学才能上进。中国共产党人依靠学习走到今天，也必然要依靠学习走向未来。我们的干部要上进，我们的党要上进，我们的国家要上进，我们的民族要上进，就必须大兴学习之风，坚持学习、学习、再学习，坚持实践、实践、再实践。

（文章发表于《前线》2015 年第 6 期）

牢牢掌握意识形态工作领导权必须坚持四个统一

意识形态作为政党、国家或民族的政治目标导向或社会价值追求，直接关系到举什么旗、走什么路、立什么制等重大政治方向问题。意识形态领域已经成为继经济领域、政治领域、军事领域之后各种“主义”粉墨登场、各种“理论”高调宣扬、各种势力充分较量的大舞台、主战场。

意识形态的自觉是政治坚定的前提，意识形态的自信是道路自信、制度自信和理论自信的基础。习近平同志指出：“意识形态工作是党的一项极端重要的工作”，“能否做好意识形态工作，事关党的前途命运，事关国家长治久安，事关民族凝聚力和向心力”。要牢牢掌握意识形态的领导权和话语权，必须坚持四个统一。

一、坚持高扬主义和解决问题的有机统一，正确处理坚持党性和坚持人民性相一致的关系。马克思恩格斯历来强调：我们的学说不是教条，而是行动的指南。中国共产党人在确立马克思主义指导思想的过程中，不断探索高扬主义与解决问题有机统一的有效途径。毛泽东同志实现了把马克思主义基本理论与中国革命实际相结合的第一次飞跃，创立了毛泽东思想，开拓了“农村包围城市、武装夺取政权”的革命道路，解决了推翻三座大山、争取民族独立和人民解放、建设新中国的时代课题。改革开放以来，中国共产党人高举“解放思想”的伟大旗帜，在马克思主义指导下打破习惯势力和主观偏见的束缚，研究和解决了当代中国社会发展面临的一系列基本问题，开拓了中国特色社会主义道路，创立了中国特色社会主义理论，完善了中国特色社会主义制度。习近平同志面对治国理政的新常态，总结世界社会主义发展史，特别是总结中国共产党领导人民的奋斗史，明确提出："中国特色社会主义是社会主义而不是其他什么主义，科学社会主义基本原则不能丢，丢了就不是社会主义。一个国家实行什么样的主义，关键要看这个主义能否解决这个国家面临的历史性课题。"这就明确告诉我们，"主义"不是抽象的口号，不是冠冕堂皇的"标签"，高扬"主义"是为了解决"问题"，高扬"主义"是因为"主义"能够指导我们解决"问题"。高扬"主义"，就是坚持党性原则，核心是坚持正确的政治方向，站稳政治立场，坚决同党中央保持一致，坚定不移走中国特色社会主义道路；解决"问题"，就是坚持人民性，要有强烈的问题意识，切实解决好人民群众最关心、最迫切、最需要解决的问题，把实现好、维护好、发展好最广大人民的根本利益作为各项工作的出发点和落脚点，坚持以民为本、以人为本，让人民群众有"获得感"。这是习近平同志关于高扬主义和解决问题有机统一的重大理论观点，是对中国共产党人九十多年艰苦探索经验教训的科学总结，是对中国特色社会主义理论的丰富和发展，开辟了高扬主义和解决问题有机统一的新阶段。

二、坚持理论自信和理论创新的有机统一，使意识形态既具有极强的凝聚力又具有强大的生命力。理论自信是指中国共产党人对在长期革命建设和改革过程中所形成的理论具有充分的认同感、自豪感和神圣感，对理论在社会发展过程中的巨大作用有着坚定的信心。共产党人历来强调理论自信。恩格斯曾指出："我们党有个很大的优点，就是有一个新的科学的世界观作为理论的基础。"毛泽东同志指出："我们党从它一开始，就是一个以马克思列宁主义的理论为基础的党，这是因为这个主义是全世界无产阶级的最正确最革命的科学思想的结晶。"我们的理论自信，不仅仅源自理论自身的科学性和价值性，源自理论自身的逻辑魅力和洞察能力，更源自理论指导下的中国社会主义革命、建设和改革事业所取得的举世瞩目伟大成绩。同时，中国共产党人在"全面建成小康社会，全面深化改革，全面推进依法治国，全面加强党的领导”的伟大实践过程中，不断总结新经验、概括新观点、形成新思想、创立新理论。我们先后创立了邓小平理论、“三个代表”重要思想、科学发展观、中国特色社会主义理论体系；伟大的时代需要理论自信，改革的时代呼唤理论创新，改革的时代又成就理论创新。自信的理论指导着社会主义现代化建设实践的全面展开并取得巨大成绩，社会主义现代化建设的新实践又成为理论自信的源头活水。理论自信和理论创新统一于中国特色社会主义建设的伟大实践中。

三、坚持一元化和多样性的有机统一，正确反映初级阶段社会各个群体的利益诉求。社会主义意识形态是动员广大民众的时代号角，是激励广大民众奋发向上的文化力量，是凝聚广大民众团结和睦的精神纽带，是在全球化背景下反映和维护社会主义国家整体利益的有效手段。因此，指导思想的一元化是社会存在和发展的必然要求，反映了社会发展的客观规律。同样，我们必须看到，意识形态的多样性是我国多种经济成分并存的必然反映，是我国多党合作的政党政治的必然要求，是社会阶层变化所带来的利益诉求多样和思想认识差异的必然结果，说明民众精神层面的自主性、选择性、差异性得以增强，整个社会更加具有探索精神和创新活力。一元化和多样性是辩证统一的关系。正是因为存在着意识形态的多样性才要求我们必须坚持一元化不动摇的基本原则，大力推进马克思主义中国化，不断增强社会主义意识形态的凝聚力、感召力和引导力，使整个民族心往一块想，劲往一起使，心中有明灯，前进有方向。同时，面对客观存在的日益纷繁复杂的社会思潮，要尊重多样，包容差异，既反对以一元化取代多样性，又要反对以多样性否定一元化。当代中国意识形态的一元化主导地位与多样性并存的基本特征，要求我们必须高度重视意识形态工作，时刻关注意识形态领域的变化与动向，牢牢掌握意识形态的领导权和话语权，不断巩固马克思主义在意识形态领域的指导地位，巩固全党全国人民团结奋斗的共同思想基础。

四、坚持包容性和批判性的有机统一，既不搞意识形态霸权也不搞意识形态依附。意识形态的包容性，就是承认和尊重各种意识形态存在的必然性和合理性，积极吸收和借鉴各种意识形态所包含的文明成果，反对一切意识形态的霸权主义；意识形态的批判性，就是反思、分析各种意识形态，不以任何形式迷信任何意识形态，也不盲目接受以任何形式强加于我们的任何意识形态，决不搞意识形态依附。当代中国社会主义意识形态的包容性和批判性的统一是时代赋予的基本属性。社会主义意识形态的时代特征，决定其具有博大宽阔的胸怀，是博采古今中外文化之优长、广集世间百家文化之精华的意识形态。当今世界意识形态领域所呈现的矛盾冲突的尖锐性、斗争形式的复杂性、价值观念的多元性，特别是互联网所造成的“人人都是主持人”和“手手都有麦克风”状态，更加剧了意识形态领域的混乱。因此，中国共产党人必须始终保持清醒的头脑，采取切实可行的措施，坚持团结稳定鼓劲、正面宣传为主的重要方针，弘扬主旋律、传播正能量，增强社会主义意识形态的解释力、吸引力和感染力，充分发挥其指引方向、规范行为、凝聚人心、激发力量的作用，为全面完成“两个一百年”伟大战略目标提供巨大的精神动力。同时，要尊重意识形态建设的规律，客观分析、正确对待意识形态的多样性、多元性的现实，在坚持一元化地位不动摇的同时，对待其他意识形态要通过实践来评判是非，汲取其合理因素为我所用，批判其糟粕腐朽与时俱进。对于错误的意识形态，则必须敢于亮剑，从理论上揭露其本质，从思想上肃清其流毒，决不允许其毒害民众、涣散民心、消解意志。所以，意识形态的包容性决不意味着意识形态的无原则的软弱，意识形态的批判性决不意味着意识形态的无理性的否定。坚持意识形态的包容性和批判性有机统一，就是坚持意识形态的独立自主性，就是坚持民族精神的独立自主性，其本质是坚持中国特色社会主义的独立自主性。

（文章发表于《光明日报》2015年7月25日理论版，后转载于《哲学社会科学话语体系建设研究动态》第11期，总第75期，2016年7月27日）

构建中国特色社会主义理论的科学体系

党的第十七次全国代表大会正式把改革开放以来马克思主义中国化的最高成果概括为中国特色社会主义体系，这是对中国共产党在新的历史条件下把马克思主义与中国社会主义建设实际相结合取得的最新成果的科学总结，是对社会主义建设时期马克思主义在中国进一步丰富和发展所取得最新成果的精确表述，是十七大在理论上的伟大建树和重大创新。在学习十七大报告的过程中，理论界、思想界、学术界围绕着中国特色社会主义理论体系的构建方法、体系框架、基本内容等问题进行了广泛讨论和探索，我们也愿意把我们的研究成果公布出来，以求教于各方同人。

胡锦涛同志在党的十七大报告中指出："中国特色社会主义理论体系，就是包括邓小平理论、'三个代表'重要思想以及科学发展观等重大战略思想在内的科学理论体系。这个理论体系，坚持和发展马克思列宁主义、毛泽东思想，凝聚了几代中国共产党人带领人民不懈探索实践的智慧和心血，是马克思主义中国化的最新成果，是党最可贵的政治和精神财富，是全国各族人民团结奋斗的共同思想基础。"这段讲话，首先是从时间和空间两个维度为我们提供了中国特色社会主义理论产生、形成和发展的时间跨度和空间范围。从时间跨度上讲，包括自十一届三中全会以来到未来中国特色社会主义的发展过程中，我们所总结、概括的所有理论和重大战略思想；从空间范围上讲，包括我们在研究、探索和处理国内国际“两个大局”的问题的过程中所取得的重大认识成果。其次，明确规定了理论和基本内涵，即邓小平理论、“三个代表”重要思想以及科学发展观等重大战略思想。再次，详细阐明了理论的思想渊源，是马克思列宁主义、毛泽东思想；理论创立的主体，是全党全国人民智慧和心血的结晶；理论的地位和价值，是马克思主义中国化最新成果，是党最可贵的政治精神财富，是全国各族人民团结奋斗的共同理想。

胡锦涛同志这段讲话为我们研究和构建中国特色社会主义理论的科学体系提供了根本的方法论原则。我们应该按照改革开放以来中国社会发展的历史和逻辑统一的原则，坚持以马克思列宁主义、毛泽东思想为指导，站在当今时代发展的高度，紧紧围绕着中国社会发展所面临的“什么是社会主义、怎样建设社会主义”，“建设什么样的党、怎样建设党”，“实现什么样的发展、怎样发展”三个重大理论和实践问题，深刻反映中国改革开放的现代化建设的实践进程，科学揭示对人类社会发展、社会主义现代化建设、执政党建设三大规律的认识成就，充分体现新时期中国共产党人理论和实践创新的伟大成果，依照理论构建的一般规律来构建中国特色社会主义理论的科学体系。

一、中国特色社会主义理论体系的精髓论

中国特色社会主义理论体系的精髓是解放思想、实事求是、与时俱进。这是中国共产党人在新的历史条件下对党的思想路线的科学概括，是以全部马克思主义哲学思想为理论基础和丰富内容的。

之所以把精髓论放在首位，是因为它不仅是中国特色社会主义理论体系的逻辑起点，而且是新时期中国社会发展的逻辑起点；它贯穿于中国特色社会主义理论体系产生、形成和发展的全过程，是指导我们解决重大理论和实践课题的科学世界观和方法论；它渗透在中国特色社会主义理论体

系的各个方面，能浓缩地反映其理论的创新性特点；它贯穿于中国共产党人带领全党全国人民所从事的全部实践活动中，对于建设富强、民主、文明、和谐的社会主义国家具有根本的指导作用。正是以真理标准问题大讨论为标志的思想解放运动，才促使全党全国人民果敢而又坚定地摒弃了已经被实践证明是脱离中国国情的、陈旧的、僵化的观念，从中国社会的实践出发，围绕着“什么是社会主义、怎样建设社会主义”这个当代中国社会的主题，进行了自觉而大胆的探索，开拓了一条中国特色社会主义道路。正是坚持解放思想、实事求是、与时俱进的思想路线，我们才不断破除各种各样的思想障碍，冲破各种各样的僵化模式，不断探索和回答“建设什么样的党、怎样建设党”和“实现什么样的发展、怎样发展”等重大理论和实际问题，不断推进马克思主义中国化，坚持并丰富党的基本理论、基本路线、基本纲领、基本经验。未来只有坚持解放思想、实事求是、与时俱进的思想路线，我们才能应对来自各方面的挑战，积极研究新情况，解决新问题，总结新经验，概括新理论，推动中国特色社会主义伟大事业的顺利发展。

二、中国特色社会主义本质论

当代中国社会的主题之一是“什么是社会主义、怎样建设社会主义”。要探索和解决这个问题，就必须对社会主义本质问题有一个清楚而理性的认识和界定。因为对社会主义本质的认识和界定，规定着中国特色社会主义的方向和目标。针对传统社会主义观过于强调社会主义特征的观点，邓小平明确提出社会主义本质，并在南方谈话中用精练的语言作出界定。这是中国共产党人的一项理论创新，是对科学社会效益理论的丰富和发展。此后，“三个代表”重要思想认为，实现人民的富裕幸福是社会主义的根本目的，促进人的全面发展是社会主义的本质要求；科学发展观则进一步强调，社会和谐是中国特色社会主义的本质属性。这说明随着中国特色社会主义实践的深入，中国共产党人对社会主义本质的认识也在不断深化，对社会主义本质的概括将更加完善。

三、中国特色社会主义国情论

我国正处于社会主义初级阶段，是对中国国情的科学判断。作出这一科学判断可不容易。它是中国共产党人在探索中国社会主义现代化建设道路的过程中，在总结世界各国社会主义建设经验教训基础上逐步形成的；它为我们科学分析我国全面参与经济全球化的新机遇新挑战，全面认识工业化、信息化、城镇化、市场化、国际化深入发展的新形势新任务，深刻把握我国发展面临的新课题新矛盾，更加自觉地走科学发展道路，奋力开拓中国特色社会主义更为广阔的发展道路，提供了根本的依据和出发点；它是我们纠正“左”倾思潮，克服急躁冒进情绪，防止再犯“超阶段”错误的理论武器。

四、中国特色社会主义科学发展论

包括生产力动力论、改革开放动力论和全面协调可持续发展论。

生产力是人类社会发展的根本动力。因为，人类社会的发展、社会形态的更替、生产方式的进步，都是社会基本矛盾即生产力与生产关系、经济基础和上层建筑矛盾运动的结果；生产力的发展是一切社会存在和发展的最终决定力量。社会主义的根本任务是解放和发展社会生产力，最大限度地满足人民群众日益增长的物质文化需要，从而促进人的自由全面发展。因为，解放和发展生产力是解决现阶段社会主要矛盾的根本途径，是社会主义制度优越性的根本体现，是实现社会主义过渡到共产主义的根本条件。正是由于生产力这一最终决定性的地位，使它成为衡量社会进步与否的最高标准。

改革开放是发展中国特色社会主义的强大动力。改革开放是社会主义社会基本矛盾运动的必然要求，是对不适应先进生产力发展要求的生产关系、上层建筑中的诸因素进行的社会变革。改革的目的就是要解放和发展社会生产力，实现国家现代化，让中国人民富裕起来，振兴伟大的中华民族；就是要推动我国社会主义制度的自我完善和发展，赋予社会主义新的生机活力，建设和发展中国特色社会主义；就是要在引领当代中国发展进步时加强和改进党的建设，保持和发展党的先进性，确保党始终走在时代前列。改革的过程要冒风险，不可能一帆风顺，也不可能一蹴而就，胆子要大，步子要稳；要勇于变革、勇于创新、永不僵化、永不停滞、不为任何风险所惧，不被任何干扰所惑。

全面协调可持续发展论是在回答和解决“实现什么样的发展、怎样发展”这个社会主题的过程中总结和概括出来的，构成科学发展观的基本内容。科学发展观，是立足社会主义初级阶段基本国情，总结我国发展实践，借鉴国外发展经验，适应新的发展要求提出来的。全面协调可持续发展，要求我们按照中国特色社会主义事业总体布局，全面推进经济建设、政治建设、文化建设、社会建设、生态建设，促进现代化建设各个环节、各个方面相协调，促进生产关系和生产力、上层建筑和经济基础相协调；坚持生产发展、生活富裕、生态良好的文明发展道路，建设资源节约型、环境友好型社会，实现速度和结构质量效益统一、经济发展与人口资源环境相协调，使人民在良好生态环境中生产生活，实现经济社会永续发展。

五、中国特色社会主义开放论

开放论是在和平与发展成为时代主题、经济全球化浪潮汹涌澎湃的大背景下，中国特色社会主义所选择的发展道路的理论概括和总结。邓小平指出，开放是中国的一项基本国策；开放包括对内开放和对外开放；对外开放是对所有国家开放；要坚持对外开放的社会主义方向。十七大报告进一步强调，坚持对外开放的基本国策，把“引进来”和“走出去”很好地结合起来，扩大开放领域，优化开放结构，提高开放质量，完善内外联动、互利共赢、安全高效的开放型经济体系，形成经济全球化条件下参与国际经济合作和竞争的新优势。深化沿海开放，加快内地开放，提升沿边开放，实现对内对外开放互相促进。

六、中国特色社会主义五大建设论

这是中国特色社会主义的总体布局，包括市场经济建设论、民主政治建设论、先进文化建设论、和谐社会建设论、生态文明建设论。

第一，中国特色社会主义市场经济建设论。建立社会主义市场经济体制是我国经济体制改革的目标。社会主义市场经济是指在认识市场经济一般规律的基础上，实现市场经济与社会主义制度的有机结合，既充分发挥社会主义制度的优越性，又充分发挥市场经济机制的有效作用，正确处理市场机制与宏观调控的关系，最大限度地实现各种资源的最佳配置，不断解放和发展社会生产力，促进经济持续快速健康发展，并使发展的成果惠及全体人民，实现社会生产力的快速发展与人民共同富裕的统一。

第二，中国特色社会主义民主政治建设论。随着我国经济体制改革的不断深化和人民群众政治参与积极性的不断提高，要求我们必须坚持正确的政治方向，积极稳步地推进和深化政治体制改革。要坚持中国特色社会主义政治发展道路，坚持党的领导、人民当家作主、依法治国有机统一，坚持和完善人民代表大会制度、中国共产党领导的多党合作制度和政治协商制度、民族区域自治制度以及基层群众自治制度，不断推进社会主义政治制度自我完善和发展。要以扩大人民民主、保证人民当家作主为根本；以发展基层民主，保障人民享有更多更切实的民主权利为途径；以增强党和国家活力，调动人民群众积极性为目标；扩大社会主义民主，建设社会主义法治国家，发展社会主义政治文明。

第三，中国特色社会主义先进文化建设论。改革开放以来，中国共产党人立足于中国，面向世界，顺应民意，遵循现代化建设的一般规律，系统地阐述了发展先进文化的战略意义、主要内容、根本指针和基本方法。当今时代，文化越来越成为民族凝聚力和创造力的重要源泉，越来越成为综合国力竞争的重要因素，丰富精神文化生活越来越成为我国人民的热切愿望。发展中国特色社会主义，要牢牢把握社会主义先进文化的前进方向，以提高全民族的文明素质、不断满足人民日益增长的文化需求、提升国家软实力为根本目标，建设社会主义核心价值体系，构建和谐文化，弘扬中华文化，深化文化体制改革，推动文化创新，实现文化大发展大繁荣。

第四，中国特色社会主义和谐社会建设论。社会建设是中国特色社会主义事业的重要部分，社会建设论是中国特色社会主义理论体系的重要部分。社会建设与人民幸福安康息息相关。必须在加强经济建设、政治建设、文化建设的同时，更加注重社会建设，着力保障和改善民生，推进社会体制改革，扩大公共服务，完善社会管理，促进社会公平正义，努力使全体人民学有所教、劳有所得、病有所医、老有所养、住有所居，推动建设和谐社会。

第五，中国特色社会主义生态文明建设论。生态文明是以人与自然和谐共生、良性循环、全面发展、持续繁荣为根本宗旨的文明形态。生态文明建设，是中国共产党人立足于中国现代化建设的实际，总结人类文明发展进程的经验教训而作出的一种战略选择；是中国共产党人面对日益严峻的环境问题国际化的趋势，而主动承担大国责任的庄严承诺；是中国共产党人顺应文明转型要求而进行的重大理论创新，不仅提升了人与自然和谐发展的理论，而且丰富和完善了人类文明发展理论。

七、中国特色社会主义国防和军队建设论

新时期我们党围绕着打得赢、不变质两个历史性课题，正确回答了当代战争与和平的关系、国防建设与经济建设的关系、保持人民军队性质不变、走中国特色精兵之路、迎接世界新军事革命挑战、坚持和发展现代条件下人民战争等一系列重大问题，开辟了新时期军队建设道路。当前军队要着眼于加强革命化、现代化、正规化建设，努力为党巩固执政地位提供重要力量保证，为维护国家利益提供有力战略支撑，为维护世界和平与促进共同发展发挥重要作用。

八、中国特色社会主义祖国统一论

“一国两制”是中国共产党针对中国港、澳、台地区特殊的历史与现实，用马克思主义实事求是的原则分析国际、国内形势，以其高超的政治智慧、极大的理论勇气、博大的革命胸怀提出的实现祖国和平统一的伟大构想。香港、澳门的成功回归，说明这个伟大构想是正确的，是符合中华民族根本利益的，也为我们解决台湾问题提供了可供借鉴的宝贵经验。

九、中国特色社会主义和平外交论

当今世界是一个高度多样化和多元化的世界，又是一个日益相互依存、共同发展的世界。中国共产党从时代特点出发，提出和平与发展是当代世界的主题，求和平、谋发展、促合作已经成为不可阻挡的时代潮流，坚持始终不渝地走和平发展道路，强调中国的发展离不开世界，确立独立自主的和平外交路线，致力于推动建设持久和平、共同繁荣的和谐世界，

为中国特色社会主义建设创造良好的外部环境。

十、中国特色社会主义人民主体论

人民是国家的主人，要坚持以人为本。全心全意为人民服务是党的根本宗旨，党的一切奋斗和工作都是为了造福人民。要始终把实现好、维护好、发展好最广大人民的根本利益作为党和国家一切工作的出发点和落脚点；尊重人民主体地位，发挥人民首创精神，保障人民各项权益，走共同富裕道路，促进人的自由全面发展；做到发展依靠人民，发展为了人民，发展成果由人民共享。要始终坚定不移依靠工人阶级，坚决依靠广大农民群众，充分发挥新的社会阶层的作用；要尊重劳动、尊重知识、尊重人才、尊重创造，最广泛最充分地调动人民群众的积极性、主动性和创造性，建设富强、民主、文明、和谐的理想社会。

十一、中国特色社会主义执政党建设论

加强和改善党的领导，加强和改进党的建设，使党始终成为中国特色社会主义事业的坚强领导核心，是党和国家事业不断从胜利走向新的胜利的根本保证。解决中国问题的关键在于共产党。党要站在时代的前列带领人民不断开创事业发展新局面，必须以改革创新精神全面推进党的建设新的伟大工程，着力用马克思主义中国化的最新成果武装全党，加强党的组织建设、思想建设、作风建设、制度建设、能力建设和反腐倡廉建设，为党的基本理论、基本路线、基本纲领、基本经验的贯彻落实提供组织保证。

中国特色社会主义理论体系有以下特点：一是实践性，中国特色社会主义理论体系是在改革开放和现代化建设的实践中总结概括出来的，并将

在今后的实践中不断得到丰富和发展。二是科学性，中国特色社会主义理论体系充分反映了改革开放以来全党全国人民对人类发展规律特别是对社会主义现代化建设规律、对执政党建设规律的认识成果。三是全面性，中国特色社会主义理论体系涵括了中国特色社会主义现代化建设过程中的政治、经济、文化、社会、生态等方面的内容，系统回答了中国特色社会主义的一系列基本问题。四是开放性，中国特色社会主义理论体系决不是真理的完成，相反它必将随着中国特色社会主义现代化建设实践的深入而不断赋予自己新的内容。

（原文发表于2008年2月20日《理论动态》1770期，后正式发表于《理论学刊》2008年第3期）

坚持党的思想路线与坚持中国特色社会主义道路

党的思想路线是党的生命线。思想路线正确与否，往往决定着党的生死存亡和国家的前途命运。中国共产党的思想路线是以全部马克思主义哲学为理论基础的，是由毛泽东同志等老一辈中国共产党人在领导中国革命的过程中，经过血与火的洗礼而探索、总结和概括出来的。中国共产党人正是坚持科学的思想路线，把马克思主义与中国革命实际相结合，开拓了中国特色的新民主主义革命道路。确立科学的思想路线不容易，始终不渝地坚持科学的思想路线更不容易。以邓小平为代表的中国共产党人在新的历史条件下，恢复了党的思想路线，并根据实践的需要赋予其新的内涵，使之不断得到丰富和发展，从而开拓了中国特色社会主义道路。胡锦涛在中央党校“6.25”重要讲话中指出：“解放思想，是党的思想路线的本质要求，是我们应对前进道路上各种新情况新问题、不断开创事业新局面的一大法宝，必须坚定不移地加以坚持。”[①] 中共十七大再次强调：解放思想是发展中国特色社会主义的一大法宝。今天，要学习和实践科学发展观，发展中国特色社会主义，首要的是坚持解放思想、实事求是、与时俱进的思想路线，充分发挥人民群众的聪明才智，极大地激发社会活力，积极推

① 《坚定不移走中国特色社会主义道路，为夺取全面建设小康社会新胜利而奋斗》，《人民日报》2007 年 6 月 26 日。

进理论创新、科技创新、制度创新和文化创新等。

一、马克思主义哲学是党的思想路线的哲学基础

胡锦涛在纪念中共十一届三中全会召开30周年大会上的讲话中指出："30年来，我们在一个十几亿人口的发展中社会主义大国取得的摆脱贫困、加快现代化进程、巩固和发展社会主义的宝贵经验，闪耀着马克思主义真理光芒，是辩证唯物主义和历史唯物主义的胜利。"[①] 邓小平同志说："马克思、恩格斯创立了辩证唯物主义和历史唯物主义的思想路线，毛泽东同志用中国语言概括为'实事求是'四个大字。"[②] 从思想路线的角度来说，马克思主义哲学就是要告诉我们，为什么要解放思想，实事求是，与时俱进；怎样做到解放思想，实事求是，与时俱进；怎样检验是否解放思想，实事求是，与时俱进。

（一）唯物论告诉我们为什么要解放思想，实事求是，与时俱进

马克思主义哲学认为，世界是物质的，运动是物质的存在方式，空间和时间是运动着的物质存在的基本形式，包括社会生活在内的整个世界是多样性的物质统一体，运动着的物质是有规律的。精神现象是物质高度发展的产物，是特殊物质的属性和机能，是对物质的反映。列宁指出："唯物主义的基本前提是承认外部世界，承认物在我们的意识之外并且不依赖于我们的意识而存在着。"[③] 这就要求我们在实际工作中，必须坚持一切从实际出发，按照世界的本来面貌去认识世界，遵循事物发展的客观规律去改造世界。这是共产党人应有的基本的科学态度、科学方法和求实作风。

（二）唯物辩证法告诉我们怎样做到解放思想，实事求是，与时俱进

① 《在纪念党的十一届三中全会召开30周年大会上的讲话》，人民出版社2008年版，第33页。

② 《邓小平文选》第2卷，人民出版社1994年版，第278页。

③ 《列宁选集》第2卷，人民出版社1960年版，第79页。

唯物辩证法具有丰富的内容和完整的体系，包括两个基本原则、三大基本规律和一系列基本范畴。两个基本原则描绘出整个世界的总体状况，即物质世界是普遍联系的，是永恒发展的。三大基本规律和一系列基本范畴，从不同侧面揭示了物质世界的普遍联系和永恒发展。对立统一规律揭示事物发展的源泉和动力，是唯物辩证法最根本的规律；质量互变规律揭示事物运动变化的状态和形式，即量变基础上由旧质向新质的飞跃；否定之否定规律揭示事物发展的趋势和道路，即螺旋式上升或波浪式前进的运动过程。基本范畴是对辩证法基本规律的补充。学习唯物辩证法，最根本的要求是提高辩证思维能力，反对形而上学。

（三）认识论告诉我们怎样检验是否解放思想，实事求是，与时俱进

马克思主义认识论是以实践为基础的能动反映论。实践的观点是马克思主义认识论的首要的、基本的观点。因为，实践是认识的来源，是认识发展的动力，是检验认识是否正确的标准，是认识的目的。实践之所以能够作为检验认识是否正确的标准，"因为实践不仅有普遍性的优点，并且有直接现实性的优点"[①]。总之，实践、认识、再实践、再认识，人们在实践中取得认识，又在实践中检验、修正、丰富和发展自己的认识，从而使人类的实践和认识活动呈现出一个由低级到高级、由简单到复杂的无限发展过程。

（四）唯物史观告诉我们在社会历史领域里怎样解放思想，实事求是，与时俱进

唯物史观概括了人类文明成果，揭示了社会生活的实质，指出社会发展史首先是物质资料生产的发展史。生产力与生产关系、经济基础与上层建筑的矛盾是人类社会的基本矛盾，是推动社会发展的基本动力；生产关系一定要适应生产力发展状况的规律，是人类社会的基本规律；生产力是社会发展的最终决定力量，是衡量社会进步的最高标准。人民群众作为历史的创造者，是物质生产活动的承担者，是社会首要的生产力；发展社会

---

① 《哲学笔记》，人民出版社 1974 年版，第 230 页。

主义社会的生产力，归根到底是为了满足人民群众不断增长的物质文化需要，因此，坚持生产力标准与坚持人民利益标准是一致的。

恩格斯晚年在《路德维希·费尔巴哈和德国古典哲学的终结》一书中，阐述了马克思主义“返回到唯物主义观点”而得到的基本结论时说：“人们决心在理解现实世界（自然界和历史）时按照它本身在每一个不以先入为主的唯心主义怪想来对待它的人面前所呈现的那样来理解；他们决心毫不怜惜地抛弃一切同实事（从事实本身的联系而不是从幻想的联系来把握的事实）不相符合的唯心主义。”[①] 很显然，这两个“决心”集中体现了解放思想、实事求是、与时俱进的基本精神。可以说，解放思想、实事求是、与时俱进体现了马克思主义哲学的物质观点、实践观点、辩证观点、生产观点、人民群众观点、价值观点等，是对马克思主义哲学基本思想的高度概括。

二、中国共产党人坚持科学的思想路线，探索和发展中国特色社会主义取得的宝贵经验

“实事求是”的思想路线是以毛泽东同志为代表的中国共产党人在领导中国新民主主义革命的过程中，为了解决如何正确处理马克思主义与中国革命实际的关系问题，积极探索实现中华民族独立和人民解放的道路而提出的。以邓小平为代表的中国共产党人，在新的历史条件下坚持“实事求是”的思想路线，在探索和发展中国特色社会主义道路的过程中，不断研究新问题，总结新经验，概括新理论，丰富和发展了党的思想路线。

（一）解放思想、实事求是、与时俱进是引导社会前进的强大力量

我们这一代人都不会忘记，当“四人帮”被粉碎后，全党全国人民强烈要求纠正“文化大革命”的错误，重新探索中国社会的发展道路。而当

① 《马克思恩格斯选集》第4卷，人民出版社1995年版，第242页。

时的中央主要负责人却坚持“两个凡是”的指导思想，其实质就是继续坚持毛泽东同志晚年的“左”倾错误。在这个关系到中国社会主义前途命运的重大历史关头，以邓小平为代表的中国共产党人以彻底唯物主义的革命胆略和科学态度，批判“两个凡是”的错误思想，要求“完整地准确地理解毛泽东思想”，科学评价毛泽东同志的是非功过，继续高举毛泽东思想的伟大旗帜；支持和领导了真理标准问题大讨论，为中国共产党重新确立实事求是的思想路线。在这个正确思想路线的指导下，围绕着“什么是马克思主义，怎样对待马克思主义”，“什么是社会主义，怎样建设社会主义”，“建设什么样的党，怎样建设党”，“实现什么样的发展，怎样发展”等重大理论和实际问题，进行了艰苦的探索和全面创新，概括出中国特色社会主义理论体系，开拓了中国特色社会主义道路。

回顾改革开放的历史进程，我们在坚持党的思想，探索中国特色社会主义道路方面迈出几大步：从“两个凡是”的精神禁锢中解放出来，坚持实践是检验真理的唯一标准，重新认识中国社会的主要矛盾，纠正“以阶级斗争为纲”的基本路线，进行全党工作重心的转移，实现了新中国建立后我国历史发展的一次伟大转折，开辟了中国社会主义建设新时期。从苏联僵化的社会主义模式的束缚中解放出来，坚持走自己的路，明确提出建设中国特色社会主义。从超阶段的“左”的思想束缚中解放出来，重新认识中国社会所处的历史阶段，纠正“跑步进入共产主义”的观念，确认我国处于社会主义初级阶段，为制定一切路线方针政策提供了根本依据，使社会主义真正扎根于中国大地而呈现出勃勃生机。从抽象谈论姓“社”姓“资”的思维定势中解放出来，重新认识评价社会主义制度优越性的标准，纠正“一大二公、纯之又纯的公有制”标准，提出生产力标准和“三个有利于”标准；重新认识社会主义经济体制，纠正高度集中的计划经济体制，确立社会主义市场经济体制，使社会主义道路越走越宽广。重新认识中国共产党所面临的新的执政条件，围绕“建设什么样的党、怎样建设党”的问题，提出“三个代表”重要思想，创新了党的建设理论。重新认识中国现代化建设的发展过程，围绕“实现什么样的发展、怎样发展”的问题提出科学发展观，这是我国经济社会发展的重要指导方针，是发展中国特色社会主义必须坚持和贯彻的重大战略思想。正确认识中国改革开放所处的关键时期，指出其既是战略机遇期又是矛盾突显期，提出全面建成小康社会的战略目标。中共十七大明确概括出中国特色社会主义道路："中国特色社会主义道路，就是在中国共产党领导下，立足基本国情，以经济建设为中心，坚持四项基本原则，坚持改革开放，解放和发展社会生产力，巩固和完善社会主义制度，建设社会主义市场经济、社会主义民主政治、社会主义先进文化、社会主义和谐社会，建设富强民主文明和谐的社会主义现代化国家。"①

由此可见，改革开放每前进一步，都是对旧的观念的冲破，新的观念的确立，都是解放思想、实事求是、与时俱进的伟大成果。可以说，没有党的思想路线的重新确立，就没有新的历史时期，就没有我们今天取得的好成绩，就没有中国特色社会主义理论体系。解放思想、实事求是、与时俱进不是只管某个阶段，而是贯穿于中国特色社会主义形成发展的全过程；不是只管某个方面，而是渗透在中国特色社会主义理论体系的方方面面；不只是书本上的理论，而且对于建设和发展中国特色社会主义具有根本性的指导作用。所以，江泽民同志曾说："马克思主义的发展史充分说明：解放思想、实事求是，是引导社会前进的强大力量。社会实践是不断发展的，我们的思想认识也应不断前进。"②

（二）坚持科学的思想路线必须解决好几个问题

新时期中国共产党人在探索和发展中国特色社会主义过程中取得了伟大成绩。从坚持和发展党的思想路线方面总结经验，主要是解决好以下几个主要问题：

第一，正确认识思想路线的理论地位。邓小平同志提出，实事求是是"马克思主义的精髓"，是"毛泽东思想的精髓"。江泽民认为，解放思

---

① 《中国共产党第十七次全国代表大会文件汇编》，人民出版社2007年版，第11页。
② 《江泽民文选》第3卷，人民出版社2006年版，第284页。

想、实事求是是邓小平理论的精髓。胡锦涛指出：解放思想、实事求是、与时俱进，是马克思主义活的灵魂，是我们适应新形势、认识新事物、完成新任务的根本思想武器。这就抓住了马克思主义的根本点，不仅对于我们学习和运用马克思主义、毛泽东思想具有极为重要的指导意义，而且实际上解决了困扰我们一个世纪之久的“学马列学什么”的问题，确立了科学的马克思主义观。

第二，深刻认识思想路线的基础作用。邓小平在改革开放的初期就认识到：“思想路线问题，是个政治问题，是个关系到党和国家的前途和命运的问题。”[①]“思想路线不是小问题，这是确定政治路线的基础。正确的政治路线能不能贯彻实行，关键是思想路线对不对头。”[②]江泽民反复强调，全党必须坚持解放思想、实事求是、与时俱进的思想路线，继续抓住什么是社会主义、怎样建设社会主义这个根本性问题，大胆探索、勇于实践、开拓创新，这是坚持党的基本路线，建设中国特色社会主义的思想保证。胡锦涛从总结党的历史经验的角度提出，思想路线“是一个十分重要而又具有基础性、根本性意义的问题”，能否坚持得好，关系到党的组织和党员队伍能否充满朝气和活力，关系到党和人民的事业能否顺利发展。

第三，全面理解思想路线的丰富内涵。邓小平指出：“实事求是，一切从实际出发，理论联系实际，坚持实践是检验真理的标准，这就是我们党的思想路线。”[③]根据这个思想，党的十二大通过的党章对党的思想路线作了完整的规定，指明了正确处理主观与客观、理论与实际、认识与实践的相互关系的基本原则；特别是把“在实践中检验真理和发展真理”作为党的思想路线的重要内容，是对真理标准讨论成果的概括，是对克服长期存在的个人崇拜、教条主义、思想僵化的历史经验的科学总结，是以无数党员的生命和鲜血为代价换取的认识成果。

第四，准确把握解放思想、实事求是、与时俱进的内在统一。邓小平

① 《邓小平文选》第2卷，人民出版社1994年版，第143页。
② 《邓小平文选》第2卷，人民出版社1994年版，第191页。
③ 《邓小平文选》第2卷，人民出版社1994年版，第278页。

指出："什么叫解放思想？我们讲解放思想，是指在马克思主义指导下打破习惯势力和主观偏见的束缚，研究新情况，解决新问题。"[①]又说："解放思想，就是使思想和实际相符合，使主观和客观相符合，就是实事求是。"[②]江泽民特别强调"与时俱进"，他说："与时俱进，就是党的全部理论和工作要体现时代性，把握规律性，富于创造性。"[③]解放思想、实事求是、与时俱进统一于人们的实践过程中。胡锦涛强调，"求真务实，是辩证唯物主义和历史唯物主义一以贯之的科学精神，是我们党的思想路线的核心内容"[④]，号召全党，大力弘扬求真务实精神，大兴求真务实之风。

第五，系统构建思想路线的实现机制。邓小平提出，民主是解放思想、实事求是的重要条件。坚持党的思想路线要有组织路线、政治体制和法律制度等相应的社会机制作保证。江泽民指出，在中国共产党领导下，实行人民民主，充分保障人民当家作主的民主权利，是我国政权建设和政治体制改革的根本出发点和归宿。胡锦涛特别强调，要切实建立健全各种制度，为坚持求真务实提供体制保证。中共十七大进一步提出，要健全民主制度，丰富民主形式，拓宽民主渠道，依法实行民主选举、民主决策、民主管理、民主监督，保障人民的知情权、参与权、表达权、监督权。这就全面而系统地阐述了贯彻执行党的思想路线所需要的制度保证体系。

第六，确立科学合理的判断标准。早在20世纪80年代初，邓小平在不同场合多次谈到，生产力是否发展，人民收入是否增加，国家是否兴旺发达，是"衡量做得对或不对的标准"。他在南方谈话中进一步提出"三个有利于"的判断标准。党的十七大通过的党章重申这个标准："各项工作都要把有利于发展社会主义社会的生产力，有利于增强社会主义国家的综合国力，有利于提高人民的生活水平，作为总的出发点和检验标准。""三个有利于"判断标准是科学性与价值性相统一的标准，体现

---

① 《邓小平文选》第2卷，人民出版社1994年版，第279页。
② 《邓小平文选》第2卷，人民出版社1994年版，第364页。
③ 《江泽民文选》第3卷，人民出版社2006年版，第537页。
④ 《当前政治理论教育读本》，人民出版社2004年版，第69页。

了中国共产党人“实事求是”的科学性追求与“为人民服务”的价值性追求的统一。

如果我们确实做到以辩证唯物主义和历史唯物主义的科学世界观和方法论为指导，以实践为最高权威，以与时俱进为科学态度，以民主制度为根本保证，以“三个有利于”为判断标准，就一定能够把党的思想路线落到实处。

三、新时期坚持党的科学的思想路线和发展中国特色社会主义，必须解放思想和改革创新

回顾历史，每一次社会大变动都必然伴随着一次哲学大讨论，由此带来一次人的大解放，而每一次人的大解放都必然带来社会的全面创新。在社会发展的不同历史时期，由于束缚人的枷锁不同，人们争取解放的目的不同，最后所进行创新的具体内容也不同。当前，国际国内形势的发展出现许多新特点。我们要完成历史所赋予的神圣使命，就必须坚持解放思想、实事求是、与时俱进的思想路线，积极推进理论创新、科技创新、制度创新和文化创新等。

（一）贯彻落实科学的思想路线为什么这样难

同志们在实际工作中总是感觉贯彻落实科学的思想路线很难。这种难主要来自五个方面。

第一，利益之难。马克思认为，追求利益是人类一切社会活动的动因，“人们奋斗所争取的一切，都同他们的利益有关”[①]。利益是思想的基础，利益决定思想。“‘思想’一旦离开利益，就一定会使自己出丑。”[②]思想路线既然体现着科学性与价值性的统一，就决不是一个可以离开利益而

① 《马克思恩格斯全集》第 1 卷，人民出版社 1956 年版，第 182 页。

② 《马克思恩格斯全集》第 2 卷，人民出版社 1957 年版，第 103 页。

高高在上的纯粹认识领域的问题，而是直接与利益紧密联系在一起的。利益包括物质利益、政治利益、文化利益、个人利益、组织利益、近期利益、长远利益等。

第二，事实之难。客观事物发展规律的展示有一个过程，人们对客观事物发展规律的认识也有一个过程。而且，人们在认识客观事物发展规律的过程中，总是会受到来自主客观方方面面因素的制约。事实的这种不确定性带来实事求是之难。

第三，文化之难。中国传统文化博大精深，是新时期实现中华民族伟大复兴的强大精神动力。但是不可否认，长期的封建专制制度，使中国传统文化中包含着“唯上、唯书、不唯实”的因素，在现实生活中往往表现为“两个凡是”。它所导致的恶果是，政治、思想、文化的专制主义，理论上的教条主义，思维方式上的僵化保守，人格上的依赖化和奴性化等，从而使整个中华民族失去创造的冲动，丧失选择的激情，泯灭发展的活力。因而消除传统文化的负面影响尚需时间。

第四，制度之难。建国初期，由于缺少经验，我们的各项制度主要是延续战争年代的做法，照搬苏联的模式，封建制度的残余等，导致政治、经济、文化体制的高度集权，严重抑制了社会主义制度的活力，影响了社会主义制度优越性的发挥。

第五，国民性之难。邓小平认为，种种精神枷锁把国民变成“懒汉”。没有自主性，一切依赖于“本本”、红头文件或上级领导；没有选择性，一切听由“本本”或红头文件定夺；没有创造性，只能“照抄照搬照转”。因此，确立人的自主性，给人以充分的选择性，发挥人的创造性，实现国民性的重塑，是一个十分艰巨而复杂的工程。

（二）努力争取“三个解放”，自觉实现自我超越

当今世界正在发生广泛而深刻的变化，当代中国正在发生广泛而深刻的变革。我们能否及时抓住机遇，成功应对挑战，发展中国特色社会主义道路，关键在于我们能否正确认识当前解放思想的着力点，解决好“实现什么样的发展、怎样发展”这个重大的理论和实践问题，大胆解放思想，

求真务实，锐意进取，使我们的思想和行动能够紧跟时代前进的步伐。

首先，从对马克思主义的错误的和教条式的理解中解放出来。如何对待马克思主义，是从本本出发，还是用马克思主义的立场观点方法来研究和解决中国特色社会主义现代化建设过程中出现的问题，这是两种根本对立的学风。尽管我们一直坚持反对教条主义，积极倡导马克思主义学风，但是这个问题没有得到彻底解决，教条主义的坏传统在许多人头脑中深深扎根，只要气候适宜，便会泛滥成灾。我们必须认识到，伟大的思想家从他们各自的社会实践出发，把握时代脉搏，集中群众智慧，回答了实践提出的一系列重大问题，创立了科学的思想体系，为工人阶级的解放事业指明了方向。但是，经典作家是人不是神，他们不可能穷尽对真理的认识，他们的思想也需要在实践中接受检验得到发展；另外，在长期的实践过程中，由于各种各样的原因，我们对马克思主义有许多误读和错读。因此，马克思主义不仅有与时俱进的问题，更有正本清源的问题。否则，其结果不但不能坚持马克思主义，而是毁掉马克思主义，毁掉社会主义现代化事业。

其次，自觉地把思想认识从那些不合时宜的观念、做法和体制的束缚中解放出来。我国的社会变革主要表现在两大方面：一是社会结构转型，即由农业社会向工业社会的转变，并通过信息革命向信息社会的跃进；二是社会体制转轨，即由高度集中的社会主义计划经济体制向新型的社会主义市场经济体制转变、由高度集权的社会主义政治体制向新型的社会主义民主政治体制转变。这两个方面交织在一起，相互制约，相互促进，必然引起思维方式、价值观念、道德准则、生活方式等一系列的变化，这就必然带来第三个转变，即活动规则的转变。所谓活动规则的转变，就是要求人们在进行一切活动的时候，自觉超越于地域的、民族的界限，站在经济全球化的高度，用世界性眼光、战略性思维来思考问题，来进行决策，把民族性国家变成全球性国家，把地域性个人变成世界性个人。

最后，从主观主义和形而上学的桎梏中解放出来。人的认识总是以已有的概念、经验或知识为基础。人的认识过程不仅是由不知到知、由少知到多知的过程，而且是由已知到未知、由正确知识取代错误知识的过程。那么，人们已有的概念、经验或知识便具有两重性：既有可能成为获得新知识的起点或工具，又有可能成为人们获得新知识的束缚或障碍。因此，要有新的发现、发明和创造，首先必须解放思想，摆脱各种精神枷锁的束缚，学会独立思考，用批判的理性的态度重新审视已有的一切，实现自我超越。自我超越的过程就是解放思想、实事求是、与时俱进的过程，就是人的实践和认识不断进步的过程。应该说，相对于克服外在的束缚来说，克服内在的束缚，即克服来自于人自身思想观念习惯势力的束缚，将是更困难的，更需要自我意识的自觉，更需要思维定势的转变。

（三）大力推进“四个创新”，积极开拓中国特色社会主义道路

坚持解放思想、实事求是、与时俱进的过程就是实现创新的过程，创新是解放思想、实事求是、与时俱进的本质特征，是其最终目的。中共十六大强调：“发展要有新思路，改革要有新突破，开放要有新格局，各项工作要有新举措。”中共十七大提出来，实践永无止境，创新永无止境。坚持解放思想、实事求是、与时俱进，勇于变革、勇于创新，永不僵化、永不停滞。

创新是创新主体为解决社会实践中提出的问题，通过实践活动而实际地改变现存事物，形成新的价值观念、新的战略布署、新的概念设计、新的制度体制、新的活动方式、新的关系模式等，从而创造或增加其经济价值或社会价值，推动经济社会的进步，实现人的自由全面发展的活动过程。

理论创新是基础。所谓理论创新，是创新主体在科学世界观和方法论的指导下，在认识和解决重大社会实践问题的过程中，不断创立和发展理论并使之形成系统化的知识体系的过程。理论创新的动力来源于实践，并在实践中得到检验和发展；理论创新是理论发展的基本形式，是使理论保持旺盛生命力的根本途径；理论创新是社会发展和变革的先导，是推动社会进步的强大精神动力。应该肯定，十一届三中全会以来，社会主义改革开放事业所取得的各项成就都是因为以与时俱进的科学态度对待马克思主

义，推进理论创新的结果。中国特色社会主义理论体系的形成，是我们党在新时期坚持理论创新的集中体现，是马克思主义中国化的最新理论成果。但是，当代中国处在历史大转折的交会点，前进道路充满着各种困难和风险。因此，我们必须研究新情况，进行新探索，解决新问题，形成新认识，作出新概括。当前理论创新的任务很重，要解决的问题很多，如要注意破除主观主义和教条主义的束缚，科学对待已有的观念、经验和模式；在不断解放思想中统一思想，加强对“三大基本规律”的认识和把握，改变理论研究落后于实践的局面，用科学的理论来指导中国社会主义现代化建设的实践，发挥理论引导社会前进的“旗帜”作用；增强理论的解释力和预见性，使理论更具有说服力和战斗力，并把理论创新及时地转化为实践创新，使之成为改造世界的思想武器。

科技创新是关键。在当今世界发展进程中，有没有创新能力，善不善于创新，是当今世界范围内经济和科技竞争的决定性因素，也是能否实现理论创新的决定性因素。进入新世纪，世界科学技术正在发生新的重大突破，以信息科学和生命科学为代表的现代科技的突飞猛进，为世界生产力的发展打开了新的广阔前景，世界经济正在从工业时代进入信息时代。我们面临着难得的发展机遇，也面临着严峻的挑战；因此，我们必须敢于创新，更要善于创新，实现我国科学技术的跨越式发展。

制度创新是保证。所谓制度创新，是指改进现有制度安排或创立某种新制度，以优化制度环境，提高或增强制度功能的活动过程。以前对制度问题的研究是非常不够的。随着社会主义改革开放的深入，我们遇到一系列关系到全局性、根本性的问题，这就要求我们加强对制度问题的研究。中共十六大报告提出：“改革要从实际出发，整体推进，重点突破，循序渐进，注重制度建设和创新。”[①] 中共十六届六中全会：“社会公平正义是社会和谐的基本条件，制度是社会公平正义的根本保证。必须加紧建设对保障社会公平正义具有重大作用的制度，保障人民在政治、经济、文化、社

① 《江泽民文选》第 3 卷，人民出版社 2006 年版，第 534 页。

会等方面的权利和利益，引导公民依法行使权利、履行义务。”[①] 胡锦涛在全国组织工作会议上再次强调，要继续加大制度建设和创新力度，整体设计、分步实施，及时将党的建设理论创新、实践创新成果转化为制度成果。

文化创新是精神动力。当今时代，文化越来越成为民族凝聚力和创造力的重要源泉，成为综合国力竞争的重要因素。中共十七大提出：要坚持社会主义先进文化前进方向，兴起社会主义文化建设新高潮，激发全民族文化创造活力，提高国家文化软实力，使人民基本文化权益得到更好保障，使社会主义文化生活更加丰富多彩，使人民精神风貌更加昂扬向上。要努力建设和谐文化，培育文明风尚；弘扬中华文化，建设中华民族共有精神家园；推进文化创新，增强文化发展活力。

总之，我们只有真正做到解放思想、实事求是、与时俱进，才能不断推进理论创新、制度创新、科技创新和文化创新，真正实践“三个代表”重要思想，全面落实科学发展观，构建社会主义和谐社会，开辟社会主义现代化建设的新局面。

（文章发表于《中国延安干部学院学报》2010 年第 6 期，全文转载于中国人民大学复印报刊资料《中国共产党》2010 年第 2 期）

---

① 《中共中央关于构建社会主义和谐社会若干重大问题的决定》，《人民日报》2006 年 10 月 19 日。

“解放思想”说到底是解放人

——为纪念十一届三中全会召开 20 周年而作

20 年前，邓小平领导的思想解放运动是一次新的人的解放运动，它深化了本世纪初提出的思想解放的主题，并为今后思想解放做出了方向性规定。

一、解放思想与解放人

思想解放运动的兴起根源于开创新的历史时期、实现中国社会主义现代化的需要。邓小平作为中国社会主义现代化的总设计师，受命于危难之际。在十年浩劫刚刚结束时，整个社会百业俱废，要解决这成堆的问题，从何处下手？邓小平以一位伟大的思想家所特有的敏锐眼光深刻认识到，在这成堆的问题背后是人的问题；而人的问题最根本的一点是，人被沉重的精神枷锁所束缚；而戴着沉重的精神枷锁的人不可能去开创新的历史时代。因此，“解放思想”吹响了向新时期进军的号角。“解放思想”就是号召人们打碎原有的精神枷锁，以全新的姿态进入新的历史时期。

邓小平非常明确地指出了束缚人们的各种精神枷锁。

首先，是被教条化、庸俗化了的马克思主义、毛泽东思想和各种各样的红头文件所束缚。马克思主义、毛泽东思想是我们一切工作的指导思想，而中央文件是根据当时工作的要求而就要解决的问题所做的规定。但长期以来，却有一股把马克思主义、毛泽东思想和中央文件简单化、教条化和庸俗化的倾向。人们学习马克思主义、毛泽东思想不是学习其立场、观点和方法，把握其理论实质，用以指导研究中国社会的现实问题，而是热心于背诵某些章节，拘泥于某些结论；特别是后来所盛行的“两个凡是”，把这种教条化、庸俗化的倾向推向了极端。这是一种外在的、人为的精神枷锁。

其次，是被僵化的、模式化的社会主义。社会主义是马克思通过对资本主义社会内在基本矛盾运动规律的研究而提出的一种能够取代资本主义社会的更高的社会形态；列宁领导俄国十月革命取得了社会主义革命的胜利，使社会主义由理论变成现实；中国共产党领导中国人民取得了新民主主义革命的胜利，并在半封建半殖民地基础上建立起了社会主义制度，这是一个不可否认的伟大胜利。然而我们在长期的社会主义建设实践中，由于多方面的原因，导致实际工作中注重于社会主义基本原则的坚定性，而忽视了实现这些原则的灵活性；注重于社会主义基本结论的本质，而忽视了表现本质的形式；注重于把握社会主义建设事业的一般，而忽视了中国社会主义建设事业的特殊：这就使得社会主义成为一种固定的、僵化的模式。这是一种自己创造出来的精神枷锁。

再次，是自己固有的认识和习惯势力。人的头脑不是一块白板。人每时每刻都处于认识事物的过程之中，人们对自己以往取得的认识，特别是那些经过实践证明是正确的认识，很容易作为“模式”固定下来，成为一种不变的“真理”；而这个认识又被作为以后认识的出发点，甚至作为检验以后认识正确与否的标准。加上中国长期处于封建社会，小生产作为一种根深蒂固的习惯势力还在影响着人们，“这种习惯势力的一个显著特点，就是因循守旧，安于现状，不求发展，不求进步，不愿接受新事物”[①]。这是一种内在的精神枷锁。

---

① 《邓小平文选》第2卷，人民出版社1994年版，第142页。

正是这种种精神枷锁使人成为“懒汉”。邓小平在著名的《解放思想，实事求是，团结一致向前看》一文中绘声绘色地刻画出这种“懒汉”的形象。其一，“懒汉”没有自主性，“本本”和红头文件替代了人所应该做的一切。其二，“懒汉”没有选择性，一切听由“本本”和红头文件定夺。其三，“懒汉”没有创造性，一切有创造性的行为都会因与“本本”和红头文件不“一致”而被视为异端邪说，那么，就只能“照搬照转”。依靠这些“懒汉”不可能干成新的事业。正是从这个意义上，邓小平说：不打破思想僵化，不大大解放干部和群众的思想，四个现代化就没有希望。

邓小平对“人”的重视，基于对“人”的科学理解和对人的本质的深刻把握。邓小平所说的“人”，决不是生物学意义上的“人”，而是作为社会主体的、具有自觉能动性的“人”。邓小平说：“解放思想，是指在马克思主义指导下打破习惯势力和主观偏见的束缚，研究新情况，解决新问题。”[①] 很显然，邓小平是把作为“思想”承担者的“人”看作是社会的主体。人作为社会主体是整个社会体系的承担者，人作为社会主体的历史实践是历史规律的体现者，这就使社会历史过程并不简单地表现为一个仅由客观规律决定的死板进程，而常常表现为一个处处体现着主体意志活动的过程；主体的实践活动直接影响到社会历史的具体状况，有时还会造成重大的历史差异。因此，从某种意义上说，社会主体的状况如何会直接影响和制约着社会发展的进程。这就使邓小平作为一位伟大的思想家、政治家在领导人民从事一项伟大的社会运动时，必须研究社会主体的特性，关注社会主体的状况。

二、解放思想与发挥人的聪明才智

邓小平提倡的“解放思想”，其实质就在于恢复人的自由本性，以便

① 《邓小平文选》第2卷，人民出版社1994年版，第279页。

调动人的积极性和创造性，发挥人的聪明才智。马克思说：“人类的特性恰恰就是自由的自觉的活动。”[①]“自由”“自觉”是人类的根本特征，也是人作为社会主体能够发挥作用的根据。对于失去了“自由”“自觉”的社会主体就要进行“解放”，否则，他们就不能够完成作为社会主体所承担的使命和责任。邓小平认为，“解放思想”实质上就是解除各种条条框框对人的束缚，就是恢复人的主体地位，使人能够认识和发挥自己所特有的主体性，从而能够自觉地按照主体的标准去要求自己，以主体的姿态去面对外部世界，并以主体所特有的自觉能动性与客体发生关系，进而承担起新时期所赋予的历史使命。

解放思想就是要确立人的自主性。自主性是人的主体地位的确证，表明人对于影响和制约自身存在与发展的主客观因素具有独立、自决、自控的意识、能力和权力。任何主体只有切实感到自己是活动的主人，才能产生活动的热情，关心活动的结果，从而迸发出想象力和创造力；如果主体的自主性被束缚，就会失去工作的热情。然而，长期以来所存在的各种条条框框使人们养成一种依赖性，什么都要依赖于组织、依赖于制度等，久而久之，就丧失了自主性，成为一切都以依赖为是的依赖型人格。邓小平认为，必须确立人的自主性，使人格由依赖型向独立型转变，这是能否调动人的积极性的关键。他总结改革的经验说，这些年来搞改革的一条经验，就是“给农民自主权，给基层自主权，这样一下子就把农民的积极性调动起来了，把基层的积极性调动起来了，面貌就改变了”[②]。然而，中国人民最大的自主性是要破除对“本本”“模式”的依赖，通过自己的“独立思考”，解决中国社会主义发展的道路问题。

解放思想就是要给人以自由的选择性。选择性是人的活动的内在环节和构成因素。主体的认识和实践活动可以说是一个立体交叉的选择之网，人们选择的正确与否以及正确性的程度直接关系到人们认识和实践的

---

① 《马克思恩格斯全集》第42卷，人民出版社1979年版，第96页。

② 《邓小平文选》第3卷，人民出版社1993年版，第238页。

成败。在现实生活中制约人们能否实现正确选择的因素是多方面的，但主体是否能够发挥其主动性、积极性则是最根本的制约因素。然而，长期以来的各种束缚，使人们只能唯“本本”、红头文件、模式是尊，不能有任何自己的选择。邓小平响亮地提出“解放思想”，就是要给人民充分的选择权；对待马克思主义的态度要有选择，对待别国的经验要有选择，对于闭关锁国还是改革开放要有所选择，对于先争论还是先干也要有所选择。但是，在各种选择中，最大的选择是中国社会主义发展道路。邓小平说：“一个国家的革命要取得胜利，最根本的一条经验就是，各国共产党应该根据自己国家的情况，找出自己的革命道路。任何大党或老党都不能以最高发言人自居。”①“找出”就是“选择”。

解放思想就是要发挥人的创造性。主体的活动在本质上是一种改变客体原有状态、创造新的客体以满足自身需要的活动；人类正是通过创造活动，使自然界日益深刻地打上人的意志和人的活动的烙印，变成一个为人类生存发展所需要的属人世界，与此同时，主体自身也不断得到发展。但是，在过去动乱的年代里，林彪、“四人帮”大搞禁区、禁令，制造迷信，把人们思想封闭在他们假马克思主义的禁锢圈内，动辄就要扣帽子、打棍子。在这种情况下，“随风倒”的现象多起来了，人们明哲保身以求得生命的存在，只注重于生命价值而轻视创造性的实践活动的价值，特别是抑制自身的能力价值。针对这种状况，邓小平说：“在党内和人民群众中，肯动脑筋、肯想问题的人愈多，对我们的事业就愈有利。干革命、搞建设，都要有一批勇于思考、勇于探索、勇于创新的闯将。没有这样一大批闯将，我们就无法摆脱贫穷落后的状况，就无法赶上更谈不到超过国际先进水平。”②要发挥中国人的创造精神，其最大的创造在于把马克思主义的普遍真理同我国的具体实践结合起来，创造出具有中国特色的社会主义模式。

---

①《邓小平文选》第3卷，人民出版社1993年版，第27页。

②《邓小平文选》第2卷，人民出版社1994年版，第143—144页。

邓小平所说的"人"是指人民。只有确立人民的主体地位，保证人民的主体性得到充分发挥，才能创造有利的社会环境。在保证个人得到自由而全面发展的同时，使整个社会得到协调而有序的进步。

由此可见，邓小平"解放思想"的实质在于对"人"的重新解放。从某种意义上说，社会改革是从改造人开始的。只有当每个人作为主体的人发挥作用时，人民群众才能真正成为推动我们事业前进的伟大动力。正是基于对人的科学认识和对人的本质的深刻把握，邓小平以"解放思想"为号角，拉开了向社会主义现代化建设新时期进军的大幕，而"解放思想"则成为划分两个时期的显著标志。

三、解放思想的途径

一般说来，实现人的"解放"有两种途径：一种是求诸社会，即通过对社会的改造，减少或消除社会环境对人的束缚和压抑，使人获得解放。这是一种外在的被动的解放。另一种是求诸自我，即通过自我觉悟，自我否定，冲破外在的束缚或内在的束缚，自己解放自己。这是一种内在的主动的解放。

邓小平从两种意义上来论证"解放思想"的途径。

首先，重新学习马克思列宁主义、毛泽东思想是实现思想解放的"精神动力"。解放思想就是要摆脱各种精神枷锁对人的束缚，但是，这并不意味着要丢掉"老祖宗"，而是要真正坚持马克思列宁主义和毛泽东思想。

为了真正掌握马克思列宁主义和毛泽东思想，就必须重新学习。邓小平说："实现四个现代化是一场深刻的伟大革命。在这场伟大的革命中，我们是在不断地解决新的矛盾中前进的。因此，全党同志一定要善于学习，善于重新学习。"学习什么呢？"根本的是要学习马列主义、毛泽东思想。"回顾我党的历史，我们一直强调要学习马克思列宁主义、毛泽东思想，但还是犯过数次严重的错误。究其主观原因，问题不在于学习，而在于怎样学习，在于以什么态度学习。邓小平明确指出：“要努力把马克思主义的普遍原则同我国实现四个现代化的具体实践结合起来。”这就要求科学地对待马克思列宁主义、毛泽东思想，真正把握其在揭示一般结论时所坚持的立场、观点和方法，这是实现“相结合”的根本前提。这就要求全面认识、准确把握中国的国情，既要了解中国的历史，又要了解中国的实际，这是实现“相结合”的根本条件，也是实现“相结合”的出发点。还有更重要的一点，“相结合”是一个长期的历史过程。因为“世界天天发生变化，新的事物不断出现，新的问题不断出现，我们关起门来不行，不动脑筋永远陷入落后不行”。这就要求我们不断运用马克思列宁主义、毛泽东思想的基本原则去分析和解决实际中不断提出的新问题，而分析和解决问题的过程就是对理论丰富和发展的过程。所以，邓小平告诫人们：马克思主义理论从来不是教条，而是行动的指南。它要求人们根据它的基本原则和基本方法，不断结合变化着的实际，探索解决新问题的答案，从而也发展马克思主义理论本身。正是从这种意义上，邓小平把人们对马克思列宁主义、毛泽东思想的信仰，对中国历史的了解，当作是一种“精神动力”。正是这种“精神动力”推动着人们从种种精神枷锁中解放出来，推动着人们克服生产力低下、科学技术落后、人才匮乏、经验不足等困难，推动着人们去探索中国特色的社会主义发展道路。

其次，人民群众的实践是实现思想解放的物质动力。“解放思想”的提出是根源于新时期社会主义现代化建设的实践。邓小平并不局限于此，而是就实践与解放思想的关系，从多个层次进行论述。

实践是解放思想的根本目的。邓小平说：“解放思想必须真正解决问题。”所谓“解决问题”，就是通过实践认识客观事物的发展规律，进而在规律的指导下去改造客观世界以满足人的需要。在思想不解放的情况下，“思想懒汉不少，讲套话、空话的多”。真正仔细地研究新情况，解决新问题，切实地想办法使我们的步伐快一些，使生产力发展快一些，使国民收入增加快一些，把领导工作做得更好一些的人不多。所以，“解放思想”就是为了“解决问题”；也只有“解放思想”，才能够积极地去“解决问题"。这样就把人的主体性的发挥指向由注重于应用"本本"转向注重于研究和解决中国社会主义现代化建设过程中所出现的问题。这是在思维方式、价值取向方面实现的根本变革。

实践是把握解放思想的"度"的根本标准。解放思想并不是说人就可以无所限制地随意发挥主体能动性。邓小平说:"解放思想,就是使思想和实际相符合,使主观和客观相符合,就是实事求是。"[①] 实践是衡量"思想和实际相符合""主观和客观相符合"的客观尺度。戴着精神枷锁的人,是不可能实现主观和客观相符合的,是不可能在实践过程中认识和把握社会发展的客观规律的;而去掉精神枷锁的人,其主体能动性的发挥又必须遵循事物的发展规律。解放思想的"度"就是遵循事物发展的客观规律,而衡量主体能动性的发挥是否遵循了事物发展的客观规律,其根本标准是实践。所以,邓小平说:"不要小看实践是检验真理的唯一标准的争论。这场争论的意义太大了。"[②]

实践是破除固有认识而不断实现内在超越的根本动力。邓小平说:"我们的做法是允许不同观点存在,拿事实来说话。农村改革,开始的一两年里有些地区根本不理睬,他们不相信这条路,就是不搞。观望了一年,有的观望了两年,看到凡是执行改革政策的都好起来了,他们就跟着走了。这里指的不是农民群众,主要是一些领导干部。所以,改革的政策,人们一开始并不是都能理解的,要通过事实的证明才能被普遍接受。"邓小平反复强调:"拿事实来说话,让改革的实际进展去说服他们。"[③] 这实际上就是要用人们实践活动的结果来证明一种思想是全面的、崭新的,从而使人们能够自觉地接受这种新的理论,并运用它来指导自己的社会实践,从而达到否定自己、超越自己的目的。

实践是实现主体性的唯一途径。实践是广大人民群众认识世界改造世界的社会性活动,广大人民群众是实践的主体。广大人民群众的自主性、

---

① 《邓小平文选》第 2 卷,人民出版社 1994 年版,第 364 页。
② 《邓小平文选》第 2 卷,人民出版社 1994 年版,第 191 页。
③ 《邓小平文选》第 3 卷,人民出版社 1993 年版,第 155—156 页。

选择性、创造性只有通过实践才能真正表现出来。邓小平认为："我们改革开放的成功，不是靠本本，而是靠实践，靠实事求是。农村搞家庭联产承包，这个发明权是农民的。农村改革中的好多东西，都是基层创造出来，我们把它拿来加工提高作为全国的指导。"① 在"对十四大报告送审稿的意见"中说："改革开放中许许多多的东西，都是由群众在实践中提出来的。"② 这是对马克思主义实践观点和群众观点的极大丰富和发展。

再次，民主是实现思想解放的重要条件，只有真正实现民主，才能真正确立人民群众的主体地位，从而使广大人民群众获得真正的解放。这是一种外在的解放。邓小平说："解放思想，开动脑筋，一个十分重要的条件就是要真正实行无产阶级的民主集中制。我们需要集中统一的领导，但是必须有充分的民主，才能做到正确的集中。""当前这个时期，特别需要强调民主。因为在过去一个相当长的时间内，民主集中制没有真正实行，离开民主讲集中，民主太少。"③ 所谓给人民群众以民主，就是让人民群众充分行使当家作主的权力，还权于民；就是解除各个方面强加给人民群众的各种束缚和限制，让人民群众拥有自主权；人民群众真正拥有了自主权，才能够拥有真正的选择权；人民群众只有拥有了自主权和选择权，才能够真正发挥其创造性，创造出人间奇迹。

正是从民主是实现解放思想的重要条件的角度，邓小平把各党派"长期共存、互相监督"和思想上的"百花齐放、百家争鸣"作为民主的一种形式给予了充分的肯定。他说："这十六个字的方针对我们国家有深远的影响，对我们党有极大的好处，对发展马克思列宁主义有很大的好处。如果我们不注意，不搞'百花齐放、百家争鸣'，思想要僵死起来，马克思主义要衰退，只有搞'百花齐放、百家争鸣'，各种意见表达出来，进行争辩，才能真正发展马克思主义，发展辩证唯物主义。"④

---

① 《邓小平文选》第 3 卷，人民出版社 1993 年版，第 382 页。

② 转引自《伟大的实践，光辉的篇章》，《人民日报》1992 年 10 月 24 日。

③ 《邓小平文选》第 2 卷，人民出版社 1994 年版，第 144 页。

④ 《邓小平文选》第 1 卷，人民出版社 1994 年版，第 272—273 页。

正是为了保证人民群众能够充分行使民主权利，就必须对政治体制进行改革。政治体制改革的主题就是进一步扩大社会主义民主，健全社会主义法制，依法治国，建设社会主义法治国家。所以，邓小平说：“我想政治体制改革的目的是调动群众的积极性，提高效率，克服官僚主义。”[①]没有充分的民主作条件，就不可能实现人的解放，那么，“没有民主就没有社会主义，就没有社会主义的现代化”[②]，这是逻辑的必然。

四、解放思想任重而道远

回顾历史，每一次社会大变动都必然伴随着一次人学大讨论，而每一次人学大讨论都带来一次人的大解放。发生在春秋战国时期的“百家争鸣”通过对天人关系、人的本质、人的价值、人性假设等问题的讨论，把人从唯心主义的天命观和天道观中解放出来，为实现中国社会由奴隶制向封建制的转轨奠定了人的基础。发生在20世纪之初的第二次“百家争鸣”则通过对封建人学的批判和国民性的分析，把人从传统的儒家人学枷锁中解放出来，为实现中国社会由古代社会向现代社会的转轨奠定了人的基础。然而，由于历史的局限性，这两次思想解放运动都给人留下了许多遗憾。

邓小平领导的这一次思想解放运动，通过对实践标准、人道主义、人的现代化、国民素质等问题的讨论，把人从教条化的马克思主义中、从僵化的社会主义模式中、从自我固有的认识和习惯势力中解放出来，为实现全党工作中心的转移，为新的历史时期的到来奠定了人的基础。邓小平作为这次思想解放运动的倡导者和设计师，由于对人的科学理解，对中国国情的精辟分析，对社会发展规律的深刻把握，使这一次思想解放运动比起

---

① 《邓小平文选》第3卷，人民出版社1993年版，第177页。
② 《邓小平文选》第2卷，人民出版社1994年版，第168页。

前两次思想解放运动更彻底，作用更伟大，意义更深远，从而把中国的思想解放运动推向新阶段。但是，思想解放运动是不是到此就终结了呢？回答自然是否定的。

江泽民同志在十五大报告中指出："在新世纪将要到来的时刻，我们面对着严峻的挑战，更面对着前所未有的条件和大好机遇。必须清醒地看到：国际竞争日趋激烈，经济、科技上同发达国家的差距给我们很大压力，我们自身还有许多困难。"因此，必须抓住世纪之交的历史机遇，迈出新的步伐。而能否抓住历史机遇迈出新的步伐，关键在于能否把思想解放运动深入持久地坚持下去。

我们必须看到，思想解放是一个步步深入、层层推进的过程；随着思想解放运动的深入和推进，人们进行自我否定、自我超越、自我解放也会越来越难。十五大报告指出："在走向新世纪的新形势下，面对许多我们从来没有遇到过的艰巨课题，邓小平理论要求我们增强和提高解放思想、实事求是的坚定性和自觉性。"丰富多彩、日新月异的社会实践要求我们必须解放思想，完成新时期的历史任务也要求我们必须解放思想，这是深入坚持思想解放运动的内在要求。不坚持思想解放，建设中国特色社会主义就会成为一句空话。但是，解放思想所触及的问题会越来越深，解放思想所遇到的阻力也会越来越大，这就要求我们必须继承前人又突破陈规，大胆创新，在实践中丰富和发展马克思列宁主义、毛泽东思想和邓小平理论；另一方面要对中国国情有深刻的了解和把握，不能把"初级阶段"当作标签，而要真正当作制定政策的出发点。我们要在邓小平理论的指引下，克服各种困难和阻力，坚持"解放思想、实事求是"，把建设中国特色社会主义伟大事业全面推向21世纪。

（原文发表于《理论学刊》1998年第5期，全文转载于中国人民大学复印报刊资料《中国共产党》1998年第10期）

中国的现代化“关键在人”

——论邓小平对物的现代化与人的现代化关系的思考

现代化的内容非常丰富，大体包含三个层面：物的现代化、制度现代化和人的现代化。所谓物的现代化，是指一个社会物质文明所达到的程度，其核心是生产力发展水平及人民物质生活状况；所谓制度现代化，是指一个社会制度文明所达到的程度，其核心是通过调整社会诸因素结构的合理性和运行机制的畅通性以保证社会公平、民主、文明地发展；所谓人的现代化，是指一个社会精神文明所达到的程度，其核心是通过确立科学的世界观、人生观、价值观体系，以保证个人自由而全面的发展。现代化三个层面的内容相互联系、相互作用、相互转化，共同构成一个国家现代化的整体。从某种意义来说，毛泽东领导中国人民浴血奋战，建立了人类最先进的社会主义社会制度，尽管这个制度还需要在实践中不断得到完善和发展，但是，它为在中国实现社会制度现代化奠定了坚实的基础。在已经建立了先进的社会制度的前提下，如何处理人的现代化与物的现代化的关系，是一个值得认真思考和解决的问题。

邓小平作为中国社会主义现代化的总设计师，在思考和设计中国现代化的宏伟蓝图时，对于这个问题给予了认真的思考，并根据社会主义现代化建设的实践做出了自己的回答。

一

邓小平说："我们的现代化建设，必须从中国的实际出发……把马克思主义的普遍真理同我国的具体实际结合起来，走自己的路，建设有中国特色的社会主义，这就是我们总结长期历史经验得出的基本结论。"[①]这个思想是邓小平建设中国特色社会主义现代化的指导思想，也是邓小平思考和解决中国社会主义现代化过程中物的现代化与人的现代化的关系问题的指导思想。

我们的现代化建设，必须从中国的实际出发。我们要解决物的现代化与人的现代化的关系，也必须从中国的实际出发。然而，中国的实际是什么？最大的实际就是中国是一个后发型国家。这是邓小平思考问题和解决问题的出发点。

从全球的角度来看：现代化潮流首先在西方某些国家兴起，然后以此为基点向亚非拉等国辐射，并被这些国家所认同、接受，这个过程是一个由自发到自觉的过程。从某种意义来说，"原发型"国家实现现代化是一个自发的过程。在这个过程的早期，人们更注重于生产力的发展，注重于物质文明的建设；尽管伴随着物质文明水平的提高，人的现代化水平也在提高，但是，相对于物质文明进步的程度来看，人的精神文明进步的程度似乎慢了许多。

从中国现代化的历史进程来看：中国的现代化序幕是在西方隆隆的炮声中开启的，是西方先进的工业文明与中国古老的传统文化的挑战与回应双向作用的结果。近代中国由于政治、经济、文化的落后，在帝国主义的侵略和奴役下，逐渐沦为半封建半殖民地社会。为了解决日益尖锐的社会矛盾，挽救日益严重的社会危机，当时的仁人志士纷纷提出自己的"治病良方"。魏源提出"师夷长技以制夷"。严复写出《原强》《救亡决论》等文章，他认为中国要致富强，就要"鼓民力、开民智、新民德"。梁启超则旗帜鲜明地提出，中国要致富强，"新民为第一急务"。严复、梁启超等认识到国民素质在社会发展中的重要作用，企图通过改造国民素质来改

① 《邓小平文选》第3卷，人民出版社1993年版，第2页。

变中国贫穷落后的面貌，这个思想大大超过了前人。但是，由于他们把“民”的状况认作是政治制度的产物，而政治制度又是由“人”来制造的，所以依然没有解决物的现代化与人的现代化的关系问题。

新文化运动“百家争鸣”中的一个重要内容就是人的问题。以李大钊、陈独秀为首的“新青年派”实际上是把人的现代化作为整个社会现代化的基础。正是基于这样一种认识，他们在“打倒孔家店”旗帜下，对封建的旧文化、旧思想、旧道德、旧观念、旧价值观进行了清算。然而，当他们完成了两个转变之后才明确地认识到，国民素质问题并不是一个可以单独解决的问题；在不变革半封建半殖民地社会制度的条件下，要求提高国民素质，这仅仅是人们的一腔美好愿望。

因此，他们便在马克思主义的旗帜下致力于社会制度的革命，把实现制度的现代化作为中国社会现代化的前提。

新中国成立以后，我们党及时向全国人民提出实现社会主义现代化的宏伟目标，并围绕着如何完成这一历史任务而进行了不懈的探索。但是，毛泽东把在长期新民主主义革命阶段形成的“人的因素第一”的思想推向极致，成为“人的因素决定一切”。在他看来，“抓革命，促生产”似乎只要把人的思想觉悟提高了，实现了人的现代化，物的现代化就会自然到来。这实际上也没有能够正确解决人的现代化与物的现代化的关系问题。

十一届三中全会以后，伴随着全党工作重心的转移，我们又一次掀起现代化的热潮。在现代化建设的进程中，人们越来越深刻地认识到如何处理物的现代化与人的现代化的关系问题，是一个直接关系到现代化事业兴衰成败的问题；认识到在当今中国的历史条件下，人的素质的高低是能否实现现代化的关键所在；从而，掀起全国范围的“人学”研究热潮。应该说，中国的现代化建设实践是“人学”研究热潮的内在燃料。

由此可见，物的现代化与人的现代化的关系问题，是中国人民在追求现代化的过程中一直在认真思考的问题。如何认识和解决这个问题，直接关系到中国社会主义现代化设计的总体思路，而这个思路的正确与否，则直接影响到中国社会主义现代化事业能否成功。

二

邓小平作为中国这个后发型国家现代化的总设计师，他非常明确地意识到，中国作为一个后发型国家的优势是，它可以引进原发型国家先进的生产技术和管理经验，以促进自己物的现代化的进程；更重要的是，它可以借鉴原发型国家在实现现代化的过程中所积累的经验教训，使自己在现代化的进程中少走弯路，少犯错误。

在已经建立先进的社会主义制度的前提下，如何处理物的现代化与人的现代化的关系问题，邓小平总结了“原发型”国家实现现代化过程的经验教训，也反思了以毛泽东为核心的第一代领导集体在现代化建设过程中所经历的失误挫折，根据中国的实际情况，在提出实现四个现代化的同时，特别强调人的现代化。这是邓小平从中国的实际出发，解决物的现代化与人的现代化的关系的基本点、基本思路，也是邓小平的高明之处。

邓小平对实现人的现代化在建设中国特色社会主义现代化过程中的作用的认识，是伴随着中国现代化事业的发展而逐步深入的，并把人的现代化的地位提得越来越高。1977 年，中国现代化建设刚刚起步时，他说：“靠空讲不能实现现代化，必须有知识，有人才。”[①] 这里所讲的“现代化”是指四个现代化，即物的现代化。显然邓小平在开始设计中国现代化宏图的时候，就已经明确把是否“有人才”作为实现现代化的必备条件。1978 年，邓小平在全国科学大会开幕式上的讲话指出：“我们向科学技术现代化进军，要有一支浩浩荡荡的工人阶级的又红又专的科学技术大军，要有一大批世界第一流的科学家、工程技术专家。造就这样的队伍，是摆在我们面前的一个严重任务。”[②] 又说：“现在我们国家面临的一个严重问题，不是四个现代化的路线、方针对不对，而是缺少一大批实现这个路线、方针的人才，道理很简单，任何事情都是人干的，没有大批的人才，我们的事

---

① 《邓小平文选》第 2 卷，人民出版社 1994 年版，第 40 页。

② 《邓小平文选》第 2 卷，人民出版社 1994 年版，第 91 页。

业就不能成功。所以，现在我们搞四个现代化，急需培养、选拔一大批合格的人才。"[①] 实现社会主义现代化需要一大批现代化的专门人才。这批人才并不是本来就具有的，也不能等到实现物的现代化以后再来培养，而是在实现物的现代化的同时下大力气来培养和造就。在这时，邓小平把培养大批现代化的专门人才作为"摆在我们面前的一个严重任务"，更进一步强调培养人的问题的重要性。

到 20 世纪 80 年代初期，邓小平把中国特色的现代化事业看作是物的现代化与人的现代化同时实现的过程。1980 年，邓小平在《目前的形势和任务》的讲话中提出："培养社会主义新人就是政治。"[②] 这与邓小平"搞经济建设就是最大的政治"的思想是相互呼应的，说明邓小平在这个时期把实现物的现代化与实现人的现代化这两个"政治"认作就是一个过程。在很多时候，邓小平又把这个思想表述为物质文明与精神文明的关系。"我们要在建设高度物质文明的同时，提高全民族的科学文化水平，发展高尚的丰富多彩的文化生活，建设高度的社会主义精神文明。"[③] 建设社会主义精神文明的根本内容是培养现代化的人；社会主义现代化就是物的现代化与人的现代化的统一过程。

在十二大召开之前，伴随着改革开放政策的全面贯彻，国外大量先进科学技术的被引进，物的现代化程度得到很快提高；然而与物的现代化进步的程度相比较，国民素质提高的速度却慢得多。人们越来越感觉到我们的国民素质很难适应经济发展的需要，国民素质的低下成为我们现代化事业发展的"瓶颈"。正是在这样一种历史条件下，邓小平在中国共产党第十二次全国代表大会上说："今后一个长时期，至少是到本世纪末的近二十年内，我们要抓紧四件工作：进行机构改革和经济体制改革，实现干部队伍的革命化、年轻化、知识化、专业化；建设社会主义精神文明；打击经济领域和其他领域内破坏社会主义的犯罪活动；在认真学习新党章的

---

① 《邓小平文选》第 2 卷，人民出版社 1994 年版，第 220 页。
② 《邓小平文选》第 2 卷，人民出版社 1994 年版，第 256 页。
③ 《邓小平文选》第 2 卷，人民出版社 1994 年版，第 209 页。

基础上，整顿党的作风和组织。这是我们坚持社会主义道路，集中力量进行现代化建设的最重要的保证。”[①] 邓小平这四条重要保证实际上都是关于如何实现人的现代化的思想。第一条是邓小平的一贯思想，抓人的现代化，首先要抓干部的现代化，以干部的现代化带动全民的现代化；第四条是实现第一条的组织保证；第二条讲整个社会的精神文明建设，实质上是讲提高全社会人的现代化程度；第三条则从反面讲对非现代化人的整治办法。邓小平实质上认为，能否实现人的现代化是能否实现物的现代化的重要保证。没有人的现代化做保证，就根本谈不上实现物的现代化。在这样的历史条件下，应该优先抓人的现代化。所以，到邓小平视察南方时就明确提出：“中国的事情能不能办好，社会主义和改革开放能不能坚持，经济能不能快一点发展起来，国家能不能长治久安，从一定意义上说，关键在人。”[②]“关键在人”决不是邓小平一时的想法，而是他对中国现代化事业发展进程经过深思熟虑而后得出的结论。

邓小平是在当今世界以和平与发展为主题的历史条件下来规划中国的现代化蓝图，是在中国已经建立起先进的社会主义社会制度的条件下来规划中国的现代化蓝图。所以，邓小平接受了国内外现代化历史进程中的经验教训，在一开始中国的现代化进程时，立即就把人的问题、国民素质问题作为一个不容忽视的问题提了出来，并最终认定，中国的现代化“关键在人”，在中国实现现代化应该优先抓人的现代化，抓国民素质的现代化。这是邓小平对现代化理论的杰出贡献。

三

要培养大批适合社会主义现代化建设事业的人才，就必须要解放思

---

① 《邓小平文选》第 3 卷，人民出版社 1993 年版，第 3 页。
② 《邓小平文选》第 3 卷，人民出版社 1993 年版，第 380 页。

想。“解放思想”最重要的是要解放人。

邓小平认为，只有通过思想解放运动，把广大人民群众从传统的、僵化的、封闭的思维模式中解放出来，从依赖性的人格中解放出来，才能调动广大人民群众干社会主义现代化的积极性、创造性。

邓小平进一步提出，仅仅把人解放出来是不够的，还要根据社会主义现代化的本质特点来确定现代化的人的基本素质，来塑造现代化的新人。这个“新”的根本含义就是具有适应社会主义现代化建设所需要的优秀品质，是全面发展的人。邓小平针对社会上不同的人群在社会主义现代化过程中所起的作用的不同，进一步为不同的人群规定了“新”的含义。

现代化的人必须是具备了“四有”品质的新人，这是邓小平对全民族的要求。针对以前片面强调“红”而否定“专”的做法，邓小平专门提出：“由于现代科学技术的日新月异，生产设备的更新和生产工艺的变革都非常迅速。这就要求劳动者只有具备较高的科学文化水平，丰富的生产经验，先进的劳动技能，才能在现代化的生产中发挥更大的作用。”[①]邓小平提出的社会主义新人的“四有”目标，是一个具有丰富内涵的有机统一整体。所谓有理想、有道德、有纪律属于提高人民的思想素质的要求，有文化则是提高人民的文化素质的要求，二者相互依赖、相互促进，缺一不可。这一目标的提出，无疑深化了马克思主义关于人的全面发展的思想。

现代化的干部必须是“四化”干部。培养和选拔一大批符合“四化”标准的中青年领导干部，是现代化建设事业客观存在的迫切需要。在20世纪70年代末和80年代初，邓小平在许多场合谈到培养和选拔中青年领导干部的问题，并多次谈到对中青年领导干部内在素质的要求，即不仅仅要懂政治，特别要懂经济、懂管理。后来，在现代化建设的实践过程中，邓小平又多次从不同的角度谈及对领导干部基本素质的要求，并最终形成干部“四化”标准。干部“四化”标准的提出，是对毛泽东有关接班人思想的丰富和发展。能否按“四化”标准培养和选拔干部，是能否实现现代

① 《邓小平文选》第2卷，人民出版社1994年版，第88页。

化的根本所在。

培养现代化的人，重点应该放在教育青少年做到有理想、有道德、有文化、有纪律。邓小平说："要努力使我们的青少年成为有理想、有道德、有知识、有体力的人，使他们立志为人民作贡献，为祖国作贡献，为人类作贡献，从小养成守纪律、讲礼貌、维护公共利益的良好习惯。"[①] 青少年作为社会主义现代化建设的接班人，必须具有良好的文化素质、思想素质和身体素质，即德、智、体全面发展。只有这样才能够适应未来社会主义现代化建设事业发展的需要。

现代化事业是一个全新的事业，全新的事业必须由全新的人来承担。然而，现实生活中的人并不会自动成为新人，这就要求人们通过必要的措施来提高自己的素质，以转化成为全新的人。所以，培养大量社会主义现代化建设所需要的合格人才是一个庞大的系统工程。在这个系统工程中，邓小平尤其重视教育的作用，提出"一定要把教育办好"。当然，邓小平所重视的教育并不仅仅指教育部门，而是包括多种教育。

首先，邓小平肯定了教育事业在培养现代化的人的过程中具有其他部门不可替代的作用。教育事业的发展是实现现代化的基础。这个基础作用表现在：教育，特别是高等教育是向科研部门输送大批符合实际需要的高水平的专门人才的主要途径；它能够提高千百万普通劳动者的科学文化素质，增强其改造世界的能力；教育的高度发达能够提高整个中华民族的思想道德素质，从而提高全社会的精神文明程度。正因为教育事业是培养现代化人的根本途径，所以，"教育事业，决不只是教育部门的事，各级党委要认真地作为大事来抓。各行各业都要来支持教育事业，大力兴办教育事业"[②]。教育已远远突破教育部门本身的范围，而成为全社会都要来关心的行业；把教育搞好，是实现工作重心转移的题内应有之意。

其次，邓小平肯定伴随生产力高度发达、社会物质产品极大丰富，人

---

① 《邓小平文选》第 2 卷，人民出版社 1994 年版，第 369 页。
② 《邓小平文选》第 2 卷，人民出版社 1994 年版，第 95 页。

们的精神面貌也会发生变化。“真正到了小康的时候，人的精神面貌就不同了。物质是基础，人们的物质生活好起来，文化水平提高了，精神面貌会有大变化。”但是，邓小平并不是自然论者。他认为，“当然我们总还要做教育工作，人的工作，那是永远不能少的。但经济发展是个基础，在这个基础上工作就好做了”①。即使是物质文明高度发达时，依然要对人民进行教育，通过教育手段提高人民的思想水平，然而，邓小平思想的特色在于，反对离开物质基础而空谈理论，反对离开物质利益而空谈道德修养，强调物质文明是精神文明的基础。

再次，邓小平强调要对全体人民和全体干部进行教育。“教育人民成为‘四有’人民，教育干部成为‘四有’干部。‘四有’就是有理想、有道德、有文化、有纪律。”②邓小平还强调，要用党的优良传统和优良作风教育人民，要用中国的历史教育人民，等等。邓小平把这一切称之为推动人类社会发展的“精神动力”。

邓小平关于物的现代化与人的现代化关系问题的思考，克服了两方面的缺陷：一方面，避免了西方先着力于物的现代化，而后再被动抓人的现代化，因为人的发展落后于物的发展而极大地破坏社会发展的弊端；另一方面，避免了由人的现代化去“促”物的现代化的观点而导致的单纯抓思想领域的革命，搞政治斗争，而忽视抓经济工作的弊端。邓小平对这个问题的回答，为持续了一个世纪之久的争论画上了圆满的句号。邓小平肯定就中国的现代化进程来说，要根据现代化建设的需要来确定和培养现代化人的基本素质，这就坚持了历史观和唯物主义；邓小平又肯定，实现中国的现代化“关键在人”，这就坚持了历史观的辩证法。我们在建设中国特色社会主义的历史进程中，应该认真学习邓小平关于物的现代化与人的现代化关系的思想，在实践中正确处理二者的关系，保证现代化建设事业的顺利发展。

（原文发表于《中国社会发展战略》1997 年第 4 期）

---

① 《邓小平文选》第 3 卷，人民出版社 1993 年版，第 89 页。

② 《邓小平文选》第 3 卷，人民出版社 1993 年版，第 205 页。

略论邓小平的现代化观

一

现代化是当代世界发展不可阻挡的历史潮流，是一个历史过程。

人们对现代化的认识经历了一个由浅入深、由片面到全面的认识过程。中国社会主义现代化事业的总设计师邓小平，综合了前人和今人的认识成果，根据中国社会主义现代化建设的实践，科学地回答了什么是现代化的问题。我体会，他设计的我国现代化蓝图包含物的现代化、制度现代化和人的现代化三个层面。要建设中国特色社会主义现代化，必须走全方位现代化发展的道路。

邓小平虽然没有提出物的现代化、制度现代化和人的现代化的概念，但以特有的方式提出物的现代化、制度现代化与人的现代化的思想，以特有的视角和高度来理解中国特色的社会主义现代化事业所包容的丰富、具体的内涵。他从三个方面指出了中国特色社会主义现代化的内容，特别是现代化三个方面内容的统一。“（一）经济上，迅速发展社会生产力，逐步改善人民的物质文化生活；（二）政治上，充分发扬人民民主，保证全体人民真正享有通过各种有效形式管理国家，特别是管理基层地方政权和各项企业事业的权力，享有各项公民权利，健全革命法制，正确处理人民内部矛盾，打击一切敌对力量和犯罪活动，调动人民群众的积极性，巩固和发展安定团结、生动活泼的政治局面；（三）为了实现以上两方面的要求，组织上，迫切需要大量培养、发现、提拔、使用坚持四项基本原则的、比较年轻的、有专业知识的社会主义现代化建设人才。”[①]我们要达到上述要求，“时间有的可以短些，有的要长些，但是作为一个社会主义大国，我们能够也必须达到”。由此可见，物的现代化是指一个社会物质文明所达到的程度，其核心是以科技进步为动力的生产力发展水平以及人民物质生活状况；制度现代化是指一个社会制度文明所达到的程度，其核心是通过调整社会诸系统结构的合理性和运行机制的畅通性来保证实现社会制度的民主化、法制化；人的现代化是指一个社会精神文明所达到的程度，其核心是确立科学的世界观、人生观和价值观体系，掌握现代科学文化知识，保证个人得到自由而全面的发展。从整体上讲，现代化包含着社会生活各个领域、各个方面，是一个国家的人民全方位地摆脱贫穷落后的状态，实现富强、民主、文明的发展过程。

二

现代化三个层面相互依存，相互作用，相互促进，共同构成现代化社会的整体。缺少其中任何一个内容，国家的现代化就是不完整的，就不是本来意义上的现代化。

首先，邓小平把能否实现物的现代化看作是实现制度现代化和人的现代化的可靠基础。他并不是一般地谈论生产力的发展，而是根据当今世界历史发展的潮流，提出要依靠科学技术进步推动生产力的发展，反复强调“科学技术是第一生产力”，认为科学技术的进步能够促进生产力实现高度发达、高度文明，推动国家和社会走向现代化。只有依靠科技进步，才能体现社会主义制度的优越性，保证社会主义制度战胜资本主义制度；才能为社会提供丰富的物质产品，满足人民群众物质生活和精神生活的需要。社会主义社会生产力的高度发达，也会极大地改变人们的精神面貌。然

① 《邓小平文选》第2卷，人民出版社1994年版，第322页。

而，科学的世界观、人生观、价值观不能自发地形成和树立，必须坚持不懈地对人民群众进行教育。邓小平反对离开物质基础空谈思想教育，反对离开物质利益空谈道德修养，强调物质文明是精神文明的基础。他指出：精神文明说到底是从物质文明来的。“社会主义阶段的最根本任务就是发展生产力，社会主义的优越性归根到底要体现在它的生产力比资本主义发展得更快一些，更高一些，并且在发展生产力的基础上不断改善人民的物质文化生活。”①

其次，邓小平把能否实现制度现代化看作是实现物的现代化和人的现代化的重要条件。他在总结国内外社会主义建设经验教训的基础上，提出“改革是社会主义制度的自我完善”，从而解决了斯大林和毛泽东都曾试图解决而没有解决的问题。他特别强调，政治体制改革的根本在于科学地解决民主化、法制化问题，认为：“我们这个国家有几千年封建社会的历史，缺乏社会主义的民主制度和社会主义的法制。现在我们要认真建立社会主义的民主和社会主义的法制。”②只有这样，才能从制度上根本避免重犯类似“文化大革命”的错误，保证社会主义现代化事业健康发展。

实践证明，只有建立完善的现代化的社会主义制度，才能推动生产力的高速发展，迅速提高人民群众的生活水平，实现物的现代化。社会制度表现在体制上是多方面的，因而体制改革也是多领域的。邓小平认为：“不改革政治体制，就不能保障经济体制改革的成果，不能使经济体制改革继续前进，就会阻碍生产力的发展，阻碍四个现代化的实现。”③改革政治体制，必须保证党和国家始终坚持四项基本原则，保证领导干部和广大人民群众在法制的监督下，充分行使当家作主的权力，做到既能调动人民的积极性，又能保证我们有领导有秩序地进行社会主义建设。

最后，邓小平把能否实现人的现代化看作是实现制度现代化和物的现代化的关键因素。中国的现代化事业能否成功，最终取决于人的现代化。

① 《邓小平文选》第3卷，人民出版社1993年版，第63页。
② 《邓小平文选》第2卷，人民出版社1994年版，第348页。
③ 《邓小平文选》第3卷，人民出版社1993年版，第176页。

他指出：现在我们搞四个现代化，急需培养、选拔一大批合格的人才。没有大批的人才，我们的事业就不能成功。在中国共产党第十二次全国代表大会上，他进一步提出，至少到本世纪末的20年内，要“实现干部队伍的革命化、年轻化、知识化、专业化”[①]。干部队伍的“四化”标准，集中体现了社会主义现代化对人才的根本要求，是根据我国社会主义现代化的本质特点确定的现代化的人所必需具备的基本素质。

邓小平明确提出，任何一个国家的现代化都是一个长期的历史过程，都是物的现代化、制度现代化与人的现代化的具体的、历史的统一。必须根据本国生产力发展状况、民主建设进程、人口的基本素质来制订现代化规划，确定现代化目标，选择实现现代化的途径，建设具有自己国家特色的现代化事业。正是基于这样的认识，他提出“社会主义初级阶段理论”、“力争隔几年上一个台阶”和“翻两番”“关键在人”等思想；还提出现代化本身是一个文明程度不断提高的动态过程，要根据文明提高的程度，及时修正现代化的目标。脱离本国国情，盲目照抄照搬其他国家现代化的发展模式是不行的；把现代化的三个层面任意割裂，孤立地去发展其中某一个层面，忽视其他层面的发展，是注定要失败的。

三

在实现现代化的过程中，现代化三个层面的发展往往是不平衡的。在某个特定历史时期，特殊的历史任务会使现代化的某个层面凸现出来，成为影响和制约现代化进程的关键问题。因此，集中精力抓某个层面的现代化，就成为一个时期的中心课题。邓小平说：“我们的现代化建设，必须从中国的实际出发——把马克思主义的普遍真理同我国的具体实际结合起来，走自己的路，建设有中国特色的社会主义，这就是我们总结长期历

① 《邓小平文选》第3卷，人民出版社1993年版，第3页。

史经验得出的基本结论。”[①]这是邓小平思考和解决现代化各层面关系的指导思想，反映了他没有把三个层面等量齐观、同等看待，而是根据中国的实际，辩证地处理三者关系。

我们的现代化建设必须从中国是一个后发型国家的实际出发。后发型国家的优势在于，它可以引进先发型国家先进的生产技术和管理经验，以促进自己的物的现代化进程；它可以借鉴先发型国家在实现现代化的过程中所积累的经验教训，使自己在现代化的进程中少走弯路。从世界现代化的历史进程看，先发型国家的现代化首先是以物的现代化作为突破口，表现为由传统农业社会向现代工业社会的发展和转变。这是一个由自发到自觉的过程。人们更注重于生产力的发展，注重于物质文明的建设。尽管伴随着物质文明水平的提高，人的现代化水平也在提高，但是，相对于物质文明的进步，人的精神文明进步似乎慢了许多。

社会主义制度的建立，为我国现代化的实现创造了良好的社会条件。党的十一届三中全会把党和国家的工作重心转移到社会主义现代化建设上来。伴随改革开放政策的全面贯彻，国外先进科学技术、机器设备、管理经验和人才大量引进，人们越来越感觉到我们的国民素质状况很难适应经济发展的需要。国民素质的低下成为我国现代化事业发展的“瓶颈”。

邓小平借鉴前人的经验教训，在建设中国社会主义现代化事业的历史进程中，特别强调人的现代化。他在全国科学大会开幕式上指出：“我们向科学技术现代化进军，要有一支浩浩荡荡的工人阶级的又红又专的科学技术大军，要有一大批世界第一流的科学家、工程技术专家。造就这样的队伍，是摆在我们面前的一个严重任务。”[②]实现社会主义现代化需要的专门人才不是现成的，也不能等到实现物的现代化以后再去培养，而应该在实现物的现代化的同时，下大力气培养和造就。物的现代化与人的现代化是一个同步过程。邓小平在《目前的形势和任务》的讲话中首次提出：

---

① 《邓小平文选》第3卷，人民出版社1993年版，第2页。

② 《邓小平文选》第2卷，人民出版社1994年版，第91页。

“培养社会主义新人就是政治。”这与他提出的“搞经济建设就是最大的政治”的思想并不矛盾，恰恰说明这两个“政治”就是一个过程。他又把上述思想表述为社会主义的物质文明与精神文明的关系。“所谓精神文明，不但是指教育、科学、文化（这是完全必要的），而且是指共产主义的思想、理想、信念、道德、纪律，革命的立场和原则，人与人的同志式关系。”[①]可见，建设社会主义精神文明的根本内容是培养现代化的人；社会主义现代化是物的现代化与人的现代化的统一。正是从这个意义上，邓小平说：广东的两个文明建设都要超过亚洲“四小龙”，“这才是有中国特色的社会主义”。

四

社会主义现代化建设所需要的优秀人才，是全面发展的人。邓小平针对不同的人群在社会现代化过程中所起的不同作用，规定了新的具体“内涵”。

第一，现代化的人必须具备“四有”品质。现代化事业是一个全新的事业，必须由全新的人来承担。邓小平指出：“由于现代科学技术的日新月异，生产设备的更新，生产工艺的变革，都非常迅速。……劳动者只有具备较高的科学文化水平，丰富的生产经验，先进的劳动技能，才能在现代化的生产中发挥更大的作用。”[②]又说：“建设社会主义的精神文明，最根本的是要使广大人民有共产主义的理想，有道德、有文化、守纪律。”[③]“四有”新人是一个具有丰富内涵的有机统一整体。前三“有”是对人民的思想素质的要求，后一“有”是对人民的文化素质的要求。两方面相互依赖、相互促进，缺一不可。“四有”新人的观点，深化了马克思主义关于

① 《邓小平文选》第2卷，人民出版社1994年版，第367页。
② 《邓小平文选》第2卷，人民出版社1994年版，第88页。
③ 《邓小平文选》第3卷，人民出版社1993年版，第28页。

人的全面发展的思想。

第二，现代化的干部必须是“四化”干部。培养和选拔一大批符合“四化”标准的中青年领导干部，是现代化建设事业的迫切需要。邓小平十分重视领导干部在现代化建设中的作用，他多次谈到对中青年领导干部内在素质的要求，并最终形成干部革命化、年轻化、知识化和专业化的“四化”标准。干部“四化”标准的提出，丰富和发展了毛泽东的有关接班人思想。

第三，培养现代化的人，重点应该放在教育青少年上面。邓小平说：“要努力使我们的青少年成为有理想、有道德、有知识、有体力的人，使他们立志为人民作贡献，为祖国作贡献，为人类作贡献，从小养成守纪律、讲礼貌、维护公共利益的良好习惯。”[①] 青少年作为社会主义现代化建设事业的接班人，必须具有良好的文化素质、思想素质和身体素质，即德、智、体全面发展。只有这样，才能够适应未来社会主义现代化建设事业发展的需要。

邓小平认为，在中国社会主义现代化建设的历史进程中，物的现代化与人的现代化是同一个历史过程。这个思想克服了两方面的缺陷：一方面，避免了西方先实现物的现代化，而后再被动地抓人的现代化，使人的发展落后于物的发展，从而极大地破坏社会发展的弊端；另一方面，避免了由人的现代化促进物的现代化的观点而导致的单纯抓思想领域的革命，搞政治斗争，而忽视抓经济工作的弊端。邓小平的现代化思想观念，既坚持了历史观的唯物主义，也坚持了历史观的辩证法，为我们建设中国特色的社会主义提供了科学的指南。

（文章发表于《中国党政干部论坛》1997 年第 9 期）

---

① 《邓小平文选》第 2 卷，人民出版社 1994 年版，第 369 页。

制度创新是实现社会主义现代化的根本保证

江泽民同志提出："要不断推进理论创新、制度创新和科技创新。"制度创新思想的提出，是中国社会主义现代化建设实践所提出的重大课题，对于这个课题研究得如何，解决得如何，直接关系到中国社会主义现代化建设事业的兴衰成败。

一、制度创新是中国现代化历史进程必须要解决的课题

现代化是当代世界发展不可阻挡的历史潮流。中国近代以来的历史是中国人民不懈地追求现代化的历史。现代化是一个历史过程，人们对现代化的认识也经历了一个由浅入深、由片面到全面的认识过程。其实，任何一个社会都有三个点：物、人、把物和人联系起来的是关系，关系的物化就是制度，关系必须通过制度来实现。这样便产生物质文明、精神文明、制度文明。随着社会的发展，各个领域的不断创新，便相应地形成物的现代化、人的现代化和制度现代化。现代化这三个层面的内涵具有内在的联系，是不可随意分割的有机整体。

回顾中国近代以来的历史，可以大体上清理出现代化发展的轨迹，即中国现代化进程循着由物的现代化、人的现代化到制度现代化，而制度现

代化在其中起着条件性、前提性的保证作用。中国的现代化序幕是在帝国主义隆隆的侵略炮声中开启的，是西方先进的现代文明与中国古老的传统文化的挑战与回应的双向作用的结果。近代中国由于政治、经济和文化的落后，在帝国主义侵略和奴役下，逐渐沦为半殖民地半封建社会。社会矛盾日益尖锐，社会危机日益严重，中国向何处去已成为时代的主题。当时的仁人志士魏源首先提出“师夷长技以制夷”，学习西方的先进文明，抵抗列强的侵略，实现国富民强，这似乎是唯一可供选择的答案。然而，“夷之长技”是什么，如何向西方学习？先进的仁人志士经历了一个探索的过程。对这个问题的理解和认识直接关系到不同时期中国人实现现代化的思路。在魏源时代的人看来，所谓“夷之长技”就是“坚船利炮”及其背后庞大的制造技术。这种认识引发的直接后果是洋务运动，即现代化就是物的现代化，通过引进西方的制造技术，就可以推动中国整个社会的进步，进而挽救民族危机。这种认识上的局限性，是导致洋务运动失败的重要原因之一。第二次鸦片战争后，中国人对西方有了进一步的了解。如冯桂芬说：“法苟不善，虽古先吾斥之；法苟善，虽蛮貊吾师之。”“法”不仅指法律，而且包括政治、经济、文化等方面的规章制度。马建忠则指出，资本主义社会有“本”有“末”。所谓“末”就是“制造之精，兵纪之严”；所谓“本”就是政治制度、经济制度。所以，学习西方，不能仅仅学习其“末”，更重要的是学习其“本”。说明中国人对“夷之长技”的认识，开始由物的现代化层面进入制度现代化的层面。然而，这个思想在当时并没有得到了应有的重视。甲午战争的失败促使先进的中国人对这个问题进一步思考。康有为、梁启超等人总结洋务运动失败的教训，认识到仅仅依靠“坚船利炮”不可能解救民族危机，必须改变落后的社会制度。于是发生了以“戊戌变法”为代表的资产阶级改良运动，这是一次制度创新的尝试。其缺陷在于，没有找到正确实现制度创新的途径。孙中山作为中国资产阶级革命派的领袖和思想家，最突出的特点是特别关注制度创新。从某种意义来说，民族主义、民权主义所论及的主要是制度建设的内容；而民生主义则论及物和人的内容。所以，他致力于武装起义，以推翻帝国主义和清政府的反动统治，建立新的社会制度。然而，由于中国资产阶级自身的特点，使他不可能完成这个历史使命。

以毛泽东为首的中国共产党人担负起孙中山所没有完成的历史使命，领导中国人民浴血奋战，推翻了三座大山，用先进的社会主义制度代替了腐朽落后的半殖民地半封建社会制度，为实现中国社会的现代化提供了前提条件。

二、制度创新是对中国社会主义现代化经验教训的总结

毛泽东十分注重制度创新。他在著名的哲学著作《矛盾论》中说："诚然，生产力、实践、经济基础，一般地表现为主要的决定的作用，谁不承认这一点，谁就不是唯物论者。然而，生产关系、理论、上层建筑这些方面，在一定条件之下，又转过来表现其为主要的决定的作用，这也是必须承认的。……当着政治文化等等上层建筑阻碍着经济基础的发展的时候，对于政治上和文化上的革新就成为主要的决定的东西了。"① 这个观点突出表现了毛泽东作为一个领导中国人民推翻三座大山、争取民族独立和阶级解放的革命党的领袖所必然具有的品质和特点。新中国成立后，他依然运用这种思维方式来思考中国社会主义建设的问题，探索中国社会主义建设的道路。但是，由于毛泽东超越了当时中国生产力发展的实际水平来变革生产关系和上层建筑，也没有注意正确处理政治制度的民主化与法制化问题，最终导致"文化大革命"的错误，使社会主义现代化事业受到严重挫折。

邓小平作为中国社会主义现代化的总设计师，在设计中国社会主义现代化的蓝图时，认为中国的社会主义现代化是物的现代化、制度现代化和人的现代化的统一。他指出，为了加速现代化事业的发展，"当前和今后一个时期，主要应当努力实现以下三个方面的要求：（一）经济上，迅速发展社

① 《毛泽东选集》第1卷，人民出版社1991年版，第325—326页。

会生产力，逐步改善人民的物质文化生活；（二）政治上，充分发扬人民民主，保证全体人民真正享有通过各种有效形式管理国家，特别是管理基层地方政权和各项企业事业的权力，享有各项公民权利，健全革命法制，正确处理人民内部矛盾，打击一切敌对力量和犯罪活动，调动人民群众的积极性，巩固和发展安定团结、生动活泼的政治局面；（三）为了实现以上两方面的要求，组织上，迫切需要大量培养、发现、提拔、使用坚持四项基本原则的、比较年轻的、有专业知识的社会主义现代化建设的人才”[①]。这绝对不是一种随意的谈论，而是以他所特有的方式提出物的现代化、制度现代化与人的现代化的思想，以他所特有的视角和高度来理解中国特色的现代化事业所包含的丰富具体的内涵。所谓物的现代化，是指一个社会物质文明所达到的程度，其核心是以科技进步为动力的生产力发展水平以及人民物质生活状况；所谓制度现代化，是指现行机制的畅通性以保证实现社会制度的法制化、民主化；所谓人的现代化，是指一个社会精神文明所达到的程度，其核心是确立科学的世界观、人生观和价值观体系，掌握现代化科学文化知识，保证个人得到自由而全面的发展。现代化的三个层面相互依存，相互作用，相互促进，共同构成现代化社会的整体；缺少其中任何一个内容，这个国家的现代化就是不完整的，就不是本来意义上的现代化。一般说来，物的现代化是实现制度现代化和人的现代化的基础，人的现代化是实现物的现代化和制度现代化的关键，制度现代化是实现物的现代化和人的现代化的重要保证。从整体来讲，现代化包含着社会生活所有方面的内容，是一个国家的人民全方位地摆脱自身贫穷落后的状态，实现富强、民主、文明的过程。

邓小平特别强调制度现代化的地位和作用。他在分析毛泽东晚年所犯错误的原因时指出："即使像毛泽东同志这样伟大的人物，也受到一些不好制度的影响，以至对党和国家和他个人都造成了很大的不幸。""我们过去发生的各种错误，固然与某些领导人的思想、作风有关，但是组织制度、工作制度方面的问题更重要。""不是说个人没有责任，而是说领导制度、组

① 《邓小平文选》第2卷，人民出版社1994年版，第322—323页。

织制度问题更带有根本性、全局性、稳定性和长期性。这种制度问题，关系到党和国家是否改变颜色，必须引起全党的高度重视。”[①] 因此，他站在时代的高度，通过对中国社会主义建设经验教训的总结，明确提出要进行改革，改革的实质就是在制度方面进行创新，以推动社会的全面进步。经过改革开放20年的实践，我们的现代化事业取得了长足进步。我们以经济建设为中心，大力发展生产力，积极推进物的现代化，使综合国力得到明显提高；我们在抓物的现代化建设的同时，下大力气抓人的现代化，使精神文明建设也取得了丰富成果；同时，我们通过全方位的改革，积极推进制度创新，进一步完善了社会主义经济、政治和文化制度等。应该讲，经济、政治和文化制度的创新，是社会主义改革开放事业能够顺利进行的根本保证。

三、制度创新是当代中国共产党人必须解决的迫切问题

以前我们对制度问题进行了研究，但还非常不够。随着社会主义改革开放的深入，我们遇到一系列关系到全局性的根本性的问题，如加入世贸组织，迎接经济全球化的挑战，建立和完善社会主义市场经济体制，建设新型的社会主义民主政治体制，加强廉政建设反对腐败，等等，这些问题都直接与制度有关。能否实现制度创新，直接关系到能否完成十六大提出的全面建设小康社会，开创中国特色社会主义事业新局面的时代任务。因此，制度创新成为当代中国共产党人必须解决的迫切问题。

江泽民同志历来重视制度创新的问题。他在党的十五大报告中谈到，社会主义初级阶段的重要任务之一，“是通过改革和探索，建立和完善比较成熟的充满活力的社会主义市场经济体制、社会主义民主政治体制和其他方面体制”。2000年1月，他在中央纪委第四次全体会议上的讲话中说：“邓小平同志早就提出，要实现社会主义民主的制度化、法律化，使

① 《邓小平文选》第2卷，人民出版社1994年版，第333页。

这种制度和法律不因领导人的改变而改变，不因领导人看法和注意力的改变而改变。最重要的是要坚持和完善能够保证党的领导坚强有力和社会主义兴旺发达的一整套制度，并用法律、法规、政策、纪律、教育等各种手段来保障这套制度能够得到严格遵守。”“必须不断加强和改善党和国家各个方面的制度，使之更加成熟、完善。我们在这方面已进行了不少努力，今后还要继续加强这方面的探索和实践。”[①] 在庆祝中国共产党成立80周年大会上的讲话中，他全面阐述了“三个代表”的重要思想。他提出，“我们党要始终代表中国先进生产力的发展要求”，中国先进生产力要求党的理论、路线、纲领、方针、政策与自身的发展状况相适应，才能推动自身的发展。而党的理论、路线、纲领、方针、政策必须通过制度来体现出来，通过制度来得到贯彻执行。所以，“在社会主义社会的各个历史阶段，都需要根据经济社会发展的要求，适时地通过改革不断推进社会主义制度自我完善和发展，这样才能使社会主义制度充满生机和活力”。同样，我们党要始终代表中国先进文化的前进方向，代表中国最广大人民的根本利益，也必须依靠科学合理的制度才能得到贯彻执行。

在党的十六大政治报告中，江泽民同志把制度创新的思想作为贯穿全文的根本理念之一，全面勾画出社会主义经济、政治、文化等各方面制度创新的宏伟蓝图。他指出，要根据解放和发展生产力的要求，坚持和完善公有制为主体、多种所有制经济共同发展的基本经济制度；要确立劳动、资本、技术和管理等生产要素按贡献参与分配的原则，完善按劳分配为主体、多种分配方式并存的分配制度。政治体制改革是社会主义政治制度的自我完善和发展；要坚持和完善社会主义民主制度，加强社会主义法制建设；要改革和完善决策机制，推进决策科学化民主化制度化。要根据社会主义精神文明建设的特点和规律，适应社会主义市场经济发展的要求，推进文化体制改革。在执政党建设方面，一定要把思想建设、组织建设和作风建设有机结合起来，把制度建设贯穿其中，如此等等。可以看出，江泽

---

① 江泽民：《论党的建设》，中央文献出版社2001年版，第374页。

民同志是把制度建设作为社会主义现代化事业取得成功的根本保证。

我们必须看到，社会制度是一个错综复杂的系统，它有自己的结构。从纵向上可以划分为条条，如政治制度、经济制度、文化制度等；从横向上又可以分成不同的层次，如基本制度、具体制度等。制度创新应该是全方位的。当然，制度创新并不意味着全盘否定现行制度。制度创新的内涵是，以邓小平理论和“三个代表”重要思想为指导，以“三个有利于”为根本判断标准，以我国改革开放和现代化建设的实际问题、以我们正在做的事情为中心，完善和构建社会主义社会制度体系，为把我国建设成一个民主、文明、富强的社会主义现代化国家提供根本保证。同时，我们还要注意到，制度现代化是一个长期的历史过程，任何一个国家的制度现代化进程都是具体的、历史的。要根据我国的生产力发展状况、民主建设进程、人口的基本素质来制订自己的制度现代化规划，确定自己的制度现代化目标，选择实现制度创新的途径，搞出具有中国特色的现代化的制度体系。因此，脱离我国特定的国情，盲目照抄照搬其他国家制度体系是不行的；固守着我国现有的各种制度体系，不敢创新，不肯创新，也是注定要失败的；把制度创新看作是一个一劳永逸的“绝对真理”的状态，也迟早会被飞速发展的历史所抛弃。

总之，我们要积极探索制度创新的规律，大胆推进制度创新，建立一套能够代表先进生产力发展要求、代表先进文化发展方向和广大人民群众根本利益的社会制度体系。

（原文发表于《中央社会主义学院学报》2003 年第 3 期）

习近平和平发展思想的新内涵

党的十八大以来，习近平同志在多个重要国际场合反复强调：“中国不认同‘国强必霸论’，中国人的血脉中没有称王称霸、穷兵黩武的基因。中国将坚定不移沿着和平发展道路走下去，这对中国有利，对亚洲有利，对世界有利，任何力量都不能动摇中国和平发展的信念。”坚持走和平发展道路，拒绝“国强必霸”逻辑，用和平发展道路破解“国强必霸”逻辑，体现了新时期中国共产党人的世界观、价值观和文化观，展示了新时期中国共产党人的大国担当意识、责任意识和使命意识，从而把中国特色社会主义外交理论推向新境界。

一、坚持和平发展道路体现中国共产党“共同体”的世界观

坚持和平发展道路，拒绝“国强必霸”的逻辑，把整个世界作为一个“共同体”，是对中国“国强必霸”理论的有力驳斥。“国强必霸”是一个背负着罪恶和耻辱的历史符号。“国强必霸”是一种陈旧的逻辑，是海盗文化、殖民文化、侵略文化、霸权文化的反映。历史证明，对外武力扩张、争夺势力范围、盗抢宝贵资源、建立殖民体系，是一些大国崛起曾经走过的道路；同时，也是一些国家和民族惨遭蹂躏、主权丧失、生灵涂

炭、积贫积弱的过程。因此，“国强必霸”成为特殊的历史符号，“因强而霸”的国家极力回避，“因弱被欺”的国家心有余悸。然而，一些别有用心的人，却把“国强必霸”的陈旧逻辑强加于中国，大肆宣传“中国威胁论”，试图以此来掩盖自己的罪恶行径，离间中国和周边国家的关系，最终达到孤立中国、重新瓜分世界的罪恶目的。

“共同体”概念是中国共产党人顺应时代潮流和国际体系变迁而提出的新世界观。正确认识当今世界的发展状态，把握当今世界的发展特征，是中国共产党人制定各项路线方针政策的基本依据。改革开放之初，邓小平同志全面深入地分析了世界各种复杂矛盾及其相互关系变动的情况，提出和平和发展是当代世界两大问题的科学论断。这一思想历经 30 年的发展，已经成为全党和全国人民的共识，也为国际社会广泛认同。然而，当今的世界是一个高度多样化和多元化的世界，同时又是一个日益相互依存、共同发展的世界。随着世界多极化、经济全球化、科技智能化、文化多样化、社会信息化和交往虚拟化的不断发展，经济、市场、科技一体化进程的加速，各国利益交融、兴衰相伴、安危与共，越来越形成了你中有我、我中有你的发展共同体。因此，面对复杂多变的国际形势和严峻突出的全球性问题，和平发展、合作共赢成为时代的主题。2015 年 3 月，中国政府公布的《推动共建丝绸之路经济带和 21 世纪海上丝绸之路的愿景与行动》中提出，共同打造政治互信、经济融合、文化包容的利益共同体、命运共同体和责任共同体，真正实现政策沟通、设施联通、贸易畅通、资金融通、民心相通。2015 年 9 月，习近平同志在第 70 届联合国一般性辩论时发表主旨为“携手构建合作共赢新伙伴，同心打造人类命运共同体”的讲话，提出要建立平等相待、互商互谅的伙伴关系，营造公道正义、共建共享的安全格局，谋求开放创新、包容互惠的发展前景，促进和而不同、兼收并蓄的文明交流，构筑尊崇自然、绿色发展的生态体系。因此，中国将以更加开放的胸襟、更加包容的心态、更加宽广的视角，同世界各国人民和睦相处、和谐发展，共谋和平、共护和平、共享和平。

"共同体"概念的提出，无疑是中国共产党人在新的历史条件下重新认识世界格局所形成的新论断，也为我们思考和解决全球性问题提供了新的视角和思维方式。既然是"共同体"，世界的前途命运必须由各国共同掌握，世界各国一律平等，不能以大压小、以强凌弱，以富欺贫；各国自主选择社会制度和发展道路的权利应当得到维护，各国推动经济社会发展、改善人民生活的实践应当受到尊重；要坚持多边主义，不搞单边主义；要奉行双赢、多赢、共赢的新理念，扔掉我赢你输、赢者通吃的旧思维。既然是"共同体"，各国安全相互关联、彼此影响，没有一个国家能凭一己之力谋求自身绝对安全，也没有一个国家可以从别国的动荡中收获稳定，必须摒弃一切形式的冷战思维，树立共同、综合、合作、可持续安全的新观念。既然是"共同体"，大家一起发展才是真发展，可持续发展才是好发展；要实现这一目标，就应该秉承开放精神，推进互帮互助、互惠互利。既然是"共同体"，各种文明相处应该坚持和而不同的精神，相互尊重、彼此借鉴、和谐共存；文明之间要对话，不要排斥；要交流，不要取代；要融合，不要消灭。既然是"共同体"，建设生态文明关乎人类未来，国际社会应该携手同行，共谋全球生态文明建设之路，牢固树立尊重自然、顺应自然、保护自然的意识，坚持走绿色、低碳、循环、可持续发展之路。与之相应，我们拒绝"国强必霸"逻辑，同时也拒绝"国弱被欺"结局。中国愿意与世界上一切友好国家组成"共同体"，走平等发展、和谐发展、共同富裕的道路。

二、坚持和平发展道路体现中国共产党人"合作共赢"的价值观

坚持走和平发展道路，拒绝"国强必霸"逻辑，体现中国共产党人"和平发展、合作共赢"的价值观。早在 20 世纪 50 年代，毛泽东等人就提出实行和平共处的国际战略思想，奠定中国共产党人的外交价值观；80

年代初期，邓小平同志准确判断两极格局结束的世界局势，提出和平与发展是时代的主题，认为世界各国之间实行全面、长期的和平共处与共同发展是完全可能的和必要的思想，开创了新时期中国共产党人的外交价值观；江泽民同志根据经济全球化的新世界格局，明确提出“互信、互利、平等、合作”为主旨的“新安全观”，准确表达了中国共产党人的价值观。党的十七大明确主张：“各国人民携手努力，推动建设持久和平、共同繁荣的和谐世界。”习近平同志更是强调，世界格局正处在一个加快演变的历史性进程中。和平、发展、进步的阳光足以穿透战争、贫穷、落后的阴霾。世界多极化进一步发展，新兴市场国家和发展中国家崛起已经成为不可阻挡的历史潮流。经济全球化、社会信息化极大解放和发展了社会生产力，既创造了前所未有的发展机遇，也带来了需要认真对待的新威胁新挑战。因此，习近平同志明确提出：“和平、发展、公平、正义、民主、自由，是全人类的共同价值观。”“共同价值观”的提出，是对西方少数国家倡导的“普适价值”的有力回应。

一般说来，“普适（也译为普世）价值”是举世公认、符合人类整体利益的价值规范，是最高层面的价值范畴。因其是人类本性所具有，是现代文明所必需，便具有了某种神圣性和诱惑力。然而，所谓普适价值的价值主体是西方少数发达国家，反映了他们的价值取向和利益诉求；普适价值的背后都有其在国内长期形成和倡导的某种具体实施模式，西方在推行普适价值的同时往往是在推行其普适价值的具体实施模式；同时，西方并不满足拥有普适价值的话语权利，更要谋取普适价值的主体权利，并把他们所倡导的普适价值及其具体实施模式作为人类的终极价值理想，作为评价其他国家的基本标准，公开或隐蔽地向其他国家强行推销，最终目的是颠覆或奴役这些国家，达到自己的政治或经济目的。因此，我们必须保持清醒的头脑，不要被普适价值表面的华丽词句所迷惑。

全人类共同价值的提出，表明了中国共产党人的清醒理性和对世界历史责任的担当。如果我们盲目地认同西方的普适价值，把西方的价值观作为自己的价值观，等于丧失了“价值立场”和“价值主权”，可能使自身沦陷于后殖民主义的价值观蒙昧中；简单地拒绝西方的普适价值进而否定普适价值也是危险的，在文化和文明交锋日益激烈的世界历史中，无异于拱手让出普适价值的话语权，使自身沦陷于地方知识与地方价值之中。因此，在价值观上敢于亮剑，提出符合世界历史发展潮流的、能被人们所广泛接受的价值观，是中国共产党人构建自己的价值观话语系统的重要一步，体现中国共产党人的价值理想和价值追求，能够有效破解西方敌对势力的进攻。

正是本着这样一种价值观，习近平同志强调：中国始终做世界和平的建设者，坚持走和平发展道路，无论国际形势如何变化，无论自身如何发展，中国永不称霸、永不扩张、永不谋求势力范围。中国将始终做全球发展的贡献者，坚持走共同发展的道路，继续奉行互利共赢的开放战略，将自身发展经验和机遇同世界各国分享，欢迎各国搭乘中国发展的“顺风车”，一起来实现共同发展。中国将始终做国际秩序的维护者，坚持走合作发展的道路，继续维护以联合国宪章和原则为核心的国际秩序和国际体系，完善全球经济治理，提高发展中国家代表性和发言权，给予各国平等参与规则制定的权利。全人类共同价值观的提出，说明中国共产党人找到了自身在世界发展格局中的新定位，从而开拓了中国共产党人在国际舞台上发挥更大作用的新平台。

三、坚持和平发展道路体现中国共产党“协和万邦”的文化观

坚持走和平发展道路，拒绝“国强必霸”逻辑，体现中国共产党人的文化观和勇于负责任的大国担当意识。中华民族历来崇尚“世界大同、协和万邦”的世界观，追求“己所不欲，勿施于人”的价值观，主张“和而不同、和谐仁爱”的人生观。中华文化历来崇尚和谐仁爱，主张“己所不欲，勿施于人”，强调“上善若水，水善利万物而不争”。在这种文化的滋养下，古代中国的陆上丝绸之路、海上丝绸之路，留下的是互惠的贸易、真诚的友情、美好的传说。当然，中国人民也不会忘记，近代中国惨遭西

方帝国主义的侵略，国土被瓜分，资源被抢劫，人民被杀害。因此，中华民族的血脉中没有称王称霸、穷兵黩武的基因，却有着被“强国”所欺凌的惨痛的记忆。中国决不会重蹈“国强必霸”的老路。

中国共产党人总结了古今中外历史上“强盗”、“战争”、“殖民”与“和平”各种不同发展道路的深刻经验教训，丰富和发展了中国共产党的和平外交理论，形成了具有鲜明时代特色、浓郁民族特色、强烈实践特色的文化观。和平发展道路的文化意义是：和睦相处、和谐发展，共谋和平、共护和平、共享和平。中国始终不渝坚持与邻为善、以邻为伴，巩固睦邻友好，深化互利合作，创造和睦相处的国际环境；中国始终不渝奉行互利共赢的开放战略，通过深化合作促进世界经济全面、协调、可持续发展，努力使自身发展更好惠及周边国家；中国始终不渝坚持通过平等协商方式处理各国之间的矛盾，坚持以最大诚意和耐心通过对话交流方式解决各国之间的分歧，共同谋取世界和平；中国始终不渝积极承担更多的国际责任，同世界各国共同维护人类良知和国际公理，反对任何形式的霸权主义、殖民主义，反对以任何借口干涉别国内政，共同维护世界和平；中国始终不渝以开放的胸襟、包容的心态、宽广的视角，摒弃社会制度和意识形态的差异，尊重各国自主选择社会制度和发展道路的愿望，“平等互信、包容借鉴、合作共赢”，共同享受世界和平。

当然，中国是世界上最大的发展中国家。我们“大”却并不“强”。发展中不平衡、不协调、不可持续的问题依然突出，民生领域诸多难题急需解决。因此，中国共产党责无旁贷地肩负起带领人民全面建成小康社会、振兴伟大中华民族的历史使命。同时，中国“强”了也不“霸”。中国坚决反对霸权主义，永远不以任何形式称霸；也坚持反对依附主义，永远不以任何形式做任何国家的依附。同时，中国共产党人通过各种方式更加深入地参与世界治理，更积极主动地承担起国际责任和义务，为共同构建和谐世界做出贡献。近期，中国政府公布提出的“一带一路”规划、“亚投行”建设等具体措施，要求共同打造“政治互信、经济融合、文化包容”的共同体；积极倡导“政策沟通、设施联通、贸易畅通、资金融通、民心相通”的核心理念，这既是中国推动对外合作的战略标志和总体布局，为整个欧亚大陆的共同发展注入新的强大动力；也展示了中国和平发展道路的理论逻辑和实践逻辑。中国向全世界承诺，将继续高举和平、发展、合作、共赢的旗帜，坚定不移致力于维护世界和平、促进共同发展。

中国坚持走和平发展道路，不仅为中国的快速发展创造了有利的国际环境，而且破解了“国强必霸”的陈旧逻辑，为世界寻求民族独立人民解放的国家提供了新的借鉴，为大国崛起开创了新的路径，使人类社会发展道路具有了新的选择。随着时间的推移，这条道路的世界意义更加彰显。

（文章发表于《前线》2016 年第 9 期）

中国共产党人价值观自觉、自信和超越

社会主义核心价值观是中国特色社会主义的文化精髓和当代中华民族的精神底蕴。积极培育、大力弘扬社会主义核心价值观，展示着执政的中国共产党人的价值观自觉、价值观自信和价值观超越。科学理解价值观及其发展规律，深刻把握振兴中华民族进程中的价值观作用，有助于我们党自觉践行社会主义核心价值观，真正肩负起领导革命建设改革的历史使命和时代重任。

一、中国共产党人的价值观自觉

价值观自觉，是指中国共产党人确立正确价值观的觉醒和觉悟。

中国共产党人的价值观自觉，源于科学研究价值哲学。马克思主义哲学认为，价值观影响甚至决定着人们的认识活动和实践活动，是人们从事实践和认识活动的根本价值导向。人的一切活动都永恒地具有两个方面的内容指向：一方面是弄清楚世界的本来面目，把握世界的发展规律，知道人能够怎样改造世界，为人的活动提供“物”的尺度，目的是追求知识、科学和真理；另一方面是弄清楚世界与人的生存和发展的关系，掌握人的需要和诉求，从而知道应该怎样改造世界，为人的活动提供“人”的尺度，目的是满足人的需要、实现人的诉求。就是说，人的活动过程实际上是实践活动、认识活动、价值活动三者的统一。其中，实践活动的直接结果是改造世界，认识活动的直接结果是获得真理，价值活动的直接结果是满足人的需要。所以，价值活动贯穿于人的认识活动和实践活动的全过程。在一定意义上，它甚至成为人们认识活动和实践活动的内在动力。价值是主体需要与客体属性之间的效用关系。价值哲学的最大的理论贡献就在于，它把人类活动的视野由更多地关注客体转向关注主客体之间的关系，转向研究主体自身的需要和诉求。科学把握价值哲学的实质，使我们党充分认识到社会的发展规律，在此基础上重新提出中国社会的主要矛盾是人民日益增长的物质文化需要同落后的社会生产之间的矛盾，并且采取一切有力措施，最大限度地满足广大人民群众的物质文化需要。我们党适时提出社会主义的核心价值观，为全党转移工作重心、转变执政理念、转换关注视野提供了哲学基础，因而能够真正成为中国特色社会主义事业的领导核心。

中国共产党人的价值自觉，源自深刻认知核心价值观。任何国家和社会的价值观念都是以其核心价值观为主导并由多种价值观念共同构成的文化体系。社会主义核心价值观之所以能够居于我国价值体系的核心地位，可以从五个维度来理解：其一，在内容上，核心价值观是能够正确反映社会历史发展的一般规律。它顺应我国社会占主导地位的经济基础的发展趋势，吸收人类创造的一切优秀价值观念成果，是有中华民族特色的、理论化系统化的价值观体系。其二，在主体上，核心价值观真实反映最广大民众的需要和根本利益。它并非专属某些群体、集团、阶层、阶级，而是集中概括我国社会的各个群体、集团、阶层、阶级的利益诉求所形成的，是具有“最大公约数”的价值观体系。其三，在地位上，核心价值观能够决定社会价值观念的性质和结构方式，展现着社会价值观念的总体特征，维护着社会价值观念的统一性，从而成为社会价值观念体系的核心，乃至文化软实力的核心。其四，在作用上，核心价值观规定其他价值观念的产生、发展和消亡，规范其他价值观念的存在方式，引导其他价值观念的发展方向，保持社会价值观结构体的稳定，从而为整个社会的稳定及其和谐发展提供精神动力。其五，在表现形式上，核心价值体系吻合或包容其他社会价值观念，更能够得到社会制度的认同与人民群众的支持，因而具有更稳定、更持久、更系统的特点。正因为如此，社会主义核心价值观能够成为凝聚民心的精神纽带和引领民众拼搏、奋进的伟大社会理想而被他们自觉接受。

中国共产党人的价值观自觉，源自无畏担当领导使命。当代中国正处在全面深化改革的关键时期。经过多年的改革，“以人为本”“执政为民”已经深入党心民心，成为我们党执政的核心理念。我们党把“人民拥护不拥护、人民赞成不赞成、人民高兴不高兴、人民答应不答应”作为制定各项方针政策的出发点，把“深怀爱民之心，恪守为民之责，善谋富民之策，多办利民之事，更好地为广大人民群众服务”作为执政的使命，把“坚持问政于民、问需于民、问计于民，真诚倾听群众呼声，真实反映群众愿望，真情关心群众疾苦，依法保障人民群众经济、政治、文化、社会等各项权益”当作执政的担当，把“人民对美好生活的向往”当作执政的奋斗目标。正确的理论指导必然带来改革实践的丰硕成果，人民群众的积极性、主动性、创造性得到充分发挥，经济社会得到快速发展，百姓的物质生活水平普遍得到提高。然而，物质财富的丰裕并没有直接带来精神诉求的满足，物质生活质量的提高并没有直接促进精神境界的升华；“人该怎样活着”“人该为什么活着”等疑问不绝于耳，人们焦虑、迷茫的心绪带给社会懈怠、焦虑、浮躁。人甚至丧失了自我，成为精神的漂泊者。面对这种状况，中国共产党人有着清醒的认识：物质贫穷不是社会主义，精神空虚同样不是社会主义。缺乏振奋的民族精神、高尚的民族品格，没有坚定的民族志向，一个民族不可能自立于世界先进民族之林。党的十六届六中全会提出“社会主义核心价值体系”的科学概念，党的十八大概括“三个倡导”的十二个词，把涉及国家、社会和公民的价值要求融为一体，回答了我们要建设什么样的国家、构建什么样的社会、培育什么样的公民的重大问题。2014 年 5 月，习近平指出：“人类社会发展的历史表明，对一个民族、一个国家来说，最持久、最深层的力量是全社会共同认可的核心价值观。核心价值观承载着一个民族、一个国家的精神追求，体现着一个社会评判是非曲直的价值标准。”“如果一个民族、一个国家没有共同的核心价值观，莫衷一是，行无依归，那这个民族、这个国家就无法前进。这样的情形，在我国历史上，在当今世界上，都屡见不鲜。”[①] 正是站在巩固党的执政地位、构建全国各族人民团结奋斗的思想基础和精神家园的高度，中国共产党人通过教育引导、舆论宣传、文化熏陶、实践养成、制度保障、产业支撑等，使社会主义核心价值观内化为人们的精神追求，外化为人们的自觉行动，为中国特色社会主义伟大事业的顺利推进提供价值观基础。

中国共产党人的价值观自觉，源自积极回应国际思潮。价值观是政党、国家的政治目标导向或社会价值追求。它直接关系到举什么旗、走什么路、立什么制等根本问题。当今，以价值观为核心的意识形态领域已经成为继经济、政治、军事等领域之外高调宣扬各种“主义”、充分较量各种“思潮”、粉墨登场各种“观点”的大舞台、主战场。面对中国取得的辉煌成就，“中国威胁论”者感到中国特色社会主义是威胁到西方的“主义”或价值观。他们竭尽所能诋毁中国特色社会主义的影响：一方面，抬高当代中国各项成就，特别是极不恰当地捧高经济发展速度和经济总量；另一方面，动用各种手段，利用中国社会生活中的某个片断或场景，指责、谩骂中国没有承担应该承担的责任。“中国崩溃论”者抓住当代中国社会发展过程中所遇到的矛盾和问题，极力唱衰中国；“中国修正论”者直接挥舞意识形态的大棒，质疑中国特色社会主义，并扣上“资本社会主义”“国家资本主义”“新官僚资本主义”的帽子；“中国问题论”者以解决人类发展的共同主题为借口，有意识模糊“主义”之间的界限，淡化价值观的差异和对立，等等。这一切的背后，都是从价值观的层面否定中国特色社会主义，宣扬西方资本主义价值观，诱引中国走西方资本主义道

---

① 《习近平谈治国理政》，外文出版社2014年版，第169页。

路。因此，中国共产党人旗帜鲜明地提出社会主义核心价值观，打造应对国际挑战和霸权主义威胁的思想武器。

二、中国共产党人的价值观自信

价值观自信，是指中国共产党人坚定自己的理想信念，对长期领导人民群众进行革命建设改革所形成的价值观充满信心。中国共产党人的价值观自信，源自深刻理解领导革命建设改革的成功经验。在中华民族深陷内忧外患、“中国向何处去”成为时代焦虑的严重关头，中国共产党登上历史舞台，始终秉持着清醒的价值理想和价值追求。党的一大通过的纲领明确提出：“以无产阶级革命军队推翻资产阶级，由劳动阶级重建国家，直至消灭阶级差别。”1941 年，毛泽东在陕甘宁边区的演讲中指出：“共产党是为民族、为人民谋利益的政党，它本身绝无私利可图。”[①]1945 年 4 月，毛泽东在党的七大开幕词中首次使用“全心全意为人民服务”的科学概念，并把它作为党的宗旨写进党章。1947 年，毛泽东在《新年祝词》中说：“战后的世界和中国都发展了争取和平与争取民主、自由的规模极大的人民运动。这个运动必然走向胜利。”他预言：在不久的将来，“自由的阳光一定要照遍祖国的大地”[②]。遵循着这样的价值理想和价值追求，中国共产党人高举“打土豪分田地”的旗帜，利用一切时机进行土地改革，满足农民对土地的渴求；有计划地开展民主选举，满足民众政治参与的诉求；广泛开展“夫妻识字”等扫盲运动，开办各种形式的学校，满足民众的精神生活追求，等等。中国共产党赢得民众的高度信任和衷心拥护，带领他们最终推翻三座大山、建立新中国。社会主义中国的成长，使中国共产党人在价值观方面积累了宝贵经验，也有着深刻教训。党的十一届三中

① 《毛泽东选集》第 3 卷，人民出版社 1991 年版，第 809 页。
② 《毛泽东文集》第 4 卷，人民出版社 1996 年版，第 210、211 页。

全会拉开中国改革开放的大幕，十一届六中全会明确提出，我国所要解决的主要矛盾，是人民日益增长的物质文化需要同落后的社会生产之间的矛盾。围绕如何解决这个主要矛盾，我们开展全面、系统、深层次的改革，创造性地解决经济文化落后的东方大国“如何建设社会主义、怎样建设社会主义”，“建设一个什么样的党、怎样建设党”，“实现什么样的发展、怎样发展”等一系列关系中国社会未来发展的重大基本问题。当前，我们正在通过“全面建成小康社会、全面深化改革、全面依法治国、全面从严治党”来解决“实现什么样的现代化和民族复兴、如何实现现代化和民族复兴”这一时代性课题。长期革命建设改革的实践证明，中国共产党人的价值观符合中国国情，得到广大民众的认同，具有价值观自信的民众基础。

中国共产党人的价值观自信，源自理性认知社会主义核心价值观的科学定位。任何一个国家或民族都有其占主导地位的经济基础所决定的价值体系。缺少占主导地位的价值体系，任何一个国家或民族都不可能作为有内聚力的有机体而长期存在。其主导的价值体系不是其主导的经济基础的反映，而仅源于某种政治信条或政治原则，这个国家或民族不可能获得经济的长足发展、社会的稳定繁荣、人民的安居乐业。由我国社会主义经济基础决定的社会主义核心价值观，是思想上层建筑的重要组成部分。我国坚持以公有制为主体、多种所有制经济共同发展的基本经济制度；坚持以按劳分配为主体、多种分配方式并存的分配制度。制度设计的最大特点在于，强调“主体”的同时，又提出“多种”，是“主体”与“多种”的统一。而这里的“主体”不是孤立的主体，是“多种”中的“主体”；这里的“多种”也不是简单的、并列的多种，而是在“主体”统领下的“多种”。这样的经济关系所反映的价值关系，必然要求建立与之相适应的“主体”与“多种”统一的价值观念体系，从而使社会主义核心价值观有了可靠的经济依据。同理，中国共产党领导的、人民民主专政的政治制度是社会主义核心价值观存在的政治依据，社会意识形态构成要素的多样性和不平衡性是社会主义核心价值观存在的文化依据。社会主义的基本经济制度和基本政治制度，决定我国的社会主义性质和中国共产党代表最广大人民群众的根本利益、全心全意为人民服务的宗旨没有变，也就决定社会主义价值观居于我国社会核心价值观的崇高地位。这是中国共产党人价值观自信的制度基础。

中国共产党人的价值观自信，源自准确把握当代中国社会价值观多样性。马克思主义哲学认为，价值是主体需要与客体属性之间的效用关系。主体需要是价值得以生成的基础，客体具有满足主体需要的属性是价值得以生成的客观条件，客体属性满足主体需要是价值关系得以生成的实质。主体需要是真实的、具体的；客体满足主体需要是客观的、自在的；客体属性满足主体的需要所形成的价值具有客观性、真实性和具体性。当然，由于主体需要是多样的、无限的且每时每刻都在发生变化；而客体属性也是多层面的、多功能的，从不同的角度可以满足人们的不同需要；客体满足主体需要的方式、途径、时间等条件性因素也必然是丰富多彩、错综复杂的，因此，这不仅决定着同一社会中价值体系的多样性或多元性，也决定着同一价值体系呈现出不断生成、不断消解且日益获得丰富和发展的动态过程。毋庸置疑，在当代中国社会，价值主体的多样化，主体利益诉求的多元化，价值评价标准的立体化，价值选择的多维化，致使价值观念纷繁复杂。从时间维度上说，新的与旧的、古代的与当代的、传统的与现代的或后现代的价值观念并存；从空间维度上说，中国的与外国的、民族性的与世界性的、本土化的与全球化的价值观念交错。中国共产党人并不惧怕价值观的多样和混乱。价值观的多样会让人们具有更多的选择，整个社会处处孕育着创新的机遇，让社会充满了活力；价值观的混乱则是改革过程中必然要经历的阶段，却也说明人们在研究、在探索、在创新。不过，我们不能无视多样和混乱，一味地容忍甚至放纵这种多样和混乱。因为，这就可能搞散人民，搞乱国家，搞垮改革开放。而社会主义核心价值观的提出，就是要在“一”和“多”之间寻找和建立一个最佳的结合点，用“一”来引导、规范“多”。让人们心往一块想，劲往一块使，“心齐能事成”。这是中国共产党人价值观自信的实践基础。

价值观自觉是政治坚定的前提，价值观自信是道路自信、理论自信、制度自信的基础。在集中力量全面深化改革的过程中，高度重视培育和弘扬社会主义核心价值观，牢牢把握价值观工作的领导权、管理权、话语权，是中国特色社会主义伟大事业顺利推进的根本保证。

三、中国共产党人的价值观超越

价值观超越，是指中国共产党人牢记其历史使命，勇于应对来自国际国内各种价值观念的挑战，完善和弘扬社会主义核心价值观的过程。

实现价值观的超越必须正确处理以下几种关系：

（一）正确处理主导地位与统领多样的关系。任何一个社会价值观念结构体系中，都有处于“核心地位”的核心价值观，也有众多处于“非核心地位”的价值观，这是社会健康理性地存在和发展的必然现象。我们倡导和构建社会主义核心价值观，并不是如某些人所说的“要搞价值观的一统化”“搞价值观的专制”。恰恰相反，社会主义核心价值观正是以大量非核心价值观念的存在为前提的。社会主义核心价值观，是在中国共产党领导下，立足中国基本国情，吸收人类创造的一切优秀价值文明成果，反映最广大人民利益诉求的价值观，是具有中华民族特色的价值观念体系。社会主义核心价值观表现中华民族的感召力、凝聚力和生命力，能够以其独特的精神力量塑造民族心灵、陶冶民族情操、化育民族生命、传承民族文化；表现当代中国社会的规范力、定向力和驱动力，规范国人的行为方式，规定国人的奋斗目标，驱动各族人民勇猛精进；表现中华文化的思想道德教化，提高人的文明素质，提高实践的能动性，增强解决问题的本领。因此，必须坚持社会主义核心价值观的主导地位，决不允许以任何其他价值观念动摇、削弱、否定社会主义核心价值观的核心地位。

事实上，当代中国社会的价值观念呈现出多样性、多元性、差异性、异质性的特点。敢于面对这种局面，善于把握这种局面，不仅体现着中国共产党人的政治胆量和执政智慧，更体现着中国共产党人是否具有价值观自觉和价值观自信，决定着中国共产党人能否实现价值观超越。我们必须肩负起历史赋予的使命、人民给予的重托，在构建社会主义核心价值观的过程中，尊重社会价值观念体系建设的规律，客观分析、正确对待价值观念的多样性、多元性。在坚持核心价值观地位不动摇的同时，以引领的优势规范多样性的价值观念，给人以说话的机会、表演的舞台，通过实践来评判是非，通过过程来辨明得失，汲取其合理因素而为我所用，批判其糟粕腐朽而与时俱进。既要善于求同存异，更要善于标新立异，创造内容健康、形式多样的精神产品，满足不同群体的不同精神需要，使人们的精神生活更加丰富多彩，精神世界更加祥和安宁。

（二）正确处理传承弘扬与创新重塑的关系。综观世界历史，后现代化国家面临的最大困惑是，如何连接自己国家的历史传统与来自西方的现代价值观念，实现价值观的重塑。能否解决好这个难题，关系到国家的长治久安、社会的和谐稳定、民众的幸福安康、执政党的人心向背。不忘本来才能开辟未来，善于继承才能更好创新。中华文化源远流长，积淀中华民族深层次的精神追求，代表着中华民族独特的精神标识，为中华民族生生不息、发展壮大提供了丰厚的滋养。中华民族优秀传统文化是社会主义核心价值观的立足点，为构建社会主义核心价值观提供了丰富的素材，如刚健有为、自强不息；经世致用、实事求是；阴阳互补、辩证发展；民贵君轻、民惟邦本；天下兴亡、匹夫有责；己所不欲、勿施于人；与人为善、扶贫济困；大同理想、止于至善，等等。从古到今，带有鲜明民族特色的这些价值观，始终反映了中华民族的精神追求，成为构建社会主义核心价值观的宝贵精神财富。

中华民族优秀传统文化也提供培育和弘扬核心价值观的宝贵经验。孔子主张："工欲善其事，必先利其器"；"为仁由己"，"我欲仁，斯仁至矣"。肯定主体自身具有趋向"仁"的内在自觉性。"克己复礼为仁。"通过克制、约束自己的言行、欲望，使之符合社会道德规范的要求。如此反复多次，礼中所包含的道德精神就会内化为人的素质，从而实现"仁"

这个最高的价值目标。儒家的“修身、齐家、治国、平天下”“内圣外王”观念，成为中国“圣人文化”的精髓，构成中华民族精神世界的重要内容。苏联解体、苏共垮台给我们留下诸多深刻的教训，其教训之一是，“某些东西把人说厌了，说烦了，说恨了”。说明社会主义核心价值观的培育和弘扬，绝不能依靠单纯的说教、生硬的灌输、高强的压制，而应该通过透彻的说理、耐心的教育、典型的引导，使广大人民群众特别是广大青少年能够心悦诚服地认同、自觉自愿地接受、时时处处地贯彻核心价值观，把社会主义核心价值观当成内在的行为规范和行为准则。

（三）正确处理交流互补与批判扬弃的关系。任何核心价值观在形成和发展的过程中，都存在着如何对待外来价值观念的问题。所谓交流互补，表明社会主义核心价值观具有博大宽阔的胸怀，能够包容各种不同形态的价值观，积极吸收和借鉴各种不同价值观的文明成果，决不搞价值观的霸权主义。所谓批判扬弃，表明社会主义核心价值观反思和评价各种价值观，不以任何形式迷信任何文化，也不盲目接受以任何形式强加于我们的任何价值观，决不搞价值观的依附主义。坚持价值观的包容性和批判性有机统一，就是坚持核心价值观的独立自主性和中华民族精神的独立自主性。其本质是坚持中国特色社会主义的独立自主性。

面对当今纷繁复杂的精神世界，构建社会主义核心价值观工作成为我们党的一项具有迫切性、艰巨性、长期性和系统性的工程。它要求我们必须要保持清醒的头脑，敏锐而深刻地分析各种价值观念并作出有说服力的解释。同时，坚持团结稳定鼓劲、正面宣传为主的重要方针，弘扬主旋律、传播正能量，增强社会主义核心价值观的解释力、吸引力和感染力，充分发挥其指引方向、规范行为、凝聚人心、激发力量的作用，为全面完成“两个一百年”伟大战略目标提供精神动力。

（四）正确处理教育引导与制度保障的关系。培育和弘扬社会主义核心价值观，离不开教育引导，更需要科学合理的制度保障。一般说来，制度是在一定条件下形成且要求全体成员共同遵守的规则。就社会领域而言，核心价值观既是理念，也是制度。作为理念，核心价值观贯穿社会制度设计的全过程，决定着社会制度的性质，是社会制度的灵魂。如果社会规章制度不合理，或者与核心价值观相背离，遵循核心价值观办事的人总是吃亏，甚至受到嘲弄和打击，那么，再好的核心价值观也是空洞的和虚拟的，迟早会被人们抛弃。核心价值观作为规章制度，可以确定人们的行为界限，即明确人们的权利、义务和活动范围；可以赞赏遵守界限的人的行为，批评超越界限的人的行为；由此形成稳定的、融洽的、协调发展的社会秩序。可见，社会主义核心价值观是理念与制度的统一。我们在培育和践行社会主义核心价值观时，既要重视教育引导的作用，又要加强系统的制度安排；既要考虑顶层设计，也要考虑民众日常行为规范。习近平指出："要按照社会主义核心价值观的基本要求，健全各行各业规章制度，完善市民公约、乡规民约、学生守则等行为准则，使社会主义核心价值观成为人们日常工作生活的基本遵循。"①

（五）正确处理教育养成与仪式体验的关系。培育和弘扬社会主义核心价值观，离不开各种形式的教育说理。与教育说理相配合，我们还可以考虑通过恰当的仪式体验和不断的积淀，把核心价值观转化为主体的基本素质。习近平指出："要建立和规范一些礼仪制度，组织开展形式多样的纪念庆典活动，传播主流价值，增强人们的认同感和归属感。"②仪式是价值追求的实现形式。它所宣示和承诺的价值观，使人产生神圣感、自豪感和归宿感，使人为实现自己的价值目标去拼搏；仪式作为一种价值观的承诺，为自己确立一种行为规范，既可以产生自我约束的力量，又可以得到来自其他人的监督。一个国家或民族，如果没有正当的、合理的仪式用以引领和团结民众，凝聚和激励民心，歪门邪道的东西就可能出笼甚至蔓延。根据社会主义核心价值观的内容设计必要的仪式，用人们喜闻乐见的方式来吸引广大民众积极参与，使他们从中受到教育，提升境界，确立信仰，最终推动中国共产党实现价值观的超越。

---

① 《习近平谈治国理政》，外文出版社 2014 年版，165 页。
② 《习近平谈治国理政》，外文出版社 2014 年版，165 页。

总之，培育和弘扬社会主义核心价值观是一个具有连续性、复杂性、系统性的伟大工程。我们中国共产党人应该有充分的思想准备，以饱满的政治热情、全心全意为人民服务的情怀、大胆改革创新的精神，努力实现价值观的自觉、自信直至超越。

（文章发表于2015年12月《中共中央党校学报》第19卷第6期；全文转载于《人大报刊复印资料·中国共产党》2016年第3期，《中国社会科学文摘》2016年第3期；《新华文摘》2016年第4期观点摘编）

坚定理想信念信仰　坚守共产党人的精神追求

党的十八大报告明确提出：坚定理想信念，坚守共产党人的精神追求。对马克思主义的信仰，对社会主义和共产主义的信念，是共产党人的政治灵魂，是共产党人经受住任何考验的精神支柱。习近平在今年“五四”青年节同各界优秀青年代表座谈时强调：“功崇惟志，业广惟勤。”理想指引人生方向，信念决定事业成败。没有理想信念，就会导致精神上“缺钙”。这就在全党全社会明确提出确立崇高理想信念信仰的时代课题。

一、理想信念信仰是共产党人的精神追求

把理想信念信仰作为共产党人的精神追求，是由理想信念信仰的本质所决定的。一般说来，理想信念信仰是人们超越现实、对未来美好前景和远大价值目标的自觉追求，是塑造自我、发展自我、超越自我、面向未来、努力实现最高价值的自我意识。这里既包括以价值理想为核心的价值目标体系，也包括以信念和信仰为精神动力的自觉的价值追求过程。

理想、信念、信仰又有区别。信念是人们在对真理确信与价值认同的基础上所形成的某种超越现实、超越自我、面向未来的具有持续性、稳

定性的观念。信念具有许多种类，如从思维层面上讲，有理性信念、非理性信念；从生活领域上讲，有宗教信念、政治信念、伦理信念、生活信念等；从地位作用上讲，有支配性信念、非支配性信念；从质上讲，有错误信念、正确信念和中性信念，等等。信念最大的特点是以“信”为基础，这种“信”在人们追求理想的过程中往往表现为思想上和意志上的坚定性。错误信念与正确信念的区别不在于“信”与“不信”，而在于“信什么”，即在于主体所确“信”的“真理”是不是真理，对自我需要及其满足的方式的把握是不是真实。假如主体所确信的“真理”能够真实地反映客观事物及其发展规律，真实地反映主体的需要及其满足的方式，这个信念就是正确的。反之，这个信念就是错误的。

信仰建立在信念的基础之上，是追求终极价值的自我意识。信仰也是一种信念，因此在日常生活中我们经常把信仰与信念混用。如马克思主义信念、共产主义信念，就是指对马克思主义的信仰，对共产主义的信仰。与信念相比较，信仰是居于统摄、支配地位的最高信念，具有专一性；它比信念更为执着、深刻、稳定、持久，因而不仅是对真理的确信和价值的认同，而且还是情感的皈依、虔诚的信奉。信仰是信念的最高表现形式，统率和影响着不同层次的信念，形成一个完整的精神导向；信念受信仰的影响和协调，支撑着信仰，丰富和发展着信仰。与信念的分类相一致，信仰也有许多种类。信仰的最大特点，不仅在于“信”，而且在于“仰”，仰视、尊崇、信服、景仰等，体现了人生的一种精神追求。

信仰过度往往就导致迷信。梁启超晚年笃信佛教。他在比较佛教与其他宗教的差别时，认为佛教是“智信”，而其他宗教是“迷信”，但却没有具体说明何为智信，何为迷信。顾伟康在其《信仰探幽》一书中，从信仰的主体状态的角度对梁启超所提出的“智信”和“迷信”的概念进行了区分。他认为，“作为一种信仰主体状态，迷信还表现为在传统和现状面前的被动、消极姿态，即面对着既定的信仰，仅有服从而无创造；安于被选择的地位而不作主动的选择”。取这种姿态的人，可以是教徒，迷信于上帝或菩萨；也可以是商人市侩，迷信于商品、金钱；还可以是政客、军阀，迷信于权力地位；甚至可以是读书人、知识分子，迷信于书本和教条……对他们来说，存在就是真理，命运就是接受。“智信是对传统和现状取积极主动姿态。”①取这种姿态的人，他们可能是宗教徒，却对宗教作了独创的解释，成为一代宗主；他们可以是商人，但他们是金钱和商品的主人。在现实生活中，他们可能历尽坎坷，百折不挠，屡败屡起。但在精神上，他们永远是清醒的斗士、命运的主人。无论他们生活在什么时代，都遵循着“世界和人生应当这样”的方向，超越时代而成为先驱。很显然，这种智信实质上表达着一种精神追求。

理想是建立在信念和信仰基础之上的并自觉为之奋斗的崇高价值目标体系。理想以信念和信仰为基础，受到信念和信仰的决定。有什么样的信念和信仰，就有什么样的理想；信念和信仰发生变化，理想必然随之发生变化。如信仰马克思主义，就会确立共产主义远大理想。一个人无任何信仰，也不会确立任何远大理想。一个人信仰的丧失，必然引致理想的破灭。同时，理想对信念和信仰又起着引导、规范、定向的作用，人们为实现远大理想而奋斗的过程，就是把信念和信仰与实践相结合，并在实践过程中进一步强化信念和信仰的过程。

理想信念信仰又是分层次的。高层次的理想信念信仰指导或规定着低层次的理想信念信仰的形成和实现，低层次的理想信念信仰反过来又影响着高层次的理想信念信仰的形成和实现。社会中不同的群体又各自具有不同的理想信念信仰，不同群体的理想信念信仰之间相互影响、相互渗透、相互制约，形成一个社会现实的具体的理想信念信仰系统。这就要求我们既要看到各种理想信念信仰之间的相互联系，更要看到其相互区别，用中国特色社会主义共同理想来统领整个社会的理想信念信仰体系，真正发挥其在社会主义现代化建设过程中的精神动力作用。

---

① 顾伟康：《信仰探幽》，上海教育出版社1993年版，第43、44页。

二、理想信念信仰是共产党人的精神动力

马克思主义经典作家历来强调，无产阶级及其政党必须确立崇高的理想信念信仰。恩格斯在《未来的意大利革命和社会党》一文中曾指出：无产阶级在整个革命的过程中，一时一刻也不忘记自己的伟大目标，“这种永远不忽视伟大目标的策略，能够防止社会党人产生失望情绪，而这种情绪却是其他缺少远大目光的政党……无法避免的”①。列宁在《第二国际的破产》一文中也明确提出：“社会主义是一种庄严的信念……国际的破产就是大多数正式社会民主党令人触目惊心地背叛了自己的信念。”②列宁认为，无产阶级政党是社会主义理想的追求者。俄国共产党作为无产阶级的先锋队，必须紧紧依靠工人阶级和广大人民群众，汲取他们的聪明和智慧，总结他们的经验和体会，相信他们的勇气和能力，带领他们一起去完成时代所赋予自己的历史使命，同时必须对工人群众进行共产主义理想、信念、信仰的教育，这是无产阶级政党的重要任务。“它的任务是赋予自发的工人运动以明确的社会主义理想，把这个运动同合乎现代科学水平的社会主义信念结合起来。”③马克思、恩格斯、列宁不仅是这样说的，也是这样做的。他们一经创立自己的科学理论体系，就立即通过各种途径使之变成广大无产阶级的理想信念信仰，并推动着广大无产阶级为实现自己的美好理想而不怕流血牺牲，英勇奋斗，并在俄国建立起世界上第一个社会主义国家，把美好的理想变成了现实。

中国共产党人也十分重视理想信念信仰的问题。毛泽东曾说：“我们的党的名称和我们的马克思主义的宇宙观，明确地指明了这个将来的、无限光明的、无限美妙的最高理想。”④这个最高理想就是建设社会主义，最终实现共产主义。而这个最高理想是以我们党的全部学说和马克思主义为

---

① 《马克思恩格斯选集》第 4 卷，人民出版社 1995 年版，第 454 页。

② 《列宁选集》第 2 卷，人民出版社 1995 年版，第 454 页。

③ 《列宁全集》第 4 卷，人民出版社 1984 年版，第 167 页。

④ 《毛泽东选集》第 3 卷，人民出版社 1991 年版，第 1059 页。

理论基础的，真正实现了真理确信与价值认同的统一。这个最高理想规定着我们党所领导人民群众从事的全部事业，并成为整个工人阶级及其先锋队为之奋斗的最终价值目标。邓小平在不同场合多次谈到理想信念信仰的问题。他说："我们多年奋斗就是为了共产主义，我们的信念理想就是要搞共产主义。在我们最困难的时期，共产主义的理想是我们的精神支柱，多少人牺牲就是为了实现这个理想。"[①]他特别强调："对马克思主义的信仰，是中国革命胜利的一种精神动力。"[②]江泽民、胡锦涛都多次谈到，坚持和巩固马克思主义的指导地位，帮助人们树立正确的世界观、人生观和价值观，坚定对马克思主义的信仰、坚定对社会主义的信念、增强对改革开放和现代化建设的信心、增强对党和政府的信任。

在当前社会结构全面转型的历史条件下，人们除了兴奋和期盼之外，还有几分迷惘和焦虑，这就导致对于未来安身立命之所的思考和追问。因此，加强理想信念信仰教育，帮助人们确立正确的理想信念信仰，就显得意义尤其重大。

首先，确立崇高的理想信念信仰，才能经受"共荣华富贵难"的严峻考验。中国共产党执政六十多年了，一个值得高度警惕的规律性问题"共患难容易，共荣华富贵难"摆在我们面前。这个"共"就是共同理想、共同信念、共同信仰所产生的一种凝聚力，由凝聚力而产生出一种巨大的革命力和创造力；这个"共"不仅是在共同理想、共同信念、共同信仰基础上所形成的全党的团结、全军的团结，而且是全国各族人民的大团结；正因为有这种团结，我们才能形成一股巨大的革命力量和创造力量，打碎贫穷落后的半封建半殖民地的旧中国，建设繁荣昌盛的社会主义新中国。古今中外的历史证明，对于一个阶级及其政党来说，战场上的敌人很难把它战胜，却往往在歌舞升平、文恬武嬉中失去了战斗力，在居功自傲、自以为是中脱离了人民群众，最终自己把自己打败了。这是因为，在战争年代

---

① 《邓小平文选》第3卷，人民出版社1993年版，第137页。

② 《邓小平文选》第3卷，人民出版社1993年版，第62—63页。

大家具有共同的理想、共同的信念、共同的信仰，为了共同的目标，能够同仇敌忾、患难与共。在取得胜利后的和平时期，围绕着权力和利益的分配，容易产生离心离德的思想情绪。所以，毛泽东曾以农民起义领袖李自成为案例，提醒中国共产党人不要犯胜利后骄傲自满而导致脱离群众、腐化堕落、争权夺利、内讧自残的悲剧，要跳出“其兴也勃焉，其亡也忽焉”的历史周期率。江泽民也多次提醒领导干部，“生于忧患，死于安乐，千年古训，千古真理”。从现实情况来看，我们党内也确实存在一些值得我们高度警惕的问题。如有的领导干部政治上糊涂，胸无大志，甚至物欲横流，玩物丧志，追求感官的享受，导致行动失范，其结果不仅是败坏了党的作风，损害了党的形象，侵蚀了党的肌体，而且使个人的成长受到严重影响，甚至成为人民的敌人。这里的原因是多方面的，但从领导干部的主体层面来看，缺乏崇高的理想、信念和信仰的支撑，缺乏为实现远大目标而奋斗的精神动力，是其重要原因。

其次，确立崇高的理想信念信仰，才能有效抵制西方敌对势力的腐蚀渗透，提高拒腐防变、抵御风险的能力。苏联的解体和东欧的剧变，会给我们许多启示。苏联解体和东欧剧变的原因是多方面的。从客观方面来讲，西方敌对势力的和平演变和腐蚀渗透是一个重要的外部原因。苏联解体后，美国的前几任总统都自称是他们和平演变战略的胜利。从主观方面来讲，苏联共产党人理想、信念和信仰的逐步消解是其重要原因。从赫鲁晓夫全面否定斯大林到戈尔巴乔夫的“粉碎斯大林主义的意识形态和其他有关的一切东西”；从赫鲁晓夫的“一切为了人，一切为了人的幸福”到戈尔巴乔夫的“世界是一个整体。我们大家都是地球这条船上的乘客，不能让这条船翻沉”；从赫鲁晓夫的全民党、全民国家到戈尔巴乔夫的批评、否定进而解散共产党，其间发展的历史脉络是很清晰的。这种以整个社会主义制度为改革对象，在政治上搞多党制，经济上搞私有化，思想上搞自由化，由消解原有的理想、信念和信仰到彻底摧毁社会主义制度，最终全面实行资本主义制度，把一个好端端的社会主义国家破坏了。这其中的经验教训太深刻了，太值得我们去总结和借鉴了。

人不仅是一个物质存在物，更是一个精神存在物。苏联、东欧共产党人的肉体并没有死，但其理想信念信仰已经崩溃，其肉体成为没有灵魂的皮囊，也就失去其存在的价值。这不能不算是一条刻骨铭心的教训。我们现在有些人对西方采取了盲目崇拜的态度，对自己的东西则采取了民族虚无主义，在有些问题的处理上甚至不惜损害人格，损害国格，这是我们必须要注意的一个倾向。特别是在当前，我们积极推进全方位、多层次、宽领域的对外开放，实施“引进来”和“走出去”相结合的战略，就更要注意坚持自己的基本原则和立场，坚持自己的价值观念体系，其中最重要的就是不能丢掉自己的理想信念信仰。否则，我们就可能要步东欧、苏联之后尘。这是必须引起我们高度警惕的。

最后，确立崇高的理想信念信仰，才能完成复兴中华民族的神圣使命，成为中国特色社会主义事业的领导核心。中国共产党第十八次全国代表大会胜利召开。大会的主题是：“高举中国特色社会主义伟大旗帜，以邓小平理论、‘三个代表’重要思想、科学发展观为指导，解放思想，改革开放，凝聚力量，攻坚克难，坚定不移沿着中国特色社会主义道路前进，为全面建成小康社会而奋斗。”党的十八大描绘了全面建成小康社会、加快推进社会主义现代化的宏伟蓝图，发出了向实现“两个一百年”奋斗目标进军的时代号召。我们要用中国特色社会主义共同理想，来凝聚全体中华儿女的意志，调动全体中华儿女的力量，发挥全体中华儿女的才智，用中国特色社会主义建设的伟大成就，来实现中华民族的伟大复兴。

三、理想信念信仰是共产党人的精神家园

理想信念信仰能够为人生提供一种最高的价值标准，以此来判断是非善恶，来统领各种价值观念，使人获得规范自己行为的基本框架，避免由于各种急剧变动所带来的恐慌和焦虑，找到“安身立命所”。理想、信

念和信仰可以为人们提供一种现实的生活目标和生活秩序，使人们按照理想、信念和信仰的引导去行动，获得一种对自己行为合理性的自信心甚至神圣感，避免由于生活目的的失落而产生各种行动的失范，找到“精神安宁的家园”。

不能否认，目前有些人的理想信念信仰发生动摇，出现所谓“理想破灭”“信念失落”“信仰危机”的现象。我们必须认识到，这正是理想重建、信念重塑、信仰重树的前奏，是新的理想信念信仰产生前必然带来的阵痛。在中国社会面临全面转型的关键时期，传统的、僵化的、教条式的理想信念信仰出现破灭、失落和危机是必然的，但是，这并不意味着世界末日的来临，更不意味着我们濒临绝境，这标志着中国社会的发展包括国人的精神世界正处于大变革的前夜。假如我们或者是闭上眼睛不承认危机的存在，依然按照原来的生活轨迹生活下去；或者是一味怨天尤人，埋怨命运的不公、人心的不古，试图扭转历史的车轮倒转，这才是真正的绝望。正确的态度是，正视危机的存在，研究危机产生的各方面的原因，根据中国社会主义现代化建设的需要，努力重建理想信念信仰体系。

首先，坚持与时俱进的科学精神，在不断前进的实践中正确处理坚持马克思主义与发展马克思主义的关系。中国共产党人信仰马克思主义，是因为马克思主义体现了真理性与价值性的统一。所谓真理性，是指马克思主义科学地揭示了人类社会的发展规律，为我们认识世界和改造世界提供了科学的世界观和方法论。所谓价值性，是指马克思主义是指导无产阶级争取民族独立和人民解放、逐步走向共同富裕的思想武器。坚持马克思主义的指导地位必须始终做到两条，一是必须坚定不移地巩固和加强马克思主义的指导地位，绝不允许搞指导思想的多元化；二是必须紧密结合形势的变化和实践的发展，发扬实事求是、勇于创新的科学精神，不断丰富和发展马克思主义。这是已被实践证明的对待马克思主义的科学态度。马克思主义的基本原理任何时候都要坚持，否则我们的事业就会因为没有正确的理论基础和思想灵魂而迷失方向，就会归于失败。同时，马克思主义具有与时俱进的理论品格，是发展的科学。如果不顾历史条件和现实情况的变化，拘泥于马克思主义经典作家在特定历史条件下、针对具体情况作出的某些个别论断和具体行动纲领，我们就会因为思想脱离实际而不能顺利前进，甚至发生失误。这就是我们党始终反对以教条主义的态度对待马克思主义理论的原因。世界在变化，我国改革开放和现代化建设在前进，人民群众的伟大实践在发展，迫切要求我们党以马克思主义的理论勇气，既要坚持马克思主义基本原理，又要总结实践的新鲜经验；既要发扬革命传统，又要谱写新的理论篇章；用发展着的马克思主义指导生动鲜活的中国特色社会主义实践。

其次，坚持波浪式前进的辩证思维，正确认识社会主义取代资本主义的历史必然性，坚定共产主义的远大理想。共产主义理想建立在对人类社会发展规律正确把握的基础之上，体现了人的自由而全面发展的价值取向，因此，共产主义理想建立在真理确信与价值认同基础上，是一个具有坚实的理论基础与实践基础的美好理想。马克思恩格斯的伟大功绩在于揭示并阐明了社会主义代替资本主义是人类历史发展的必然趋势。马克思恩格斯得出这个结论的根据在于，资本主义社会生产方式内在矛盾的运动决定了资本主义必然走向灭亡；同时，资本主义的发展为社会主义的实现创造了物质前提，准备了阶级力量。但是，我们必须充分认识到，社会主义代替资本主义是一个长期曲折的历史过程。马克思早就说过："无论哪一个社会形态，在它所能容纳的全部生产力发挥出来以前，是决不会灭亡的；而新的更高的生产关系，在它的物质存在条件在旧社会的胎胞里成熟以前，是决不会出现的。"[①] 特别是第二次世界大战以来，西方资本主义社会出现许多新情况，这就要求我们运用辩证思维，正确认识分析这些新情况。既不要因为这些新情况的出现与马克思恩格斯特别是列宁当时的某些观点不同，就简单地否定马克思主义，否定社会主义，使自己失去共产主义理想信念；也不能对这些新情况一味视而不见，死抱住马克思恩格斯列

① 《马克思恩格斯选集》第2卷，人民出版社1995年版，第33页。

守书本上的某些观点不放，这样只会使自己成为脱离实际的书呆子，而书呆子式的马克思主义只能损害马克思主义。所以，一方面，我们要正确看待西方资本主义社会出现的新情况，正确看待社会主义社会发展进程中所出现的曲折，认真分析和研究出现这些新情况和曲折的原因，探索其中发展的内在规律，不能因为这些新情况和曲折的出现而动摇自己的远大理想；另一方面，我们还要充分认识到，实现共产主义是一个长期曲折的历史过程，其任务更加艰巨，道路更加曲折，情况更加复杂，我们必须要有充分的思想准备，克服盲目急躁情绪，破除直线型思维方式，确立为实现共产主义远大理想而自觉奋斗的使命感和责任感。

最后，坚持从实际出发的求实态度，正确把握理想与现实的统一，找到精神安宁的家园。理想和现实的关系是一个常讲常新的老问题。许多人在理想、信念、信仰问题上产生动摇，重要原因在于没有科学地理解和把握理想与现实的关系。所谓理想，是人们在认识社会发展规律的基础上所设定的并为之自觉奋斗的远大目标。也就是说，理想是一个具有现实可能性的“应然”范畴。没有现实可能性的理想只能是虚假的理想或“幻想”。现实是一个“实然”范畴，它反映社会历史发展的“当下”状况。理想不能脱离现实，但理想总是要高于现实，否则理想就不成为理想了。实践证明，理想与现实总是有一定差距，理想与现实的绝对一致是不可能的，这正是理想的魅力所在。问题在于如何正确理解和把握理想与现实的不一致性。如果把理想看作完全脱离现实的绝对化的东西，这种理想会因失去存在的根基而成为“空中楼阁”，也就失去其本身存在的价值；如果把现实当作生活的全部，把对现实的追求当作生命的全部意义，没有理想信念信仰，就会目光短浅，胸怀狭窄，浑浑噩噩，蝇营狗苟。因此，我们必须正确把握理想和现实的统一。在构建理想的过程中，要实事求是，一切从实际出发，使理想立足于现实基础，从而使之容易被广大人民群众所接受，真正发挥理想的统摄、引导、驱动作用。而在现实工作中，要充分认识到我们从事的事业是全新的事业，是空前伟大而艰巨的事业，困难和挫折是难免的。只要我们抱有坚定的理想和信念，善于从实践中总结经验教训，就能够把前进征途上的“酸甜苦辣”变为滋补身体的营养，把“雨雪风霜”化为净化灵魂的甘霖，把挫折和失败转化为成功的垫脚石，那就一定能够到达理想的彼岸。

（文章发表于《哲学与社会》第 6 期，2013 年出版）

要重视价值取向问题的研究

价值取向是人们在日常生活或文章著作中经常使用的概念。但是，对于价值取向的界定以及相关问题，学术界却没有像对价值本质或价值评价等问题那样，给予充分的关注和研究。有时候甚至因为对含义的不同理解，导致了理论上的混乱和实践中的迷茫。因此，有必要对价值取向问题给予充分的研究。

一、价值取向的界定

所谓价值取向，是价值主体在进行价值活动时指向价值目标的活动过程，反映出主体价值观念变化的总体趋向和发展方向。在日常生活中，价值取向常常表现为一种“热”，如出国深造作为一种价值取向，表现为“出国热”；领导干部重视相应的学历教育，作为一种价值取向就表现为“读研热”，等等。

价值取向和价值目标是两个经常被人们混用的概念。这两个概念确实有相似之处。从表现形式来看，都是人们在进行价值活动时所表现出来的一种价值追求，是一种理想性的存在。从产生基础来看，都是人们通过对客体及其发展规律、主体的需要及其发展以及主客体关系把握的基础上形成的，是对现实价值关系的一种观念性把握。从社会功能来看，都能够对人们的价值活动起到定向、引导、规范等作用，其正确与否直接影响着人们价值活动的成败。从性质来看，都有真实与虚假的区别，真实的价值取向和价值目标能够真实地反映价值关系的存在与发展，成为一种真实的价值追求；而虚假的价值取向和价值目标往往虚假地反映了价值关系的存在与发展，成为一种虚假的价值追求。

但是，仔细研究会发现二者还是有差别的。

首先，从存在状态来看，价值目标是人们在长期的社会实践中经历艰苦的、长期的探索而形成的一种价值追求；但价值目标一经确立，由于它真实地反映了事物发展的客观规律和人们的需要，就具有某种相对稳定性。如实现共产主义作为人类社会的最高价值目标，经历了长期的历史过程才得以确立。中国古人凭着一种美好愿望和主观想象，设计出理想的“大同世界”；西方资产阶级思想家凭着“思维着的知性”和“批判的理性”的武器，对私有制社会的弊端进行了淋漓尽致的揭露，设计出“乌托邦”式的理想社会。这些理想由于其空想性而不可能得到实现。只有马克思恩格斯批判地吸取了人类所创造的一切优秀思想成果，以科学的世界观和方法论为指导，研究资本主义社会的基本矛盾，揭示了资本家剥削工人的秘密，说明社会主义社会取代资本主义社会的必然性，从而使社会主义由空想变成科学，使共产主义社会成为人类社会最高的价值目标。价值取向是人们在实现价值目标的过程中围绕着如何实现价值目标而形成的一系列的观念性活动，是一个变化的动态的过程。如实现共产主义是人类最高的价值目标，但如何实现这个价值目标，不同国家和民族都在进行各自的探索和实践，但其中表现出来的那种共同的带有倾向性的东西就是价值取向。中国共产党人带领全国人民经过多年的探索和实践，总结其成功的经验和失败的教训，从社会主义初级阶段的实际出发，实行以公有制为主体、多种所有制经济共同发展的基本经济制度。“多种所有制经济共同发展”是否与共产主义社会的经济制度相一致？应该说是不一致的。但是，这种经济制度确实适应当代中国生产力的发展状况，有利于解放和发展生产力，有利于提高国家的综合国力，有利于提高人民群众的生活水平，能够为实现共产主义社会的价值目标奠定坚实的基础。因此，其中体现的价值取向依然是实现共产主义的价值目标。

其次，从二者存在的地位来看，价值目标决定着价值取向；价值取向是被动的、受决定的，其形成和变化都受制于价值目标。一般说来，有什么样的价值目标，就会有什么样的价值取向，价值目标发生了变化，价值取向也必然随之发生变化。价值取向对价值目标也有一定的反作用。因为价值取向作为人们对现实价值关系的观念性把握，贯穿于人们认识世界和改造世界的活动过程中，那么，价值取向是否是建立在对客观事物发展规律正确把握的基础之上，对价值目标的实现就会产生巨大的影响。

最后，从实现方式来看，价值目标是主体对自己的价值追求的一种观念性把握，具有某种自我意识性，需要主体不断加强内在自我调节，也就是通常所说的“坚定理想和信念”。针对价值目标的这个特点，我们通常是采用引导、教育的方式，通过大量的思想政治工作来帮助广大人民群众确立其价值目标，并引导广大人民群众为实现自己的价值目标而奋斗。正因为价值目标是对价值追求的一种观念性把握，就很容易受到各种因素的影响和冲击，导致价值目标的丧失。价值取向是人们围绕着如何实现价值目标而进行的一系列的认识和实践活动，是一个动态的过程。在这个过程中，虽然主体也处处体现出对自己的认识和实践活动进行各种内在调节，但主要表现为主体牢牢把握自己的认识和实践活动的方向，使之既要从现实的具体情况出发，把价值目标与现实的具体情况结合起来，寻找到实现价值目标的最佳途径，又不能使这种“寻找”或“结合”离开了价值目标，或者背离了价值目标。因此，价值目标一经确立就是固定的，需要通过多种方式来“坚定”或“强化”；而价值取向是灵活多样的，常常要在价值目标和现实情况之间寻找最佳的结合点。

由此可见，价值取向与价值目标是有区别的，价值取向贯穿于人们围绕着如何实现价值目标所进行的一系列的认识和实践活动之中，价值取向的终点是价值目标的实现。所以，价值取向包含着价值目标，但不能归结为价值目标。

二、价值取向的形成与实现

人类所进行的所有认识世界和改造世界的活动，说到底就是为了满足人们的各种需要，实现人们的价值理想。所以，实践的第一个内在的动力是人的需要，实践的第一个外在指向就形成价值取向。没有需要，就没有物质资料的生产和再生产，就没有人类其他一系列认识活动和实践活动。没有价值取向，人们就不知道如何组织生产和消费，不知道如何构建并保证社会诸系统结构的合理性和运行机制的畅通性。

当然，价值取向的产生和形成不是偶然的。在社会发展过程中，价值取向的形成和实现价值取向手段的发展，呈现出一个互动的过程。一方面，价值取向的形成依赖于实现价值取向的手段的发展。没有生产制造电视机的技术，并真实地制造出电视机，人们不可能产生看电视的价值追求；没有现代航天技术的高度发达，人们不可能产生遨游太空的价值追求。在人类社会发展进程中，每一个时期人们所形成的价值取向，总是与当时实现价值取向的手段，即科学技术的发展和生产工具的应用水平相适应的。如果某一种价值取向脱离了科学技术的发展和生产工具的应用水平，这种价值取向就会因不可能实现而成为虚假的价值取向。另一方面，实现价值取向的手段的发展又必须与一定的价值取向相适应。恩格斯晚年在致瓦·博尔吉乌斯的信中说："社会一旦有技术上的需要，这种需要就会比十所大学更能把科学推向前进。"[①] 科学技术发展史证明，每一种科学

① 《马克思恩格斯选集》第4卷，人民出版社1995年版，第732页。

技术的发展或生产工具的应用，都内在地包含着人们的某种价值需求。当一种新的包含着重大科学发现的东西还没有被人们所需要时，这个重大的科学发现或者与人们失之交臂，没有引起人们的注意；或者被人们搁置在实验室，而不可能进入实践过程。

价值取向的产生和实现是一个长期的历史的过程。一种价值取向的产生源自主体的某种需要，其实现则是主体需要的满足。但是，人们现有的需要得到满足，新的需要又同时被创造出来，于是又开始产生和形成新的价值取向。所以，马克思说："历史不过是追求着自己目的的人的活动而已。"①

在社会实践过程中，如何准确把握人的需要，特别是广大人民群众的需要，确立科学、合理的价值取向，是执政党或领导集团制定正确的政治路线的重要依据。在"文化大革命"期间，我们错误地理解了广大人民群众的需要，提出"灵魂深处闹革命""狠斗私字一闪念"这样一种脱离实际的价值取向，试图通过"抓革命"以促进经济的发展，其结果是由于没有得到广大人民群众的认同，失去其特有的凝聚作用；而广大人民群众由于没有合理的价值取向，遂失去创造的冲动，使经济的发展缺乏内在的动力，带来社会的普遍贫穷。改革开放以来，正是因为我们党以"为了满足人民群众日益增长的物质文化需要"为根据所制定的政治路线和政治任务作为一个新的价值取向，真实地反映了广大人民群众的迫切需要，才在广大人民群众中产生了强烈的共鸣，调动了广大人民群众的积极性和创造性，使社会主义改革开放事业蓬蓬勃勃发展起来。

① 《马克思恩格斯全集》第2卷，人民出版社1957年版，第118—119页。

三、价值取向的社会功能

价值取向反映了人们在长期的社会实践活动中所形成的某种共同的价值理想，凝聚着社会主体对自身利益和自身创造活动的根本态度和强烈追求，因此，它具有强烈的凝聚力和渗透力，影响和支配着社会主体的实践活动，有效地协调和规范社会生活各领域，表现出独特的社会功能。

四、价值取向具有社会规范功能

价值取向一旦形成就具有某种稳定性，规定着社会主体所进行的价值评价、价值选择、价值创造等活动，成为社会主体认识世界或改造世界的内在尺度。价值取向之所以具有这种社会规范功能，是由人的活动所特有的个体性和社会性来决定的。

马克思说："人们的社会历史始终只是他们的个体发展的历史，而不管他们是否意识到这一点。"[①] 价值主体首先是以个体的形式存在的，个体的特定状况决定其特定的需要和满足需要的方式，这就使价值的产生与个体的需要和满足需要的方式具有直接的联系。从这个意义上说，价值是个体的，个体的个性化决定了每个个体都是特殊的，都有与其他个体不同的需要及满足需要的方式，也就必然会形成各自的价值评价和选择体系。现代社会的发展，应该而且能够提供一个维度更加丰富的价值选择空间，使人们在追求价值和创造价值的过程中能更好地展示自己的个性。但是我们还要看到，任何个体的价值活动都不可能孤立进行，而是发生在各种社会联系之中，这就必然要受到各个方面因素的制约；如果个体的价值活动与社会的价值取向相一致，往往就会因为得到某种赞

① 《马克思恩格斯选集》第4卷，人民出版社1995年版，第523页。

赏或鼓励而比较容易实现；如果个体的价值活动与社会的价值取向不相一致甚至相违背，就必然会因为受到来自各个方面的压制或否定而不能实现。因此，不论个体的主观愿望如何，个体的价值活动必须与社会的价值取向相一致，至少不能相违背。社会价值取向对个体的价值活动起到一种规范作用。价值规范是促使社会发展与个体活动基本一致的重要保证。

在社会生活中起规范功能的因素是很多的，如法律规范、道德规范、制度规范等。与它们相比，价值规范的强制性、惩戒性、威慑性要弱得多。社会成员若不遵守法律法规，必然会受到法律法规的惩罚；若违背伦理道德规范，必然要遭到社会舆论的谴责；若违反规章制度，必然要受到有关部门的警戒。但价值规范功能的实现主要体现为，通过形成一种特定的文化氛围来规定或引导着个体的行为，通过某种功效性的诱导促使个体完成社会化的过程。它往往是通过人们的需要能否得到满足、需要得到满足的程度来告诉人们应该做什么、不应该做什么，应该怎样做、不应该怎样做，怎样做有好处、怎样做没有好处等，因此，价值规范具有较大的选择性和宽容性。

五、价值取向具有社会定向功能

价值取向对社会成员的定向功能，主要是通过设立社会价值理想，以便使社会成员能够把自己的价值追求与社会价值理想协调一致，进而认同社会价值理想来实现的。人的活动是有意识、有目的的，也就是说都带有一定的方向性。价值取向作为社会主体在现实的实践活动中所形成的价值追求的凝聚，集中体现着社会主体超越现实的创造性冲动，从而对社会主体的活动提供理想目标和行为规范，同时为人们的价值评价和价值选择提供必要的尺度。可以说，人们的一言一行，无不是在某种价值取向指导下进行的。区别只是有些人是自觉地以某种价值取向支配自己的言行，而有些人是在无意识中接受价值取向的支配。

一种价值取向能否发挥社会定向功能，关键要看这种价值取向所体现的价值理想能否被广大社会成员所接受。只有当社会成员认同了某种价值理想，才会自觉地把对这种价值理想的追求贯彻在自己的价值活动中，从而使个体的价值活动与社会价值理想相一致。一般说来，个体对某种社会价值理想体会得越深刻，把握得越准确，实践得越充分，其价值活动成功的可能性就越大；反之，其价值活动必然失败。同样，某种社会价值理想被其社会成员认同的程度越高，遵守得越彻底，其定向功能就会发挥得越好，对社会成员的规范作用也就越强；反之，它就会形同虚设，发挥不了应该发挥的功能，起不到应该起到的作用。所以，只有建立科学合理的价值观，设立与社会发展状况和人们的接受能力相适应的价值理想，才能不断提高社会成员对社会价值理想的认同程度，进而发挥价值取向的社会定向功能。

六、价值取向具有社会驱动功能

如果说价值取向的定向功能侧重于人们对价值规范的认同和遵守，即以一定的社会价值理想统一大多数社会成员的价值活动，纠正极少数人违背社会价值规范的行为，那么，价值取向的驱动功能则在于通过人们对价值理想的追求，以激发社会个体内在或潜在的各种能力，并使之集中到实现社会价值理想的实践活动之中。价值取向的定向功能通过设立价值理想，使作为个体的社会成员的价值活动实现了必要的统一，保证社会和谐稳定地存在和发展；价值取向的驱动功能推动社会成员产生并保持从事价值活动的热情，使社会成员的价值活动能够连续持久进行下去，保证社会充满蓬勃发展的生机。由此可见，对于社会的存在和发展来说，价值取向的定向功能和驱动功能是相辅相成、缺一不可的。

一般说来，价值取向驱动功能的发挥是依照层次递进的原则，从满足人们的基本物质需要开始，逐步进入到满足人们的精神需要或自我实现需要等较高层次。马克思恩格斯告诉我们：“人们为了能够‘创造历史’，必须能够生活。但是为了生活，首先就需要吃喝住穿以及其他一些东西。因此第一个历史活动就是生产满足这些需要的资料，即生产物质生活本身。”[①]生活处于极度贫穷状态的人，解决温饱问题会成为支配人们全部价值活动的内在驱动，而吟诗作画、游山览水的需要则可能全部丧失。如果人们长期处于不得温饱的贫穷生活状态中，其价值理想也就只能被局限在最低的层次上，为祈求温饱而奔波忙碌成为其价值活动的核心内容。所以，解决社会成员的温饱问题，满足其最基本的生活需要，是促使人们从初级的生理需要向更高的价值理想提升的前提条件。没有物质需要的基本满足，就不可能产生对精神需要、自我实现需要等更高价值理想的追求；同样，当人们的物质需要得到基本满足后，而社会没有及时创造条件使人们的价值理想得到提升，人们就难免会沉溺于物质享受或低级趣味之中，挥霍浪费、奢侈享乐之风就可能兴起。这点对于中国社会具有极其重要的现实意义。在极“左”思潮泛滥的年代，“四人帮”宣传“宁要社会主义的草，不要资本主义的苗”的谬论，否定满足广大人民群众物质生活需要的合理性，片面强调“大公无私”“灵魂深处闹革命”，其结果是人们的精神境界没有得到提升，物质生活也全面陷入贫穷。十一届三中全会以后，我们进行了思想上的拨乱反正，重新认识中国社会的主要矛盾，实现了全党工作重心的转移，掀起社会主义经济建设的新高潮，生产力水平迅速得到提高，国家综合国力极大增强，人民生活状况得到应有的改善，温饱问题普遍得到解决，多数人已经进入小康生活阶段。在这个时期，要注意搞好社会主义精神文明建设，坚持以科学的理论武装人，以正确的舆论引导人，以高尚的精神塑造人，以优秀的作品鼓舞人，使广大人民群众坚定对马克思主义的信仰，坚定对社会主义的信念，增强对改革开放和现代化建

① 《马克思恩格斯选集》第1卷，人民出版社1995年版，第79页。

设的信心，增强对党和政府的信任；要努力培养人民群众的自立意识、竞争意识、效率意识、民主法制意识和开拓创新精神；积极创造条件，推动广大人民群众价值理想的提升。

（文章发表于《哲学与社会》第2期，2010年出版，后以《价值取向：概念、形成和社会功能》为题发表于《中共天津市委党校学报》2010年第5期；后改写以《价值取向的界定及相关问题》为题，发表于《人民日报》2010年12月10日理论版）

积极培育和弘扬社会主义核心价值观

社会主义核心价值观是中国特色社会主义的文化精髓和当代中华民族的精神底蕴。把培育和弘扬社会主义核心价值观作为凝魂聚气、强基固本的基础工程，展示着中华民族的价值观自觉、价值观自信和价值观超越。

一、社会主义核心价值观为何是核心

马克思主义哲学告诉我们，价值观影响甚至决定着人们的认识活动和实践活动。因为，人的一切实践和认识活动都永恒地具有两个方面的内容指向和目的：一方面是弄清世界的本来面目，把握世界的发展规律，知道人能够怎样改造世界，为人的活动提供“物”的尺度，目的是追求知识、科学和真理；另一方面是弄清世界与人的生存和发展的关系，掌握人的需要和诉求，从而知道应该怎样改造世界，为人的活动提供“人”的尺度，目的是满足人的需要、实现人的诉求。这就是说，人的活动过程实际上是实践活动、认识活动、价值活动三者的统一。其中，实践活动的直接结果是改造世界，认识活动的直接结果是获得真理，价值活动的直接结果是满足人的需要。所以，价值活动贯穿人的认识活动和实践活动的全过程，甚至一定意义上成为人们认识活动和实践活动的内在动力源泉。

任何一个社会的价值观体系都是由多样性、多元性的价值观念构成的有机体。社会主义核心价值观之所以是“核心”，可以从五个维度来把握：其一，在内容上，核心价值观能够正确把握社会发展的一般规律，顺应社会占主导地位的经济基础的发展趋势，反映广大人民的共同需要和利益诉求，吸取人类所创造的一切优秀价值观念成果，具有中华民族特色的理论化、系统化的价值体系；其二，在主体上，核心价值观是对社会各类主体的需要和诉求进行抽象和概括而形成的，具有“最大公约数”的特点；其三，在地位上，核心价值观能够决定一个社会价值观念的性质、结构和总体特征，成为文化软实力的核心；其四，在作用上，核心价值观能够规范和引导其他价值观，保持社会价值观结构体的稳定性，从而为经济社会的稳定和谐发展提供精神动力；其五，在表现形式上，有倡导主体、理论体系、制度安排等，也就具有稳定性、持久性、系统性的特点。

党的十八大提出“倡导富强、民主、文明、和谐，倡导自由、平等、公正、法治，倡导爱国、敬业、诚信、友善”的价值观，把涉及国家、社会和公民的价值要求融为一体，创造性地回答了我们要建设什么样的国家、构建什么样的社会、培育什么样的公民的重大理论和实践问题，为我们确立了科学合理的价值理想和价值追求。

二、社会主义核心价值观的功能

习近平总书记指出，核心价值观，承载着一个民族、一个国家的精神追求，体现着一个社会评价是非曲直的价值标准。社会主义核心价值观的作用是通过其规范功能、定向功能和驱动功能来实现的。

社会规范功能。核心价值观一旦形成就具有某种稳定性，规定着价值主体所进行的价值评价、价值选择、价值创造等活动，成为价值主体从事一切社会活动的内在尺度。社会主义核心价值观，为价值主体提供规范行为的基本框架，设定约束行为的道德底线，避免由于各种急剧变动所带来的恐慌和焦虑，有效控制和把握自己的思想和行为，使人生有了“安身立命之所”。

社会定向功能。社会主义核心价值观通过设立社会价值理想，为价值主体提供一种超越于现实的生活目标和价值理想，使之逐步摆脱物欲肉欲层面的蝇营狗苟，把自己的价值追求融入社会价值理想之中，进而在实现社会价值理想的同时实现自己的人生价值理想，获得对自己行为合理性的自信心、使命感、荣誉感和神圣感，避免由于生活目的失落而产生各种焦虑和恐慌，找到“精神安宁”的家园。

内在驱动功能。核心价值观的驱动功能在于通过价值主体对价值理想的追求，以激发个体价值主体的内在或潜在的各种能力，使之产生并保持从事价值活动的热情，保证社会充满蓬勃发展的活力。

三、需要处理好三对关系

在当代中国社会历史条件下，多样化的价值观并存已经成为不争的事实。培育和弘扬社会主义核心价值观，需要正确处理以下三对关系。

正确处理主导地位与统领多样的关系。任何一个社会价值观念结构体系中，既有处于“核心地位”的核心价值观，也有众多“非核心”的价值观念，这是一个健康理性社会存在和发展的必然现象。因此，在培育和弘扬社会主义核心价值观的过程中，要尊重社会价值观念体系建设的规律，客观分析、正确对待价值观念的多样性、多元性的现实；在坚持核心价值观地位不动摇的同时，以敬畏或宽容的姿态对待多样性的价值观念，以引导和统领的优势规范多样性的价值观念。我们既要善于求同存异，也要善于创新，创造内容健康、形式多样的精神产品，满足不同群体的不同精神需要，使人们的精神生活更加丰富多彩，精神世界更加祥和安宁。

正确处理传承弘扬与创新重塑的关系。纵观世界历史，后现代化国家面临的最大难题，是如何连接自己国家的历史传统与来自西方的现代价值观念，实现价值观的重塑。能否解决好这个难题，关系到国家的长治久安，关系到社会的和谐稳定，关系到民众的幸福安康，关系到执政党的人心向背。不忘本来才能开辟未来，善于继承才能更好创新。中华文化源远流长，积淀着中华民族最深层次的精神追求，代表着中华民族独特的精神标识，为中华民族生生不息、发展壮大提供了丰厚的滋养。中华民族优秀传统文化是培育和弘扬社会主义核心价值观的立足点，也为构建社会主义核心价值观提供了宝贵财富。

正确处理交流互补与批判扬弃的关系。任何一种核心价值观在形成和发展的过程中，都存在着如何对待外来价值观念的问题。社会主义核心价值观的时代特征，决定其具有博大宽阔的胸怀，能够积极吸收和借鉴各种不同价值观的文明成果，决不搞价值观的霸权主义。同时，也不以任何形式迷信或盲目接受任何价值观，决不搞价值观的依附主义。坚持价值观的包容性和批判性有机统一，就是坚持核心价值观的独立自主性，坚持民族精神的独立自主性，其本质是坚持中国特色社会主义的独立自主性。

（文章发表于《学习时报》2017 年 7 月 10 日）

精神价值

精神的价值是相对于物质的价值而言的，它是指精神作为客体对人（主体）的精神文化需要的满足。同物质的价值相比较，精神的价值具有自己显著的特点。物质的价值往往经过主体的消费便随之损耗、消失，精神的价值却往往可同时供许多人甚至全人类所公用，并在使用的过程中得到丰富和发展。许多物质的价值都存在资源枯竭问题，而精神的价值的创造依赖于人们的各种实践活动，只要人们的实践活动没有终结，精神生产就不会发生资源枯竭的问题，相反，它可以经过一代代的继承、发展、创新，出现“知识爆炸”“信息爆炸”式的增长。

精神的价值可根据其满足主体不同方面的精神需要来进行分类，大体可分为知识价值、道德价值、审美价值三大类。

知识价值。知识是指科学知识，是人们关于自然界、人类社会和人类思维的规律性认识所构成的体系。知识从本质上讲，是人们的头脑对客观规律的正确反映，体现了主体与客体之间的认知关系。但当知识作为客体呈现在人们面前，与主体的求知需要发生肯定或否定的关系时，便具有了价值的属性。科学知识通过满足人类的求知需要而显现出的巨大价值，在于它在人类社会发展进程中所起到的巨大的革命的推动作用。这是任何人都不能否认的。第一次产业革命是以普遍使用蒸汽机为标志的，而这种新技术是以牛顿力学理论为基础的。第二次产业革命开创了电气化时代，它以能量守恒和转化定律及电磁理论为基础。第三次产业革命或新技术革命是以微电子技术为核心的新技术的应用所形成的现代科技革命，它是以一系列基本理论研究的重大突破为基础的。这次革命把人类带进信息社会，带进知识经济发展的阶段。在这个阶段，知识生产已成为决定生产力、竞争力，进而成为决定社会发展的关键性因素。社会物质财富的增长，主要靠知识而不是靠体力劳动。

在当今社会里，知识具有巨大的价值，这是每一个稍有头脑的人都承认的常识。但要注意的是，谈知识价值，并不是说只有科学技术知识才有价值，哲学社会科学知识也同样有价值。社会科学是对人类社会及其发展规律认识的知识体系。哲学是关于世界观的学问。马克思主义哲学是科学的世界观和方法论，是指导人们认识世界和改造世界的思想武器。目前，社会科学、哲学和自然科学相互渗透、相互促进的现象日益明显，形成综合的知识体系和思维工具，成为改造自然、改造社会的物质力量和精神力量，哲学社会科学在社会发展进程中的积极推动作用逐渐表现出来。哲学社会科学同自然科学一起构成人类的知识体系，也共同形成对人类的知识价值。

道德价值。道德是调整人与人之间以及个人与社会之间关系的行为规范。在社会生活中，每个人都在自觉不自觉地、经常地根据某种善和恶、诚实和虚伪、公正和偏私等标准，来评价人的行为或品质。这就是道德评价。道德评价作为一种扬善抑恶的重要精神力量，实际上是道德价值在意识中的反映。所谓道德价值，是道德满足人的伦理需要的效用关系。在阶级社会，道德具有阶级性。对立阶级之间的道德理想、道德原则和道德规范往往是互相反对的。所以，阶级的道德，其价值在于满足一定阶级的精神需要，为特定的阶级服务。当然，阶级社会的道德具有阶级性这一事实，并不排除在阶级社会同样存在着人类共同的道德原则。这些共同的道德原则的价值，在于保障社会生活和谐有序的需要。同时，道德作为社会意识形态，是社会上层建筑的组成部分，是由经济基础决定并服务于经济基础的，也是随着经济基础的发展而发展的。所以，不能把道德理想、道德原则、道德规范看作是永恒的、僵死不变的教条。如中国封建社会“三纲五常”之类的道德规范，资产阶级不择手段损人利己的极端个人主义，都是特定社会经济条件下的产物，随着社会的变迁必然受到猛烈的批判而失去统治地位。社会主义道德的价值在于，它是无产阶级和广大人民群众的“精神支柱”，是指导人们为共产主义事业而奋斗的思想武器之一。当然，社会主义道德需要在改革开放的实践中，不断得到充实和完善。

谈道德价值，必然会涉及道德与利益的关系问题。这不仅是中外伦理学发展史上争论不休的热点问题，也是一个重大的现实问题。应该肯定，道德与利益（主要是物质利益），都是相对于人们的需要而言的：利益主要是相对于人们的物质需要的，道德则是相对于人们的精神需要的，因而都属于价值范畴。在中国古代，有“义利之辩”或“理欲之辩”；在当今中国社会，则出现“经济腾飞是否必然伴随着道德堕落”的争论，即所谓社会发展与道德退步的“二律背反”。社会发展主要指生产力和生产关系的更新和进步；道德退步主要指人的道德理想、道德行为由善变恶。从人类社会发展的历史进程来看，确实出现过经济发展而道德沦丧的现象。如在资产阶级革命时代，正如马克思恩格斯所说的，一方面，资产阶级在它不到一百年的阶级统治中所创造的生产力，比过去一切时代所创造的全部生产力还要多，是人类文明史上最辉煌的时期之一；但另一方面，它把一切封建的、宗法的和田园诗般的关系都破坏了，把人和人的关系变成赤裸裸的利害关系和冷酷无情的金钱交易。如何看待这种“二律背反”？这种“二律背反”是否在社会发展进程中是一种具有普遍性的、必然性的现象？恩格斯在《家庭、私有制和国家的起源》一书中把这种现象称为“代价”，认为文明是以“损害人们的其他一切禀赋为代价”的。马克思在论述资本主义代替封建制度时说：“无论一个古老世界崩溃的情景对我们个人的感情来说是怎样难过，但是从历史观点来看，我们有权同歌德一起高唱：‘我们何必因这痛苦而伤心，既然它带给我们更多欢乐？……’”[①]这就

① 《马克思恩格斯选集》第1卷，人民出版社1995年版，第766页。

是说，道德尺度应该服从于社会尺度，社会进步有时会付出某种道德退步的“代价”。而这种“代价”是在生产资料私有制社会条件下，劳动异化和人的异化所必然导致的。在消灭生产资料私有制、消灭劳动异化和人的异化的社会主义社会，就有可能实现社会发展与道德进步的一致性。我们必须认识到，精神价值和物质价值虽说是两种不同的价值形式，但作为价值它们并不必然对立。我们决不能说物质贫困就必然道德高尚，正如不能说生活富裕就必定道德卑劣一样。相反，在社会主义历史条件下，我们才能建立科学合理的机制，真正发挥道德因素和物质因素在社会发展进程中的推动作用，正确处理好社会发展与道德进步的一致性问题。江泽民同志提出“以德治国”的思想，这对于正确认识和估量道德的社会作用，增强全党重视道德建设的自觉意识，具有重要意义。当然，我们在估量道德在社会生活中的实际效用时，既不能无限夸大，主张道德万能论；也不能随意缩小，宣扬道德无用论。道德万能论和道德无用论，都是对道德的社会效用即道德的价值作了错误的、片面的理解和定位。

审美价值。对美的欣赏是轻松愉快的，但对审美对象本质的研究却是艰难的。这在中外哲学史和美学史上，都是个争论不休的问题。我国美学界也存在所谓主观派、客观派和主客观统一派的争论。用马克思主义的基本观点来研究审美对象的本质，就可以看出，美并不单纯来源于客体，它是客体的属性与主体审美需要之间的一种效用关系，即价值关系。所谓“审美”，既不能单纯归结为物质世界的纯客观性质，也不能单纯归结为主体的感觉，而是作为审美主体的人，运用“美”与“丑”、“崇高”与“卑下”等概念，对主体和客体相互作用所产生效果的评价，这在本质上是一种价值关系。审美价值是主体与客体的统一，这种统一是由人的社会实践活动产生的。正是在社会实践活动的基础上，人把自己的本质力量物化到劳动对象中去，创造出美的事物；同时人在创造美的事物的过程中，又处处感受到愉悦、美感，感受到人自身力量的伟大，使人的审美能力得到提高。所以，审美价值是在社会实践活动中存在并被创造出来的。

审美价值具有多种社会意义。审美可以通过人的感觉器官使人获得美好的精神享受。如美丽的自然风光、雕塑、绘画，优美的音乐、戏剧等，都可以通过视觉或听觉，使人愉悦，陶冶情操。审美可以通过对事物美的评价来影响人的创造能力的发挥。从本质上来讲，人创造事物要依据两个尺度，即认知尺度和审美尺度，前者是说规律性，后者是说目的性。任何一个创造活动都是合规律性与合目的性的统一。事物的发展规律是客观存在的，是一元的，而审美标准则是主观的，是多种多样的；正是多种多样的审美标准决定人们的创造活动丰富多彩，从而创造出一个色彩斑斓的大千世界。审美价值与其他精神价值一起，构成精神文明的重要内容，可以提高人的精神境界，使人们的生活更有情趣，使人生更有意义。

上面论述了精神价值的三个方面。其中，知识价值就是所谓“真”的问题，道德价值就是所谓“善”的问题，审美价值就是所谓“美”的问题。它们的统一，也就是我们通常所说的真、善、美的统一，它们共同构成人们的精神世界。

（文章发表于《党校干部教育》2016 年）

领导干部价值观存在的几个问题及其解决

当代中国社会正处于前所未有的大变革时代。与这种社会大变革相适应，人们的价值观也在经历着一场深刻的变革。价值观作为人们关于价值现象或价值关系的根本观点或总的看法，作为一种评价标准或选择尺度，规定或影响着人们的社会实践活动。从某种意义上说，价值观是否科学合理，关系到领导者的决策是否正确，关系到改革开放和现代化建设事业的成败。当前一些领导干部的价值观的偏颇主要表现为：一是在自然价值观上主张绝对人类中心主义，二是在经济价值观上主张“同等富裕”，三是在政治价值观上搞以权谋私，四是在人生价值观上奉行享乐主义。对于这些现象和问题，必须给予足够重视，通过教育和制度建设加以纠正和克服。

一、克服绝对人类中心主义观念，确立协调发展的自然价值观

自然价值观是人们关于自然界与满足人的需要的效用关系的根本观点和看法。这里的自然界是指人类生存的自然环境，如空气、阳光、资源、生态等。毫无疑问，自然界对于人类的生存与发展具有重要的价值。自然界是人类休养生息、从事生产和社会活动的场所，没有自然界，人类就失

去了存在基地；自然界又是人类获取各种生活资料和生产资料的唯一宝库，人类在与自然界不断地进行物质、能量、信息的交换过程中，不仅改造了自然界，也提高了人类自身各方面的能力。自然界在满足人的物质需要之外，还以自己独特的方式，满足人的精神需要。人类需要的满足不是消极地依靠自然界，而是依靠自己的劳动实践的创造。正是由于劳动实践的创造，使自然界深深打上人类活动的烙印而“人化”。在现实生活中，由于价值主体的认识水平、实践能力、社会制度等方面的原因，自然界在“人化”的过程中，不仅表现出正价值，很多时候也表现出负价值。因此，如何正确看待和处理自然环境同人类生存发展的关系问题，便构成自然价值观的中心问题。

传统的自然价值观作为工业文明的反映，信奉“人是自然界的主人”的信条。人们总是把能够在最短的时间内最大限度地发展经济、增加物质财富、满足人们物质生活需要作为判断自身行为的价值标准。按照这样的价值标准，人们借助科学技术不断增强对大自然的征服与控制能力，通过大规模的工业生产无限度地开发和利用自然资源，把向自然界索取的能力当作生产力是否发达的标志。在这种“反自然”的价值观的影响下，人们认为资源无限、资源无价、资源无主，对资源无偿占有、掠夺性开发和浪费使用，导致资源损毁和生态破坏，人类的生存环境急剧恶化。在我国，工业结构型污染成为江河污染的重要源头；某些江河水资源的过度开发利用使河流丧失自净能力；草原地区由于过度放牧导致草场退化甚至沙化，成为沙尘暴的源头；森林遭到大面积砍伐而导致严重水土流失；城市空气污染严重，每年由于酸雨和二氧化硫污染造成的经济损失约 1100 亿元。一些地区的环境污染和生态破坏已成为制约当地经济发展、威胁人民生命健康、影响改革开放和社会稳定的重要因素之一。

要实现我国的现代化战略目标，就必须确立“协调发展”的自然价值观。回顾现代化的历史进程，西方发达国家不论是原发式发展模式还是后发式发展模式，走的都是大量使用资源、破坏生态环境的道路。东南亚国家和地区的发展也是大量消费能源和资源，同样使生态环境遭到严重破坏。这种状况使当代世界陷入严重的生态危机和能源危机之中。中国作为世界上人口最多、资源相对贫乏的发展中国家，面临着发展经济、走向富强和保护生态环境、创造可持续发展基础的双重任务。这就决定我们所选择的现代化道路不能采取以大量消耗资源、破坏生态环境为特征的发展模式，而必须以可持续发展为核心理念，从中国的国情出发，面向世界，面向未来，在实践中探索一条经济发展与生态保护协调发展的新路。我们必须重新审视我们自身的社会经济行为，把工业文明观转变为以人与自然和谐发展为特征的生态文明观，建立全新的自然价值观。

对于各级领导干部来说，树立可持续发展观和生态文明观，首先要转变自然价值观。无论是选择决策目标还是实施决策方案，都要综合考虑经济效益、社会效益和生态效益，把实现可持续发展作为衡量决策效益的重要价值尺度。既要有利于加快生产的发展，提高经济效益，最大限度地满足广大人民群众的需要；又要适度发展，节约能源，保护环境，追求更长远的社会效益和生态效益，为子孙后代造福。这样才能保证决策的合理性、可靠性和长期性，最终走向经济、社会和资源、环境协调发展的道路。

二、克服“同等富裕”观念，坚持共同富裕的经济价值观

马克思主义认为，物质资料生产是人类社会赖以存在的基础，是推动社会发展的根本动力。与经济因素在社会发展过程中的地位相适应，经济价值观在价值观体系中处于基础和核心的地位。

满足人民群众不断增长的物质文化生活需要，实现全体人民的共同富裕，既是社会主义本质的根本体现，也是社会主义经济活动所追求的根本价值目标。由于受“左”的思潮影响，一些领导干部对社会主义经济活动的价值目标，对社会主义的本质，缺乏全面、科学的认识，错误地将平均主义等同于社会主义。随着社会主义改革开放事业的日益发展，人们的经

济价值观发生了根本变革，“效率优先，兼顾公平”、鼓励一部分人通过诚实劳动先富起来、最终达到共同富裕等观念日益深入人心。但也有人把共同富裕理解为同步富裕或同等富裕。

我们所倡导的共同富裕是先富与共富的统一。我国尚处于社会主义初级阶段，生产力发展不平衡，多种经济成分、多种分配形式共存，决定了我国劳动者的收入水平和富裕程度会有一定的差距，而且这个差距还会长期存在下去，一部分人经过诚实劳动和合法经营率先富裕起来成为必然。我们必须允许这部分人先富起来，用示范作用带动左邻右舍，调动人民群众的积极性和创造性，最终达到共同富裕的价值目标。

三、反对以权谋私，确立执政为民的政治价值观

政治价值观的核心是权力观。中国共产党是社会主义国家的执政党。中国共产党的本质决定其宗旨是全心全意为人民服务，始终代表中国最广大人民的根本利益是中国共产党人的政治价值观的集中体现。目前，在少数领导干部中，其政治价值观是不健康的。其表现之一，是不思进取，无所作为，严重脱离群众，搞形式主义和官僚主义。其表现之二，是经不起金钱、美色、利禄的考验，以权谋私，贪赃枉法。要纠正手握重权无所作为和以权谋私的现象，一靠教育，二靠制度。要通过深化政治体制改革，完善对权力的监督和制约机制。必须从严治党，通过各种形式对广大领导干部进行教育，使之树立正确的权力观。要教育领导干部真正认识到自己的权力是人民群众给的，必须真正代表人民掌好权、用好权，决不允许以权谋私，更不允许形成既得利益集团。决策时要站在广大人民群众的立场上，真正为人民群众谋利益，实事求是，不说假话，不搞形象工程。要合理解决对上级领导负责与对人民群众负责的关系，把对上级负责与对人民群众负责统一起来。要教育领导干部处理好个人利益与群体利益之间的关系。所有党员领导干部，都应“先天下之忧而忧，后天下之乐而乐”，吃

苦在前、享受在后，首先支持和帮助群众富起来，而不能只考虑自己如何富，更不能利用手中的权力谋取不正当的利益。

四、克服享乐主义，确立艰苦奋斗的人生价值观

人生价值包括人的社会价值和个体价值两个方面。因为，社会是由作为个体的人按照某种模式组合而成的群体，每一个个体的人都既要和群体发生关系，又要和自我发生关系。个体作为群体中的一员在与他人或群体之间发生关系时，为满足他人或群体需要的实践所实现的价值是社会价值；个体在与作为主体的个人发生关系时，为满足个人需要的实践所实现的价值是个体价值。社会价值主要指个人对社会的贡献，而个体价值主要指个人尊重和需要的满足。

一个人有没有价值，有多大的价值，依据什么进行判断，不同的阶级、不同的人有不同的标准。在当前，有人认为谁的地位高、权力大，谁的价值就高，因而想方设法为自己谋取权力。有人认为谁的金钱多、消费高，谁的价值就高，便千方百计为自己聚敛财富。这些人获得权力或财富的目的是满足自己的肉体和物质生活享受，坚持的是一种享乐主义人生价值观。

我们反对享乐主义，并不是反对一切必要的生活享受。所谓享受，本质上是人们的某种需要的满足。对于自己的劳动成果，人们不仅有权享受，而且也应该享受。中国共产党人带领中国人民进行社会主义革命和建设，就是为了解放和发展生产力，不断提高广大人民群众的生活水平，满足广大人民群众的物质文化生活需要。但是，必要的生活享受与享乐主义是有本质区别的。首先，必要的生活享受不仅指人对物质生活的需求，而且指人对精神生活、自我价值实现等的需求；而享乐主义往往把享受仅仅看作对物质生活的追求，看作肉体欲望的满足。其次，享受作为人生正当需要的满足，是人生存发展的基本条件；享乐主义则把满足肉体欲望作为

人生的唯一追求，把肉体欲望的满足作为人生价值的评价标准。最后，享受是指在个人劳动所得的基础上改善生活条件，提高生活质量，满足人全面发展的需要；而享乐主义往往脱离自己的实际生活水平去追求某种享受，为了达到目的，就只能去侵犯和占有他人劳动所得或集体财产，本质上是一种损害他人、集体和社会利益的行为。

进行伟大的创业，必须有伟大的创业精神。在全面建设小康社会、加快推进社会主义现代化的新阶段，各级党组织和全党同志要反对享乐主义的人生价值观，树立艰苦奋斗的人生价值观，艰苦奋斗，励精图治，在党的基本理论和基本路线指引下，团结和带领全体人民为实现国家富强和民族振兴而努力奋斗。

（文章发表于《发展导刊》2003 年第 1 期）

要重视对当代中国社会需求观问题研究

需求观决定着人们的消费方式，进而影响着社会经济的发展，影响着社会的稳定和谐。当代中国社会消费领域出现很多问题。最突出的现象是，一方面内需不足，老百姓不敢消费，不肯消费，不能消费，严重制约着中国社会经济的发展；另一方面奢靡性消费，炫耀性消费，符号性消费比比皆是，引起大多数人和社会舆论的强烈反感，甚至愤怒，严重影响着社会的稳定和谐。引发这种现象的原因是多方面的，但是，需求观上存在的各种误区，尤其值得我们关注。在当代中国，加强对需求观问题的研究，引导人们确立科学合理的需求观刻不容缓。

一、马克思主义需要理论的基本观点

“需要”与“需求”是两个意思相近的概念，在英文中经常使用同一个词，在汉语中则作了一点区别。如《现代汉语词典》解释为：“需要”是“对事物的欲望或要求”；“需求”是“由需要而产生的要求”。

马克思恩格斯历来重视对需要理论的研究。马克思恩格斯与资产阶级思想家研究需要理论的最大区别在于：资产阶级思想家往往从抽象的、无人身的理性出发去研究人的需要，得出一些尽管美好却充满空想色彩的观点。马克思恩格斯从现实的、具体的个人出发，把需要放到人类社会发展动力系统中进行研究，从而构建起历史唯物主义理论大厦。马克思恩格斯在其详细制定和构建“新唯物主义”理论时期所撰写的最重要著作《德意志意识形态》中指出：“全部人类历史的第一个前提无疑是有生命的个人的存在”，“因此我们首先应当确定一切人类生存的第一个前提，也就是一切历史的第一个前提，这个前提是：人们为了能够‘创造历史’，必须能够生活。但是为了生活，首先就需要吃喝住穿以及其他一些东西。因此第一个历史活动就是生产满足这些需要的资料，即生产物质生活本身”。[①]由此可见，正是由于人要生存才产生了各种各样的需要，为了满足这些需要，人们才去进行获得物质生活资料的生产。在生产过程中，人们一方面要同自然界发生关系，另一方面人们之间也要发生一定的社会关系。这两个方面的关系构成物质资料生产的两个方面，即生产力和生产关系。生产力和生产关系的统一构成生产方式。生产方式决定着社会的基本制度、阶级结构，以及政治、法律、道德、哲学和宗教等观点，也就是决定着社会的性质和面貌。生产方式的发展和变革，推动着社会形态的发展和变革。因此，需要是人的生存与进行生产活动的中介，构成社会发展动力系统中不可缺少的环节。

马克思恩格斯关于需要理论的内容是十分丰富的，主要可以概括为以下几个观点：

（一）人的需要即是人的本性。从某种意义上说，一切生命物体都有需要。所谓需要，是生命物质对于影响自身存在和发展条件的缺失状态的把握。生命物质正是因为处于缺失状态才不断进行新陈代谢，进行物质能量的交换，缺失状态被不断纠正和不断满足，才能保持自身的生存和延续。人的需要源自对自身生命生存和发展所需条件的期待，丰富和发展于对自身生命的生存和发展所需条件的追求。人类在同外界进行物质和能量交换的过程中，不断产生新的需要，并不断创造新的方式来满足自己的需

① 《马克思恩格斯选集》第 1 卷，人民出版社 1995 年版，第 78—79 页。

要，从而丰富和发展人类自己。不断产生需要和不断满足需要，成为人的生命活动的内在规定性和生命活动的存在方式。

（二）人的需要是人的实践活动的内在动因。人是自主、自为、自觉的存在物。人能够在不同程度上认识自己的需要，并使之转化为某种相应的追求，并为实现自己的追求而进行各种各样的社会实践活动。“劳动过程……是制造使用价值的有目的的活动，是为了人类的需要而占有自然物。”[①]就是说，人的需要是生产过程的内在驱动力，满足人的需要是生产活动的最终目的。人的需要也是人们结成一定社会关系的内在驱动力。“由于他们的需要即他们的本性，以及他们求得满足的方式，把他们联系起来（两性关系、交换、分工），所以他们必然要发生相互关系。……他们相互间不是作为纯粹的我，而是作为处在生产力和需要的一定发展阶段上的个人而发生交往的。”[②]因此，人的需要决定着人们必然要结成一定的社会关系。不仅如此，人的需要的产生、内容、满足的方式又都受到所处时代的社会实践和社会关系的制约和影响，人的实践活动水平和社会关系发展程度决定着人的需要的发展程度。

（三）人的需要是人对自身缺失状态的一种观念性把握。恩格斯说：“在社会历史领域内进行活动的，是具有意识的、经过思虑或凭激情行动的、追求某种目的的人；任何事情的发生都不是没有自觉的意图，没有预期的目的的。”[③]这就决定着人的需要与其他动物的需要具有本质区别。动物的需要是本能性的，满足需要的手段是消极被动的；而人能够将眼前和长远、个体和群体、生存和发展等统一起来，满足需要的手段是积极主动的、变化创新的，具有了自觉性。动物的需要是由其物种所决定的，因而是贫乏的、恒一的；而人的需要是由其文化、社会等多种因素决定的，形成多层次的立体网络结构。动物的需要是封闭的，而人的需要随着社会生产力的发展、人的各种能力的提高，种类会越来越多，满足需要的手段也

① 《马克思恩格斯全集》第23卷，人民出版社1972年版，第208页。
② 《马克思恩格斯全集》第3卷，人民出版社1965年版，第514—515页。
③ 《马克思恩格斯选集》第4卷，人民出版社1995年版，第247页。

会越来越丰富，呈现出开放性。从某种意义上说，人类社会的发展就表现为人的需要的不断产生和不断满足的过程。

（四）人的需要从不同的角度可以划分成不同的种类。从需要的类别看，有生存需要，享乐需要，发展需要；有肉体需要，精神需要；有个体需要，群体需要等。从需要的性质看，有正当需要，不正当需要；正确需要，错误需要；有益需要，无益需要；可满足的需要，不可满足的需要等。从需要的等级看，有高级需要，中级需要，低级需要。从需要的状态看，有当前需要，长远需要；现实需要，潜在需要等。

总之，通过上面的分析，我们大体可以认为，所谓人的需要是人们基于社会发展和人的发展状况而产生的对人的存在和发展条件的缺失或期待状况的观念性把握。

二、当代中国社会需求观存在的问题及其危害

多年来因为各种原因，我们对马克思主义人学，特别是人的需求理论研究不够，更谈不上构建中国特色社会主义需求理论体系；甚至认为，在社会生活中怎样确定需求水平、需求满足度、需求迫切度等，都是无足轻重的事情，是约定俗成的事情；如何认识和满足人们的需求，满足人们的哪些需求，是老百姓个人的事情；政府职能部门不需要引导，理论界不需要研究，老百姓不需要思考，结果必然是带来理论上的危机和实践中的混乱。

（一）需求的一维性，导致有些人一味追求物欲，寻求感官的满足，甚至走上犯罪的道路。

人们生存和发展所依赖的条件是多种多样的，决定着人们的需求是丰富多彩的，满足需求的方式和手段也是千变万化的，形成一个多维、立体的需求结构系统。在现实生活中，人们如何把握自己的需求，运用怎样的方式和手段来满足自己的需求，按照什么样的逻辑来构建自己的需求体

系，不仅决定着人生发展的方向，而且决定着人生的成败。

环视我们的现实生活，把这种多维、立体的需求结构一维化、平面化的现象比比皆是，其影响也是极其恶劣的。在政治领域：近些年有人把领导干部腐败的途径概括为票子、房子、孩子、女子、位子，总之是在追求一种物欲的满足和感官的刺激，导致人生出现问题甚至犯罪。应该肯定，每个正常人都希望能多挣钱，拥有宽敞明亮的住房，健康聪明的孩子，这是生存的基本需求。每个正常人都渴望在短暂的人生中获得真正的爱情，更希望拥有较高的社会地位以便实现自己的理想和抱负，这是发展的基本需求，是对人生价值的更高追求。但是，少数领导干部错误地理解和把握了自己的这种需求，结果把生存需要变成对金钱的贪得无厌的追求，把对爱情的向往变成玩弄女人式的道德堕落，把人生价值的实现扭曲成为了“位子”趋炎附势而致使人格丧失的过程；总之，把人生的需求演变成人性的弱点和缺陷，甚至演变成失去人性的动物本能。在经济领域：有的人把经济效益作为唯一追求，片面强调企业的做大、做强，其结果是正常手段满足不了这种需求，便使用了非法手段，三鹿奶粉由“中国妈妈”变成残害宝宝的凶手，也就毫不奇怪了。在教育领域：有的人把高分和升学率作为唯一追求，忽视了受教育者德智体美劳全面发展的需求，其结果是高分的获得是以牺牲受教育者的想象力和创造力，甚至是身体健康为代价的。在娱乐领域：有的人把票房价值作为唯一追求，单纯追求性感，专注于声色的欢愉，甚至沉溺于什么躲避崇高、远离教化、恶搞经典、消解美好的文艺创演，其结果是使娱乐失去了营造美感、熔铸灵魂、滋润心灵、涵养精神的功能。这种种现象不能不引起我们的高度重视，不能不引起我们的深入思考。

（二）需求的无度性，导致有些人极力崇尚奢侈性消费，社会风气日衰，社会矛盾加剧。

人只要活着就会有各种各样的需求，一般说来人们的需求是无限度的。但是，这并不意味着这些需求在当时的社会条件下都能得到满足。需求是否能够得到满足，能够在多大程度上得到满足，则依赖于多种条件和因素。坚持这一观点恰恰是坚持了马克思主义唯物论的基本观点。但是，在现实社会生活中，有些人恰恰把马克思主义这个最基本的观点给忘掉了。

需求的无度性，在当今中国社会各个层面都普遍存在。首先，表现为富人阶层普遍存在的炫耀性需求。目前中国富人在需求上的一个突出特点，就是把奢侈作为生活追求的目标，把敢于大量花钱本身当成人生最大的享乐，把拥有豪华昂贵的生活用品作为衡量人生价值的尺度。这样一种无度的需求导致的极尽奢侈、奢靡的消费方式，一方面，使中国这个世界上最大的发展中国家，却成为全球最昂贵物品的最大买家；另一方面，也使中国社会贫富差距的问题表面化，引起大多数人和社会舆论的强烈反感，甚至在国际上都产生很坏的影响。

其次，表现为年轻人的奢侈性需求。现在有些刚刚踏上社会的年轻人，尽管收入不高、支付能力有限，却以某些富人的生活模式为榜样，倾其全部财富去购买某件实物奢侈品如服饰、手表、汽车等，以此为资本来炫耀自己的所谓文化品味，展示自己的所谓成功人生，实现自己的所谓人生价值。很显然，这种奢侈性需求使人沉浸于物质性消费的快感中，把拥有某种商品看作一种身份的显示，必然使物质价值凌驾于人的价值之上，使人沦为金钱、财富和欲望的奴隶，成为没有理想追求的躯壳，导致人的全面异化。

再次，表现为普通人的符号性需求。商品具有价值和使用价值。当人们离开商品特定的价值和使用价值，而根据人们的愿望赋予其某种特殊含义，使之具有了所谓的文化品味和社会地位，这个商品就成为某种符号。人们如果购买或消费了这个符号，似乎就有了同样的文化品味和社会地位。如汽车本来是代步工具，方便人们的交通。可是，现在汽车已经成为身份的象征，没有汽车就会自觉比别人矮一头。结果人人购买汽车，大城市堵车，小城市也堵车。堵车不仅成为交通问题、社会问题，甚至成为影响政府公信力的政治问题。符号性需求使人们在满足需求过程中获得一种人格的“补偿”，自信心的“增量”；同时，也使人被消费符号所控制，被消费行为所操纵，使消费成为一种非理性的行为，不仅给个人生活带来许多不便，而且给社会发展带来许多难题。

（三）需求的异化性，导致有些人不能正确审视自己的需要，不能运用科学的方式满足自己的需要。

异化是马克思早期在分析资本主义生产方式的内在矛盾时使用的一个重要概念，揭示了生产者的生产及其产品变成异己的力量，反过来统治生产者的一种社会现象。同理，当需求不再是对人的生存和发展的期待，而成为无尽的欲望的满足，甚至当这种满足损害主体利益或社会利益而产生负面效应时，需求已经发生异化。

需求异化主要表现在三个方面：首先，需求主体异化。需求主体在需求和满足需求的过程中，本应着眼于自身生存发展的现实和社会具体的条件，来制订自己的消费计划。而异化的需求主体却从占有、炫耀、标榜出发，为了需求而需求，为了满足而满足。结果，有的人在满足需求的过程中，往往无视商品的使用价值和人的真正需求，只专注于满足占有的无限欲望，把占有某种物品作为衡量人生价值的尺度，作为显示自身身份和地位的标志；甚至把对物的占有等同于幸福，把获得丰富的物质财富作为人生的唯一追求。有的人则根本不顾及自己的支付能力，为了“面子”而去满足某种需求，导致债台高筑。总之，在异化的需求主体的活动中，人被异己的物质力量或精神力量所奴役，丧失了自主性、能动性、创造性，导致片面发展甚至畸形发展。

其次，需求客体异化。主要指因为需求主体的异化而导致的需求客体在功能、属性等方面发生异化，使需求客体在不同程度上丧失或改变了自己特定的使用价值。如人们都不会怀疑房子的基本功能是满足人们居住的需要。但是，由于多方面的原因，现在很多城市，房子的基本功能已经被异化，已经失去了居住的功能，而成为投资的热点，成为财富的载体。现在很多经济学家把房价高涨简单地归罪于房子供应不足。我们必须研究，是房子的什么供应不足？是房子发挥基本的居住功能以供给需求居住的人不足，还是房子作为投资的载体供应给投资人炒房赚钱不足？当前，这些问题必须引起我们的高度重视。

最后，满足需求行为的异化。由于需求主体、客体的异化，必然导致满足需求行为也就是消费行为的异化。有的人不顾及个人自身条件和能力，不顾及需求客体的特殊功能，过度消费，恣意消费，导致需求与消费的背离，进而带来各种人生危机和社会危机。如人们买房子本来是为了居住，现在却异化为买房子是为了赚钱。结果是，政府部门打着“三年大变样”的旗号，动用一切手段和方式，支持房地产行业的大发展；房地产行业蓬勃发展，每个城市都成了一个庞大的施工现场，城市建设无节制的扩张，带来资源、人口、管理、交通等一系列问题；而高高的楼房到了夜晚已经没有灿烂的灯光，因为很多房子根本没有人居住；真正需要住房的人却因房价太高而“望房兴叹”；或者倾几代人所有去购买一套房子，却极大地影响或遏制了其他方面正当需求的满足；有的人甚至占用耕地或在水库、湖边等一些水源地建房，不仅损害了子孙后代的根本利益，甚至损害了当代人的根本利益。

当代中国社会需求观的混乱已经引发深重的社会危机。人的全部活动都按照满足物质需求的原则在运转，由多种需求而构建的丰满个性日渐被压榨成单薄可怜的物欲追求者；单纯的物质追求，导致资源的过度开采，土地的大量占用，生存环境的急剧恶化，各种灾害频发；人们抛弃了理想信念，丢掉了人格尊严，退却了神圣光环，失去了对“终极意义”的追问；人们由需求危机带来消费危机，进而带来精神危机和信仰危机，成为失去精神家园的精神漂泊者。

三、确立科学合理的需求观

在当今中国社会条件下，确立科学合理的需求观绝不仅仅是观念领域的问题，而是一个牵涉到全社会的政治、经济、文化、制度等各个领域的问题，是一个浩大的系统工程。如果仅从需求观的角度来说，要着力解决三大问题：

（一）着眼于人类共同利益，遵循代内平等和代际平等原则，科学确定需求满足度。

一般说来，人的需求是主观的，也是无限度的；而满足人的需求的资源或手段是客观的，也是有限度的。马克思曾说："我们的需要和享受是由社会产生的，因此，我们对于需要和享受是以社会的尺度，而不是以满足它们的物品去衡量的。"[①] 这就是说，人们的需要无论就其内容还是存在方式来说，都是由社会存在决定的，始终体现着社会关系的性质及其发展变化，具有客观性。因此，我们必须根据现实的社会存在来确定需求满足度。

确定人的需求满足度要考虑下面四个因素：首先，需求的物品和资源的丰富程度。经济学一个最核心的思想，就是物品和资源是稀缺的。所谓的稀缺恰恰是针对人们的需求来说的。地球的表面积是有限的，自然资源也是有限的，不可能满足所有人的无限度的需求。其次，社会生产力发展的水平。当生产力发展水平低，物质生活资料匮乏，人们的需求不可能得到全部满足。只有社会生产力高度发展，物质生活条件充分发展，"才能为一个更高级的、以每个人的全面而自由的发展为基本原则的社会形式创造现实基础"。[②] 再次，社会制度的优良。恩格斯说："大工业及其引起的生产无限扩大的可能性，使人们能够建立这样一种社会制度，在这种社会制度下，一切生活必需品都将生产得很多，使每一个社会成员都能够完全自由地发展和发挥他的全部力量和才能。"[③] 最后，需求者的支付能力。每个人在社会分工体系中的地位不同，其收入水平也肯定是不一样的。人们在社会生活中绝大多数需求的满足，都必须支付相应的报酬，包括物质报酬、金钱报酬或精神报酬等。

基于上面四个因素，要求我们在确立需求观时，必须兼顾代内平等和

① 《马克思恩格斯全集》第 6 卷，人民出版社 1965 年版，第 492 页。
② 《马克思恩格斯全集》第 23 卷，人民出版社 1972 年版，第 649 页。
③ 《马克思恩格斯选集》第 1 卷，人民出版社 1995 年版，第 237 页。

代际平等的原则，既要照顾当代国与国、民族与民族、集团与集团、人与人之间在自然资源、利益分配上的公平问题，强调全球发展的一体性和共同性；又要照顾到当代人和后代人在发展上享有的公平权利，当代人在考虑自己的需求和消费的同时，也要对未来后代人的生存和发展负起道德责任，决不能靠牺牲后代人的利益来满足自己无度的需求。因此，我们必须从当代中国社会主义初级阶段这样一个最大国情出发，认真研究人们生存和发展所需要的基本生活条件的满足度。如：一个三口之家究竟住多大面积的房子合适？是否每个家庭都要有120平方米以上的住房，都要有乡间别墅？一个城市的平均交通距离是多少才应该鼓励普通百姓买私家车？一个老百姓的年收入是多少才可以去买私家车？一个城市发展规模需要有多少相应的各种资源来支撑？在当前的条件下怎样确定城市的发展规模？等等。类似这样的问题都需要我们政府部门，甚至每个人静下心来很好地进行研究。当然，对这个类问题的解决，不仅仅靠需求观的引导，更需要政府制定相应的规章制度做出规定或约束。

（二）着眼于人的需求的多样性，遵循统筹兼顾原则，合理确定需求的迫切度。

在现实的社会生活中，人的需求是多方面、多层次的，具有复杂的结构和丰富的内容。为满足人的需求而形成的需求关系也是多方面的、多层次的，具有复杂的结构和丰富的内容。随着人类社会的发展，人的需求会在结构上更加复杂，内容上更加丰富，形式上更加多样。对于一个具体的人来说，面对如此丰富的需求关系，必须根据自身需求的结构和内容，找出其中最迫切需要满足的需求，放到最重要的位置给予优先考虑，这就是合理确定需求的迫切度。

一般说来，在由众多需求关系所构成的需求体系中，主导需求关系决定着该需求关系的存在方式，主导需求关系的发展变化又规定着该需求关系的发展变化。如当人们的温饱问题还没有解决的时候，就必须以经济建设为中心，努力发展生产力，以便生产出足够丰富的物质财富，满足人们对物质财富的需求。随着人们对物质财富需求的逐步满足，精神需求会越来越迫切，成为人们追求主要目标；这时，如何创造条件为人们提供健康向上的精神素养，满足人们精神生活的需求，又成为首先要考虑的问题。假如对人们的需求迫切度作了错误的理解，把主要精力放到满足不是迫切需要满足的需求上，就会导致工作的错位，出现许多不应该出现的问题。当社会或有关方面不能通过正常渠道用健康向上的方式来满足人们的这种需求，人们就会从自己的认知角度出发，以各自的方式去满足自己的需求，其中一些人就不可避免地要走入歧途。

我们说要根据需求迫切度来制订工作计划，并不是说就可以孤立突出重点而不顾及其他。世界是普遍联系的，每一个事物都是普遍联系之网上的一个纽结，都与其他事物发生着千丝万缕的关系。在复杂需求关系体系中，尽管主导需求关系起着决定和支配作用，但其他需求关系的解决也会直接影响着主导需求关系。因此，我们在进行需求关系选择时，必须在突出主导需求关系的同时，注意兼顾需求关系的多样性，使多种需求关系实现最优结合，突出需求关系的整体效应，以便充分满足人的多方面的需求，建立和谐、稳定、丰富的需求关系体系。

（三）着眼于人的自由全面发展，遵循依次递进的原则，不断提升人的需求境界。

马克思曾说："吃、喝、性行为、等等，固然也是真正的人的机能。但是，如果使这些机能脱离了人的其他活动，并使它们成为最后的和唯一的终极目的，那么，在这种抽象中，它们就是动物的机能。"[①] 这就是说，人的需求与动物的需求的本质区别，在于人的需求，哪怕是最原始的需求也必须和其他需求联系起来，从最原始的需求逐步提升到高一级的需求。人如果不能及时提升自己的需求，而把最原始的需求作为终极奋斗目标，人就和动物没有区别了。人的需求是一个由低级不断向高级提升的多层次的立体结构。马斯洛曾把这个立体结构区分为高级需要与低级需要，认为二者的存在状态、满足方式、作用机制和社会功能等存在着显著差别。高

① 《马克思恩格斯全集》第 42 卷，人民出版社 1979 年版，第 94 页。

级需要是一种在种系上或进化上发展较迟的产物，越是高级的需要越是为人类所特有；高级需要的满足能引起更合意的主观效果，即更深刻的幸福感、宁静感，以及内心的丰富感；高级需要的满足比低级需要的满足更接近自我价值的实现。

在现实的社会生活中，我们要着眼于人们生活中多种需求，按照依次递进的原则，从满足人们的基本物质需求开始，逐步进入到满足人们的精神需求或自我实现需求的较高层次。一般说来，生活处于贫困状态的人，解决温饱问题会成为其全部活动的内在的驱动力，其价值理想也只能被局限于最低的层次上。所以，解决社会成员的温饱问题，满足其最基本的生活需求，是促使人们从初级的生理需求向更高级的价值理想提升的前提条件。没有物质需求的基本满足，就不可能产生对精神需求、自我价值实现需求等更高价值理想的追求。同样，当人们的物质需求得到基本满足后，而社会没有及时创造条件提升人们的价值追求和理想，人们就难免会沉溺于物质享受或低级趣味之中，挥霍浪费、奢侈享乐之风就可能兴起。不能否认，随着中国社会主义现代化建设事业的逐步推进，我国社会生产力得到极大发展，国家综合国力得到极大增强，人民生活状况得到应有改善，温饱问题普遍得到解决，多数人已经进入小康生活阶段。在这个时期，我们更要注意搞好社会主义精神文明建设，加强社会主义核心价值观教育，坚持以科学的理论武装人，以正确的舆论引导人，以高尚的精神塑造人，以优秀的作品鼓舞人，满足人民群众的多种需求，不断推动人民群众的价值理想的提升。

马克思在《1857—1858年经济学手稿》中把人的发展过程划分为三个形态，即人的依赖关系、物的依赖关系和自由个性，与之相对应的社会经济形态依次是自然经济、商品经济和产品经济。毫无疑问，当代中国社会尚处在商品经济时代，出现人对物的依赖有其必然性，这不值得我们大惊小怪。但是，我们要充分发挥这个阶段的优势，如形成普遍的社会物质交换，建立全面的社会关系，通过多方面的需求为生产提供动力，使人的能力在更广阔的范围和更广泛的联系中得到全面的发展。同时，也要注意防止和纠正这个阶段必然出现的问题，如商品拜物教导致的物欲泛滥，“先享后劳”“及时行乐”的消费观横行；人们没有了敬畏，失去了崇拜，成为“精神的漂泊者”等。在社会主义改革开放的过程中，伴随着生产力水平的提高，科学技术的进步，交往关系的普遍化，人的能力全面发展，人的存在形态得到提升，人才能够摆脱来自各方面的束缚和压力，自主地确定、评价自己的需求，自主地选择、实现满足自己需求的方式，人才真正从自己的需求中解放出来。到那时，“人终于成为自己的社会结合的主人，从而也就成为自然界的主人，成为自身的主人——自由的人”[①]。

（文章是我和牟笛合写的，发表于《贵州社会科学》2010 年第 6 期）

① 《马克思恩格斯选集》第 3 卷，人民出版社 1995 年，第 760 页。

加强对需求异化问题的研究刻不容缓

异化是马克思早期在分析资本主义生产方式的内在矛盾时使用的一个重要概念，揭示了在资本主义生产方式下，生产者的劳动及其产品变成异己的力量，反过来统治和压迫生产者的一种社会现象。同理，当需求不再是对人的生存和发展所需条件的期待，而成为无尽的欲望；当需求的满足不再是对人的生存和发展所需条件的实现，而成为一种身份和地位的炫耀；甚至当某种需求的满足不是有利于人的生存和发展，而是损害主体利益或社会利益而产生负面效应时，需求已经发生异化。应该讲，当代中国社会生活中普遍存在着需求异化的问题。因为需求观决定着人们的消费方式，进而影响着社会经济的发展，影响着社会的稳定和谐。所以，需求异化问题必须引起我们的高度重视，应该给予充分的研究。

一、当代中国社会生活中需求异化现象普遍存在

需求异化主要表现为需求主体异化，需求客体异化和需求行为异化。

先看需求主体异化。需求是人们基于社会发展和人的发展状况而产生的对于人的生存和发展条件的缺失或期待状况的观念性把握。正是由于人要生存才产生了各种各样的需求，为了满足这些需求，人们才去进行获

得物质生活资料的生产。但是，主体产生什么样的需求，用什么样的方式来满足自己的需求，用什么样的标准来评价自己的需求，决不是主观随意的，而是取决于需求物品和资源的丰富程度，取决于社会生产力的发展水平，取决于社会制度的优良，甚至取决于需求者的支付能力。假如人们忽视这些客观条件的影响和制约，而完全按照主观愿望去提出需求，去满足需求，便导致需求主体的异化。

当前，需求主体异化主要表现在三个方面：

第一，主体需求的一维化，导致有些人一味追求物欲和感官刺激，社会生活出现混乱。人的生存和发展所依赖的条件是多种多样的，决定着人的需求是丰富多彩的，满足需求的方式和手段也是千变万化的，形成一个多维、立体、开放的需求结构系统。但是，在现实生活中，有些人却把这种多维、立体、开放的需求结构一维化、平面化、封闭化。如在政治领域，有的领导干部一味追求物欲的满足和感官的刺激，票子、女子、位子等，结果把生存需求演变成对金钱的贪得无厌的追求，把对爱情的向往演变成玩弄女人式的道德堕落，把人生价值的实现扭曲成为了"位子"趋炎附势而致使人格丧失的过程；实则是把人生需求演变成人性的弱点和缺陷，甚至演变成失去人性的动物本能。在经济领域，有的人把经济效益作为唯一追求，片面强调企业的做大、做强，甚至不惜使用非法手段，完全放弃了企业的社会责任和道德操守，致使三鹿奶粉由"中国妈妈"变成残害宝宝的凶手，导致中国乳制品行业遭受行业性自杀。在教育领域，有的人把高分和升学率作为唯一追求，忽视了受教育者德智体美劳全面发展的需求，其结果是高分的获得是以牺牲受教育者的想象力和创造力，甚至是身体健康为代价的。在娱乐领域，有的人把票房价值作为唯一追求，单纯追求性感和声色，甚至沉溺于什么躲避崇高、远离教化、恶搞经典、消解美好的文艺创作，其结果是使娱乐失去了营造美感、熔铸灵魂、滋润心灵、涵养精神的功能，等等。

第二，主体需求的无度化，导致有些人极力崇尚奢侈奢靡性消费，加深了社会矛盾和危机。一般说来人们的需求是无限度的。但是，这并不意味着这些需求在当时的社会条件下都能得到满足。需求是否能够得到满足，能够在多大程度上得到满足，则依赖于多种条件和因素。坚持这一观点恰恰是坚持了马克思主义唯物论的基本观点。但是，在现实社会生活中，有些人恰恰把马克思主义这个最基本的观点给忘掉了。首先，表现在富人阶层普遍存在的炫耀性需求，即把拥有某种豪华昂贵的生活用品作为人生最大的乐趣，把敢于大把花钱去购买别人不敢购买的物品作为衡量人生价值的尺度，以此为资本来炫耀自己的所谓文化品味和社会地位。这种无度的需求导致的极尽奢侈奢靡的消费方式，一方面，使中国这个世界最大的发展中国家成为全球昂贵物品的最大买家；另一方面，也使中国社会贫富差距问题表面化，激化了社会矛盾，带来深重的社会危机。其次，表现为年轻人的奢侈性需求，即一些刚刚踏上社会的年轻人，尽管收入不高，支付能力有限，却以某些富人和权贵的生活模式为榜样，倾其全部财富去购买某件实物奢侈品如服饰、手表、汽车等，以此展示自己的所谓成功人生，实现自己的所谓人生价值。其结果是使人沉浸于物质性消费的快感中，沦为金钱、财富和欲望的奴隶，成为没有理想追求的躯壳，导致人的全面异化。再次，表现为普通人的符号性需求。商品具有价值和使用价值。当人们离开商品特定的价值和使用价值，而根据人们的愿望赋予其某种特殊含义，使之具有了所谓的文化品味和社会地位，这个商品就成为某种符号。人们如果购买或消费了这个符号，似乎就有了同样的文化品味和社会地位，从而获得一种人格的“补偿”，自信心的“增量”，社会地位的“提高”；其结果是使人被消费符号所控制，被消费行为所操纵，使消费成为一种非理性的行为，不仅给个人生活带来许多不便，而且给社会发展带来许多难题。

第三，评价标准的直接化，导致有些人丧失现代生活的审美神圣感，以个人感觉作为评价标准，追求即兴冲动和本能共鸣，结果是人生意义的丧失和人格的分裂。因为，任何一个社会在长期发展过程中都会形成一套完整的评价体系。这个评价体系关照社会生活的各个领域，涵盖社会生活的各个层面，规范人们的行为方式，彰显人生的意义所在，以保证社会和谐文明健康的发展。从总的来看，这个评价体系可分为两大类，一是社会发展的经济驱动力所形成的“物”的评价体系，一是社会发展的目的驱动力所形成的“价值”评价体系。这两个评价体系在社会发展过程中共同起作用。如果因为某种原因把二者分裂开来，必然带来社会性的灾难。不可否认，由于多方面的原因当代中国社会恰恰把二者分裂开来，人们一直担心的市场经济的负面效应在社会生活中已经彰显。如以单纯追求利益为一切的出发点，以感官的满足和享受作为评价的标准，以占有财富的多少作为衡量身份和地位的尺度。最近据有关部门在全球范围内进行的调查，对于“拥有金钱和住房是否就等同于幸福”的问题，做出肯定回答比例最高的不是美国人，不是日本人，不是欧洲人，而是我们中国人。有些人已经失去了对人生崇高意义的追问，人被异己的物质力量所奴役，丧失了人之所以为人的根据。

再看需求客体异化。每一个需求客体都有自己特定的结构、属性和功能，从而能够满足人们某个方面的需求，同时也使自己拥有了特定的价值和使用价值。假如因为需求主体的异化而导致需求客体在结构、属性和功能等方面发生改变，使需求客体在不同程度上丧失或改变了自己的价值和使用价值，这个需求客体便发生异化。如人们都不会怀疑房子的基本功能是满足人们居住的需求。但是，由于多方面的原因，现在很多城市房子的基本功能已经被异化，相当一些人购买房子不是为了居住，而是为了投资赚钱。房子成为投资的热点，成为财富的载体，成为“蓝筹股票”。现在很多经济学家和房地产专家把房价高涨简单地归罪于房子供应不足。我们必须研究，是作为什么功能的房子供应不足？是作为居住的房子供应给有需求的人居住不足，还是作为投资载体供应给投资人炒房赚钱不足？当前，这一类问题必须引起我们的高度重视。

最后看满足需求行为的异化。由于需求主体、客体的异化，必然导致满足需求的行为也就是消费行为的异化。如有的人不顾及个人自身条件和能力，不顾及需求客体的基本属性和功能，过度消费，恣意消费，致使消费行为由满足人的需求的快乐活动，异化成为消磨人的意志、挥霍人的钱财的痛苦过程；由通过满足人的需求而推进人的自由而全面发展的活动，异化成为人被物役、心被财奴的扭曲过程。

总之，当代中国社会需求异化现象已经引发了深重的社会危机。单纯的物质追求，导致资源的过度开发，生存环境急剧恶化，各种灾害频发；城市的无限扩张，土地的大量占用，带来资源、人口、管理等一系列问题；人们一味需求物欲和肉欲，抛弃了理想信念，丢掉了人格尊严，退却了神圣光环，失去对“终极意义”的追问；更重要的是，由需求异化带来消费危机，进而带来精神危机和信仰危机，人们成为失去精神家园的“精神漂泊者”。

二、需求异化产生的原因分析

需求异化产生的原因是多方面的，既有理论研究的缺失，市场经济的逐利倾向的驱动；也有价值观的错位，规章制度建设的不到位等。

（一）对马克思主义需求观缺乏充分研究和积极宣传

马克思恩格斯历来重视对需求理论的研究。马克思恩格斯与资产阶级思想家研究需求理论的最大区别在于：资产阶级思想家往往从抽象的、无人身的理性出发去研究人的需求，得出一些尽管美好却充满空想色彩的观点。马克思恩格斯从现实的、具体的个人出发，把需求放到人类社会发展动力系统中进行研究，从而构建起历史唯物主义理论大厦。马克思恩格斯指出：“全部人类历史的第一个前提无疑是有生命的个人的存在”，“因此我们首先应当确定一切人类生存的第一个前提，也就是一切历史的第一个前提，这个前提是：人们为了能够‘创造历史’，必须能够生活。但是为了生活，首先就需要吃喝住穿以及其他一些东西。因此第一个历史活动就是生产满足这些需要的资料，即生产物质生活本身”。[①] 由此可见，正是由

① 《马克思恩格斯选集》第 1 卷，人民出版社 1995 年版，第 78—79 页。

于人要生存才产生了各种各样的需要，为了满足这些需要，人们才去进行获得物质生活资料的生产。人们在同外界进行物质和能量交换的过程中，不断产生新的需要，并不断创造新的方式来满足自己的需要，从而丰富和发展自己。需要是人的生存与进行生产活动的中介，构成社会发展动力系统中不可缺少的环节。可以说，人追求需要的满足是人的认识和实践活动的内在动因，人的需要的产生、内容、满足的方式又都受到所处时代的社会实践和社会关系的制约和影响，具有社会性、自觉性、层次性和开放性的特点。

但是，多年来因为多方面的原因，我们对马克思主义人学、特别是对人的需求理论研究不够，更谈不上构建中国特色社会主义需求理论体系；甚至认为，在社会生活中怎样确定需求水平、需求满足度、需求迫切度等，都是约定俗成的事情，无关经济社会发展大局；如何认识和满足人们的需求，满足人们的哪些需求，在多大程度上满足人们的需求，都是老百姓个人的事情，与执政者无关；政府职能部门不需要引导，理论界不需要研究，老百姓不需要思考；更有甚者，把人的需求当作唯心主义命题加以否定，把满足人的需求当作资产阶级理论加以批判，结果必然带来理论上的混乱和实践中的危机。

（二）社会主义初级阶段的基本国情导致人们更加关注物质利益

马克思主义历来重视需求和利益在社会发展中的作用。马克思指出："人们奋斗所争取的一切，都同他们的利益有关。"[①] 利益是思想的基础，利益决定思想，利益推动生产和生活的发展。"'思想'一旦离开'利益'，就一定会使自己出丑。"[②] 利益不仅有物质利益，还有政治利益、文化利益等；不仅有个人利益，还有共同利益、社会利益等。利益矛盾是由不合理的社会分工引起的。只有到了共产主义社会，共同利益与个人利益才能完全融合。恩格斯曾说："总有一天……社会的利益绝对地高于个人的利益，

① 《马克思恩格斯全集》第1卷，人民出版社1956年版，第82页。
② 《马克思恩格斯全集》第2卷，人民出版社1957年版，第103页。

必须使这两者处于一种公正而和谐的关系之中。”①

马克思在《1857—1858年经济学手稿》中把人的发展过程划分为三个形态，即人的依赖关系、物的依赖关系和自由个性，与之相对应的社会经济形态依次是自然经济、商品经济和产品经济。毫无疑问，当代中国社会尚处在社会主义初级阶段，处在商品经济时代，经济社会发展严重不平衡，创造的社会财富并不十分丰裕，社会财富的分配机制也存在着各种各样的问题。特别是在改革开放之前，人们长期经受的物质资料的贫困、政治环境的高压、精神生活的匮乏，个体需求的压抑，令人难以忍受。改革开放以来，伴随着思想的大解放，带来了人性的大解放，同时似乎也带来了人欲的大解放，长期以来受压抑的东西以高调的姿态进行反弹，甚至冲破了长期以来的道德观念、政治原则、价值理想。在这个过程中，许多人迷茫、彷徨、失落，甚至丧失了自我。因此，在新旧交替的时期出现人对物的依赖有其必然性，这不值得我们大惊小怪。但是，如果把个人利益与共同利益、社会利益相对立，单纯追求个体的物质利益，而放弃政治利益和文化利益等，甚至把个体的物质利益摆在至高无上的地位，异化为物欲和肉欲，就会导致社会生活的混乱，人性的扭曲。

（三）社会价值观念出现多元混乱的现象

当代中国社会正处在前所未有的大变革时代。与这种社会大变革相适应，人们的价值观念也经历着一场深刻的变革。恩格斯曾指出：“随着每一次社会制度的巨大历史变革，人们的观点和观念也会发生变革。”②建立和完善社会主义市场经济体制，从一开始就不是一种纯粹的经济行为，必然引起人们的政治观念、文化观念、生活方式等发生变化。而价值观念作为人们关于价值现象或价值关系的根本观点和看法，实际上成为一种评价标准和选择尺度，从深层次上规定或影响着人们的社会实践活动，因此，必然首当其冲受到冲击，发生根本性的变革。社会主义改革大潮涤荡着陈

① 《马克思恩格斯选集》第4卷，人民出版社1995年版，第179页。
② 《马克思恩格斯全集》第7卷，人民出版社1959年版，第240页。

旧的价值观念，推动着与自己相适应的新的价值观念的萌发和生长，价值观念的变革呈现出极其复杂的现象，由单一化转向多样化，由平面化转向立体化，由一维化转向多维化。同时，古代的、当代的、未来的，民族的、外来的，新生的、陈旧的等，各种观念同时存在，并以不同方式影响着人们评价和选择活动。这就必然带来迷惘、困惑甚至混乱。

美国文化学家贝尔在研究资本主义文化矛盾时指出：在早期资本主义，“禁欲苦行和贪婪攫取这一对冲动力就被锁合在一起”，[①] 前者代表了资产阶级精打细算的谨慎持家精神；后者体现在经济和技术领域的激情而以彻底改造自然为己任的豪情。这两种原始冲动交织混合形成了现代理性观念。而这两者间的紧张关系又产生出一种道德约束，它曾导致早期征服过程中对奢华风气严加镇压的传统。更有学者把崇尚清教精神说成是资本主义取得长足发展的根本原因。

在我们国家，应该说“勤俭节约”“勤劳致富”是中华民族的传统美德，也是我们一致坚持的价值导向。但是，随着市场经济的发展，这些传统的美德受到严峻的挑战。现实似乎告诫人们，“勤俭节约”要过上好日子永远是梦想，“勤劳”永远不可能致富。而投资房地产，买卖股票，甚至购买彩票，都可能让普通人一夜暴富，过上梦寐以求的理想生活。这种现象起着恶劣的示范作用，给民众严重的误导。现在我们还没有完全富裕，却先奢侈奢靡起来；还没有充分强大，却先贪图安逸；还没有构建起精神家园，物质家园已杂草丛生。现在很多人不愿去艰苦创业，而是绞尽脑汁投机钻营，甚至使用各种非法手段，铤而走险，以身试法；有的人迷恋于股票和彩票，不惜债台高筑，当投资失败后或者家庭危机重重，或者走上家破人亡的不归路；也有的人希望通过赌博来发家致富，结果可想而知。这些现象决不是一个文明健康和谐的社会所应该出现的。

（四）相应的规章制度还不够健全和完善

社会生活的任何领域都有自己的规章制度。在社会需求和消费领域

---

① [美] 丹尼尔·贝尔：《资本主义文化矛盾》，赵一凡等译，三联书店1989年版，第29页。

里，通过制定科学合理的规章制度，为人们的需求和消费活动划定界限，告诉人们什么事情可以做，什么事情不能做，从而形成一种和谐稳定的社会秩序，使人们在试图通过某种方式满足自己的需求之前便可清晰知道其结果，以便决定自己的价值选择和行为方式。所以，制度不仅为社会的生产、交换、分配和消费的客观过程提供了一个稳定性框架，而且为需求主体的选择、决策、能动性的发挥设置一个规范性的调整机制。

当代中国社会在改革开放的过程中，制度建设方面还存在着许多问题。特别是在引导规范人们需求方面的规章制度严重缺乏。如社会保障体系尚不够健全和完善，人们对住房、医疗、教育、就业等问题忧心忡忡，这必然导致需求心理的扭曲，需求行为的异化。如政府相关部门对人们的投资行为没有适当的规范，一方面是老百姓投资渠道很少，投资范围很窄，必然要寻找其他投资渠道，因而带来许多问题；另一方面对一些非法集资行为打击不力，致使人们频频上当。再如，土地出让制度怎样制定？现行的制度肯定有不完善的地方，所以才能不断制造出让人惊悸也深感无奈的“地王”；现行的房屋供应制度也存在许多可以改进的方面。在税收方面的问题更多。如有些国家对于用于居住和用于投资的房产，对于人们拥有第一套房产和第二套房产，税收办法是有明确区别的；对于老百姓生活必需品和少数人使用的奢侈品，税收办法也是有明确区别的。另外，完善的慈善捐献制度、遗产税制度等等，都有力地规范着人们的各种需求，调整着社会生活的和谐。这些规章制度国外已经有了成功的经验，我们完全可以借鉴过来。

三、克服和消除需求异化现象的路径选择

在当今中国社会条件下，解决需求异化问题决不仅仅是需求观念的问题，而是一个涉及社会的政治、经济、文化、制度等各个领域的问题，是一个浩大的系统工程。当前要着力解决四大问题。

（一）在全社会倡导确立科学合理的需求观

马克思曾指出："我们的需要和享受是由社会产生的，因此，我们对于需要和享受是以社会的尺度，而不是以满足它们的物品去衡量的。"[①]这就是说，需求无论是其内容还是满足方式来说，都是由社会存在决定的，它始终体现着社会关系的性质及其发展，因而使之具有了客观性、多样性和层次性。这就要求我们在确立科学合理的需求观时，要着力解决好三个问题：

第一，着眼于人类共同利益，遵循代内平等和代际平等原则，科学确定需求满足度。一般说来，人的需求是主观的，也是无限度的；而满足人的需求的资源或手段是客观的，也是有限度的。因此，我们必须兼顾代内平等和代际平等的原则，既要照顾当代国与国、民族与民族、集团与集团、人与人之间在自然资源、利益分配上的公平，强调全球发展的一体性和共同性；又要照顾到当代人和后代人在发展上享有公平权利，对后代人的生存和发展负起道德责任。在此基础上，从中国社会主义初级阶段这个最大国情出发，认真研究人们生存和发展所需要的基本生活条件的满足度。要运用各种措施和手段，满足人民迫切需要满足的各种基本需求，减少或限制某些奢侈性、炫耀性、符号性需求，严厉制止某些超出客观条件所允许的奢靡性、浪费性需求。

第二，着眼于人类需求的多样性，遵循统筹兼顾的原则，合理确定需求的迫切度。在现实社会生活中，人的需求具有复杂的结构和丰富的内容，为满足人的需求而形成的需求关系也具有复杂的结构和丰富的内容。对于需求主体来说，面对如此复杂的需求关系，必须根据客观条件和自身需求，找出其中最迫切需要满足的需求，放到最重要的位置给予优先考虑。一般说来，在由众多需求关系所构成的需求体系中，主导需求关系决定着该需求体系的存在方式，主导需求关系的变化发展又规定着该需求关系的发展变化。如果对人们需求迫切度作出错误的把握，把工作精力放到

---

① 《马克思恩格斯全集》第 6 卷，人民出版社 1965 年版，第 492 页。

满足不是迫切需要满足的需求上，就会导致工作的错位，出现许多本来不该出现的问题。

第三，着眼于人的自由全面发展，遵循依次递进的原则，不断提升人的需求境界。人的需求是一个由低级不断向高级提升的多层次的立体结构。马斯洛曾把这个立体结构区分为低级需要与高级需要，认为二者在存在状态、满足方式、作用机制和社会功能等方面都存在着显著差别。高级需要是一种在种系上或进化上发展较迟的产物，越是高级的需要越是为人类所特有；高级需要的满足能引起人们更合意的主观效果，即更深刻的幸福感、宁静感和丰富感；高级需要的满足比低级需要的满足更接近自我价值的实现。我们在现实社会生活中，要积极引导人们按照依次递进的原则，从满足人们的基本物质需求开始，逐步进入到满足人们的精神需求或自我实现需求的较高层次。没有对基本物质需求的满足，是很难产生对精神需求、自我价值实现需求等更高价值理想的追求。同样，当人们的基本物质需求得到满足后，而社会没有及时创造条件提升人们的价值追求和理想，人们就难免会沉溺于物质享乐或低级趣味之中，挥霍浪费、奢侈享乐、追求物欲、寻求刺激之风就可能兴起。古罗马的灭亡、中国古代社会如南北朝等，都给我们留下惨痛的教训。

（二）努力发展经济让人民群众生活富足有尊严

温家宝在今年召开的“两会”上明确提出，要让人民群众生活得“有尊严”。怎样才是“有尊严”？从需求观的角度来说，就是人民群众能够形成各种正当需求，并能够在社会生活中通过各种途径满足自己的正当需求，过上富足、快乐、无忧的幸福生活。很显然，这需要社会生产力的快速发展，社会财富极大丰富做保证。马克思说：“大工业及其所引起的生产无限扩大的可能性，使人们能够建立这样一种社会制度，在这种社会制度下，一切生活必需品都将生产得很多，使每一个社会成员都能够完全自由发展和发挥他的全部力量和才能。”[①] 只有社会生产力的快速发展，社会

① 《马克思恩格斯选集》第1卷，人民出版社1995年版，第237页。

生产能力的极大提高，才能生产出极其丰富的物质财富，满足人民群众的各种物质需求；只有社会生产力的快速发展，经济效率的极大提高，才能为人们提供大量的闲暇时间，使人们有可能根据自己的兴趣去确定自己的需求，去选择满足自己需求的方式；只有社会生产力的快速发展，带来教育、科技、文化、艺术等领域的繁荣，才能为人们提供丰富的精神食粮，满足人们的审美需求和对终极关怀的追问；社会生产力的快速发展，又要求建立一种与之相适应的先进的社会制度，为人们的聪明才智的发挥提供良好的社会环境，满足人们找到人生的舞台实现自我价值的需求。到了这个时候，人们再也不需要单纯依靠借助于“物”来展示自己的才华，来“增量”人生的价值，而是人的本质的真实实现。这才是真正的“有尊严”的生活。

（三）积极倡导“我为人人、人人为我”的人生价值观

人生的意义何在？人生追求的价值理想是什么？人生就是一个不断追求物欲、肉欲和感官满足的过程吗？这是一个古老而又常新的问题。这个问题的本质是如何看待和理解群体需求与个体需求、社会价值与个体价值，即“利”与“义”的关系问题。应该肯定，“崇俭黜奢”“修齐治平”是中华民族的传统美德。孔子提倡“安贫乐道”“修己以安人”，孟子主张“去利怀义”，墨子倡导“俭节则昌、淫乐则亡”等思想，对中国人生价值理想的形成产生了深远的影响。但是，由于中国传统文化过于强调人的群体需求和社会价值，而忽视个体存在的意义，群体既是个体需求的定义者，也是个体存在意义的评价者；那么，人们只能牺牲个体的需求，否定个体存在的意义，甚至跪拜在群体意识之下，成为仅仅是实现群众意志的工具。这种观点发展到极致，就是程朱理学“存天理、去人欲”，“饿死事小，失节事大”观点的提出。这也被后人斥为“以理杀人”。20 世纪初的“打倒孔家店”，“文化大革命”中的“破四旧、立四新”，对中国传统文化形成强烈冲击，甚至导致中国传统文化的“断代”。

在西方，思想家们历来重视人的个体价值。特别是在文艺复兴时期，人们明确提出“享乐是人的真正幸福”，要求“我是人，我要按照人的本

性去生活”。在十六七世纪，英国哲学家霍布斯进一步提出：“自私是人的本性”，人对个人利益的追求是每个人具有的天赋权利。斯宾诺莎则认为，追求个人利益是人的最高自然权利，也是人性普遍规律和道德基础。这些观点集中反映了资产阶级的阶级本性，强调个体存在的意义，肯定个人自我奋斗的合理性，极大地调动了人的积极性和创造性，对于推动社会的发展起到了积极的意义。但是，单纯强调个体的需求和利益，必然带来社会危机。到了20世纪，各个领域的思想家都开始研究个体需求和利益诉求的限度问题。美国文化学家丹尼尔·贝尔提出“需求”与“欲求”的区别。“需求”是人作为“物种”成员所应有的东西，是有限度的。“欲求”则代表着个人因其趣味和癖性而产生的多种喜好，是没有限度的。社会的首要义务是满足必需要求，否则个人就不能成为社会的完全“公民”。① 而对于“欲求”则应加以限制。经济学家凯恩斯则提出“有效需求”和“无效需求”、绝对需求和相对需求的概念；说明相对于人的需求来说，物品总是有限的；经济学就是要探究一个社会如何进行组织才能最有效地利用其资源。美国哲学家赫伯特·马尔库塞提出“真实的需求”和“虚假的需求”理论，认为后者“是指那些在个人的压抑中由特殊的社会利益强加给个人的需求；这些需求使艰辛、侵略、不幸和不公平长期存在下去”②。“虚假的需求”是资本主义制度的必然产物。“真实的需求”是要人们从现存社会秩序中解放出来，通过批判的分析和个人的斗争来得到满足的需求。

我们在构建中国特色社会主义人生价值观的过程中，从中国社会实际出发，积极吸取人类创造的一切文明成果，实现优势集聚，引导广大人民群众正确认识和判断各种需求的正当性、合理性、可满足性，对于那些不正当、不合理、不可满足的需求要自觉放弃，树立科学合理的人生价值目标；要引导人民群众正确处理满足个体需求与满足群体需求的关系，努力在二者之间寻找最佳的结合点，使二者达到最大限度的统一；同时，政府

---

① 参见［美］丹尼尔·贝尔：《资本主义文化矛盾》，赵一凡等译，三联书店1989年版。
② ［美］马尔库塞：《单向度的人》，张峰、吕世平译，重庆出版社1988年版，第6页。

的职能部门要千方百计创造各种条件满足广大人民群众的正当、合理、可满足的需求，让人民群众充分享受社会发展所取得的伟大成果。

（四）制定和完善相应规章制度，引导规范人们的消费行为

主体的需求和利益诉求，是通过相应的制度机制来表达的；主体的需求和利益诉求的满足，也是通过相应的制度机制来保障的。在当代中国社会，制定和完善相应规章制度，引导规范人们的消费行为，显得尤其重要。

首先，进一步健全和完善社会保障体系，充分发挥社会主义制度的优越性，满足人民群众的基本生活需求，保障人民群众的基本生活质量。同时，要促使人民群众在基本生存需求得到满足后，去积极确立高层次的需求，并通过各种创造性活动去满足高层次的需求。也就是说，当人民群众普遍解决温饱问题之后，在类似读书、看电影、艺术创作、参观游览、旅游冒险等方面，能够花钱，肯于花钱，也敢于花钱，在这个过程中不断提高整个民族的文化素质和精神追求，引导人民群众在物质生活日益富足的基础上，去寻找自己的精神家园。

其次，进一步完善分配收入制度，积极增加人民群众的劳动性收入，不断提高人民群众的需求层次和满足水平。近些年，我们采取多种措施拓展老百姓的收入渠道，特别是提出增加老百姓的财产性收入，这些措施对于增加老百姓的收入取得了明显的效果。但是，随着社会的发展也暴露出许多问题，特别是老百姓劳动性收入在整个国民收入体系中所占比重日益下降，这必然会引起严重的社会危机，甚至导致对我们党和社会制度的质疑和背离。我们必然加快收入分配制度的改革，从根本上确立劳动、资本、技术和管理等生产要素等合理的分配比例，确保老百姓劳动性收入的稳定增长。在这个基础上，老百姓才可能形成正当合理的需求，并通过正当合理的途径去满足自己的需求。

最后，进一步建立和完善与人民群众需求和消费活动相关的各种规章制度，正确引导和规范人民群众为满足需求所进行的各种活动，保证人民群众过上健康文明和谐幸福的生活，保证我们国家秩序稳定、充满活力向

前发展。我们所面临的任务十分艰巨。其中有些可以引进外国一些经过实践证明是行之有效的东西，这还需要与本国的实际情况相结合；有些则需要从中国社会实际出发，解放思想，积极探索，大胆创新，建立具有中国特色的需求规章制度体系。在这个过程中，更要注意由于各种原因，长期以来在社会生活中已经形成的既得利益集团，因固守着既得利益而反对某些规章制度的建立和完善，或者通过各种手段对规章制度的消解和扭曲。

我们相信，在社会主义改革开放的过程中，伴随着社会生产力水平的提高，科学合理的价值观念的确立，各项规章制度的建立和日益完善，人们能够逐渐摆脱来自各方面的束缚和压制，自主地确定、评价自己的需求，自主地选择满足自己需求的方式，自主地构建自己的生活方式，人才真正从需求异化状态中解放出来。到那时，“人终于成为自己的社会结合的主人，从而也就成为自然界的主人，成为自身的主人——自由的人”①。

（本文是我和牟笛合写的，发表于《理论学刊》2010年第6期）

① 《马克思恩格斯选集》第3卷，人民出版社1995年版，第760页。

中国社会不能承受之重

——虚假价值研究和批判

虚假价值是价值学界研究的一个盲点。在以往的价值哲学研究中，人们更多关注对正价值与负价值、价值的绝对性和相对性等问题的研究。但是，在现实的价值活动中，价值还表现出其他的形态，即真实价值和虚假价值。因为虚假价值是以真实价值的面目出现的，甚至比真实价值更容易实现，更容易形成轰轰烈烈的效果，也就更容易形成一种价值取向，引导着人们进行某种错误的价值追求。大量虚假价值的存在，不仅极大地冲击了真实价值，甚至毁灭性打击了真实价值；而且对于科学发展观的全面贯彻落实，社会的安定和团结，经济社会的进步和发展，人民群众物质文化生活需要的满足，广大共产党人理想、信念、信仰的坚定，也造成极大危害。因此，我们必须重视对虚假价值问题的研究。

一、虚假价值及其表现

一般说来，价值是指主体需要与客体属性之间的效用关系。正价值与负价值、绝对价值与相对价值、真实价值与虚假价值则是从不同方面或角度来揭示这种效用关系。

正价值与负价值是就客体属性与满足主体需要之间的效用关系的结果

而言的。凡是能够满足主体的需要，有利于主体的生存和发展的客体及其属性、结构、功能等，便生成为正价值；凡是不能够满足主体的需要，不利于主体的生存和发展的客体及其属性、结构、功能等，便构成负价值。关于相对价值和绝对价值问题，学界有不同的观点。一般认为，相对价值是指价值的条件性与主体的相关性；绝对价值是指价值的普遍性、恒常性和决定性，强调的是价值客体与不同价值主体之间的关系。

真实价值与虚假价值不是从主客体之间效用关系的结果来看问题，也不仅仅是一般性地从价值主体来看问题，而是涉及对价值生成本质等一系列基本问题的认识。真实价值与虚假价值都是一种价值形态，都表达了主体需要与客体属性之间的效用关系，因此才同样成为人们积极追求的对象。

真实价值与虚假价值又有本质区别。从价值哲学一般理论来说，价值生成需要具备三个条件：一是主体具有某种需要；二是客体具备满足主体需要的属性、结构和功能；三是具有某种媒介能够把主体和客体联系起来，使客体满足主体需要，价值关系得以生成。如何来认识和把握这三个条件，就涉及对价值主体的需要是否能够正确把握，对客体的属性、结构、功能能否客观认识，对客体满足主体需要的关系能否科学界定，在此基础上便形成了真实价值与虚假价值。真实价值所反映的主体需要是真实的、具体的，客体满足主体需要的属性、结构或功能是客观的、自在的，把主体和客体联系在一起的媒介是合规律性与合目的性的实践活动，因此，价值的实现过程就表现为随着主体需要与客体属性、结构或功能之间的效用关系的展开、丰富、深化而日益展开、丰富、深化的过程，就表现为人的自由而全面发展的过程。虚假价值所反映的主体需要是虚假的、歪曲的，客体满足主体需要的属性、结构或功能是主观的、臆造的，把主体与客体联系在一起的媒介是缺乏科学性和现实性的随心所欲，因此，价值的实现过程尽管有时候是表面的轰轰烈烈，甚至似乎是满足了人们的某种需要，但是，如果深入其背后用科学标准进行评价，这种价值活动或价值追求恰恰阻碍了社会的进步，影响了人的自由而全面的发展的过程。

现实社会生活中，虚假价值现象是非常多的。下面通过三种社会现象的分析或许可以帮助我们更清晰地认识和把握虚假价值。

其一，对主体需要虚假的、歪曲的认识而形成的虚假价值。前几年有人把领导干部腐败或被拉下水的途径概括为“三子”，即票子、房子和孩子。这是因为在当时的社会条件下，“三子”大概是某些领导干部最迫切需要的东西。其后逐渐变成“五子登科”，女子和车子开始登堂入室。再后发展为“七子之歌”，增添了“位子”和“本子”。某特大走私案主犯曾说：“不怕什么法规条文、规章制度，就怕领导干部没有兴趣爱好。”“兴趣爱好”便是人生的需要。应该肯定，每个正常人都希望自己能多挣钱，能拥有宽敞明亮的住房，健康聪明的孩子，这是人生存的基本需要。每个正常人都渴望在短暂的人生中获得真正的爱情，拥有便利的交通工具而享受高质量的生活，更希望自己拥有较高的学历和较高的社会地位以便实现自己的理想抱负，这是人生发展的基本需要，是对人生价值的更高追求。可以看到，从“三子”到“五子”再到“七子”的发展过程，恰恰反映了人的需要的层次性及其由低级到高级的发展顺序，因此是有价值的。但是，由于少数领导干部错误地理解和把握了自己的需要，甚至把正当需要演变成人性的弱点和缺陷，当其一旦得到满足时就埋下了罪恶的种子，就走向犯罪的道路；即使侥幸不被发现而免受牢狱之苦或丢掉性命之祸，但每时每刻都会受到良心的拷问或承受着担惊受怕的心理折磨。这实际上已经使自己正常的生存和发展受到了严重的损害。所以，这种价值决不是一种真实价值，而是一种虚假价值。

其二，对价值客体能否满足主体需要属性或功能进行主观的、随意的无限夸大而形成的虚假价值。我们经常组织各种各样的“运动”，掀起各种各样的“高潮”。在社会发展的某个特定时期，为了解决当时社会实践中提出的某个带有全局性、根本性的重大现实问题，有针对性地开展某种“运动”或掀起某种“高潮”。无疑，这对于统一思想、规范行为、凝聚人心起着积极的作用。可以说，这是我们党能够战胜各种各样的非无产阶级思想而取得各项事业成功的重要经验。但是，我们也不能忽视目前存在着一种倾向，即过分强调开展“运动”或掀起“高潮”本身，甚至认为搞一个“运动”或掀起一个“高潮”就可以解决当代中国的一切问题；其结果是为了开展“运动”或掀起“高潮”，而开展“运动”或掀起“高潮”；只关注开展“运动”或掀起“高潮”的形式，而忽视了开展“运动”或掀起“高潮”的目的；为了做足“运动”或“高潮”的形式，不惜劳民伤财，弄虚作假，追求形式主义的东西；与此同时，却把开展“运动”或掀起“高潮”的目的给淡忘了，甚至给异化了。这样一些“运动”或“高潮”，尽管表面轰轰烈烈，声势浩大，但由于并没有解决实际问题，没有达到开展运动或掀起高潮的目的，也就不可能生成真实价值，而只是一种虚假价值。如果因为开展“运动”或掀起“高潮”而影响了正常工作的进行，阻碍了经济社会的发展，甚至因此而导致解决问题的最佳时间的错过造成了机会代价，那么，这就不仅仅是一种虚假价值，而是在虚假价值掩饰下的负价值。

其三，对价值客体满足主体需要媒介的错误运用而导致的虚假价值。任何一个领导干部都希望在任职期间能有突出的政绩，所谓“为官一任、造福一方”，以便得到组织的认可，获得同事的肯定，赢得群众的赞扬，从而实现自身作为领导干部的价值。但是，对于如何取得突出政绩，不同的领导干部则采取了完全不同的手段和方式。如孔繁森等人，始终坚持共产党人全心全意为人民服务的宗旨，为人民群众办好事、办实事，真正做到权为民所用、情为民所系、利为民所谋，从而获得了广大人民群众的衷心爱戴和拥护。但是，也有少数领导干部采取了非常恶劣的手段，运用非常卑鄙的方式，通过欺骗组织和蒙骗人民来取得政绩。如热衷于搞形式主义，使得窗口工程、政绩工程、献礼工程满天飞；有的地方甚至出现“创造性劳动扛红旗、农民饿肚皮”的现象。有的领导干部则跑官、要官、哭官、买官，甚至不惜杀人抢官。在一定条件下，这些恶劣的手段、卑鄙的方式，似乎真能够满足某些领导干部出“政绩”、求“进步”的需要，因而是有价值的。但是，它是通过错误的方式来实现的，对自己的进步和党的事业必定带来严重损失，因此，体现的是一种虚假价值。

由此可见，虚假价值也是一种价值，但是，这种价值经不起实践的检验，经不起时间的证明，经不起人格的追问，经不起老百姓的评价。虚假价值的最大危害，不仅仅是对真实价值的损害，而且多是以其特有的面目欺骗了群众、欺骗了组织，以其表面的轰轰烈烈掩饰其背后的负价值。而虚假价值往往是采用非常正确、非常伟大、非常神圣的面目出现的，以致很多时候人们明明知道其虚假性却不敢对其进行揭露和批判。

二、虚假价值产生的原因

虚假价值产生的原因是多方面的，如社会生产力发展水平不够高，社会政治经济体制的不完善，旧的思想观念特别是封建主义思想观念的大量存在，考核用人制度方面存在着弊端，等等。从价值本质来看，虚假价值的产生主要有以下几个主要原因：

其一，主体对自身需要的把握不够准确。在现实生活当中，由于需要是主体基于主客体的发展状况而产生的对于影响自身生存和发展条件的某种缺失状态的观念性把握，所以，主体对自身需要的把握在很大程度上受其主观因素和客观条件的影响，这就必然导致主体对自身需要的把握可能是准确的，也可能是不准确的，甚至可能是完全错误的，形成种种形式的虚假需要。虚假需要是生成虚假价值的重要原因。如在上面第一个案例中所谈到的，少数领导干部正是由于对自身需要的错误把握，结果把生存需要变成对金钱的贪得无厌的追求，把对爱情的向往变成玩弄女人式的道德堕落，把人生价值的实现扭曲成为了“位子”攀炎附势而致使人格的丧失，等等。由于主体的需要是价值得以形成的基本要素，在这种对主体需要的错误的、变形的把握的基础上，便形成各种各样的虚假价值。

其二，主体对满足自身需要的手段即价值实现手段的运用不够正确。任何需要的满足都必须借助于一定的媒介或手段，采取一定的方式。人们为满足自身需要所借助的媒介或手段、所采取的方式，在很大程度上直接影响着人们的需要得以满足的方式，从而决定着价值生成的性质。在现实的价值活动中，主体的一种需要往往可以采取多种不同的手段来得到满足。这些能够满足主体需要的手段，有的是正当的，有的是不正当的；有的是直接的，有的是间接的；有的是正确的，有的是错误的。这些不同的手段作为价值生成的一种媒介，必然在价值形态上深深打上自己的烙印，导致所生成的价值呈现出真实与虚假的区别。

其三，主体进行价值评价和价值选择的标准、程序不够科学合理。主体对自身需要的把握、对满足自身需要的手段的运用，本身就表现为一种价值评价，体现为一种价值选择。如果运用科学的价值评价和价值选择的标准，采取正确的价值评价和价值选择的程序，就可能获得对真实价值的认识和把握，从而实现真实价值；否则，就必然丧失对真实价值的获得，而只能实现虚假价值。在现实生活中，这种例子是很多的。有的领导干部之所以贪污受贿而沦为阶下囚，重要原因是把自身贪得无厌的私欲作为评价人生价值的标准，把自身贪得无厌的私欲的满足作为人生价值的实现；有的领导干部甚至为给“情人”谋利益而不惜以身试法，这实质上是泯灭了人的理性，而把人的动物性本能作为人的身份的评价标准，把这种动物性本能的张扬作为一种显赫身份的拥有；有的领导干部之所以热衷于搞形式主义、大作表面文章，是把这种表面的轰轰烈烈作为评价干部能力或政绩的标准，把报表上的数字和媒体的宣传作为干部自身能力的体现；有的领导干部一味崇拜权力，以“上”之是为是，以“上”之非为非，没有自己的主见，一身奴性，是因为他们把察言观色、揣摩领导意图作为自己全部工作的意义。总之，所有这些做法都没有一丝一毫共产党人的味道。

虚假价值广泛存在于当今中国社会，无论是在政治生活、经济生活、文化生活中，还是在老百姓的日常生活中，处处都可以看到。这种虚假价值的广泛存在，对社会的发展造成极大的危害，必须引起我们的高度重视，努力消除虚假价值生成的土壤。

三、努力消除虚假价值产生的土壤

在当今中国社会条件下，消除虚假价值决不仅仅是价值观念领域的问题，而是一个牵涉到全社会政治、经济、文化等各个领域的问题，是一个浩大的系统工程。

其一，快速发展生产力是消除虚假价值产生土壤的基础。马克思认为，只有在社会生产力高度发展，物质生活条件充分发达，奴隶般的分工已经消灭的条件下，“才能为一个更高级的、以每个人的全面而自由的发展为基本原则的社会形式创造现实基础”[①]。生产力的高度发展，导致旧式分工的消灭，能够为人的自主劳动和全面发展提供坚实的物质基础；生产力的高度发展，生产能力的极大增强，能够生产出极其丰富的生产资料和生活资料，为提高和改善人民群众的生活条件提供物质资源；生产力的高度发展，经济效益的极大提高，可以为人们提供大量的闲暇时间，使人们有可能根据自己的兴趣去进行生活；生产力的高度发展，又要求建立一种与之相适应的先进的社会制度，为人的聪明才智的发挥提供良好的社会环境。

我们还应该看到，科学技术、生产力的发展是一把双刃剑，一方面它会带来社会物质财富的极大丰富，为实现人的自由而全面发展提供物质基础；另一方面，它必然导致分工的进一步细化，而细化的分工则可能导致人们产生畸形的需要，从而形成畸形片面的发展。如目前已经出现的类似“网虫”的人。所以，我们必须千方百计促进我国科学技术的革命和生产力的快速发展，使人能够尽快摆脱因为生产力的落后和物质资料的匮乏而产生的虚假需要，同时克服因为科学技术和生产力的发展可能给人的价值活动带来的负面影响。

其二，推进制度现代化是消除虚假价值产生土壤的根本保证。我们应该承认，在中国社会条件下，虚假价值的生成具有深刻的制度性原因。当

---

① 《马克思恩格斯全集》第23卷，人民出版社1972年版，第649页。

前我们正在进行的社会主义改革事业，就是试图通过改革和完善社会主义制度来消除产生虚假价值的土壤。但是，改革和完善社会主义制度是一个长期的、艰巨的历史任务。就经济体制改革来说，经过三十多年的艰苦探索，已经确立了与我国生产力发展水平相适应的社会主义市场经济体制，经济建设取得了举世瞩目的成就，经济体制改革已经取得初步成效。但从历史的发展过程来看，迄今我们所做的一切还只是刚刚起步，任重而道远，艰难的路程还在后面。我们对社会主义经济建设规律的认识还知之不多，知之不深。与社会主义经济体制改革相比，政治体制的问题更多。邓小平说："我们所有的改革最终能不能成功，还是决定于政治体制的改革。"[①] 但政治体制改革矛盾更尖锐，问题更复杂，危机更深刻，风险更可怕。因此，任务更艰巨，时间更紧迫，考验更严峻。这就更需要我们大胆解放思想，勇于冲破几十年来形成的不合时宜的体制、做法的束缚，根据建立和完善社会主义市场经济体制的需要，探索建立新型的社会主义民主政治体制。

其三，实现人的现代化是消除虚假价值产生土壤的关键。人的现代化首先是观念的现代化。现代化的观念要求我们在进行一切活动的时候，自觉地超越于地域的、民族的界限，而站在经济全球化的高度，用世界性眼光、寰宇性胸怀、战略性思维来思考问题，来进行决策，把民族性国家变成全球性国家，把地域性个人变成世界性个人。我们必须承认，中国是在政治、经济、文化都比较落后的社会基础上建立起社会主义制度的，没有经历过发达的商品生产阶段，没有经历完全意义的思想启蒙运动，因此，封建主义的思想观念还有着广泛的影响。市场经济的发展，一方面带来了经济的繁荣，科学技术的进步，综合国力的增强，人民生活水平的提高，使广大社会成员视野开阔，思维活跃，奋发向上，注重实效；另一方面，引导不好也会产生负面效应，如价值追求上的趋利性，价值取向的个体化，评价标准的短视性，等等，这些东西很容易转化为拜金主义和个人主

① 《邓小平文选》第3卷，人民出版社1993年版，第164页。

义。因此，要冲破封建主义和小生产习惯势力的传统，批判资产阶级腐朽思想观念，自觉摆脱各种腐败思想观念的影响，冲破狭隘的地域观念的局限，树立科学的世界观、人生观、价值观，培养高尚的道德情操和理想人格，完成活动规则的转变，是一场艰苦的长期的攻坚战。

观念的现代化首先是价值观念的现代化。这就要求我们从中国社会主义现代化建设的实际出发，积极探索价值观念发展的客观规律，遵循价值观念发展的客观规律办事，尽快在中国建立科学合理的价值观念体系。要通过制度规范和教育引导人们，科学认识和把握个人的需要，正确处理个人需要与国家、集体需要的相互关系，确立科学的需要评价标准和评价体系。我们相信，只有消除了虚假需要，才可能消除虚假价值；只有消除了虚假价值，才可能全面创造或实现真实价值，从而实现人的自由而全面的发展。

（文章发表于《理论学刊》2009 年第 6 期）

增强社会创新活力之主体性研究

党的十八届五中全会提出新的五大发展理念，把创新摆在第一位。人作为创新活动的主体，既是创新活动的实施者，是创新活动目的的实现者，也是创新活动所创造价值的受益者。换句话说，创新作为一种主体性活动构成人类社会发展的本质，推动着人类社会从低级阶段向高级阶段的发展，并推动人类自身不断摆脱各种束缚实现自由全面的发展。当代中国全面落实“创新是引领发展的第一动力”时面临的重大问题，是如何让整个社会充满创新活力。那么，对创新主体进行研究就成为解决问题的重要途径。

一、创新活动源自于创新主体的需要

创新是人类独有的活动，是人类所进行的能动性的创造性活动，是人之所以为万物之灵的一大基本特征。所谓创新，是创新主体为了解决社会实践中提出的问题，通过实践活动而实际地改变现存事物，形成新的价值观念、新的战略部署、新的概念设计、新的制度体制、新的活动方式、新的关系模式等，从而创造或增加其经济价值或社会价值，推动经济社会的进步，实现人的自由全面发展的活动过程。从某种意义上说，人们进行创新活动的动机是为了解决社会生活各个领域出现的问题，以满足自己的需要；当人们旧的需要得到满足，又会提出新的需要。社会发展就呈现出需要一创新以满足需要一再产生需要一再创新以满足新的需要的发展过程，这是一个从低级到高级、从简单到复杂、从量变到质变的无限发展过程。

第一，主体需要的客观性决定创新活动的永恒性。马克思认为，人的需要即人的本性。从某种意义上说，一切生命物体都有需要。所谓需要，是生命物质对于影响自身存在和发展条件的缺失状态的把握。生命的本质是新陈代谢，新陈代谢的过程就是其缺失状态被不断纠正和不断满足的过程。生命物质正是通过不断新陈代谢来进行物质能量的交换，使生物体保持自身的生存和延续。人作为自然存在物，是自然界不断深化发展的结果。人也有自己的缺失状态，也就是有自己的需要。人作为社会存在物，其需要的产生和发展受到各种自然、社会、文化等因素的影响，特别是受到所处时代的创新结果、创新能力和创新水平的影响。人作为有生命的个体，其生存必须依赖一定的物质生活资料，因而只能进行生产，在创造出日益丰富的生产资料和生活资料的同时，也创造出功能多样的生产工具，从而提升整个社会的生产能力和生产力水平；随着生产力水平的提高，人们也不断创新各种社会关系，从而不断提升整个社会的结构模式和治理水平。列宁曾说："世界不会满足人，人决心以自己的行动来改变世界。"[①] 马克思说："自然界没有制造出任何机器，没有制造出机车、铁路、电报、走锭精纺机等等。它们是人类劳动的产物，是变成了人类意识驾驭自然的器官或人类在自然界活动的器官的自然物质。它们是人类的手创造出来的人类头脑的器官；是物化的知识力量。"[②] 所以，人的需要源自于对自身生命的生存和发展所需条件的期待，丰富于对自身生命的生存和发展所需条件的追求，实现于对满足自身生存和发展所需条件的创新；只要有人存

① 《列宁全集》第38卷，人民出版社1959年版，第229页。
② 《马克思恩格斯全集》第46卷（下），人民出版社1980年版，第219页。

在，创新活动就会永恒存在下去。

第二，主体需要的多样性决定创新内容的丰富性。主体需要是一个纷繁复杂的系统，涵盖了价值观念、战略部署、概念设计、制度体制、关系模式、活动方式、思维方法等社会生活的各种领域；也呈现出物质需要、精神需要，现实需要、潜在需要，当前需要、未来需要，正当需要、不正当需要，个体需要、群体需要等各种类型。正处在全面转型升级的当代中国社会，各种需要相互交错、相互影响、相互推动，已经成为全面展示各种需要的繁花似锦的大舞台。从国家层面来说，发展中国特色社会主义的需要、进行“五位一体”整体布局的需要，实施“四个全面”战略部署的需要，落实“五大新的发展理念”的需要，和平发展构建“命运共同体”，等等，满足这一切需要必须通过道路、理论、制度和文化的全方位创新来完成。从民众层面来说，人们物质需要的层面尚没有得到充分满足的同时，精神文化层面的需要更加突出，政治参与的意识非常浓厚；在物质生活水平普遍得到提高的同时，完善分配制度、缩小贫富差距的诉求更加强烈；在坚持只有改革才能发展中国特色社会主义信念的同时，要求加大改革力度、完善国家治理体系的关切更加深入；坚信中国共产党是中国特色社会主义事业领导核心的同时，要求加大反腐力度、保持党的纯洁性的呼声更加高亢。这一切既为当代中国社会的全面创新指明了方向、规定了内容，更为全面创新提供了源源不断的动力，一幕幕以创新为主旋律的时代巨作正在上演。

第三，主体需要满足的必要性决定创新目的的实效性。创新是创造或增加创新客体的经济价值或社会价值的过程，这是人们进行创新活动的最终目的，也是创新与创造的本质区别。应该说，创新与创造在本质上是一致的，如都是由社会需要引发的，都是由社会主体来完成的，都是改变现存事物的实践性活动，都具有首创造性，等等。但是，二者又有着明显的区别。其中最主要的区别在于，创造所指的“首创”重在一个具体的物质性结果，而不管这个结果是否能够创造出社会价值，能够创造出什么样的社会的价值。而创新强调的是，人们通过实践活动而实际改变现存事物的存在状态、属性、功能以满足人们的需要，这是创新的本质性规定，是创新之所以成为创新的根本点。由此可见，创新并不是指简单的“首创”，而强调其结果是能够创造出某种有利于经济社会发展的经济价值或社会价值；创新并不是简单地指一个具体的物质性成果，而是包括精神成果、文化成果、制度成果等，由此出现价值观创新、思维创新、知识创新、管理创新、制度创新、道德创新、文化创新等；创新并不是单纯地指一个新物品的生产活动，而是强调创新过程、创新结果和创新目的的统一，强调创新的实践功能、认知功能和评价功能的统一；创新并不仅仅局限于一个具体活动的结果而意味着一个具体过程的结束，而是把世界看作“过程的集合体”，经历着由量变到质变的发展过程，而这个过程又是一个“肯定—否定—否定之否定”的螺旋式上升、波浪式前进的过程；创新的目的并不仅仅停留在某个具体物品的制造，而把自己的最终目的设定为满足人的需要，实现人的自由而全面的发展。所以，创新，决不是一句简单的口号，而有着很强的实用性、实效性和价值性。

总之，从哲学的层面来研究创新本质可以看出，创新主体经过一系列的创新活动最后得到的是创新性结果，而这个创新性结果作为一个崭新的事物，具备了满足人们某种需要的属性、结构和功能，而且能够通过某种正当方式满足人们的某种正当需要，从而推动人类社会的进步和人的自由而全面的发展，这是创新的最终实现。

二、创新目的的实现依靠创新主体的创新能力

习近平同志非常重视创新能力问题。2009 年中共中央党校春季开学典礼上，他提出“切实提高领导干部推动科学发展的能力”的“六大能力”，第二个就是开拓创新能力，就是要善于把握事物发展的客观规律，根据事物发展的必然趋势来推动思维创新、方法创新、实践创新和制度创新。实现科学发展是创造性的实践，需要大量富有创造性思维、善于从事

创造性活动的人才，特别是领导人才。此后多次谈到“着力增强自主创新能力”[①]。

创新能力是创新主体在从事创新活动时所展示出来的能力。创新主体必须具有创新能力。创新主体的创新能力强，其创新结果对于推动经济社会发展的作用就大；创新主体的创新能力弱，其创新结果对于推动经济社会发展的作用就小；如果创新主体没有创新能力，就不成其为创新主体。用不同的标准可以对创新主体进行不同的分类。一般说来，创新主体在进行创新活动时主要采取三种形式：一种是以个体主体的形式独立进行创新活动，这是个体主体；人类历史上大量的创新活动都是以个体主体来完成的。一种是以群体主体的形式协作完成创新活动，这是群体主体，如企业、研究机构、大专院校等，这在近代以来的创新活动中发挥着越来越重要的作用。还有一种是以国家主体形式统一领导和组织完成的创新活动，这是国家主体。当代世界许多国家都在建立国家创新系统，制定国家创新战略，使国家主体在创新活动中扮演着越来越重要的角色。

不同的创新主体的创新能力是不一样的。

个体创新主体是指独立从事创新活动的人。从理论上来讲，每个正常人都具有创新能力，都能够进行创新活动，这是潜在的创新主体。从潜在的创新主体转化成现实的创新主体，除了具备必要的社会条件和客观环境之外，主体自身必须具备相应的创新能力，即有敏锐的观察力、深刻的分析力、丰富的想象力、精确的概括力；有钢铁般的意志、持久专注的兴趣、坚强不屈的毅力；有高度的自主性、勇于独立思考、敢于标新立异，善于攻坚克难；有广博的专业知识、科学的思维方式、合理的研究手段、切实的行动过程，等等。总的来说，个体主体创新能力可分为创新思维能力和创新实践能力。创新思维能力主要是指敏锐发现问题，深刻分析问

① 《敏锐把握世界科技创新发展趋势　切实把创新驱动发展战略实施好》，《人民日报》2013年10月02日。

题，形成新认识，概括新理论的能力。创新实践能力主要是指创新主体把自己通过创新思维对解决问题所形成的新思路、新方法付诸实施，进而创造性解决问题的能力。努力提高个体创新主体的创新能力，是在开展“双创”过程中必须要下大力气解决的问题。

群体创新主体是指多个个体主体按照既定原则组织起来，围绕着特定目标而进行创新活动的群体。群体创新主体最大的特点是群体性，即具有特定的群体目标、群体结构、群体规范、群体意识等等。群体目标是指群体全体成员共同确认并努力为之实现的理想，是凝聚群体力量的核心，也是引导群体共同努力的方向；群体结构是指群体成员之间形成某种良性的、比较稳定的关系模式，使个体主体能够处于合适的位置，担任恰当的角色，充分发挥其作用，从而形成一种“合力”；群体规范指群体成员共同制定且共同遵守的各种规章制度，以保证群体主体创新活动的正常开展；群体意识是创新个体在群体共同创新的实践活动中形成的共同意识，表现为对群体的归属感、荣誉感和自豪感，群体意识的强弱往往决定着群体创新能力的高低。高效率的群体创新主体是在创新实践中经过长期的磨合、博弈、优胜劣汰而形成的；依靠行政命令所进行的“拉郎配”、或单纯是利益驱使而形成的“草台班子”都不是本来意义上的群体创新主体，都不可能胜任群体创新主体所要肩负的创新任务。

国家创新主体是指在政府或其相关部门直接领导、组织和规划下进行创新活动的有机整体。国家创新主体构建的是国家创新系统，即在政府或其相关部门领导或协调之下的各类社会组织，遵照国家发展战略规划的要求，围绕着事关国计民生的重大理论和实际问题，以科学技术、制度体制、价值观念、治理方式、文明建设等为主要内容，以打造国家核心竞争力为根本目的而进行创新的有机系统。所以，国家创新主体并不是个体创新主体或群体创新主体在数量上的简单相加，而是具有自己特殊的领导核心、结构模式、战略规划、价值取向、实现目标等构成的有机整体。国家整体创新系统是一系列制度安排，其目的在于支撑或促进个体或群体创新主体联合起来，充分优化创新资源的利用，最大限度实现创新价值，提升国家整体的核心竞争力。当代中国正在建设创新型国家，就是在政府及其相关部门的协调运转之下，根据整体创新规划使多个创新主体、创新资源、创新运行、创新价值按照一定的逻辑关系结构和运动，在现有条件下，通过国家整体创新系统来提升整个国家的创新能力。这是一个浩大而复杂的系统工程，是一项艰巨而迫切的历史使命，是实现中华民族伟大复兴的关键举措。

在人类社会发展过程中，不同的历史阶段为不同的创新主体提供了创新的平台；不同的创新主体利用这个平台在不同程度上创造出灿烂的物质文明和精神文明。在当代，随着经济的全球化、政治的多极化、文化的多元化、信息的网络化、生产的智能化、交往的虚拟化，我们遇到了前所未有的发展难题，遭受了前所未有的严峻挑战。如何顺利破解发展难题，及时应对严峻挑战，全面创新是唯一的路径选择。在这个过程中，国家创新主体所主导的国家整体创新系统的地位会越来越重要，作用会越来越凸显。

国家创新主体是一种自觉的创新主体。首先，能够明确认识和正确把握国家所面临的时代课题。国家创新主体能够站在时代发展的高度，从社会发展和民族进步的角度来认识和把握自己的需要，并通过理性的分析来认识和把握满足自己需要的主客观条件，也就是说能够从适时抓住社会发展和民族发展过程中所提出的重大理论和实践课题，从而提出一些带有战略意义的创新构想，从整体上解决社会发展和民族进步的问题。其次，具有清晰的创新意识。国家创新主体在认识到社会发展和民族进步过程中所提出的重大理论和实践问题的基础上，深刻认识到解决这些问题的迫切性和重要性，便会确立清晰的创新意识，积极探索解决这些重大问题的新思路、新途径、新办法，从而使创新意识成为全社会、全民族的自觉意识。再次，具有很强的创新实践的领导能力。由于国家创新主体是按照某种方式构建起来的共同进行创新活动的多个机构或组织的系统，而这多个机构或组织之间既有恰当的分工，又有功能的互补或合作，这就需要国家创新主体具备很强的规划、领导、协调和组织创新的能力，把这些机构组织起来，共同解决创新活动过程中所需要解决的问题。否则，各个机构或组织处于一盘散沙的状态，是不可能进行创新活动的。

三、保持创新活力必须处理好几个关系

让社会充满创新活力，是一项艰难而复杂的系统工程。本文仅从创新主体角度谈必须处理好的三个关系：

第一，发挥整体优势与调动个体优势的统一，这是社会充满创新活力的力量源泉。毫无疑问，当代中国建设创新型国家必须依靠中国共产党的英明领导，发挥社会主义制度的整体优势，通过科学合理的战略部署和切实可行的规划措施，经过长期艰苦卓绝的奋斗过程才能实现。在发挥整体优势的同时，我们必须注意调动个体创新主体的优势。恩格斯有一句名言："不言而喻，要不是每一个人都得到解放，社会也不能得到解放。"[①] 换句话说，要不是每个个体的创新优势都发挥出来，社会整体的创新优势也不能得到发挥。中国特色社会主义事业是一项浩瀚宏伟而又艰巨复杂的系统工程，我们面临着经济发展、政治建设、社会治理、文化重建、生态文明等一系列世界级难题。要完成这项浩大的系统工程，解决这些世界级难题，毫无疑问需要千千万万劳动者的艰苦努力。当然，这里所说的劳动者一定是具有独立人格，敢于冲破僵死教条、落后体制、习惯势力、陈腐观念束缚的改革者，在改革的过程中不断进行创新，通过创新来全面深化社会各方面的改革。没有个体创新优势的发挥，就无从谈论整体创新优势；个体创新优势也必须融入整体创新才能成为真实的优势。习近平同志指出："提高改革决策的科学性，很重要的一条就是要广泛听取群众意见和建议，及时总结群众创造的新鲜经验，充分调动群众推进改革的积极性、主动性、创造性，把最广大人民智慧和力量凝聚到改革上来，同人民一道

---

① 《马克思恩格斯选集》第 3 卷，人民出版社 1995 年版，第 644 页。

把改革推向前进。”[①] 如何实现个体优势与整体优势的统一，是值得很好研究的一个课题。

第二，大胆开拓创新和包容失误失败的统一，这是整个社会充满创新活力的根本保证。改革是第二次革命，革命是全方位的创新。我们要改变计划经济体制模式，把社会主义与市场经济结合起来，构建起社会主义市场经济体制；要改变高度集权的政治体制，把坚持共产党的领导、人民当家作主和依法治国有机统一起来，构建新型社会主义民主政治体制；要改变计划经济体制下所形成的单一思维模式和“园艺化”精神生活管理模式，尊重文化的多样性，尊重人的需要的复杂性，不断丰富人们的精神世界，构建健康向上的精神家园；要改变“人是自然的主宰”的自然观，重新认识和构建人和自然生态的关系，加快建设资源节约型、环境友好型社会，形成人与自然和谐发展现代化建设新格局；要改变长期以来形成的冷战思维和贸易理念，顺应我国经济深度融入世界经济的趋势，奉行互利共赢的开放战略，提高我国在全球经济治理中的制度性话语权，构建广泛的利益共同体。这是一项前无古人、后无来者的伟大的创新事业。然而，在任何一个时代，创新都不会一帆风顺，而必定经历各种曲折和磨难，都必然出现失误和失败。习近平同志说：“创新首先是一种求异的思维和实践活动，充满着不确定性和风险性，必须要有一种精神和勇气来支撑。”[②] 因此，作为一个马克思主义者，我们必须要正视创新过程中出现的失误和失败，要敢于允许创新者在创新过程中出现失误和失败，帮助他们总结经验教训；要通过有效的制度规定和良好的政策扶持，帮助他们支付创新所付出的成本和代价；决不能让创新者既要独自经历创新的煎熬和磨难，承受创新失误和失败带来的烦恼和痛苦，支付创新失误和失败而造成的高昂成本和代价，还要忍受来自方方面面的制裁和打击；让创新主体愿意创新、敢于创新、善于创新、热爱创新。正如习近平同志所说：“要尊重群众的

---

① 《习近平谈治国理政》，外文出版社 2014 年版，第 98 页。

② 习近平：《干在实处，走在前列——推进浙江新发展的思考与实践》，中央党校出版社 2006 年版，第 133 页。

首创精神，创造一个公平、竞争、合作的创新创业环境，营造一种敢为人先、敢冒风险，勇于探索、宽容失败的政策和文化氛围，提高全民创新的积极性，进一步激发全社会的创造活力。”[①]从而使整个社会培育起创新意识，构建创新文化，使创新成为一种理念、一种品质、一种价值追求，为创新奠定坚实的人文基础。党的十八届六中全会通过的《关于新形势下党内政治生活的若干准则》中规定：“建立容错纠错机制，宽容干部在工作中特别是在改革创新中的失误”；要求“党的各级组织要旗帜鲜明为敢于担当的干部担当，为敢于负责的干部负责”。[②]为调动和发挥创新主体的积极性和主动性，提供了根本性的制度保障。

第三，创新顶层设计与满足民众需要的统一，这是整个社会充满创新活力的基本路径。创新当然需要顶层设计。甚至可以说有没有科学合理的创新顶层设计，是创新活动能否取得预期目的的决定性因素。所以，党的十八届五中全会决议指出，必须把创新摆在国家发展全局的核心位置，让创新贯穿党和国家一切工作，让创新在全社会蔚然成风。科学合理的顶层设计一定是从实际出发的。这里讲的实际，既包括当代中国社会发展所面临的世情、国情和党情，更包括广大人民群众的实际需要。甚至如何认识和把握广大人民群众的需要，能否通过创新活动创造出新资源来满足广大人民群众的需要，把创新顶层设计与满足民众的需要有机统一起来，不仅仅决定着整个社会能否充满创新活力，更决定着创新活动的成功与失败。当代中国社会民众的需要呈现出诸多新的特点，民众需要的多样性、丰富性、无度性与满足需要资源的贫乏性、稀缺性、有限性之间形成尖锐的矛盾，使资源需要者和满足需要资源的供给者都陷入深深的困境之中。在任何一个社会条件下，民众对于自身需要的满足度与期望值之间都存在着某种差距，这是一种客观现象，甚至是一种带有规律性的现象。这种差距的

① 习近平：《干在实处，走在前列——推进浙江新发展的思考和实践》，中央党校出版社2006年版，第314页。

② 《中国共产党第十八届中央委员会第六次全体会议文件汇编》，人民出版社2016年版，第53页。

存在对于调动民众创新的积极性，推动经济社会的发展起着积极的作用。但是，这种差距必须是在可控制的范围之内，否则就可能引发民众的不满，甚至导致社会危机的出现。美国政治学者提出的“戴维斯革命理论”和法国历史学家托克维尔的《旧制度与大革命》一书，告诉我们的都是这个道理。因此，我们在进行创新顶层设计时，必须认真研究民众需要和需要满足的特点，根据民众需要的具体性和历史性，使创新顶层设计更具现实性和精准性；根据民众需要满足的条件性，通过制度设计和观念引导来确立科学的需要满足度；根据民众需要满足的多维度性，通过深入实际的调查研究设计出科学合理的需要迫切度；根据民众需要满足的相对性，在全社会积极倡导科学合理的需要满足评价标准。我们必须坚持尊重创新的发展规律与尊重创新者的主体地位的一致性，坚持为崇高理想奋斗与为最广大人民谋利益的一致性，坚持完成时代所赋予的创新使命与实现人民利益的一致性，当代中国社会一定会充满创新的活力，进而为中国特色社会主义伟大事业的顺利推进提供源源不断的动力。

（文章发表于《哲学与中国》2016年春季号）

把防范化解重大风险作为重大课题

习近平同志在省部级主要领导干部坚持底线思维着力防范化解重大风险专题研讨班开班式上发表的重要讲话强调：深刻认识和准确把握外部环境的深刻变化和我国改革发展稳定面临的新情况新问题新挑战，坚持底线思维，增强忧患意识，提高防控能力，着力防范化解重大风险。习近平同志的重要讲话具有很强的思想性、针对性、指导性，对于我们提高防范化解重大风险的能力、战胜前进道路上的各种艰难险阻、牢牢把握工作主动权具有十分重大的意义。在新时代，不断提高党的执政能力和领导水平，需要把防范化解重大风险作为重大课题。

一、注重防范化解重大风险是我们党的优良传统

中国共产党是在应对各种风险挑战中不断成长壮大的。在风险挑战面前，中国共产党人从不退缩，而是冷静观察、积极防范、有效应对、成功化解。这是我们党 98 年来不断从胜利走向新的胜利的重要原因。

在新民主主义革命时期，中国共产党人面对国内外各种反动势力，党员个人随时可能为革命流血牺牲，革命军队在炮火纷飞的战场上出生入死，同时还要应对探索革命道路过程中的各种风险挑战。然而，我

们党带领和依靠广大人民群众，取得了一个又一个胜利。党在革命时期的发展历程，也是不断应对重大挑战、克服重大危机、化解重大风险的历程。

新中国成立后，在建设社会主义的过程中，我们既取得了伟大成就，也遇到一些重大问题。1956 年初，毛泽东同志通过深入调查研究，把遇到的重大问题概括为“十大关系”。这十大关系就是十大矛盾，处理不当就可能演变成重大风险。毛泽东同志发表《论十大关系》和《关于正确处理人民内部矛盾的问题》等重要著述，体现了我们党对防范化解重大风险的高度重视。

改革开放后，我们党对面临的风险挑战有着十分清醒的认识。邓小平同志早在 20 世纪 80 年代中期就提出：“改革是中国的第二次革命。”“我们要把工作的基点放在出现较大的风险上，准备好对策。这样，即使出现了大的风险，天也不会塌下来。”正是因为我们党充分预见到改革开放中可能遇到的各种风险，并不断提高防范化解重大风险的能力，才能有力应变局、平风波、战洪水、防非典、抗地震、化危机，保证改革开放事业披荆斩棘、乘风破浪、高歌猛进。

党的十八大以来，中国特色社会主义进入新时代。以习近平同志为核心的党中央团结带领全党全国各族人民，推动党和国家事业取得历史性成就、发生历史性变革。习近平同志强调：“党面临的长期执政考验、改革开放考验、市场经济考验、外部环境考验具有长期性和复杂性，党面临的精神懈怠危险、能力不足危险、脱离群众危险、消极腐败危险具有尖锐性和严峻性，这是根据实际情况作出的大判断。”习近平同志在党的十九大报告中明确提出“增强驾驭风险本领”，体现了我们党对所面临的错综复杂的世情国情党情的清醒认识和着力防范化解重大风险的高度自觉。

二、对前进道路上的各种风险挑战要保持高度警惕

当前，我国形势总体上是好的，党中央领导坚强有力，全党“四个意识”“四个自信”“两个维护”显著增强，意识形态领域态势积极健康向上，经济保持稳中求进态势，全国各族人民同心同德、斗志昂扬，社会大局保持稳定。但是，这并不意味着我们就可以高枕无忧了。要实现“两个一百年”奋斗目标、实现中华民族伟大复兴的中国梦，必须深刻认识前进道路上的风险挑战。

经过40年改革开放，我们进入了发展关键期、改革攻坚期、矛盾凸显期，在经济稳中向好、社会总体稳定的同时，各种风险挑战也不断显现。其中既有显性风险又有隐性风险，既有来自内部的风险又有来自外部的风险，既有一般风险又有重大风险，而且这些风险挑战呈现出交织性、复杂性、综合性等特点。比如，从经济领域来说，我国虽已成为世界第二大经济体，但发展质量和效益还不够高，创新能力不够强。我国经济发展面临的国际环境和国内条件都在发生深刻而复杂的变化，推进供给侧结构性改革过程中不可避免会遇到一些困难和挑战，必须精准研判、妥善应对经济领域可能出现的重大风险。又如，从社会领域来说，虽然人民群众的生活水平普遍得到提高，但教育、就业、社会保障、医疗、住房、生态环境等关系群众切身利益的问题依然较多，部分群众生活困难。统筹协调好各种利益关系，下大气力解决好人民群众切身利益问题，不仅关系社会稳定和谐，更关系党执政的社会基础。因此，在前进道路上，只有对来自政治、意识形态、经济、科技、社会、党的建设等领域的重大风险有清醒认识，才能下好先手棋，掌握工作主动权。

在前进道路上，我们还要深刻认识来自外部的各种风险挑战。环顾世界，国际金融危机深层次影响继续显现，形形色色的保护主义明显抬头，地区热点此起彼伏，霸权主义、强权政治仍然盛行，传统安全威胁和非传统安全威胁相互交织。同时，在经济、军事、科技等方面，西方发达国家依然占据优势，它们通过制定和推行符合自身利益的规则体系获取巨大利

益。国际形势波谲云诡，周边环境复杂敏感，我们对于来自外部环境的风险挑战必须保持高度警惕。

三、把防范化解重大风险的要求落到实处

风险挑战是经济社会发展过程中客观存在的。有风险挑战并不可怕，只要应对得当，就能化危为机，推动党和国家事业发展。我们要坚持以习近平新时代中国特色社会主义思想为指导，坚持底线思维，着力防范化解重大风险，不断夺取新时代中国特色社会主义新胜利。

强化风险意识。“备豫不虞，为国常道”。强化风险意识是防范化解风险的前提。只有强化风险意识，才能及时发现风险、积极防范风险、有效应对风险。我们既要看到我国形势总体上是好的，也要高度警惕“黑天鹅”事件、防范“灰犀牛”事件。领导干部要常观大势、常思大局，科学预见形势发展走势和隐藏其中的风险挑战，做到未雨绸缪。强化风险意识，关键是要有底线思维。习近平同志多次强调“要善于运用‘底线思维’的方法，凡事从坏处准备，努力争取最好的结果，这样才能有备无患、遇事不慌，牢牢把握主动权”。要对政治、意识形态、经济、科技、社会、外部环境、党的建设等领域的重大风险进行深入分析研判，做到心中有数，防患于未然。

提高风险化解能力。提高风险化解能力，就要透过复杂现象把握本质，抓住要害、找准原因，果断决策，善于引导群众、组织群众，善于整合各方力量、科学排兵布阵，有效予以处理。要调动一切积极因素，在人民群众中获取化解风险的力量。习近平同志强调：“人民是我们力量的源泉。只要与人民同甘共苦，与人民团结奋斗，就没有克服不了的困难，就没有完成不了的任务。”只有始终与人民心心相印、与人民同甘共苦、与人民团结奋斗，才能无惧风险和挑战，战胜一切困难。要在全面深化改革中化解风险，破解发展面临的各种难题，化解来自各方面的风险挑战，更

好发挥中国特色社会主义制度优势。

完善风险防控机制。完善风险防控机制，就要建立健全风险研判机制、决策风险评估机制、风险防控协同机制、风险防控责任机制，主动加强协调配合，坚持一级抓一级、层层抓落实。比如，建立健全风险研判机制，就要充分发挥专业机构、专业人才等评估力量的作用，科学研判风险的等级，为化解风险做科学准备。建立健全风险防控协同机制，就要动员全党、全国人民、全社会力量参与风险防范化解。要通过完善风险防控机制，对风险产生、发展的全过程进行监控，对风险的发生诱因与事前防范、风险的事中演进与有效控制、风险的化解与事后治理等进行全方位管理。

（文章发表于《人民日报》2019 年 2 月 20 日理论版）

必须高度重视“潜规则”的研究

“潜规则”概念一经提出，就得到广泛的认同和使用，成为当代中国社会使用频率最高的词语之一。人们批评“潜规则”、痛恨“潜规则”，又津津乐道于“潜规则”，享受着“潜规则”带来的各种益处。那么，到底什么是“潜规则”，它在当代中国社会各个领域大行其道的原因是什么，如何抑制或消除“潜规则”，这些问题必须认真进行研究。

一、潜规则及其社会危害

由于潜规则的普遍存在并引发大量不良社会效应，潜规则问题进入了学术研究的日程。目前，很多领域的学者，如经济学、法学、政治学、管理学、社会学等对潜规则的具体内涵、形式特征及其运行规律等内容做了一些深入而又卓有成效的研究，并提出一些切实可行的应对之策。然而，由于研究目的、研究方法的不同，学界对潜规则概念的理解还存在着很大的争议，尚未形成一个统一的共识，这也是引起潜规则使用混乱的一个根源。因此有必要进一步澄清并重新界定潜规则。

所谓潜规则，是相对于正规则而言的，是正规则的异化。任何一个社会要保持稳定和谐的状态，都必须制定一系列的法律、法规和规章制度作为人们行为的规范。这些行为规范一般要经过严格的程序方可制定和实施，具有正规性、成文性、显现性的特点，通常被称为正规则或显规则。潜规则是指在正式规定的各种规则之外，潜存的一种不成文、不公开、不为正规则所承认的，却在一定范围内被人们私下认可并实际遵从的，能够带来某种益处或减少某种损害的行为约束。说潜规则是相对于正规则而言，不是从规则二分的意义上说的，而是指正规则存在的地方，往往会有潜规则存在；潜规则借助于正规则的某些不完善之处而生存，甚至借助于正规则的某些不完善之处来发挥作用。所以，潜规则不等于诸如习俗、惯例等非正式规则，而是正规则异化的产物。当正规则严谨、科学、合理时，潜规则就很难发挥作用；当正规则出现问题时，潜规则就会大行其道，甚至消解正规则的作用。

具体来说，潜规则的主体，是特定领域里的特定人群。他们基于特殊的群体利益而联系起来，形成一个"一损俱损、一荣俱荣"的利益链，彼此之间通过心理默契而密切配合，以便使自己能够获取最大化的利益，或避免受到某种损失或伤害。潜规则表现为某种只能意会不能言传的规矩，是当事者彼此心照不宣的期待，是一种更直白的趋利避害行为；潜规则的作用实际上依然是通过"鼓励"或"惩戒"两种手段来实现的，但是这种"鼓励"或"惩戒"并不是堂而皇之的，而是隐秘的、不可言说的；假如谁把依据潜规则而得到"鼓励"或"惩戒"说出来，他很可能会受到正规则的制裁；潜规则的存在具有普遍性，它已经渗透到各行各业，遍布社会的各个角落：从官场、职场到商场，从娱乐圈、体育界、教育界到医疗、新闻媒体业，再到经济、政治、文化等领域，到处都存在着潜规则，差别仅在于各个圈子里潜规则的表现形式不同而已。

潜规则在社会生活中所起的作用是多方面的，这一点需要进行客观的、理性的、实事求是的分析。如它似乎成为一种润滑剂，使人与人之间沟通更加容易；它似乎成为一种推动力，使社会这个庞大机器运行得更加顺畅。但是，我们必须清醒地认识到，广泛存在的潜规则给中国社会发展造成了极大的危害。

首先，潜规则的存在消解了正规则的效力。一个社会要繁荣富强地健康发展，需要建立一套完整的科学合理的规则体系；一个社会要有稳定和谐又充满活力的社会秩序，更需要科学合理的规则体系得到充分运行并发挥作用。改革开放以来，我国已经制定了大量的规章制度，基本上构成一个覆盖社会生活各个方面的制度体系框架。然而，由于潜规则的大量存在，时时刻刻对这些正规则提出严峻的挑战和冲击，甚至毁灭性地打击了正规则，导致大量“越轨”行为的发生；更可怕的是，在社会生活中形成一种与潜规则相对应的“潜秩序”。这种潜规则和潜秩序的存在，严重消解了正规则的效力，扰乱了社会生活的正常秩序。

其次，潜规则的存在破坏社会正常的经济政治秩序。社会主义市场经济是法制经济，其倡导的理念是公平竞争、诚实守信。潜规则的存在助长了通过不公平竞争、不诚信手段进行非法获利的不良风气，它使一些不合格的产品经过包装后开始招摇过市；它使一些不应生产的项目堂而皇之地开工生产；它使那些不符合安全标准的矿业活动开始蠢蠢欲动，导致事故频发。这不仅引起人们价值观的倾斜，而且直接导致社会主义市场经济秩序的紊乱，扰乱了社会的正常运行。此外，社会主义民主政治倡导的是平等、公开、廉洁、高效的原则，它是民主与法治的有机统一。潜规则的存在，是对社会主义政治文明的践踏与破坏。它遵从任人唯亲的信条，直接违背干部选拔的公平竞争原则；它采取暗箱操作的手段，将公平、公正、公开的原则置之度外；它坚持凭关系办事的原则，甚至不惜触犯法律；它利用“上有政策、下有对策”的变通术，造成党的意志执行的“中梗阻”现象；它将公权力私有化，直接损害广大人民群众的根本利益。这一切严重破坏了社会的公平、正义，破坏了国家法律制度的权威，造成社会治理上的混乱，阻碍社会主义法制的顺利进行，不利于社会主义法治国家的建设。

再次，潜规则的存在破坏了社会风气。潜规则的存在，颠倒了人们的基本价值判断。潜规则使人们信奉没有对错，只有成败；没有是非，只有炒作的信条，这势必导致整个社会理想、信念和信仰的缺失，进而带来人们的道德滑坡。在潜规则的指引下，人们将社会道德、职业自律完全抛在脑后，形成一种自私自利的个人主义，严重侵害集体主义原则。同时，潜规则异化了人们实现价值的途径。它让人们不再按照勤奋劳动、合法经营来取得报酬，而是企图通过投机钻营、行贿受贿、弄虚作假等非正当手段获取利益。总之，潜规则的存在，对和谐社会的构建构成极大的威胁。

二、“潜规则”产生和存在的原因分析

造成潜规则广泛存在并大行其道的原因是错综复杂的，多种多样的，既有历史的原因，也有现实的原因；既有客观的影响，也有主观的效仿；既有外力的推动，也有自身利益的驱动。而从正规则的角度来看，潜规则产生和存在主要有以下几方面的原因：

首先，正规则不够科学合理，使潜规则产生或存在成为可能。邓小平说：“制度好可以使坏人无法任意横行，制度不好可以使好人无法充分做好事，甚至会走向反面。”[①] 正规则设计的不够科学会直接导致潜规则的滋生。应该肯定，由于受到各方面的局限，任何一个社会的正规则都不可能是绝对的科学合理，总是存在着这样那样的缺陷，如在某种程度上与社会发展实际不相适应，出现脱离或者滞后于社会发展的情况；甚至越是成熟的正规则越容易出现“固化”的情况。这就会诱导或迫使人们离开正规则，到正规则之外去寻找解决问题的方法，去开拓解决问题的途径，从而导致潜规则的出现。中国社会正处在改革开放的关键时期，社会发展日新月异，一切既定的正规则都在经受着实践的冲击、挑战和检验，都在经历着不断丰富和发展的过程。那么，这个过程或许也是潜规则不断产生、发展和消解的过程。

① 《邓小平文选》第2卷，人民出版社1994年版，第333页。

其次，正规则不健全，给潜规则留下“潜行”空间。在正规则涉及不到的领域，就会有潜规则的存在。正规则作为规范社会生活运行的一种手段，越系统、越具体、越有可操作性，其对社会发展的作用就越有力，也越有效。然而，社会实践活动的复杂性及人们之间交往活动的随机性、变动性，又使正规则的建立不可能一步到位，总会存在着某些“盲区”。这些“盲区”的存在，为潜规则滋生提供了空间。特别是监督制度的不健全是助长潜规则“气焰”的根本原因。在现实生活中，违规者得不到应有的惩罚，而遵守规则的人却常常被排斥，甚至被视为“另类”“不懂人情”。这样违规者就会成为人们效仿的负面榜样，引导人们放弃正规则而遵循潜规则。

再次，正规则运行的不顺畅而导致的低效率，促使人们反向求助于潜规则。如果正规则在运作过程中效率很低，达不到人们期望的目标，这时人们往往会放弃正式程序，转而求助潜规则。如过去我们机关工作长期存在的门难进、脸难看、事难办的不良风气。这不但降低了正规则的执行效率，同时也影响了人们选择正规则的信念。相反，通过送礼、行贿等行为难进的门变得通畅，难看的脸色变得亲切，难办的事情变得好办。在这种情况下，人们转而求助于潜规则也就成为必然。

最后，正规则运行所需要付出的高代价，促使人们选择潜规则。如果遵从正规则要付出高昂的代价，而违反正规则却有可能获得丰厚的利益回报，那么人们往往会倾向于违反正规则。日本经济学家青木昌彦曾指出：“如果政府根据某项法令禁止进口某些物品，但如果人们相信，贿赂海关官员可以绕过此项法令，而且这是普遍现象，那么，与其把这项法令视为制度，还不如把这种贿赂现象视为制度更合适。”也就是说，在选择遵从和违背正规则的时候，人们会有一个经济学意义上的衡量，如果违背的收益高于遵从的所得，那么人们会倾向于违背。这个时候，所谓的制度就名存实亡了，而被一种称为潜规则的东西取代了。

当代中国社会正处在改革开放的关键时期，在社会生活领域中，各项规章制度建设方面还存在着许多问题，这就使潜规则的产生和存在成为一种必然的社会现象，而且是一种长期存在的社会现象。潜规则的广泛存在，对社会的发展造成极大的危害，必须引起我们的高度重视。

三、抑制或消解“潜规则”的途径选择

在当代中国社会条件下，抑制或消除潜规则是一个涉及社会的政治、经济、文化、制度、国民性等各个领域的问题，是一个浩大复杂的系统的工程。从制度建设的角度来讲，当前抵制潜规则泛滥应主要解决四个问题。

第一，要科学合理地设计各项规章制度，让潜规则无处藏身。当代中国，要科学合理地设计各项规章制度，就必须解决规章制度的合理性、合法性和可操作性问题。规章制度的合理性，主要指规章制度符合事物发展的客观规律，其运行稳健、流畅且富有效率，其指向与社会价值理想相一致；作为社会生活的规章制度，归根到底就是通过推动社会生产力快速发展，综合国力的不断提高，人民群众生活状态的日益改善，最终实现人的自由而全面发展。规章制度的合法性，主要指规章制度所涉及的公众对其具有发自内心的认同，从而使其具有正当性。因此，解决规章制度合法性的关键之处是确立公平与正义，最大限度消除不平等和特权。美国学者约翰·罗尔斯曾说：“正义是社会制度的首要价值，正像真理是思想体系的首要价值一样。一种理论，无论它多么精致和简洁，只要它不真实，就必须加以拒绝和修正；同样，某些法律和制度，不管它们如何有效率和有条理，只要它们不正义，就必须加以改造和废除。”[①] 实现规章制度合法性的根本途径是积极推进民主进程，保证人民群众真正履行当家作主的权利。规章制度的现实性，主要指规章制度的可实现性和可操作性。即任何规章制度都必须与它赖以存在的社会发展阶段相适应，而不能脱离社会发展阶

① [美]约翰·罗尔斯：《正义论》，何怀宏等译，中国社会科学出版社1988年版，第3页。

段抽象谈论；都必须具有实际的可操作性和可运作性，而不能仅仅停留于理论图景；都必须认真关注其存在及其实施成本，存在及其实施成本太高就会被人们所抛弃。只有解决了规章制度的合理性、合法性和现实性问题，不仅使民众能够认同和接受，更重要的是让民众能够自觉运用这些规则去指导自己的实践，规范自己的行为，约束自己的“越轨”冲动，构建良好稳定和谐的社会秩序，才能从根本上消除潜规则的生存土壤。

第二，要不断完善各项规章制度，压缩潜规则的生存空间。潜规则滋生与正规则的不完善有关，因此消解潜规则的关键环节就是不断完善正规则。人们的社会交往活动在不断地发展变化，因此我们的规章制度的建设也应该跟随实践的步伐不断地完善。这主要包括：从实际出发重新审视、评价和选择既有的规则，淘汰那些已经落后于社会发展的规则，创新社会实践需要的规则，使模棱两可的规则明确化，使抽象的不易操作的规则具体化，使粗线条的规则细致化，使号召性的规则可操作化，使弹性大的规则刚性化，使代价高昂的规则低廉化，使运行效率低下的规则高效率化，等等。只有我们的规则体系不断完善，不断创新，潜规则才可能逐步退出历史舞台。

第三，要提高规章制度的执行效率，让人们自觉自愿选择按规章制度办事。各项规章制度的执行，有一个效率问题。运行效率高的规章制度，能够让人们主动选择并自觉遵从。相反一个运行效率低下的规章制度，会让人们避而远之。要想让民众主动自觉地遵从规章制度，就要提高规章制度的执行效率，这就要求我们的各类执法部门或组织系统在科学合理地设计正规则的前提下，坚持按照正规则的规定办事，并不断提高办事效率，让人们感到正规则管用、有效，而主动选择。提高规章制度的执行效率离不开提高广大执行人员的规则意识和思想素质，同时也要求执行程序的有效、有序地运行。前者需要执行人员对规则很好地理解和领悟，并主动自觉地践行；后者既需要避免执行程序的冗杂无序，又要避免执行程序的交错重复。只有这样才能让正规则运行顺畅，让人们主动地选择。

第四，要降低各项规章制度的履行成本，让潜规则无用武之地。人们在选择正规则还是潜规则时，总会有一个成本收益的比较。潜规则之所以能被选择，其中一个重要原因就在于其成本低，却收益高。如果正规则实施的成本高于收益，行动者很有可能放弃正规则，而选择成本低的潜规则。因此，要降低各类规章制度的履行成本，让人们感到只有按规章制度办事才能够获得最大的收益。这一方面可以通过加大对潜规则的惩罚力度，从反向降低遵从规章制度的履行成本；另一方面，简化正规则的实施程序，合理降低规章制度的履行成本，简化僵硬的办事程序。只有使规章制度的履行成本低于潜规则的实施成本，人们才会更加自觉自愿地遵从规章制度。

（这是我和孙强博士合写的文章，发表于《理论视野》2011 年第 8 期）

“实事求是难”的文化根源思考

我们在日常生活中，经常感叹“实事求是难”“党的思想路线执行难”。造成“实事求是难”的原因是多方面的，其中“两个凡是”作为一种精神枷锁对人的束缚，不能不说是其中最重要的原因之一。

在中国共产党的历史上，“两个凡是”曾以极端的形式出现过两次：一次是土地革命战争时期，王明等人坚持的“凡是马恩列斯的话必须遵守，凡是共产国际的指示必须执行”（博古语）；另一次是“文化大革命”刚刚结束，当时的领导人所坚持的“凡是毛主席作出的决策，我们都坚决维护；凡是毛主席的指示，我们都始终不渝地遵循”。此外“两个凡是”还以各种面目和形式在潜移默化地影响着我们的生活，规定着我们的思维方式，制约着我们事业的发展方向。“两个凡是”本质上是“唯上、唯书，不唯实”。所谓“唯上”，是对政治权力崇拜的极端化；所谓“唯书”，是对真理权威崇拜的极端化。为什么“两个凡是”这样根深蒂固，这样难以消除？为什么我们一方面在警惕和反对“两个凡是”，另一方面“唯上、唯书”又成为一种潜规则在规定和影响着我们的工作和决策？这从中国传统文化的角度来进行回顾和反思，或许能够给我们一些新的启发。

“两个凡是”萌芽于原始社会，主要表现为人们对“天帝”和“祖宗”的崇拜。当人类脱离动物界以后，其思维能力逐步提高，开始意识到人与动物的区别，意识到人有自己产生、发展的历史。但是，由于生产力水平极其低下，实践能力与思维能力不足，人们处于一种极端受束缚的状态，其中最主要的是来自于自然界的束缚。由于人们对自然现象的不了解，演变出对天、帝的恐惧。由于人们对人自身的不了解，产生祖先崇拜，形成各种"禁忌"。对"天帝"和"祖宗"的崇拜，规定和影响着人们的生产方式和生活方式。

奴隶制社会是人类的第一个阶级社会。阶级社会的显著特点是使原来相对平等的人群分化，产生统治阶级与被统治阶级。这种分化也导致对人的认识的分化。一方面，统治阶级的最高首领是"王"，"王"占有广大的土地和奴隶；被统治阶级即奴隶完全失去了人的价值、人的地位，成为"会说话的工具"。另一方面，统治阶级为了加强和巩固自己的统治地位，保证社会生活的稳定和谐，必须妥善处理好各阶级之间的关系，建立一套相应的政治制度和伦理道德规范，特别是建立统治者的权威。统治者权威的形成，使"唯上"具有了可能性和必然性；同时，文字的发展，使统治者可以借助于文字的记录和传播功能来宣传自己的思想，从而使"唯书"具有可能性和必然性。

春秋战国时期是一个百家争鸣的时期，是中国历史上第一次人的解放运动，也是"两个凡是"形成的时期。这个时期的思想家们立足于自身的哲学世界观，代表着不同阶级、阶层的利益，在试图继续把人从神道、天道的束缚中解放出来的同时，进一步探讨了建立各种社会规范的必然性和必要性，提出各种各样的社会结构理论，并设计出各种各样的社会结构模式。不同的思想家，各抒己见，互相辩难，阐发了丰富而有意义的思想，共同创造了空前繁荣的学术局面。其中，孔子所创立的儒家学说具有特别重要的意义。如果说儒学的社会等级说只是从理论上论证了"唯上"的必然性，那么，墨子则明确提出"上之所是，必皆是之；所非，必皆非之"（《墨子·尚同上》）的命题。他要求，"下"必须绝对服从"上"，每一级都要同上级保持统一，最终统一于天子。这种逐级上属的体制只能是一个专制主义的体制。而在中国思想发展史上，"唯上"的思想首先由墨子提出，这恰恰反映了小生产者的特点。

秦始皇消灭六国、建立统一封建专制帝国的实践，不仅为强化君权提供了社会条件，也使君权至上理论获得全面的发展。“天下之事无小大皆决于上。”（《史记·秦始皇本纪》）“是故主独制于天下而无所制也。”（《史记·李斯列传》）而秦始皇臭名昭著的“焚书坑儒”，正是维护君权至上的政治专制统治，并由政治专制必然导致的思想专制和文化专制的直接行为。

西汉初年的统治者，通过总结秦朝“二世而亡”的历史教训，确立以“黄老哲学”为治国之道。其结果一方面调动了人的积极性，促进了社会经济的发展；另一方面由于中央控制权削弱，诸侯藩国势力膨胀，社会纲常失落，人人各奔其私，叛乱事件时有发生，社会矛盾尖锐化。因此，统治者迫切需要一种能够完成和巩固大一统的封建中央集权国家的理论。董仲舒的学说应运而生。

董仲舒自觉地把创立能够为建立和巩固大一统的封建中央集权统治服务的思想学说作为自己的任务。从“废黜百家、独尊儒术”的核心理念出发，他从天道观的角度对先秦儒家所确立的基本社会规范进行论证，提出“君权神授”的天人感应目的论、“人副天数”的天人一体论、“天不变道亦不变”的方法论和“三纲五常”的道德论。至此，传统儒学因吸收当时各派思想观点而具有了全新的面貌，作为为统一的中央集权服务的正统学说而占据统治地位。同时它作为一种核心理念，渗透到社会的政治、经济、文化生活等各方面，规范着人们的生活。由此，中国人的思想便被纳入一个封闭体系，思维方式、生活方式，甚至感情方式都逐渐模式化、格式化了。人的一切行为必须服从严格的儒家规范礼节的约束，个性和独创性往往受到压抑。儒家学说逐渐成为束缚人的精神枷锁。

应该说，中国社会发展到汉朝，“唯上、唯书”作为一种理论体系已臻成熟，并在这种理论指导下构建起中国封建社会的专制制度。与这种专制制度相配合，形成完整的人性假设、道德修养、礼仪规范、教育体系、用人制度等，这些东西互相契合、互相作用，逐渐积淀为中国传统文化的内在结构，规定着中国传统社会的发展方向。在这个漫长的积淀过程中，尽管产生过许多勇于反对“两个凡是”的人物，形成过各种形态的反对

"两个凡是"的思潮，甚至统治阶级在维护自己的专制统治的同时，也提出过民本思想、人才思想、法制思想等，但由于多方面的原因，都没有能够解决这个问题。相反，"两个凡是"作为一种文化理念，越来越根深蒂固，影响越来越广泛，已经成为一个沉重的文化包袱、一个无法挣脱的锁链，牢牢地束缚着中华民族，以至于在中国共产党的历史上，"两个凡是"还曾有过两次极端形式的表现，而这两次极端形式的表现都给中国革命和建设事业带来严重的损害。

通过从传统文化的角度对"两个凡是"形成轨迹的考察可以看出，作为对政治权力崇拜的极端化和真理崇拜的极端化的产物，它绝不仅仅是一种思维方式，而首先表现为政治统治术、思想统治术、文化统治术，然后内化为一种思维方式。作为思维方式，又对政治统治术、思想统治术、文化统治术起着巩固和强化的作用。随着历史的发展，它逐渐积淀为一种价值观念，最终积淀为一种集体意识，成为民族心理结构的重要组成部分。它所导致的恶果是，政治、思想、文化的专制主义和教条主义，国人人格的依赖化和奴性化，思维方式上僵化保守，生活方式上循规蹈矩，等等。从而成为束缚中华民族的精神枷锁，使整个中华民族失去创造的冲动，丧失选择的激情，没有了发展的活力，导致近代中国积贫积弱、落后挨打。我们必须看到，文化本身具有很强的惰性，加之中国社会在由近代社会向现代社会转型的过程中，没有经过充分的商品经济发展阶段，没有经过完整意义的启蒙运动，老百姓也没有完全抛弃"臣民意识"而确立现代公民意识。因此，在我们中国，"两个凡是"得以形成并兴风作浪的文化土壤是丰厚的，也是根深蒂固的。这就决定了我们实现解放思想的任务十分重要、十分迫切、十分艰难。如何通过对中国传统文化的研究，探索"两个凡是"形成的思想轨迹，分析其发生作用的机制，进一步探索从文化根源的角度来解决"实事求是难"的问题，是我们所面临的一个重要文化课题。

（原文发表于《理论前沿》2006 年第 22 期）

培养国民的道德自觉与自信

——访中央党校哲学部阮青教授

记者：近来，我们国家在道德领域发生了一系列的事情，引起一系列的争论，如老人倒地要不要扶、女大学生跳楼要不要劝，特别是小悦悦事件发生后，把这个争论推到了白热化。真的是我们这个有着悠久历史的礼义之邦走到道德崩溃的边缘？对此您怎么看？

阮青：我认为不是这样的。这么多人关注这些事件，这么多人参与这次大讨论，这么多人对民族道德表现出的关注和关切，就足以说明问题。可是，当我们静下来扪心自问：如果在马路上看到老人倒地，看到小孩躺在血泊之中，会马上伸出援手去救吗？许多人选择迟疑或选择走开，是因为谁也不知道给予别人援助的同时，会给自己带来什么样的后果。所以，大家处在一种深深的道德无力感之中。

记者：我注意到您使用的词不是“道德崩溃”，而是“一种深深的道德无力感”，请问这种“道德无力感”产生的原因是什么？

阮青：原因是多种多样的，也是复杂的。首先是普遍存在的信任危机。如果人们之间相互信任、相互关心、相互帮助、相互扶持，“我为人人、人人为我”，就会形成一个多向互动的网络，这个社会一定是稳定的、和谐的、充满生机和活力的。相互信任是一个健康理性社会存在和发展的基础。但是，如果人们之间没有相互信任，而是相互猜忌，总是担心别人害自己，人人自危，人人自保。结果是，能伸的援手不肯伸，能帮的忙不肯帮，人人成为冷漠的看客，人人也都可能成为被看客的冷漠所伤害的牺牲品。

其次，中国社会发展的特定阶段决定着人们更加关注眼前利益，甚至为了谋取眼前利益而不惜抛弃人格，牺牲信誉。改革开放之前，人们长期忍受着贫困的物质资料、高压的政治环境、匮乏的精神生活、压抑的个体需求。改革开放以来，伴随着思想大解放，带来了人性大解放，同时也似乎带来了人欲大解放，长期以来受压抑的欲望以勃兴的姿态高调反弹，甚至冲破了道德观念、政治原则、价值理想。在这个过程中，许多人迷茫、彷徨、失落，甚至丧失了自我。结果，有的人不惜诬陷救命恩人，有的人以“碰瓷”的方式来欺诈普通人，有的人以假扮“乞丐”等身份来欺骗善良人；而这些普通的善良人很可能为了不再被诬陷、被欺诈、被欺骗而拒绝对需要救助的人施以援手；而其他人看到救助者落得的这种结局，也很可能成为冷漠的看客。

最后，是违背社会良俗的司法判案，使本来就很脆弱的社会信任体系更加脆弱。“彭宇案”“许云鹤案”在社会中引起如此巨大的反响、高度的关注，可能是连判案法官都没预料到的。其中要引起我们注意的信号，一是人们对新形势下，如何处理好传统的道德理念与当代维权意识关系的重视，这无疑是对改革和完善社会司法体制进行的理性思考；二是人们对以司法体制为代表的公权力的不信任，公权力公信力的普遍下降，是我们在改革进程中必须认真对待的问题，必须下大力气解决的问题。

记者：当下大家常常谈到一个词是“给力”，请问如何让道德给力呢?

阮青：要加强国民道德教育，重塑道德主体，培养高度的道德自觉和道德自信。应该讲，中华民族在道德教育和道德修养方面有着悠久的历史，积累了大量宝贵经验。中国共产党人在领导革命、建设和改革的过程中，也建立起一套完整的道德教育体系。早在1949年1月12日上海一份英文报纸转载《纽约星报》的文章，题目是“为什么中国共产党会取得胜利？”，内容记述了美国远东问题战略专家对当时中国革命的看法。他们认为，中国共产党正在取得节节胜利，因为他们在开展群众运动的过程中，成长起来一股道德和文化的力量，造就了一支年轻有为的领导队伍，一个纪律严明和深为群众爱戴的政党。蒋介石到台湾后总结失败教训时说，“我们此次失败实在我们自己打倒了自己”。其中，“丧失了民族的自信心，不知道民族道德的力量和民族精神的伟大”是重要原因。这从正反两个方面说明道德和文化的作用。

党的十七届六中全会提出，坚持社会主义先进文化前进方向，培养高度的文化自觉和文化自信，努力建设社会主义文化强国。文化自觉和文化自信集中体现为道德自觉和道德自信。道德自信指道德的觉悟和觉醒，对道德的地位和作用、发展规律和历史使命的深刻认识和准确把握。道德自觉是对长期历史积淀下深深扎根于民族灵魂的对自身道德的充分肯定和自豪，对道德未来发展的坚定信心和极大勇气。一个缺少道德自觉和道德自信的民族，不可能成为一个伟大的民族，不可能自立于世界民族之林。

记者：如何培养国民的道德自觉和道德自信？

阮青：这当然是教育、引导和规范，尤其是通过核心价值观的教育、引导和规范，使国民产生一种价值观的认同，从而把价值观作为一种内在的行为规范和行为准则。在这个方面中国传统文化有着优良的传统。孔子主张：“工欲善其事，必先利其器”；“为仁由己”，“我欲仁，斯仁至矣”。肯定主体自身具有趋向“仁”的内在自觉性。“克己复礼为仁。一日克己复礼，天下归仁焉。”即通过克制、约束自己的言行、欲望，使之符合社会道德规范的要求；如此反复多次，礼中所包含的道德精神就会以潜移默化的方式内化为人的素质，从而实现“仁”这个最高的价值目标。在这个方面苏联有着很深刻的教训。苏共垮台后，有人总结其垮台的教训之一是，“有些东西把人说厌了，说烦了，说恨了”。今天，面对改革开放过程中社会所呈现出的价值观的多样性、多元性、差异性、异质性的客观现实，我们该对国民，特别是对青少年进行什么样的价值观教育、怎样进行价值观教育，是我们必须好好思考和解决的一个关系民族未来的重大问题。

其次，建设良好的规章制度来保证道德规范的实现。这需要社会制度的顶层设计为道德规范的实现提供良好的社会环境，更需要具体制度的设计为道德规范的实现提供具体依据。这一点我们可以向发达国家学习。如1836年的《德国刑法典》就有对见死不救者追究法律责任的条款，后经修订，到1980年形成现在的“救助失责”款，其中包括为保护救人过失而专门规定的豁免条款，目的在于使人做好事没有后顾之忧，不用担心因过失造成伤亡而遭到责任追究，继而鼓励旁观者对伤、病者施以帮助。目前中国民众对相关立法的呼声非常高，深圳市已经就《深圳经济特区公民救助行为保护条例（征求意见稿）》开始公开征求社会各界意见。条例会在实践中检验、修正、完善起来的。实践中必然会遇到许多新问题，每一个新问题的解决都是实践的伟大进步，对每一个新问题的新认识都是理论上的创新。

再次，可以采取必要的、恰当的仪式，把道德规范通过长期的积淀而内化为主体的基本素质。新加坡的中小学生每天入学第一件事是朗诵《公民价值观》，美国人听到国歌一定要立正。这是一种仪式体验教育。仪式是价值追求的实现形式，能够使人产生一种神圣感、自豪感和归宿感；仪式又表现为一种公开的承诺，使人确立一种价值目标，引导自己为实现自己的价值目标去拼搏；仪式作为一种价值观的宣示，为自己确立一种行为规范，既可以得到他人的监督，又可以产生一种自我约束的力量。

记者：领导干部在道德建设中如何起到表率的作用？

阮青：领导干部必须重视道德建设的重要性，认识到民族道德素质的高低往往直接影响着社会的发展。美国文化学者丹尼尔·贝尔指出，资本主义精神中有相互制约的两个基因：经济冲动力、宗教冲动力。由此衍生出两种精神：贪婪攫取精神和禁欲苦行精神。两种精神共同推动着早期资本主义的快速发展。后来，先是世俗法制社会碾去了神学的外壳，继而被工业时代的现实主义文学、实用主义哲学和科技理性割断了它的超验纽带；最后，20 世纪初兴起的享乐主义观念又彻底粉碎了它所代表的道德伦理基础，将传统的清教徒式的“先劳后享”引向超支购买、及时行乐的靡费心理。这恰恰是古罗马与拜占庭文明堕落的先兆。正是这种状况导致民众成为“精神的漂泊者”。反观中国社会，一方面，社会主义核心价值体系深入人心，良好思想道德风尚进一步弘扬，全民族的科学文化素质得到提高；另一方面，部分人也出现了信仰缺失、信念错位、精神懈怠、心理焦虑、认知迷茫等消极现象。如何重树信仰、确立信念、解疑释惑、疏通思想、端正认知、安顿心灵、振奋精神，是文化建设亟待解决的重大课题。我们党已经深刻意识到，物质贫乏不是社会主义，精神空虚也不是社会主义，提出建设社会主义文化强国的战略任务。这个任务的落实需要全体党员干部的不懈努力和艰苦奋斗。

领导干部的道德水平引导、决定着民众的道德水平，要教育民众首先要教育领导干部。孔子多次强调：“政者，正也。子帅以正，孰敢不正？”“其身正，不令而行；其身不正，虽令不行。”孟子也提出：“是以惟仁者宜在高位。不仁而在高位，是播其恶于众也。”毛泽东为全党确立了“为人民服务”的根本宗旨，是中国共产党能够带领人民浴血奋战推翻三座大山的文化保证。实践证明，上行则下效，领导干部的道德修养对于形成一个良好的社会风尚是至关重要的。在改革开放的过程中，领导干部的世界观、价值观、人生观、权力观、利益观等也经受着前所未有的考验和挑战。能否经受得住这些考验和挑战，决定着党和国家事业的生死存亡。因此，在加强民众道德教育，提高民众的道德水平的同时，必须首先加强领导干部的道德教育，提高领导干部的道德水平。

最后，我还要强调一点，道德无力感并不单纯是个道德问题，要解决道德无力感也不是单纯依靠道德教育就可以完成的。道德软实力是以民族产业硬实力为基础的，民族核心竞争力是以民族产业核心竞争力为基础的。解决道德无力感需要社会各个系统共同努力，是一个长期艰苦复杂的过程。

（文章发表于《学习时报》2011 年 12 月 12 日）

慎提“三年大变样”之类的口号

在学习和实践科学发展观的过程中，各地都在加快步伐积极推进社会主义现代化建设，并提出许多颇具特色的口号。其中，“三年大变样”或其他数字的“X 年大变样”可能是提出地区最多、影响最大的口号之一。

应该肯定，“大变样”口号的提出，体现了一些领导干部想干事、要干事、敢干事的魄力。但是，仔细体会和琢磨一下这个口号，总是感觉带有浓重的“大跃进”色彩。而且，为了把“三年大变样”之类的口号变成现实，有的地区把“大变样”仅仅局限于城市建筑物的大变样，集中力量进行大面积的拆除，甚至把建成只有二三十年的城市地标性建筑物拆除了；有的地区在拆除中甚至动用一切行政手段，缺乏深入细致的工作，导致各种矛盾激化；有的地区则因为时间的紧迫性，边拆除、边勘探、边设计、边施工，建筑物的质量很难得到保证；有的地区则毫无顾忌地把一些颇有历史和文化价值的“真古董”拆掉，再花费大量人力和物力去重新建设一些“新古董”，等等。因此，我们有必要认真研究“三年大变样”之类的口号的科学性和合理性。

首先，“大变样”是什么要变样？毫无疑问，所谓大变样，是随着社会主义现代化建设的深入，人们生活的总体面貌发生根本性变化。具体表现为城区建筑物的变化，使人们的生活条件得到根本性的改善；同时，也表现为自然生态环境、政治生态环境、文化生态环境的根本性变化；更重要的是表现为人们思想观念、思维模式、生活方式、精神面貌的根本性变化，人与人之间关系的根本性变化，等等。如果把“大变样”仅仅局限于城市建筑的大变样，必然会因为其他方面的发展滞后而引发许多新的问题。

其次，大变样有没有可能在短时间内比如三年内实现？任何事物的发展都要依靠一定的条件，具有一定的规律性，表现为一个过程。城市的形成和发展是一个长期的历史过程，首先表现为一种文化的积淀。我们到著名城市去游览，首先感到的是独具特色的文化。而这种文化恰恰是通过一座座独具特色的建筑物、一个个独具匠心的街头花园、一棵棵独具形态的树木来展示的；甚至路边随便一个很不起眼的小型雕塑，已经存在几百年了。因此，任何一个具有良好发展前景的城市，都不是依靠短时期的大变样来实现的。

我们必须清醒地认识到，在经济社会发展过程中，有些东西要大变样，有些东西一定不能变样。其一，青山绿水决不能变，这是人类生存的自然基础；任何人都不得以任何借口来破坏，也决不允许再走所谓先发展、后治理的老路。其二，优秀的历史文化遗产决不能变，这是我们民族生存的精神基础；失去了它，我们这个民族就没有了精神纽带和凝聚力量，就必然会四分五裂。其三，党的执政为民、为人民服务的宗旨不能变，这是我们的立党之基，执政之本；决不允许任何人打着“大变样”的旗帜，损害人民群众的整体利益，为个人或小集团谋私利。因此，在经济社会发展过程中，我们一定要从自己的实际情况出发，认真研究和确定究竟什么东西要“大变样”，什么东西要不变样；该变样的一定要尽快彻底大变样，不该变样的决不允许以任何借口去变样；积极探索如何选择和培养我们的城市文化，怎样在城市规划过程中来展示我们的文化，怎样在城市建设的每一个细节上体现我们的文化，决不能把“大变样”口号简单化、庸俗化、片面化。

我们千万不要忘记，在社会主义建设过程中，我们犯错误多数是因为

“左”，即抱着一腔热血，满怀热情，结果却适得其反，如“大跃进”“文化大革命”，都是教训。谁又能够保证，我们在“三年大变样”口号下搞起来的建筑物，不会在很短的时间内被后人又以“三年大变样”的口号来拆除呢？科学发展观的基本要求是全面、协调、可持续。我们在城市建设和改造的过程中，同样要坚持科学发展观的基本要求，全面考虑城市建设和改造过程中所涉及的各种因素，协调各方面的利益诉求，实现又好又快的可持续发展。

（文章发表于《北京日报》2010 年 2 月 1 日）

"摸着石头过河"并不否认改革需要理论指导

"摸着石头过河"可能是中国改革开放过程中流传最广、影响最大的命题，也是认识最混乱、歧义最多的命题。有人说，中国的改革开放是"摸着石头过河"，说明中国改革开放没有理论指导，走到哪算哪；有人说，中国的改革开放是"摸着石头过河"，摸不着石头掉河里淹死；也有人说，中国的改革开放是"摸着石头过河"，而摸石头的手是被控制的，不是想往哪摸就往哪摸；如此等等。这些观点，有的是否定了中国改革开放需要理论指导，有的流露出一种悲观失望的情绪，有的则表现出对改革开放前景的迷茫。当前，中国的改革开放处于关键时期，更需要我们大胆"摸着石头过河"，这就必须对这个命题有个正确的认识。

首先，"摸着石头过河"为我们确立了明确的前进目标，即"过河"，具体来说，就是建设中国特色社会主义。从近代以来，先进的中国人就一直在苦苦探索"中国向何处去"的问题，却没有找到前进的目标。中国共产党人经过半个多世纪成功和挫折的探索，最终举起中国特色社会主义伟大旗帜，这就是我们前进的目标。如果没有这个目标，我们就可能会在"河"的一边绕圈子，使改革开放事业停滞不前；就可能因看不到"石头"盲目下"河"而淹死，使改革开放事业受到挫折；就可能因放弃可能解决问题的路径或经验而向其他方向努力，使改革开放事业走弯路。

其次，“摸着石头过河”为我们解决了“过河”的基点，即“石头”，这个“石头”就是实践。应该讲，全面推进改革开放，建设和发展中国特色社会主义，是中国共产党人的伟大创造。在这个过程中，没有现成的理论和模式可资利用，没有成熟的经验或方案可以借鉴。尤其在今天，改革开放已经走过 30 年的艰辛历程，我们解决了许多问题，同时也面临着更多的新情况、新问题，而且是社会发展过程中更深层次的新情况和新问题。在这样一个关键时刻，我们更需要解放思想，以“三个有利于”为根本判断标准，以当代中国社会先进生产力发展要求为依据，发扬毛泽东同志提倡的“亲口尝梨子”的精神，坚持邓小平同志倡导的“大胆地试、大胆地闯”的理念，一切从当今世界和中国的国情出发，要敢于走新路，敢于走前人没有走过的路，坚持和发展中国特色社会主义。

再次，“摸着石头过河”为我们找到了“过河”的基本方法，即“摸”，用哲学的语言来说，就是实践—认识—再实践—再认识，循环往复，螺旋式上升的过程。这就要求我们在改革开放的过程中，要走一步看一步，看一步走一步，胆子要大，步子要稳；这就要求我们在实践中大胆探索、总结新经验、形成新认识、概括新理论、用理论指导新实践；这就要求我们鼓励创新，宽容失误，同时要建立科学合理的纠错机制；这就要求我们特别注意，“摸”的主体是广大人民群众，要调动人民群众的积极性，把人民群众的发明创造加以概括、总结、提高和推广，使之成为人民群众普遍而自觉的活动。

最后，“摸着石头过河”告诉我们一个最重要的方法论原则，改革开放必须要有科学理论的指导。“摸着石头过河”，反对简单模仿别人的经验和方案，但这决不意味着我们不需要研究改革开放的基本理论，决不意味着中国改革开放不需要科学理论的指导。恰恰相反，“摸着石头过河”，更加需要在“摸”的过程中不断总结认识，形成科学的理论，并在科学的理论指导下进行。否则，就难免因为瞎摸乱闯而呛水甚至被淹死，使社会主义改革开放事业受到挫折。

从实践看，改革开放以来，新时期中国共产党人对关系中国未来前途和命运的重大理论和实际问题，积极开展理论创新，创立了中国特色社会主义理论体系，第一次初步地、比较系统地、创造性地回答和解决了在中国这样经济文化比较落后的国家，怎样建设、巩固和发展社会主义等一系列重大理论和实践问题，极大地丰富和发展了科学社会主义理论。正像胡锦涛同志在党的十七大报告中说的："改革开放以来我们取得的一切成绩和进步的根本原因，归结起来就是：开辟了中国特色社会主义道路，形成了中国特色社会主义理论体系。"

（文章发表于《北京日报》2008 年 6 月 10 日）

九十年代关于马克思主义与儒学关系问题的研究

90 年代理论界、学术界对马克思主义与儒学关系问题的讨论和研究，提出了三种有代表性的观点，即对立说、并存说和融合说。讨论和研究的特点在于，坚持自觉性与科学性、理论性与实践性、批判性与构建性、民族性与世界性的统一。今后应加强马克思主义与儒学的双向研究和双向反思，注重儒学对马克思主义的结构性影响的研究，探讨异质文化碰撞、吸收和融合的一般规律，加强基本理论特别是继承理论和方法论的研究。

一

马克思主义与儒学的关系问题，自上一个世纪之交马克思主义刚刚传入中国时即已发生、存在；并且人们围绕这个问题所进行的争论和研究，是 20 世纪中国思想史的一个重要内容。今天，我们重新审视马克思主义与儒学的关系问题，显然有着与过去不同的背景、立场和目的。90 年代，一方面，东欧剧变，苏联解体，社会主义的发展经历了曲折的变化；另一方面，东亚经济的持续高速增长，以及为海外新儒家所首先鼓动的复兴儒学运动的高涨，这两方面都促使我们不得不去重新认识马克思主义与儒学的关系问题，深刻反思长期来我们在对待和处理这个问题上所积累的经验教训，以便在新的历史条件下，确立我们解决这个问题的正确方针，为目前正在建设的社会主义新文化提供一种民族性的内在规定，也为有中国特色的社会主义现代化发展模式提供一种民族精神的动力支持。因此，90年代关于马克思主义与儒学关系问题的讨论和研究，与80年代相比，似乎重点不再停留于是否应该或是否可能批判继承儒学的问题，而是进一步试图解决继承什么和怎么继承的问题；而且，建设性的科学理性取代了批判性的情绪宣泄，密切联系国情和现代化实际的研究取代了空泛的形而上的议论；呈现出了真正的“百花齐放、百家争鸣”的局面，产生了一大批高质量高品位的研究成果。

二

90年代关于马克思主义与儒学关系问题的讨论和研究，概括说来，形成了三种比较有代表性的观点。

（一）对立说。认为马克思主义与儒学无论从内容或时代性、阶级性、功能性来说，都是绝对对立的，不可能结合或融合。这种观点由于持论者的立场的不同，又可以分为两种：

一种是自称站在马克思主义的立场上，对儒学采取了彻底否定、批判的态度。认为：“马克思主义与孔子教义，无论如何是两个对立的体系，而不是可以调和的体系（折中主义），或者并行不悖的体系。”指出：“现在泛滥的孔子学说——一个非常封建的学说，不仅企图证明会促进资本主义的发展，而且更进一步，企图证明它还会促进社会主义的建设。作为马克思主义者，作为社会主义者，我们决不相信这种说法能够成为社会发展的历史证明。”还有学者认为，儒学“作为封建时代的‘官方哲学’，毕竟是封建社会的意识形态，是同无产阶级对立的思想和哲学体系。决不能用孔子学说去‘调和’‘补充’马克思主义，更不要说去顶替马克思主义”。

另一种则是坚决站在维护中国传统文化尤其是儒家文化的立场上，认为儒家文化可以救中国，主张以儒学来取代马克思主义。这种观点主要流行于海外，近年在大陆也有少数学者受其影响。认为中华民族两千年来的民族生命与民族精神都安立在儒家文化上，然而近百年来，国人普遍否定儒家传统，把马克思主义奉为“国教”，致使民族生命无处安立，民族精神彻底丧失，这是中国走向现代化的最大障碍和政治上一直动荡不安的根本原因。因此，中国大陆当前最大的问题是以儒学取代马克思主义，恢复儒学在历史上固有的崇高地位。

（二）并存说。此说立论的根据在于，未来的世纪应是多元文化的竞争共存，马克思主义是多元文化中的一元，儒学亦然，二者在未来的多元文化结构中应当是并行存在的。认为，在中国和东方的封建社会制度没落灭亡的过程中，传统儒学的确走上了衰微之路，但这并不意味着儒家文化从此一蹶不振，而只是它谋求适应新时代的开始。面对西方文化和中国现代化的双层巨大挑战，儒学本身有个革故鼎新和重建的问题；儒学重建的基本任务，是摒弃那些不适应现时代要求的旧式伦理观念，对那些含有合理内核或精华、仍有价值的部分作出新的选择、诠释和改造，着重发扬光大其能够代表或反映民族精神的精华，并广泛吸收非儒学传统中那些能够为儒学所包容、乃至补儒学之不足的优秀文化资源，走一条“旧学新用，洋学儒用”的文化重建道路。在新世纪的多元文化中，儒学的正确定位应该是，不敢为天下先，而只分一杯羹，亦即在多元文化结构中保持其道德人文主义的一元存在，而汇入世界文化的主流中去。

（三）融合说。这种说法强调马克思主义与儒学之间有一致、相通的地方，可以相互取长补短以形成新的思想体系；但是，马克思主义与儒学是异质文化，究竟以哪一方为主去融合对方，其结果自然是根本不同的。

一种观点主张以儒学为主，去吸取、融合马克思主义中为我所用者，认为儒家文化的深层结构实际上对中国的马克思主义者产生了极大的影响，使之在把马克思主义中国化的过程中不自觉地把马克思主义儒学化了。比如，有学者指出：“《实践论》对待马列经典的态度，在深层结构上类似于王阳明、王船山对待程朱理学的立场，这样，自然有助于毛泽东思想——中国式的马列主义取代外来的马列经典，成为一种新的文化。”认为通过分析儒家文化的深层结构的基本内容，可以看出，《实践论》是马列主义中国化的哲学基础，《矛盾论》是说明外来意识形态如何被赋予道德理想主义的基本结构。毛泽东对辩证法的这种改造，可以称为马列主义儒家化。

与这种观点相反，绝大多数学者坚持以马克思主义为指导，指出马克思主义和儒学作为异质文化有着本质的区别；同时又认为儒学作为中国传统文化的主干具有许多优秀的东西，可以为马克思主义所吸收，以构建社会主义新文化。有学者明确提出，马克思主义中国化，实际上是通过两个结合来实现的：作为科学理论，它要同中国革命的具体实践相结合；作为西方文化的优秀成果，它又要同中华民族的优秀传统文化紧密结合。这两种结合相统一，在实践上的硕果是中国革命和建设的胜利；在理论上的成果是毛泽东思想和邓小平理论。

三

围绕马克思主义与儒学的“融合说”，学者们进行了多方面多层次的探讨。

有学者对马克思主义与儒学的关系问题作了历史的考察，划分为五个阶段：从 19 世纪末 20 世纪初到 1919 年五四运动，是以中国传统文化去认同、比附、解释马克思主义阶段；从 1919 年到 1937 年全面抗日战争爆发，是二者相互冲突、相互简单否定的阶段；从 1937 年到 1957 年反右斗争，是既冲突又融合的阶段；从 1957 年到 1976 年“文化大革命”结束，是二者的对立再一次凸现，乃至于全盘否定中国传统文化的阶段；从 1976 年到现在，是二者之间既对立又统一的辩证关系在更高的基础上重新确立的阶段。也有学者将其划分为四个阶段：五四时期的“打倒孔家店”阶段；后五四时期的“批判继承”阶段；新中国成立后的曲折变化和“文化大革命”时期的彻底决裂阶段；改革开放新时期的全方位研究多维度审视和继承创新阶段。

不少学者分析了马克思主义与儒学的异同。学者们在不同点上的认识比较一致，基本上是从时代、地域、阶级、文化背景和社会功能等方面去进行分析。但在对相同点进行分析时，仍有顾虑，认为肯定其相同点似乎表明“社会主义古已有之，既然如此，只需从本土的‘国学’故纸堆中去寻找所谓‘五千年一以贯之的文化之道’，而不必靠马克思主义为指导了”。不过，还是有许多学者对其中的相同点作了认真的思考和概括，有的认为二者在哲学世界观、政治思想和大同社会理想三方面有相同点；有的则指出，二者的相似相同之处共有七个方面：唯物论、无神论、辩证法、历史观中的唯物论因素、民主主义、人道主义、大同的社会理想；还有的条分缕析出八个具体的相同点：大同、小康的社会理想与社会主义、共产主义理想，民本思想与群众路线，礼法结合、德刑相参与正确处理两类不同性质的矛盾和两手抓，选贤任能思想与党的干部路线，经世致用思想与实事求是的思想路线，知行统一观与理论联系实际的原则，修身思想与批评及自我批评作风，朴素辩证法与马克思主义的思想方法。

正是基于对马克思主义与儒学相同点的认可，绝大多数学者认为二者应该而且能够结合。因为马克思主义创始人的视野里缺少中国传统文化，而中国传统文化中恰恰有西方文化所不能取代的内容，所以，总结、分析、吸取儒学中的精华以丰富和发展马克思主义，就成了中国的马克思主义者责无旁贷的任务。有学者认为，二者结合的内在契机在于，一方面马克思主义是放之四海而皆准的普遍原则，含有全人类创造的最优秀的文化成果；另一方面中国传统文化有精华有糟粕，正是其中的精华具有现代价值，架起了马克思主义与中国传统文化沟通、融合的桥梁；二者结合的根本动力在于现实社会的需要；结合不是拼盘而是水乳交融，不是外在的联合而是内在的整合；结合的过程是马克思主义中国化的过程，结合的结果是中国化的马克思主义。也有学者认为，马克思主义如何适应中国社会主义现代化建设的需要而发展，如何进一步与中国传统文化的精华相结合并吸收西方现代文化的合理因素，这些都是在文化发展和创造中需要解决的问题。马克思主义者在如何批判继承中国传统文化的问题上有成功的经验，也有失败的教训；就后一方面而言，现代新儒家对儒学和传统文化的继承及现代阐释，可以引发人们进行反思并吸取教训。儒家的核心思想是主张入世，崇尚道德，追求和谐，重视民生，强调自强，注重经世济民的价值取向，这些是马克思主义在中国生根、发展的土壤；不肯定这些方面，就等于取消了马克思主义中国化的基础。同时，马克思主义的核心思想又具有为儒学所不曾有或与儒学的道德绝对主义相冲突的内容。中国文化需要马克思主义；马克思主义在中国最具有发展前途的内容，就是把儒家的绝对的道德本体转变为随着社会生产力和社会生活的发展而发展的社会上层建筑，亦即将道德之“体”还原为社会之“用”；只有这样，儒家文化才会适应新的时代，保持充沛的生命活力。仅就此而言，马克思主义在中国文化中的地位就是无可取代的，可以说，马克思主义产生于西方，必将发展于中国。

四

90 年代关于马克思主义与儒学关系问题的讨论，与 80 年代及其以前比较，具有鲜明的特点。

一是坚持自觉性与科学性的统一。由于问题的复杂性、艰巨性和重要性，人们越来越深刻地认识到，能否给予科学合理的解决，将直接影响着社会主义现代化事业的兴衰成败。因此，在经历了一系列的失误和挫折之后，人们开始自觉地来探讨这个问题，并在探讨的过程中，力求去掉各种偏见和情感性因素，注意在指导思想、思维方式、语言表达、逻辑结构等方面的科学性。

二是坚持理论性与实践性的统一。主要表现在，把文化重建与现代化建设结合起来，力图从文化角度来总结马克思主义中国化过程中所出现的失误，以及思考改革开放过程中所出现的难题，不仅注重实践层面的关怀，而且注重理论层面的关怀，努力把对现实问题的研究与基础理论的概括结合起来。

三是批判性与构建性的统一。儒学具有两重性，只有通过批判才能鉴别其精粗优劣，批判的目的在于从中发掘、提炼出精华，以为马克思主义中国化提供丰富的文化资源。

四是民族性与世界性的统一。认识到中国文化的重建必须置于世界文化背景之中，既要坚持民族文化自身的特点，又要使民族文化融入世界文化发展的潮流，把民族意识与全球意识、民族精神与时代精神结合起来。

回顾、反思 90 年代的讨论和研究，尽管取得了一些重要成果，但也有令人感到遗憾之处，此即深度仍嫌不够，没有飞跃，没有突破性进展，未能达到应有的高度。今后的研究似乎应注意以下几个方面。

第一，研究者要打破专业局限，做到“两通”，对儒学造诣深的学者要加强马克思主义理论素养，而对马克思主义深有研究的学者则要补儒学知识之不足，只有这样，才会进行同水平、深层次的“对话”，产生出意想不到的思想火花，收到良好效果。

第二，进一步加强儒学对马克思主义的结构性影响的研究。如果我们肯定和承认马克思主义在中国文化土壤中生根、发展，并吸取了儒学的精髓，那么，儒学必然会对马克思主义发生结构性影响，必然会成为马克思主义这棵理论大树的组成部分。因此，我们应很好地研究马克思主义与儒学相结合的规律，进而研究异质文化相碰撞、吸收以至于结合的规律，只有这样，才能真正把握马克思主义与儒学关系的实质，真正理解马克思主义中国化的丰富内涵。真正确立毛泽东思想和邓小平理论在中国文化发展长河中的历史地位，进而构建中国特色的社会主义新文化。

第三，从基本理论上加强探讨批判继承问题。由于长期受“左”的影响，人们习惯于对儒学的批判，进而对批判的内容和方式、方法也有较多的研究，反之，对继承则重视不够，对继承理论研究不足。1957 年冯友兰提出“抽象继承法”的观点，意在引起人们对继承问题基本理论的重视，然而这个观点却一再遭到批判，致使长期无人问津，直到今天问题仍然存在，因此，我们必须通过认真细致的研究，构建科学的继承理论体系。

第四，加强方法论研究。对于马克思主义与儒学关系问题的讨论和研究，方法论无疑具有十分重要的意义。目前出现的争鸣和分歧，在很大程度上是与研究者采用的方法不同有关。历史唯物主义和辩证法是指导我们研究的根本方法，但是，文化发展有其自己的规律，马克思主义与儒学作为异质文化在碰撞、融合的过程中，又有其区别于一般文化发展规律的特殊规律，这就要求我们去探索、发现适用于这种特殊规律的特殊方法，注意吸收和借鉴古今中外提出的一切科学、合理的方法，建立我们自己的方法论体系。

（文章发表于《孔子研究》1998 年第 3 期）

中国哲学一百年

百年中国哲学是围绕着如何回答“中国向何处去”这个时代课题而展开的，其基本内容是对古今中西哲学思想的诠释、比较、评价和选择，以重建中国的现代哲学，进而为重建新的社会模式提供一种世界观和方法论的指导；其讨论的焦点是“传统哲学与现代化”的关系，试图通过对传统哲学的价值诠释和选择，以实现传统哲学的创造性重建，解决发展中国家在实现现代化进程中所普遍存在的问题，实现从传统社会向现代社会的转变。由于中国社会的发展变化的阶段性，哲学问题的不同侧面在不同阶段得以凸现，人们对哲学问题的思考和回答也有所侧重，因此形成百年中国哲学发展的阶段性。

一、中国现代哲学的酝酿期，大体指 20 世纪初至新文化运动的前期

这个阶段，围绕着中国由近代社会向现代社会的转轨，各派思想家都在酝酿重新选择和构建自己哲学的核心理念，以完成近代哲学向现代哲学的转变。代表性的观点有三派：以严复、梁启超为代表的维新派哲学，以孙中山、章太炎为代表的革命派哲学，以李大钊、陈独秀为代表的“新青

年派”哲学。

维新派哲学，兴起于19世纪末，辉煌于20世纪之交，衰弱消亡于20世纪前10年。它以进化观念作为自己哲学的理论基础，构建出中国哲学发展史上一个全新的哲学形态——进化唯物主义；它借用西方资产阶级自由平等思想武器，对封建专制制度进行了深刻的批判；它对中国传统文化进行了全面的反思，对程朱理学给予了猛烈的抨击；它一改“乾嘉学派”沉溺于故纸堆的做法，注重于“救亡图存”等社会问题的研究，探索哲学与现实结合之路；它突破洋务派依靠引进西方“坚船利炮”等“物”的力量救国的模式，认为救国之“本”在于“鼓民力、开民智、新民德”，“新民为第一急务”。然而，由于其理论上的局限性，如以进化论来研究社会问题，缺乏科学性；批判程朱理学，却把程朱理学的源头——孔子学说作为自己学说的理论源头；指出封建专制制度的弊病，却没有要求推翻这个制度；理论目的使之带有明显的政治呐喊的色彩，却缺乏深刻细腻的学术研究味道。正是其理论内在的局限性，决定其在中国历史上虽然轰轰烈烈，但只是昙花一现。

革命派哲学的兴起，是20世纪初中国民族资本主义经济发展的必然结果。这个学派的主体是一批资产阶级、小资产阶级知识分子，孙中山是其领袖。与维新派哲学相比较，革命派哲学依然以进化论作为理论基础，但纠正维新派“非能骤至”“不能邋等”的庸俗进化论倾向，突出人的主观努力在进化过程中的作用，主张经过“突驾”以实现“后来居上”的革命进化观；依然强调要学习西方的社会政治学说和制度，主张通过革命推翻清朝封建专制制度，建立资产阶级民主共和国，并在实践中为此奋斗而不怕流血牺牲；对于西方资产阶级所创造的精神文明成果有所分析和批判，其“整合”已经表现出由无机的“拼盘”向有机的融合过程转化的倾向；对孔子学说和儒家思想进行了猛烈的抨击，其目的在于从思想上划清各种界限，宣传自己的革命主张；更注重从哲学的高度来总结和概括自己的革命斗争经验和教训，进行哲学思想特别是认识论的变革，试图创立全新的哲学思想体系。由于中国资产阶级所处的历史条件和自身特点所决定，革命实践冲淡了学理研究，政治热情多于理性思考，哲学的命运与阶级的命运表现出惊人的一致性。

"新青年派"哲学是当时先进的中国人从总结辛亥革命的经验教训入手，从思想文化的高度去寻求救国救民的出路的理性思考的结果。陈独秀总结辛亥革命失败的根本原因，在于国民伦理之不觉悟，儒家纲常名教没有被破坏，所以当前的最大问题是伦理问题，"伦理的觉悟，为吾人最后觉悟之最后觉悟"。因此，他创办《新青年》杂志，高举"科学""民主"的旗帜，主张"欲建设西洋式之新国家，组织西洋式之新社会，以求适今世之生存，则根本问题，不可不首先输入西洋式社会国家之基础，所谓平等人权之新信仰，对于与此新社会、新国家、新信仰不可相容之孔教，不可不有彻底之觉悟，猛勇之决心，否则不塞不流，不止不行"(《宪法与孔教》,《新青年》第 2 卷，第 3 号)。陈独秀、李大钊等人对东西文化的比较研究，表现出强烈的对西方文化的认同性。尽管这种比较研究今天看来还有许多缺憾，但是，他们开始认识到思想文化上的变革在社会变革中的重要地位，认识到开展思想上的启蒙运动在社会转轨中的重要作用，认识到输入西方的思想文化对于完成中国的启蒙任务所具有的重要意义。这是一个重大的历史进步。

可见，由于中国作为后发型国家所处的特殊历史地位，近代中国知识分子抱着一种疑虑面对西方资本主义文明，努力探索一种既能够采撷西方近代文明的甜桃而又能够抛弃其苦枝的途径。从总体上看，由于时代的局限性，这个阶段尚无科学的思想做指导，所使用的概念尚缺乏统一的规定性，思想方法上存在着严重的简单化和片面性，没有形成完整系统的哲学体系。克服这些缺憾，成为下一个阶段的重要内容；而对"第三种文明"的探索，导致后来"新青年派"的分化。

二、中国现代哲学的选择期，大体指五四运动后至20年代末

这个阶段，在实现中国社会转轨的过程中，思想家们纷纷提出自己的哲学体系，以期指导中国社会的发展方向。主要形成三大派：以梁漱溟为代表的现代新儒家哲学，以胡适、陈序经为代表的自由主义西化派哲学，以李大钊、陈独秀为代表的马克思主义派哲学；这三大派的形成奠定此后中国哲学发展的基本模式。在此后的哲学发展过程中，尽管三派互有高低，但其模式没有改变。

梁漱溟一本《东西文化及其哲学》使他成为现代新儒家学派的开山祖。他总结“旧派”在与“新派”论争中出现的根本问题是“思想内容异常空乏，并不曾认识了旧化的根本精神所在”（《东西文化及其哲学·序》）。因此，他的任务就是要创建新的思想体系。他努力从西方资产阶级哲学中寻找可资利用的思想材料和思想方法，从重构儒家形而上哲学入手，提出中西印“文化的三路向”，并对三路向的特质进行了分析和阐述，说明儒家的人生态度就是使生活有意义的态度，且足以拯救西方人在功利竞争中精神生活上的苦恼与烦闷；要拯救危机中的中国，就应该走“中国民族自救”的路，即一条东方精神文明+西方物质文明的特殊发展道路。所以，未来世界的文化是儒家文化的复兴。

自由主义西化派把现代西方哲学主要是实证主义哲学视为“最新的科学”加以崇拜，认为科学的完善和进步可以保证人类社会和整个人类文化的进步，科学与现代文明是同义语；主张科学是达到“全然真实”的唯一有效的途径，可以解决信仰、价值和自由等所有精神领域的问题；对传统文化秉持一种批判的态度，坚持一种实证的思考模式。正是在这种认识的基础上，胡适写出《中国今日的文化冲突》、陈序经写出《全盘西化的辩护》等文章，全面阐述了中西文化的对立与全盘西化的理由。由于否定中华民族的传统文化，倡导民族文化的虚无主义，其对于中国文化发展趋向的认识和选择是完全错误的。

“新青年派”中李大钊、陈独秀等人，在俄国十月革命的影响下，迅速摒弃了对西方资产阶级思想的追求，放弃了民主主义的立场，实现了世界观的转变，使马克思主义哲学莅临中国思想界。李大钊是首先在中国树起马克思主义大旗的人，他的《我的马克思主义观》是第一篇在我国系统介绍马克思主义的文章，他对唯物史观理论的阐释显示其深厚的理论功底。陈独秀大力宣传和积极提倡马克思主义注重客观事实、注重实际研究和实际活动的精神，并初步运用马克思主义哲学观点来分析中国社会的经济和政治状况，解决中国革命的性质、任务等重要问题。李达作为一个学者型的马克思主义宣传者，由于对马克思主义理论具有较深入的研究，并具有较高的哲学素质，所以在阐释马克思主义哲学理论时，显得逻辑性强、准确精练、理论色彩浓厚。瞿秋白首先在中国介绍了马克思主义哲学的辩证唯物主义的内容，使中国人了解马克思主义的整体。由于李大钊等人的介绍和宣传，马克思主义哲学在中国得到了广泛传播，引起中国哲学思想发展进程的革命，使中国人民获得了一个崭新的世界观和方法论。但是，这个时期的传播毕竟是早期的，必然具有局限性，特别是过于强调马克思主义哲学的工具理性层面，而忽视对其学术价值的探讨。其优点和不足，深深影响着中国人对马克思主义哲学的理解和接受。

总之，在这个阶段，尽管三派各有争锋，但无论从主题的确立、材料的选择、方法的运用、思想的深度、逻辑的演进、体系的构造来讲，都大大超过了前一阶段。但是，这并不意味着哲学的基本理论问题得到解决。相反，随着实践的深入发展，哲学的基本理论问题成为非解决不可的问题。

三、中国现代哲学体系的创建期，大体在30—40年代

这个时期由于日本帝国主义的入侵，民族危机日益严重，如何通过拯救民族文化以解救民族危机的问题尖锐地提上日程。因此，这个阶段讨论的主题是，如何实现中国哲学的重建，以抵抗日本帝国主义的侵略。这个

阶段尽管还存在着三大思想派别，但自由主义哲学派基本上处于蛰伏状态，而中国哲学重构表现得十分活跃，马克思主义哲学进入创立体系的阶段。

中国哲学经过三分之一个世纪的酝酿、梳理和积淀，从30年代末至40年代末进入全面重新构建的阶段，从而使中国现代哲学的发展出现一个高潮。所谓中国哲学的重新构建，是指以中国传统哲学思想资料为基础，吸取和借鉴西方哲学特别是其方法论，构建出既不同于中国传统哲学，又不同于西方哲学的颇具个性特色的中国现代哲学。它不是指一种学派，而是指一种哲学思考的结果。有代表性的理论如熊十力的“新唯识论”、冯友兰的“新理学”、金岳霖的“道论”和“知识论”、贺麟的“唯心论”、张东荪的“多元认识论”、冯契的“转识成智论”等。由于这些学者在哲学理念、对中国哲学精神的理解、对哲学的社会功能的把握、对中西哲学进行判断的标准等诸多方面的不同，他们的理论表现出哲学源流不一，观点彼此分歧，学术性格迥异，社会影响参差。但是，他们多学贯中西，对于中西方哲学文化皆有很深刻的理解和把握，且表现出对民族哲学文化的自觉和追求民族哲学文化复兴的精神。因此，他们站在不同的学术立场上，运用不同的研究方法，使用不同的学术资料，精心构思出带有鲜明个性色彩的哲学体系。尽管这些鲜明的个性色彩使得他们在后来的人生之旅中受尽磨难饱尝痛苦，但却在中国哲学发展史上留下了浓重的笔墨，成为中国哲学发展史上不可或缺的一环。

从马克思主义传播史来看，这个时期是中国马克思主义即毛泽东思想的成熟期。与之相应，马克思主义哲学也进入创建体系的阶段。这一时期，马克思主义哲学的传播和发展分两条战线进行：一条战线是以李达、艾思奇为代表的马克思主义理论工作者，在国民党统治区开展的对马克思主义哲学所进行的学理性研究和通俗化、大众化活动，从而大大提高了中国人对马克思主义哲学理解的水平，推进了马克思主义哲学传播的深度和广度。另一条战线是以毛泽东为代表的无产阶级革命家深入农村，进行土地革命和武装斗争，开辟了一条具有中国特色的社会主义革命道路，并在这一过程中将丰富的实践经验上升到理性思维的高度，形成中国化的马克思主义哲学——毛泽东哲学思想。毛泽东哲学思想将马克思主义哲学、中国革命经验和中国传统哲学精华融为一体，极大地丰富和发展了马克思主义哲学。

四、中国现代哲学研究的繁荣期，时间在十一届三中全会以来

伴随着实事求是思想路线的重新确立和全党工作重心的转移，新的实践提出了新的时代课题。在研究和回答这个时代课题的过程中，马克思主义哲学领域出现了学术思想空前活跃、学术事业空前繁荣的崭新局面，逐渐形成门类齐全、体系完备的马克思主义哲学传播和研究的新格局。

邓小平作为第二代中央领导集体的核心，在和平与发展成为时代主题的历史条件下，在我国改革开放和社会主义现代化建设的实践过程中，在总结我国社会主义胜利和挫折的历史经验并借鉴其他社会主义国家兴衰成败历史经验的基础上，逐步创立了邓小平理论。这个理论肯定实事求是是毛泽东思想的精髓，重新确立解放思想、实事求是的思想路线；主张独立自主的原则，在实践中开辟建设中国特色社会主义道路；坚持生产力最终起决定作用的历史唯物主义观点，认为社会主义阶段最根本的任务是发展生产力；提出“三个有利于”是在社会主义条件下检验各项工作的根本标准。“这个理论，科学地把握社会主义的本质，第一次比较系统地初步回答了中国这样的经济文化比较落后的国家如何建设社会主义、如何巩固和发展社会主义的一系列基本问题。它是马克思列宁主义基本原理与当代中国实际和时代特征相结合的产物，是毛泽东思想的继承和发展，是当代中国的马克思主义。”（《告全党全军全国各族人民书》）江泽民作为第三代中央领导集体的核心，在深化改革开放、加速社会主义现代化建设的过程中，大胆探索，勇于创新，丰富和发展了邓小平理论。

这个时期，哲学界对马克思主义哲学的研究也取得了突出成果。80年代初期，随着思想上的拨乱反正和对“文化大革命”中主观主义、教条

主义盛行的经验教训的总结，哲学界开始对“教科书”模式的马克思主义哲学体系进行反思，力图重新理解和重新构建马克思主义哲学体系，构建“体系”成为一种时尚。80年代末，构建“体系”走入死胡同。哲学因为远离现实而被现实所冷落。90年代初改革大潮兴起，也给理论界吹来了清新的春风，广大哲学工作者为之振奋。那么，在改革大潮面前，哲学的位置在哪里？哲学工作者应该做些什么？这成为哲学界的热门话题。经过热烈的讨论和理性的思考，人们认同一个事实：哲学的遭受冷落，是哲学多年自外于生活的结果；实践淡漠理论，是对理论脱离实践的一种抗议。我们不要企求恢复昔日哲学有过的荣耀时光。因此，“改革需要哲学，哲学需要改革”成为普遍的呼声。正是在这样一种认识指导下，中国哲学界在理论探索上出现了从“体系意识”向“问题意识”的转向。突出表现在：不再以争论“教科书”的利弊得失和如何重构教科书体系为研究的出发点，而是从社会主义现代化建设实践本身提出问题，突出各种“具体问题”在哲学研究中的地位。在对各种具体问题进行研究过程中，又突出了几个重大问题，如元哲学、人学、价值理论和发展理论等。对马克思主义哲学基本理论自身也进行了讨论，如人道主义和异化问题、主体和客体问题、实践唯物主义问题等。还提出了许多新的分支理论学说，如马克思主义哲学形态学、社会认识论等。

从“体系意识”向“问题意识”的转变，其最大意义在于：通过对几十年来马克思主义曾多次被严重教条化的原因的分析，试图弱化马克思主义哲学的工具层面，而恢复其本来所具有的学术层面；通过正常的学术层面的研究，为工具层面提供科学的依据；通过对社会主义现代化建设中重大问题的研究，以解决马克思主义哲学发展的动力问题。这样，就可以使马克思主义哲学成为扎根于实践之中而不断得到丰富和发展的活生生的理论体系，真正担负起为社会主义现代化建设提供科学指导的历史使命。

（文章发表于《学园》2000年第8期）

文化哲学研究百年回顾与反思

在人类历史的长河中，文化问题始终居于一个非常重要的地位。文化是社会政治和经济的反映，又给予伟大影响和作用于一定社会的政治和经济。特别是在社会转轨时期，文化问题就成为更加敏感、备受关注的课题。因为文化问题上的革新主张，往往就是政治上和经济上变革的舆论准备和思想先导；建立什么样的文化的争论其实质是关于社会、民族、国家的命运和发展方向的争论。因此，文化哲学成为百年来中国思想史上的一个热点。

百年中国文化哲学是围绕着如何回答“中国向何处去”这个时代课题而展开的，其基本内容是对古今中西文化的诠释、比较、评价和选择，以重建中国的现代文化，进而为重建新的社会模式提供一种内在的深层结构性规定；其讨论的焦点是“传统文化与现代化”的关系，试图通过对传统文化的价值诠释和选择，以实现传统文化的创造性重建，解决发展中国家在实现现代化进程中所普遍存在的问题，实现从传统社会向现代社会的转变。由于社会的发展变化，文化哲学问题的不同侧面得以凸现，人们对文化哲学问题的思考和回答也有所侧重，因此形成百年文化哲学发展的阶段性。

一、文化讨论的准备期，大体指新文化运动的前期

这个阶段争论的主题是东西文化的孰优孰劣。代表性的观点有两派：以李大钊、陈独秀为代表的“新青年派”，其主要舆论阵地是《新青年》杂志；以杜亚泉为代表的“东方文化派”，其主要舆论阵地是《东方杂志》。

近代中国人是抱着“中体西用”的文化模式进入20世纪的。然而，伴随甲午战争的失败，辛亥革命果实的被篡夺，政治上复辟活动，文化上尊孔渎经的谬论也纷至沓来。这就迫使当时先进的中国人从总结辛亥革命的经验教训入手，从思想文化的高度去寻求救国救民的出路。陈独秀在总结中国近代史时指出：自明朝中叶西洋文化开始输入中国后，中国文化经一次冲突，国民即受一次觉悟。最先引起中国人觉悟的是学术觉悟；经过几次失败后，进而引起中国人的政治觉悟；经戊戌之变、辛亥之役后，现在应到伦理觉悟的时候了。辛亥革命之所以失败，根本原因在于国民伦理之不觉悟，儒家的纲常名教没有破坏，所以当前的最大问题是伦理问题，“伦理的觉悟，为吾人最后觉悟之最后觉悟”。因此，他创办《新青年》杂志，高举“科学”“民主”的旗帜，主张“欲建设西洋式之新国家，组织西洋式之新社会，以求适今世之生存，则根本问题，不可不首先输入西洋式社会国家之基础，所谓平等人权新信仰，对于与此新社会、新国家、新信仰不可相容之孔教，不可不有彻底之觉悟，猛勇之决心，否则不塞不流，不止不行”①。陈独秀、李大钊等人对东西文化的优劣进行比较研究，表现出强烈的对西方文化的认同性。尽管这种比较研究今天看来还有许多缺憾，但是，他们开始认识到思想文化上的变革在社会变革中的重要地位和作用，认识到开展文化上的启蒙运动、清除人们思想中的封建主义毒素的重大意义，认识到输入西方的思想文化对于完成中国的启蒙任务所具有的重要意义，这是一个重大的历史进步。

---

① 《宪法与孔教》，《新青年》第2卷，第3号。

以《东方杂志》主编杜亚泉为代表的东方文化派，他们立论的根据在于，第一次世界大战以来，“西洋诸国，日以其科学所发明之利器，戕杀其同类，悲惨剧烈之状态，不但为吾国历史之所无，亦且为世界从来所未来”，“吾人今后不可不变其盲从之态度，而一审文明真假之所在”。他用“动的文明”与“静的文明”来概括东西文明的根本差异。在他看来，西方文明之“短”在于倡导科学，而科学的发达便引起竞争和冲突；而东方文明之“长”就在于只讲道德，不讲科学，追求一种恬淡和平的境界。所以，东西方文明“乃性质之异，而非程度之差。而吾国固有之文明，正足以救西洋之弊，济西洋文明之穷者”[①]。他主张以儒家思想为衡量是非的统一标准，“统整”因西学输入而造成的“人心之迷失”“国是之丧失”“精神之破产”的局面，使中国固有之文明发扬光大。

可见，由于中国作为后发型国家所处的特殊历史地位，近代中国知识分子抱着一种疑虑面对西方资本主义文明，他们努力探索一种既能够采撷西方近代文明的甜桃而又能够抛弃其苦枝的途径。文化保守主义派对西方文明采取一种敌视的态度；而“新青年派”尽管认同于西方文明，但还是认为，“为救世界之危机，非有第三新文明之崛起，不足以渡此危崖”[②]。从总体来看，由于时代的局限性，这个阶段的争论尚无科学的思想做指导，所使用的概念尚缺乏统一的规定性，对东西方文化的比较还是抽象的、笼统的，思想方法上存在着严重的简单化和片面性。克服这些缺憾，成为下一个阶段文化讨论的重要内容；而对“第三种文明”的探索，导致后来“新青年派”的分化。

① 《静的文明与动的文明》，《东方杂志》第3卷，第10号。
② 《东西文明根本之异点》，《李大钊文集》上，第560页。

二、文化讨论的第一阶段，大体指五四运动后至 20 年代末

这个阶段明确提出了“文化哲学”的概念。胡适在《读梁漱溟先生的〈东西文化及其哲学〉》一文中认为，梁氏讲的是“主观化的文化哲学”，这或许是“文化哲学”概念在中国的最早提出。这个阶段形成了文化讨论的三大派：以梁漱溟为代表的现代新儒家文化保守派，以胡适、陈序经为代表的自由主义西化派，以李大钊、陈独秀为代表的马克思主义文化派；这三大派的形成奠定了此后中国文化哲学发展的基本模式。在此后的文化哲学发展过程中，尽管三派互有高低，争论问题有所侧重，但三大派的模式没有改变。这个阶段讨论的主题，已经不是抽象地议论东西文明的优劣问题，而是以各自的文化哲学理论为指导，构建具有自身特色的文化哲学体系。

梁漱溟一本《东西文化及其哲学》使他成为现代新儒家学派的开山祖。他总结“旧派”在与“新派”的论争中出现的问题，认为“旧派只是新派的一种反动，他并没有提倡旧化。……他们自己的思想内容异常空乏，并不曾认识了旧化的根本精神所在”①。因此，他的任务就是解决旧派“思想内容异常空乏”的问题。他努力从西方资产阶级哲学中寻找可资利用的思想材料和思想方法，从重构儒家形而上哲学入手，提出中西印“文化的三路向”，并对三路向的特质进行了分析和阐述，通过中西印文化比较的途径显示传统文化的长处，说明未来世界的文化是儒家文化的复兴。梁氏的现代新儒家从理论体系到思想深度都远远超过了“东方文化派”。

自由主义西化派将现代西方哲学主要是实证主义哲学视为“最新的科学”加以崇拜，认为科学的完善和进步可以保证人类社会和整个人类文化的进步，科学与现代文明是同义词；主张科学是达到“全然真实”的唯一有效的途径，可以解决信仰、价值和自由等所有精神领域的问题；对传统文化秉持一种批判的态度，坚持一种实证的思考模式。正是在这种认识的

---

① 《东西文化及其哲学·序》。

基础上，胡适写出《中国今日的文化冲突》、陈序经写出《全盘西化的辩护》等文章，全面阐述了中西文化的对立与全盘西化的理由。自由主义西化派批判了中国封建主义文化的腐朽与封闭性，主张吸取资本主义文化中一切对我有用的东西，这在一定意义上有利于中国现代民族文化的形成和发展。但是，他们站在资产阶级立场上，完全否定中华民族的传统文化，倡导民族文化的虚无主义，主张全盘照搬西方资产阶级文化，其对于中国文化发展趋向的认识和选择是完全错误的。

“新青年派”中李大钊、陈独秀等人，在俄国十月革命的影响下，迅速摒弃了对西方资产阶级文化的追求，放弃了民主主义的立场，实现了世界观的转变，使马克思主义哲学莅临中国思想界，使文化哲学讨论中出现新的一派，即马克思主义文化派。李大钊、陈独秀等人，开始运用初步掌握的历史唯物主义原理来分析文化问题。他们认为，社会存在决定社会意识，经济决定文化，一切民族文化的“特性”都有经济上的原因，都可以从经济中得到说明；他们注意用阶级和阶级斗争的观点分析文化现象，揭露资产阶级文化“侵略国外弱小民族”，“辅助此等民族内部的封建制度”，以便“维持自己的统治权”的阶级本质；提出未来文化的发展趋势是建立“各民族文化自由发展，而且每个人的个性亦可以自由发展”的社会主义新文化。但是，由于他们毕竟是刚刚接受马克思主义，对历史唯物主义的基本原理的理解尚存在着一些简单化、片面化的现象，因此，对建立马克思主义文化哲学的探索仅仅是初步的。

总之，这一个阶段的文化讨论，尽管三派各有争锋，但无论从主题的确立、材料的选择、方法的运用、思想的深度、逻辑的演进、体系的构造来讲，都大大超过了第一个阶段。但是，这并不意味着有关文化哲学的基本理论问题得到解决，相反，随着社会的发展，争论的深入，诸如传统与现代、玄学与科学、价值与知识等问题更加凸出出来，成为非解决不可的问题。

三、文化讨论的第二阶段，大体在 30—40 年代

这个时期由于日本帝国主义的入侵，民族危机日益严重，如何通过拯救民族文化以解救民族危机的问题非常尖锐地提上日程。因此，这个阶段文化讨论的主题是，如何重建中华民族的文化体系，以抵抗日本帝国主义的侵略。这个阶段尽管还存在着三大思想派别，但自由主义西化派处于蛰伏状态，而现代新儒家学派表现得十分活跃，马克思主义文化派则进入创立体系的阶段。

围绕着如何重建中华民族的文化体系，以抵抗日本帝国主义侵略这个主题，冯友兰、贺麟、熊十力等人沿着梁漱溟所开辟的学术方向，大大向前迈进了一步。贺麟指出，中国近百年来的危机，根本上是一个文化的危机。“中国当前的时代，是一个民族复兴的时代。民族复兴不仅是争抗战的胜利，不仅是争中华民族在国际政治中的自由、独立和平等，民族复兴本质上应该是民族文化的复兴。民族文化的复兴，其主要的潮流、根本的成分就是儒家思想的复兴，儒家文化的复兴。”[①]而“儒家思想的新开展，不是建立在排斥西洋文化上面，而是建立在彻底把握西洋文化上面”[②]。因此，现代新儒家在中国现代文化哲学发展中独树一帜，有其独特的贡献。但是由于其对中国社会发展选择的方向性错误，加之学术研究中的其他失误，使之没有完成自己的历史使命。

从马克思主义传播史来看，这个时期是中国马克思主义即毛泽东思想的成熟期。与之相应，马克思主义文化哲学也进入创建体系的阶段。在这个阶段做出重要贡献的是毛泽东、鲁迅、胡绳、张岱年等人。毛泽东全面、科学地评价了五四新文化运动，为新文化的建立指明了方向；毛泽东指出新民主主义的文化是“民族的科学的大众的文化，就是人民大众反帝反封建的文化，就是新民主主义的文化，就是中华民族的文化”；他提出

① 《贺麟新儒学论著辑要》，中国广播电视出版社 1995 年版，第 86、89 页。

② 《贺麟新儒学论著辑要》，中国广播电视出版社 1995 年版，第 86、89 页。

建立新民主主义文化的思想方法是“古今中外法”。徐特立对这一方法解释说：“毛泽东同志提出的古今中外法，就是说我们古代的也要，现在的也要，外国的也要，中国的也要。把古代的变为自己的和现代的结合起来，把外国的变为自己的和中国的结合起来，这样看问题才是马列主义的方法。”[①] 张岱年提出的兼取中西文化之长，实行“文化创造主义”的“综合创新论”等，都超越了自由主义西化派、现代新儒家文化保守派、“中体西用”派或“西体中用”派，试图使用全新的方法来构建全新的文化体系。然而，理论准备的不足，战争条件的限制等，使马克思主义文化哲学的建立仅仅是奠定了基础，许多重要的理论问题没有进行研究，许多基本的方法论原则没有得到探索，这个问题成为我国的马克思主义者在新中国建立后所必须要马上研究和解决的问题。

四、文化讨论的第三阶段，十一届三中全会至今

中国在20世纪80年代兴起的举世瞩目的“文化热”是以改革开放和现代化建设为内在燃料的，传统文化与现代化的关系问题再次成为热点中的热点。其深刻的原因是，首先，在实现全党工作重心转移以后，伴随着物的现代化进程的加快，人的现代化的问题凸出出来；在对人的现代化问题进行思考的过程中，人们发现传统文化对于塑造和培养现代化的人具有着深刻的、内在的影响。其次，中国现代化事业能否成功重要的在于是否能够解放思想；伴随着思想解放运动的步步深入，人们已打破了教条化的马克思主义观念、僵化的社会主义模式，但是，经历几千年所形成的文化观念作为人们精神家园的一种深层结构性存在，却处处规定或影响着人们的实践活动。再次，现代化导致世界范围的文化融合，现代化进程在全球的推进使人们越来越认识到，现代化本质上是一种文化的反思和重

① 《徐特立教育文集》，第88页。

建，其中突出的问题是如何在现代化进程中达到文化的民族性与时代性的统一，这就不仅要求人们以开放的心态面对世界，汲取人类一切优秀的文化素养，而且要求人们以平常的心态对待自己的传统文化，合理地诠释传统文化的价值。正是这多种原因促使人们不得不去关注传统文化，在实现传统文化现代化转换过程中，弱化在市场经济体制下所产生的物化、世俗化、功利化倾向给人们的信仰和心灵世界所带来的某种危机，重建人们的精神家园，同时为社会主义现代化建设提供深层的文化支持。所以，研究传统文化的实质在于通过其价值诠释为现代人的实践活动提供一种行为规范，为培养现代化的人提供一种民族气质内在结构性规定，为我国文化建设提供一种民族精神的坚实基础，进而为我国的现代化建设提供深层的文化支持。

正因为这次讨论是以中国社会主义现代化事业的发展为背景的，因此表现出文化讨论进程与现代化发展进程的同步性。20 世纪 80 年代前期，现代化事业刚刚起步时，思想界的热点是在传播西方文化，同时对传统文化进行批判性反思和某些基础性概念的界定。由于讨论是在现代化大潮冲击下被动进行的，思想、理论、心理皆准备不足，因此，指导思想混乱，价值取向多元，思维方式上缺乏科学理性，常常表现出一种情绪化的宣泄。80 年代中期，随着中国现代化事业的发展，思想界的热点逐渐由传播西方文化转向研究中国传统文化；除了对宏观的、一般性的问题继续讨论，且深度和广度也大大拓展之外，也有对某些具体问题的研究；有些学者在对传统文化进行反思的基础上，开始尝试对中国文化进行重建。到 80 年代末，文化讨论表面上退温。恰恰是这种表面的“文化冷”促使一些思想家对 80 年代的“文化热”进行了冷静地反思，对如何重建中国文化进行了审慎地思考，从而为文化讨论的再度升温积蓄了能量，做好了各方面的准备。90 年代初，邓小平的南方讲话推动了中国现代化建设事业的发展，也带来了文化讨论的新高潮。根据其对传统文化的价值及其对现代化建设的作用的认定，大体有以下几种有代表性的观点。

文化保守主义。这种观点立足于中国文化的历史进程，力图从传统文化中开掘出有价值的部分作为现代文化的主干，以服务于现代化。有的学者从结构学的原则通过对儒家学说各组成部分的分析指出，仁学作为儒家学说的核心，代表着中华民族发展的精神方向，提供一种独特的文化价值理想。从历史上看，仁学经历了先秦时期以“爱人”为核心、宋明时期以“生”为根本、近代以“通”为要义三个阶段。今人应当把爱、生、通三大原则综合起来，再加上“诚”，构成新的仁学体系，以解决现代社会的痼疾。也有的学者把探讨中国文化的根本精神作为切入点，认为所谓“大道本体”乃是中国民族的生存哲学，是根本文化价值精神，是中国的民族之魂，因此，归复大道本体，建构一条新的通向精神家园的路，就会适合中国现代化的需要。

批判性重建论。这种观点通过对传统文化的价值判断，否定传统文化能适应现代化的需要。有的学者指出，文化是历史地凝成的生存方式或模式。任何文化内部都有两个层面：自在的文化、自觉或自为的文化；当两个层面间存在恰当的张力和冲突时，文化发展就有内在活力或驱动力，可称为“内在创造性转化”；当两个层面间缺少必要的张力和冲突时，便缺少内在活力，这时便需要借助外来的自觉文化以形成必要的张力和冲突来实现文化转化，可称之为“外在批判性重建”。中国传统文化对于现代化建设，缺乏内在创造性转化机制，因此发展传统文化只能是外在批判性重建，即把中国传统文化总体性地“悬置”起来，给以科学技术理性和人本精神为内涵的工业文明提供切入点和生存空间，使中国文化内部形成自在层面和自觉层面的必要张力和冲突，然后把传统文化整合到工业文明中去，建立起中国社会的新文化。

综合创新论。这种观点依据文化系统的可解析性和可重构性、文化要素间的可离性和可相容性的理论，在全面分析传统文化与外来文化是非优劣的基础上指出，应该抛弃中西对立、体用二元的僵化思维模式，排除盲目的华夏中心论与欧洲中心论的干扰，在马克思主义普遍真理的指导下和社会主义原则的基础上，以开放的胸襟、兼容的态度，对古今中外的文化系统的组成要素和结构形式进行科学的分析和审慎的筛选，根据中国社会主义现代化建设的实际需要，发扬民族的主体意识，经过辩证的综合，创造出一种既有民族特色又充分体现时代精神的高度发达的社会主义新文化。

和合学的文化战略论。这种观点认为，21 世纪人类共同面临着人与自然、社会、人际、人心和文明的五大冲突，我们必须跳出东方与西方、传统与现代两极二分的框架，构建一种新的文化战略来思考和解决这些冲突。这个文化战略就是和合学。所谓和合，就是在诸多文化要素现象相互融突以及在融突过程中吸收各优质成分而和合为全新文化体系学说。论者认为，中国传统文化的现代化，民族文化的世界化，其最佳的文化选择就是和合学。和合学是与当今世界现代化历史潮流相适应的文化战略构想。与其他各种文化重建学说相比，和合学试图超越仅限于方法和手段层面的思考，而把文化重建作为一种文化战略来思考；超越仅限于文化重建的民族性，更强调文化重建的全球性；超越仅限于搬来西方现成的概念和术语，而是完全使用中国式的语言、中国式的致思模式，从而为中国传统文化赋予了全新的内容、现代的价值。

与 80 年代相比，这次文化讨论具有鲜明的特点：一是坚持了自觉性与科学性的统一。经过 10 年的积累和准备，人们越来越深刻地意识到传统文化对现代化建设事业的影响是内在的、独特的，是不可忽视的，因此，开始自觉地来探讨这个问题；在探讨问题的过程中，力图去掉某些情感性的因素，着重于理性的探讨，注意在指导思想、思维方式、语言表达、逻辑结构等方面的科学性。二是坚持实践性与理论性的统一。表现在把中国传统文化的重建与现代化建设结合起来，力图从文化的角度来总结我国社会主义建设中出现的失误、来思考改革开放过程中所出现的难题；同时，在总结和思考的过程中，不仅注重实践层面的关怀，更注重理论层面的关怀，注意在对现实问题研究中不断进行概括和抽象，以探索传统文化转换的基础性理论。三是坚持批判性与构建性的统一。人们深深感到，中国传统文化具有二重性，既有因时代性、阶级性的局限而产生的狭隘、过时的东西，也有超时代、超阶级的普遍性意义，使之既有精华也有糟粕，因此，只有通过批判才能鉴别其优劣；批判的目的在于鉴古通今；批判作为一种手段通过对传统文化从宏观和微观、内在结构和外在形式等方面的分析，提炼出传统文化的精华，熔铸民族之魂，在此基础上构建具有中国特色的社会主义文化。四是民族性与世界性的统一。人们充分认识到，在改革开放和全球化背景下，中国的文化建设必须置身于世界文化背景之中，既要坚持民族文化自身的特点，又要使民族文化能够融进世界文化发展的潮流，把民族意识和全球意识结合起来，把民族精神和时代精神统一起来。

这次文化讨论也存在着诸多不足，主要表现为文化批判与文化构建、价值判断与实证分析、主体思潮与其他思潮研究之间存在着不平衡性。在以后的讨论中，思想界应该有意识地克服这些不足，在文化构建、实证分析和非主体思潮的研究方面下大力气。我们相信，随着社会主义现代化事业的发展，传统文化与现代化关系问题的讨论也将深入下去，最终结出丰硕的果实。

（文章发表于《淄博学院学报》2000 年第 1 期，全文转载于中国人民大学复印报刊资料《中国哲学》2000 年第 6 期）

论孔子人生价值观

在孔子思想典籍中，没有出现“人生价值观”一词，但是，围绕着“人”的问题所进行的探讨和论述，却时时涉及个人对社会所具有的意义和作用，实际上阐述了现代意义上的人生价值观。对于这部分宝贵的文化遗产，在建设中国特色社会主义现代化的今天，仅限于“批判地继承”这样一句抽象的口号已经远远不够了，现实要求我们用当代人的眼光去审视传统，用理性的思维去分辨其中的良莠，用现代意识去汲取其精华。

一

人生价值观的核心内容是确立怎样的人生价值目标。所谓人生价值目标，是指人在价值实现的过程中所确立的行为指向。一般说来，一个人价值目标确定的层次越高，对人生价值追求的责任感就越强烈，为实现人生价值目标所获得的驱动力就越大，为实现人生价值而克服困难的意志就越坚定，而最终使人生价值实现的程度就越高。因此，确定合理的人生价值目标成为孔子人学理论首先要解决的问题。

孔子明确提出，一个人要生活的有价值，首要的是确立崇高的人生价值目标。《吕氏春秋·不二》篇说：“孔子贵仁”。从一定意义来说，“仁”

不仅是孔子学说的核心概念，而且是孔子人生价值理论的核心概念；“成仁”则是孔子设定的人生价值目标。“志士仁人，无求生以害仁，有杀身以成仁。”（《论语·卫灵公》，以下凡引《论语》只注篇名）为了实现“仁”这个最高的人生价值目标，应当奋斗终生，死而后已。

从人生价值论的角度来看，孔子对“仁”的含义作了两层规定：其一，作为一种崇高的人生价值目标；其二，作为一种具体的人生行为准则。作为后者，孔子往往把“仁”与义、礼、智、勇诸种具体人生行为准则相提并论。然而，孔子更多、更主要的是在第一种规定性上来使用“仁”的。“樊迟问仁。子曰：‘爱人。’”“颜渊问仁。子曰：‘克己复礼为仁。’”“仲弓问仁。子曰：‘出门如见大宾，使民如承大祭。己所不欲，勿施于人。’”（《颜渊》）“夫仁者，己欲立而立人，己欲达而达人。”（《雍也》）尽管孔子这些话是在不同的时间、地点，针对不同人的提问而做的不同回答，但是其根本思想是“爱人”。郭沫若在《十批判书》中说：“仁的含义是克己而为人的一种利他的行为。他要人们除掉一切自私自利的心机，而养成为大众而献身的牺牲精神。”“仁”不仅仅是主体的一种道德规范，而且体现着主体所能达到的崇高的精神境界，体现着主体在处理自己与他人或社会之间关系时所表现的价值取向；说明主体只有通过自身的努力使他人或社会有所受益，从而实现一种圆融无憾的人生，这才是“成仁”。相反，假如脱离他人或社会，推卸个人本应负担的对他人或社会的义务和责任，单纯地强调主体的道德修养，这不是“成仁”，即不能实现理想的人生价值目标。

孔子把“成仁”作为最高的人生价值目标，这不是对现实人生的一种经验性的规定或事实性的描述，而是一种高度抽象的规定，一种对理想状态的描述。因为，当时的社会正处在由奴隶制向封建制转轨的时期。在经济领域里，最明显的特征是私有财产增多，私有制日益完善；在政治领域里，由于物质利益的驱动，为“私”而争天下，而争国，以至于烽火连年，杀人盈野。这样一种社会状况反映到思想文化领域里，只能是人人为“私”。孔子脱离当时的社会现实，用“爱人”来规定“仁”，又把“成仁”作为人生价值的最高目标。这一方面反映了孔子对当时社会状况的不满，试图用一种“爱人”的哲学来改变人们的价值追求，以达到改造社会的目的；另一方面反映了孔子对人与社会关系所作的理性思考，把前人已经提出并作为一般道德规范使用的“仁”提炼成高度抽象的、涵括人生一切美德的、用以规定人与社会关系的最高价值目标。在当时的历史条件下，孔子对“仁”的规定的这种特殊性，竟使其弟子们亦难以把握。根据《论语》的记载，学生问“仁”竟达七次之多，从一个侧面说明“仁”的内涵的抽象性、复杂性和难以理解性。

正因为孔子用“仁”这样一个抽象的、理性的概念来界定人，界定人生价值目标，因此，他便把人看作一个道德存在物，一个精神存在物。作为一个精神存在物，相对于对物质生活的要求来说，精神生活是更重要的。孔子关于这方面的论述是很多的。如：“士志于道，而耻恶衣恶食者，未足与议也。”（《里仁》）“君子食无求饱，居无求安，敏于事而慎于言，就有道而正焉，可谓好学也已。”（《学而》）他特别强调，在物质生活非常贫乏的情况下，依然能够不懈地追求精神生活和满足，努力于求道、成仁，则更能显示人所特有的价值。他评价颜回“一箪食，一瓢饮，在陋巷，人不堪其忧，回也不改其乐”（《雍也》），正是赞扬一种身临苦境而精神依然快乐的境界。

当然，孔子并不是单纯强调人的精神追求，而完全忽视人的物质生活，相反，孔子十分重视人的物质生活。他承认“富与贵，是人之所欲也”，问题在于怎样取得富与贵，所以，他说：“不以其道得之，不处也。贫与贱，是人之所恶也；不以其道得之，不去也。君子去仁，恶乎成名？君子无终食之间违仁，造次必于是，颠沛必于是。”（《里仁》）可见，孔子并不是一味反对富贵，他反对的是违背“仁”道，通过巧取豪夺等恶劣行径而得到的富贵；孔子并不是喜欢贫贱，根本的问题是通过什么样的途径来摆脱贫贱；倘若违背“仁”道，那么宁愿处在贫贱的地位。孔子所提倡的是，人无论是处于贫贱还是处于富贵，都应该恪守“仁”道，以“仁”道作为评价人生行为的标准，从而实现人生的价值。

孔子把“仁”作为最高的人生价值目标，尽管这个观点在当时社会动乱、阶级矛盾十分尖锐的历史条件下，仅仅反映了人们一种美好的愿望，带有浓重的空想色彩；但是，这个概念本身所被赋予的意义，反映了先哲当时已经具有较高的思维水平，反映了先哲对个人与他人和社会关系认识的深度，奠定了中国人学未来发展的模式。

二

人是人生价值的物质承担者。人生价值正是通过人的各种活动来实现的。在价值目标确定以后，人的素质的高低，直接影响着价值目标实现的质量。孔子深刻地意识到，要实现人生的价值，使人生活的更有意义，重要在于提高价值主体——人的素质。“子贡问为仁。子曰：‘工欲善其事，必先利其器。居是邦也，事其大夫之贤者，友其士之仁者。’”（《卫灵公》）“为仁”就是实现人生价值目标；“利其器”是对提高价值主体素质的一种比喻。就是说，要实现人生价值目标，首要的、第一位的是提高主体素质。

因为孔子把“仁”这样一个抽象的、理性的、理想状态的范畴作为人的最高价值目标，必然内含着这样一个思想：现实生活中的、处于自然状态的人，仅仅是具备了人的形骸的存在物，并非完全意义上的人。完全意义上的人，除开形骸，更重要的、更基本的还必须具备“仁”的属性。人生下来并不自然就是完全意义上的人，要成其为完全意义上的人，必须通过主体的努力，经历一个“成人”的过程。在孔子看来，“成人”的过程就是“修己”，“修己”的关键在于“为仁”。用今天的话来说，就是通过提高主体的素质，以便使人生价值得到更完美的实现。

孔子“求仁”思想大体包含以下几方面的内容。

（一）发挥主体的自觉能动性，这是“求仁”的前提。孔子没有提出主体自觉能动性这个概念，但是，其思想中这方面的内容是丰富的。如，“子曰：‘仁远乎哉？我欲仁，斯仁至矣。’”（《述而》）“为仁由己，而由人乎哉？”（《颜渊》）“为仁由己”“我欲仁”，说明主体自身具有趋向“仁”的内在自觉性。肯定主体自身具有趋向“仁”的内在自觉性，这是孔子先验地设定“仁”作为人生价值目标的理论结果。在孔子看来，这种自觉能动性是主体当然的属性，是不证自明的，是人人都有的。区别在于，在“为仁”的过程中，有的人能够借助自身的力量，自觉地发挥它；有的人不能够自觉地发挥它，而要借助于外在的力量，即“君子求诸己，小人求诸人”。（《卫灵公》）主体正是因为有“欲仁”这样一种自觉能动性，所以，才能“己欲立而立人，己欲达而达人”，“己所不欲，勿施于人”，把自己美好、善良的愿望、行为推及他人。

（二）好学与力行，这是“为仁”的基本途径。孔子作为一个教育家，非常重视学习在“为仁”过程中的作用。主张通过外在的学习，来引发内心的自觉。孔子曾说：“十室之邑，必有忠信如丘者焉，不如丘之好学也。”（《公冶长》）意思是说，忠信是人的高尚品德，但不是人生的理想境界；理想境界是要达到“仁”；而要达到“仁”，则必须通过学习。孔子之“好学”正是为了达到“仁”的境界，因此，作为达到“仁”的基本途径的“好学”，必然高于作为一种品德的“忠信”。正是基于这样一种认识，孔子一生好古敏学，学而不厌，以至于“发愤忘食，乐以忘忧，不知老之将至”。（《述而》）这是孔子人生价值理想在其自身行为中的运用和体现。孔子还指出了“不好学”之弊端。“好仁不好学，其弊也愚。好知不好学，其弊也荡。好信不好学，其弊也贼。好直不好学，其弊也绞。好勇不好学，其弊也乱。好刚不好学，其弊也狂。”（《阳货》）任何美德都需要学习。通过学习，把握其本质，掌握其分寸。否则，就会走向反面。

孔子不仅强调学习，而且强调力行。孔子说：“君子欲讷于言而敏于行”（《里仁》），“先行其言而后从之”（《为政》），强调多行动少说话。又说：“知及之，仁不能守之，虽得之，必失之。”（《卫灵公》）知及之，是知的过程；仁守之，是力行的过程；只有力行，才能保持崇高的境界。还说：“君子博学于文，约之以礼，亦可以弗畔矣夫。”（《雍也》）在学业上广泛地探讨知识，在行动上以礼来约束自己，那么，人生就不会出现缺憾。正因为力行如此重要，孔子说："文，莫吾犹人也。躬行君子，则未之有得。"（《述而》）书本上的学问，我与别人差不多，但在行动上实现理想的人生价值，我还没有成功。以此勉励自己努力。

（三）"克己复礼"是"为仁"的重要措施。孔子说："克己复礼为仁。一日克己复礼，天下归仁焉。"（《颜渊》）即通过克制、约束自己的言行、欲望，使之符合社会典章制度和道德规范的要求；如此多次反复，礼中所包含的原则精神就会以潜移默化的方式内化为人的素质，从而实现"仁"这个最高的价值目标。"克己复礼"的基本要求是"非礼勿视，非礼勿听，非礼勿言，非礼勿动"。孔子这个思想的深刻之处在于意识到，具有自由意志的个人行为与社会典章制度和道德规范之间存在着差距和不协调；这种差距和不协调发展到极点会导致社会的崩溃。而"克己复礼"正是要求人们克制或超越个人的自由意志，把体现群体意志的"礼"内化为个体的素质，从而使个体的意志体现或服从群体意志，实现个体意志与群体意志的统一，进而提高群体的主体素质。

（四）"为仁"是一个长期的过程，必须从一点一滴小事做起。尽管孔子把"仁"这个人生价值目标规定地崇高而抽象，似乎是常人不可能达到的。但是，在很多时候，他又认为，要达到"仁"，必须从身边一点一滴小事做起，从我做起。"子贡曰：'如有博施于民而能济众，何如？可谓仁乎？'子曰：'何事于仁，必也圣乎！尧舜其犹病诸。夫仁者，己欲立而立人，己欲达而达人。能近取譬，可谓仁之方也已。'"（《雍也》）就是说，实现"仁"不要企图一下子就可"博施于民而能济众"，而应该根据实际情况选择某些具体事情，一步一步去做。"仁者先难而后获"，只有经过艰苦的努力，才能达到"仁"的精神境界。"为仁"是一个长期的艰苦的改造自我的过程。因此，孔子十分欣赏颜回"其心三月不违仁，其余则日月至焉而已矣"。（同上）颜回能够长期使自己维持着"仁"的境界，而其他学生只是偶然达到"仁"的境界，却不能长期维持。所以，颜回死后，孔子说："未闻好学者也。"

孔子强调，在“为仁”的过程中，主体必须具有坚强的意志和恒心。他说：“三军可夺帅也，匹夫不可夺志也。”（《子罕》）个人具有坚强的意志，其力可抵三军。又说：“南人有言曰：‘人而无恒，不可以作巫医，善夫！’‘不恒其德，或承之羞。’子曰：‘不占而已矣。’”（《子路》）不屈不挠的恒心是成就一番事业所必须具备的品质。曾子说，“士不可以不弘毅，任重而道远。仁以为己任，不亦重乎！死而后已，不亦远矣”，正是完整而真实地表达了孔子的思想。

三

人生价值的评价标准问题，是孔子人生价值观的重要内容。因为，能否确立正确的标准来评价人的价值，关系到能否正确衡量人的价值的实现及其实现程度，也是能否促进社会与个人不断创造和实现新价值的内在动力。所以，人生价值的评价标准问题成为孔子人生价值理论所必须解决的问题。

孔子把人理解为道德存在物，并先验地设定了理想化的“仁”作为最高的价值目标。但是，孔子并没有以主体素质所达到的程度作为衡量人生价值的标准，而是把主体放到宏观的社会环境里，通过考察主体自身的行为所达到的社会后果来评价人生的价值，这是孔子以“仁”作为人生价值目标的必然理论结果。《宪问》篇载：“子路问君子。子曰：‘修己以敬。’曰：‘如斯而已乎？’曰：‘修己以安人。’曰：‘如斯而已乎？’曰：‘修己以安百姓。’”关于“修己”与“安人”的关系，历来存在着不同的理解。我们认为，孔子既然把人作为道德存在物，那么，如何提高主体的素质，也就是“修己”的问题，就成为孔子理论的逻辑起点。但是，孔子并不是把人看成一个个孤立的、彼此之间毫无联系的个体存在物；相反，孔子把每一个个体的人都看成是处在严密等级制度之网上相应位置的一个卒子，个人的每一个行为都必然要对周围的一切产生影响。因此，如何处理个人与社会的关系便成为孔子人生价值理论的逻辑终点。每一个人都应该注意自我修养，但是，自我修养并不就是一切，作为自我修养的必然结果，就是“安人”“安百姓”；不能够“安人”“安百姓”的自我修养是没有任何意义的。可见，孔子讲人生价值的评价标准，并不是单纯讲主体的修养水平，而是把主体的修养与主体行为的社会效果联系起来，从主体与社会的结合点上寻找人生价值实现的途径，从而确定人生价值的评价标准。

孔子关于“仁”的论述，处处体现着这种思维模式。“子张问仁于孔子。孔子曰：‘能行五者于天下为仁矣。’‘请问之。’曰：‘恭、宽、信、敏、惠。恭则不侮，宽则得众，信则人任焉，敏则有功，惠则足以使人。’”（《阳货》）可见，恭、宽、信、敏、惠作为仁的规定性，每一种都与社会效果紧密联系在一起。孔子也以这样一种致思模式去评价具体人物是否实现了理想的人生价值而成为“仁者”。如《公冶长》篇记载：孟武伯问孔子，子路、冉求、公西赤“仁”吗？孔子肯定其各自的才能，“却不知其仁也”。又认为令尹子文和陈文子的行为，仅是主体的感受，而没有使社会受益。所以，只是“忠矣”“清矣”还不是“仁者”（见《公冶长》）。而管仲尽管没有死于君难，但他协助齐桓公多次主持诸侯间的盟会，停止了战争，使百姓避免了流血，使社会得以安宁，因此，管仲是“仁者”（见《宪问》）。孔子还认为，殷时的微子、箕子、比干是“仁者”（见《微子》）。

可见，孔子的人生价值评价标准是修身与安人的统一，主观动机与社会效果的统一。主体缺乏良好的修养，主体的行为就不可能有良好的社会效果；脱离社会效果的单纯追求主体的修养，这种修养是没有实际意义的。孔子的这个思想为后来的学者所继承和发挥，逐渐形成“修身”“齐家”“治国”“平天下”的“内圣外王”的理想人生价值理论，给中国人学理论的发展以深远的影响。

四

综观孔子人生价值理论，从总体上来说，其理论体系是完备的，内容是丰富的，基本倾向是积极进取、努力向上的，反映了孔子深邃的理论思维和强烈的社会责任感，构成中华民族人生价值理论的内在精神。正是这样一种基本倾向、一种内在精神，激励着中国历史上的多少仁人志士，为了人民，为了民族，抛头颅，洒热血，谱写了一曲曲可歌可泣的英雄史诗，如范仲淹的“先天下之忧而忧，后天下之乐而乐”，岳飞的“精忠报国”，文天祥的“留取丹心照汗青”，等等。这是中国人生价值理论的基本精神，是中华民族的灵魂，也是中华民族最宝贵的精神遗产。

但是，孔子人生价值观是当时社会历史条件下的产物，反映了当时的人对人生价值问题思考的深度和理论思维的水平。作为一种理论，用现代人的眼光去审视它，必然会发现其不可克服的理论局限性。首先，孔子把“仁”作为人的本质规定，使人脱离了现实的社会基础，成为理性的抽象的人。在孔子看来，“人”指处于自然状态之下的、没有经过任何加工修饰的形体；“仁”指人经过严格的自我修养，处处按照“礼”的原则行事所达到的某种理想状态的精神境界。“人”只有达到“仁”才是完整意义上的人；而没有达到“仁”的人，则仅仅是具备了人的形体，并不是完整意义上的人。因此，“仁”作为一种精神性的东西，构成人的本质。正因为孔子把人的本质规定为精神性的“仁”，所以孔子往往片面强调人与人之间的一种孤立的精神上的交往关系，这种交往关系更多地表现为单方面的以己属人的以道德修养为基础的义务关系。在这种关系体系下，每一个人都是非社会组织化的人，是一个个孤立的、独善其身的个人。孔子要求的就是这种个人孤立的道德化。这种道德化是与社会脱节的，是孔子思想的一大缺陷。正因为孔子所设定的“仁”作为理想的价值目标缺乏客观的现实基础，它是以成为君子、大人为目标的，这只能是社会上的少数人，而非全体人民。所以，孔子的“好主意”，不是被统治者用来治人，成为少数者统治多数人的工具，就是成为不少文人的幻想和幻觉，演变成永无止境的道德修炼。

其次，孔子所设定的作为人生价值目标的“仁”，又不是绝对抽象的，而是有着非常具体的内容。一方面，“仁者爱人”是有差别的爱。这样一种人生价值目标的设定就为当时以血缘宗法为基础的封建等级制度的存在和巩固提供了保证；另一方面，“仁者爱人”是以“礼”作为手段的，为了成为“仁者”，就必须从根本上克制自己的欲望，遵循“礼”的原则行事；正是这个思想被后儒发挥到极点，演变成禁锢人性的“礼教”。因此，“仁者爱人”本身就包含着它自己的对立面，是一个充满着矛盾的理论；这样一个理论被后来的统治者所提倡就不足为怪了。

再次，孔子关于提高人生价值主体基本素质的观点包含着内在的矛盾。孔子肯定人有“欲仁”的自觉能动性，然而，人为什么会“欲仁”而不欲恶？它的人性论基础是什么？孔子提倡“克己复礼为仁”，从逻辑上讲，人之所以要“克己”，是因为人具有某些违背“仁”的不好的欲望；而肯定了这一点，就恰好和“欲仁”的理论相矛盾。既然肯定人有“欲仁”的自觉能动性，为什么还要人为地制造礼、乐等社会规范来制约人的行为，等等。这些都是孔子所不能回答的问题，而这些问题本身成为孔子后学丰富和发展孔子学说的切入点。

最后，孔子试图把主体的修养与主体行为的社会效果联系起来，从主体与社会的结合点中确立人生价值的评价标准。这种思维方法本身是正确的，其结果是奠定了中国人学的发展方向。但是，孔子所理解的主体是道德化的主体，而非社会化的主体；主体的行为主要是某种以己属人的道德行为，而不是今天我们所理解的社会行为。作为社会整体行为的统一，实则是通过个体的修养手段而牺牲个体特性为代价的。这种非社会化的主体之间的联系，只能是表面的、抽象的、无机的，正如一堆马铃薯，靠着“仁”的价值目标、“礼”的道德规范为“麻袋”，使之成为一体；一旦“仁”“礼”崩坏，整个社会便会复归于杂乱的个体。可见，孔子把个人的道德化作为理论的起点，经过一番逻辑推理，试图通过把个人行为与社会效果联系起来，从而解决个人与社会整体的关系问题。但是，由于理论自身的缺陷，孔子最终没能解决这个问题。

（文章发表于《孔子研究》1996 年第 4 期）

孔子老子人生价值观比较研究

中华民族是一个十分重视人生价值问题研究的民族。孔子、老子为先秦时期两大“显学”的代表，是中国传统文化的重要源头。尽管在他们的著作中没有出现“人生价值”一词，但是，在围绕着“人”的问题所进行的探讨和论述中，却经常涉及个人对社会所具有的意义和作用。这实际上阐述了现代意义上的人生价值观。对这两大人生价值观理论，进行深入的比较研究，用现代意识去汲取其精华，剔除其糟粕，这对构建中国特色社会主义人生价值观理论有一定的借鉴意义。

一

孔子、老子为自己的人生价值理论确立了特定的价值目标。所谓人生价值目标，是指人在价值实现过程中所确立的行为指向。一般说来，一个人价值目标确立的层次越高，对人生价值追求的责任感就越强烈，为实现人生价值目标所获得的驱动力就越大，为实现人生价值而克服困难的意志就越坚定，而最终实现人生价值的程度就越高。因此，人生价值目标是人生价值理论的核心内容。

孔子、老子由于人生哲学的差异，使之所设立的人生价值目标根本不同。

孔子明确提出，一个人要生活的有价值，首要的是树立崇高的人生价值目标。《吕氏春秋·不二》篇说：“孔子贵仁”。从某种意义来说，“仁”不仅是孔子学说的核心概念，而且是孔子人生价值理论的核心；“成仁”则是孔子设定的人生价值目标。

从人生价值论的角度来看，孔子对“仁”的含义作了两层规定：其一，作为一种崇高的人生价值目标；其二，作为一种具体的人生行为准则。作为后者，孔子往往把“仁”与义、礼、智、勇诸种具体的人生行为准则相提并论。然而，孔子更多更主要的是在第一种意义上来使用“仁”的。“樊迟问仁。子曰：‘爱人。’”“仲弓问仁。子曰：‘出门如见大宾，使民如承大祭。己所不欲，勿施于人。’”（《颜渊》）“夫仁者，己欲立而立人，己欲达而达人。”（《雍也》）尽管孔子这些话是在不同的时间、地点，针对不同的人提问而做的不同回答，但是，其根本思想是“爱人”。“仁”不仅仅是主体的一种道德规范，而且体现着主体所能达到的崇高的精神境界，体现着主体在处理自己与他人或社会之间关系时所表现的价值取向，说明主体只有通过自身的努力使他人或社会受益，从而实现一种圆融无憾的人生，这才是“成仁”。相反，假如脱离他人或社会，推卸个人本应负担的对他人或社会的义务和责任，单纯地强调主体的道德修养，这不是“成仁”，即不能实现理想的人生价值目标。

孔子把“成仁”作为最高的人生价值目标。这不是对现实人生的一种经验性的规定、事实性的描述，而是一种高度抽象的规定、对理想状态的描述。正因为孔子用“仁”这样一个抽象的、理性的概念来界定人、界定人生价值目标，因此，他便把人看作道德存在物或精神存在物。这里内含着这样一个思想：现实生活中的人仅仅是具备了人的形骸的存在物，并非完全意义上的人。作为完全意义上的人，更重要、更基本的还必须是具备了“仁”的属性的精神存在物。而“仁”的属性是人在后天通过学习修养而获得的。

老子也谈到“圣人”，并认为“圣人”是人类当中的理想者。但是，老子对“圣人”品质的界定与孔子对“圣人”品质的界定是完全不同的。这种差别主要来自于对“仁”的不同理解。在老子看来，恰恰是孔子所理解的作为人生最高价值目标的“仁”使人丧失了人本身存在的价值和意义。所以，老子从“人法地，地法天，天法道，道法自然”的哲学思想出发，提出“圣人不仁”的价值目标。老子认为，孔子所说的“仁”是一种“有为”的行为，这种行为能够导致主体思维的迷惘，导致社会出现争夺。自然法则是“天地不仁，以万物为刍狗；圣人不仁，以百姓为刍狗”。（刍狗：古代祭祀时所用以草扎成的狗，既祷则弃之，无复有顾惜之意。）（《老子》五章，以下凡引《老子》只注章名）就是说，天地只是自然的存在物，并不具有仁爱意识。万物在天地间仅依循自然法则生长；圣人应该效法天地，听任百姓自由发展，而不应该有意识地去爱百姓。老子特别提出：“圣人常善救人故无弃人，常善救物故无弃物。”

正是从这个意义上，老子对孔子的“仁”的学说进行了批判。他说：“上德不德是以有德，下德不失德，是以无德。上德无为而无以为，下德为之而有以为。上仁为之而无以为。上义为之而有以为。上礼为之而莫之应。则攘臂而扔之。故失道而后德，失德而后仁，失仁而后义，失义而后礼。夫礼者，忠信之薄而乱之首。”（三十八章）在老子看来，由于多方面的原因，现实生活中的人失去了人本身所应该具有的自然本性；而失去自然本性的人就与动物相差无几；这样的人在物欲的引诱下便相互残杀，导致社会的混乱。在这样的情况下，才不得不用“德、仁、义、礼”等后天的道德规范来约束人，从而达到治理社会的目的。由此可见，“德、仁、义、礼”等道德规范的产生，恰恰源自人类自然本性的丧失。

在老子看来，“圣人”作为人类的理想者，其最高的行为准则是：“处无为之事，行不言之教，万物作焉而不辞，生而不有，为而不恃，功成而弗居。夫唯弗居，是以不去。”（二章）又说：“上善若水。水善利万物而不争，处众人之所恶，故几于道。居善地，心善渊，与善仁，言善信，政善治，事善能，动善时。夫唯不争，故无尤。”（八章）由此可见，圣人的最高价值追求就是按照人类的自然本性去从事各种活动，这就是“无为”；反之，违背人类自然本性，有意识、有目的地去做事，这就是“有为”。“有为”是不好的。老子要求，作为一个“圣人”，就要把为了适应当时混乱的社会生活而学得的各种仁义礼智等东西统统抛弃掉，复归人的自然本性，“复归于婴儿”。

可见，孔子和老子都肯定，人要生活的有意义，就必须确立人生的价值目标。但是，孔子和老子对人生价值目标的理解是完全不同的。孔子更多是把人作为道德存在物、精神存在物，因此他所设定的人生最高价值目标是纯精神性的“仁”。而老子则更多的是把人看作自然存在物，或者说是依靠本能生存的存在物，因此，他所设定的人生最高价值目标是回归人的自然本性。

孔子和老子脱离当时的社会现实，用“仁”或“朴”“婴孩”等作为人生价值的最高目标，这一方面反映了孔子和老子对当时社会状况的不满，试图用自己所构造的哲学思想来改变人们的价值追求，以达到改造社会的目的；另一方面反映了孔子和老子对人与社会关系所作的理性思考。尽管这种思考在当时社会动乱、阶级矛盾十分尖锐的历史条件下，仅仅反映了人们的美好愿望，带有浓重的空想色彩；但是它反映了先哲当时已经具有较高的思维水平，反映了先哲对个人与他人和社会关系认识的深度，奠定了中国人学未来的发展模式。

二

孔子和老子都深刻地意识到，要实现人生的价值目标，重要的在于提高价值主体即人的素质。因为，人是人生价值的物质承担者。人生价值正是通过人的各种活动来实现的。在价值目标确定以后，人的素质的高低，直接影响着价值目标实现的质量。“子贡问为仁。子曰：‘工欲善其事，必先利其器。居是邦也，事其大夫之贤者，友其士之仁者。’”（《论语·卫灵公》，以下凡引《论语》只注篇名)“为仁”就是实现人生价值目标；“利其器”是对提高价值主体素质的一种比喻。老子说：“善建者不拔，善抱者不脱，子孙以祭祀不辍。修之于身，其德乃真。修之于家，其德乃余。修之于乡，其德乃长。修之于国，其德乃丰。修之于天下，其德乃普。”(五十四章)这里也强调修身要从根本上做起。

尽管孔子和老子都认定提高价值主体素质的重要性，但是，由于其所设定的人生价值目标的不同，导致其提高价值主体的内容也是完全不同的。

孔子把“仁”这样一个抽象的、理性的、理想状态的范畴作为人的最高价值目标，那么，人生下来并不就是完全意义上的人，而只是具有生物属性的自然人；人要成为完全意义上的人，必须通过主体的努力，经历一个“成人”的过程。在孔子看来，“成人”的过程就是“修己”，“修己”的关键在于“求仁”。用今天的话来说，就是通过提高主体的素质，以便使人生价值得到更完美实现。

孔子“求仁”思想大体上包含四方面的内容。(一)发挥主体的自觉能动性，这是“求仁”的前提。孔子没有提出自觉能动性这个概念，但是其思想中这方面的内容是丰富的。如：“子曰：‘仁远乎哉？我欲仁，斯仁至矣。’”(《述而》)“为仁由己，而由人乎哉？”(《颜渊》)“为仁由己。”“我欲仁”说明主体自身具有趋向“仁”的内在自觉性。区别在于，在“求仁”的过程中，有的人能够自觉发挥它；有的人不能够自觉发挥它，而要借助于外力，即“君子求诸己，小人求诸人”。(《卫灵公》)(二)好学与力行，这是“求仁”的基本途径。孔子作为一个教育家，非常重视学习在“求仁”过程中的作用。他自己办教育的目的，就是希望培养一批“仁”者。孔子自己一生好古敏学，学而不厌，以至于“发愤忘食，乐以忘忧，不知老之将至”。(《述而》)这是孔子人生价值理想在其自身行为中的具体的运用和体现。(三)“克己复礼”是“求仁”的重要措施。孔子说：“克己复礼为仁。一日克己复礼，天下归仁焉。”(《颜渊》)即通过克制、约束自己的言行，使之符合社会典章制度和道德规范的要求，礼中所包含的原则精神就会以潜移默化的方式内化为人的素质，从而实现“仁”这个最高的价值目标。孔子这个思想的深刻之处在于，指出具有自由意志的个人行为与社会典章制度和道德规范之间存在着差距和不协调；这种差距和不协调发展到极点会导致社会的崩溃。而“克己复礼”正是要求人们克制或超越个人的自由意志，把体现群体意志的“礼”内化为个体的素质，从而使个体的意志体现或服从群体意志，实现个体意志与群体意志的统一，进而提高群体主体的素质。（四）“求仁”是一个长期的过程，必须从一点一滴小事做起。“子贡曰：‘如有博施于民而能济众，何如？可谓仁乎？’子曰：‘何事于仁，必也圣乎！尧舜其犹病诸。夫仁者，己欲立而立人，己欲达而达人。能近取譬，可谓仁之方也已。’”就是说，实现“仁”不要企图一下子就可“博施于民而能济众”，而应该根据实际情况选择某些具体事情，一步一步去做。“仁者先难而后获，可谓仁矣。”（同上）“为仁”是一个长期的自我改造过程，只有经过艰苦的努力，才能达到“仁”的精神境界。老子从自然主义的人生价值观出发，认为现实生活中的人是非理想状态的人；之所以是非理想状态的原因在于，后天的仁义礼智以及由此引申出来的技巧、物欲等泯灭了人的自然本性。所以，要提高主体的素质，其实质在于排除后天的仁义礼智以及由此引申出来的技巧、物欲等因素对人的干扰，恢复人的自然本性。

《老子》（六十七章）说：“我有三宝，持而保之：一曰慈，二曰俭，三曰不敢为天下先。慈故能勇，俭故能广，不敢为天下先，故能成器长。”从某种意义上来说，这段话集中体现了老子的修身思想。

（一）所谓“慈”，包含有“贵柔”“不争”的思想。即崇尚柔弱的本性，反对为获得身外之物而进行的一切有为之“争”。老子认为，柔弱能够战胜刚强。例如：“人之生也柔弱，其死也坚强；万物草木之生也柔脆，其死也枯槁。故坚强者死之徒，柔弱者生之徒。”（七十六章）可见，所谓不争就是不坚持己见，不自以为是，不自我夸耀，不自高自大，能做到谦虚谨慎，不骄不傲，也就无所争了。（二）所谓“俭”，即“知足”。老子说：“祸莫大于不知足，咎莫大于欲得。故知足之足，常足矣。”（四十六章）把持不放，迟早就要丢掉；锋芒太锐，则要遭受摧折；金玉满室，则招来抢劫；富贵而骄傲，则导致罪过。所以，人生在世，不能总是充满各种欲望而一味追求，不能总是不满足自己的现状，而应该知足；知足会使自己有一个良好的心境，而这种良好的心境则是人生最大的快乐与满足。所以，老子主张，“圣人去甚、去奢、去泰”。（三）不敢为天下先，故能为器长。人生采取贵柔、不争、知足的态度，就不会总是把自己摆在超越于天下人的位置；正因为不为天下先，才能超越天下万物，成为天下万物之“长”。

在老子看来，现实生活中的人之所以“不慈”“不俭”，“欲为天下先”，其根本原因在于有“欲”，而有“欲”的根本的原因在于有“知”。何为老子所理解的“知”？“不尚贤，使民不争。不贵难得之货，使民不为盗。不见可欲，使民心不乱。是以圣人之治，虚其心，实其腹，弱其志，强其骨。常使民无知无欲，使夫智者不敢为也。无为，则无不治。”（三章）可见，老子所谓“知”，实质上指人们感知、辨别贤恶、是非、贵贱的能力。正因为人们具有这种辨别能力，才会依据自己的感知产生追求的欲望，因此，要消除人的欲望，首先要消除人的“知”。“有为由于有欲，有欲由于有知；日启其无涯之知，而后节其无涯之欲。”（二章）所谓“修身”，就是去掉人的感知、辨别能力，进而消除各种欲望，再进一步做到“慈”“俭”“不敢为天下先”，做一个具有完善人格的“圣人”。

通过对孔子与老子关于提高价值主体的思想的比较研究可以看出，尽管孔子与老子都强调提高价值主体的基本素质，但是修养方向是相反的。如果说孔子试图通过“求仁”的过程，使现实生活中的、尚没有具备“仁”的属性的现实人，来理解、体会、达到理想状态的人；那么，老子则是试图通过去掉人的“知”，进而去掉人的“欲”的途径，使现实生活中的人退而成为无知、无虑、无思、无欲按本能生活的生物人。从这种意义上说，孔子的人生价值主体修养学说是积极的、进取的、充满着对人生的追求；老子的学说则是消极的、保守的、充满着对人生的失望。

三

人生价值的评价标准问题，是孔子和老子人生价值观的重要内容。因为，能否确立正确的标准来评价人的价值，关系到能否衡量人的价值的实现及其实现的程度，也是能否促进社会与个人不断创造和实现新价值的内在动力。所以，人生价值的评价标准问题，成为孔子和老子人生价值理论所必须解决的问题。

孔子把人理解为道德存在物，并先验地设定了理想化的“仁”作为最高的价值目标。但是，孔子并没有以主体素质所达到的程度作为衡量人生价值的标准，而是把主体放在宏观的社会环境里，通过考察主体自身的行为所达到的社会效果来评价人生价值。这是孔子把“仁”作为人生价值目标的必然理论结果。《宪问》篇载：“子路问君子。子曰：‘修己以敬。’曰：‘如斯而已乎？’曰：‘修己以安人。’曰：‘如斯而已乎？’曰：‘修己以安百姓。’”因为孔子把人作为道德存在物，那么，如何提高主体的素质，也就是“修已”的问题，就成为孔子理论的逻辑起点。但是，孔子并不是把人看作一个个孤立的、彼此之间毫无联系的个体存在物；相反，孔子把每一个个体的人都看成是处在严密等级制度之网上相应位置的一个卒子，个人的每一个行为都必然要对周围的一切产生影响。因此，如何处理个人与社会的关系便成为孔子人生价值理论的逻辑终点。每一个人都应该注意自我修养，但是，自我修养并不就是一切。作为自我修养的必然结果，就是“安人”“安百姓”；不能够“安人”“安百姓”的自我修养是没有任何意义的。可见，孔子讲人生价值的评价标准，并不是单纯讲主体的修养水平，而是把主体修养与主体行为的社会效果联系起来，从主体与社会的结合点上寻找人生价值实现的途径，从而确定人生价值的评价标准。孔子以这样一种致思模式去评价具体的历史人物是否实现了理想的人生价值而成为“仁者”。

可见，孔子的人生价值评价标准是修身与安人的统一，主观动机和客观效果的统一。主体缺乏良好的修养，主体的行为就不可能有良好的社会效果；脱离社会效果，单纯追求主体的修养，这种修养是没有任何实际意义的。孔子的这个思想为其后学所继承和发挥，逐渐形成“修身”“齐家”“治国”“平天下”的“内圣外王”的理想人生价值理论。

对于老子的人生学说，许多学者都认为是一种自然无为、消极遁世的学说。其实，老子的人生价值理论尽管是从“自然”“无为”这样一个自然主义的命题作为逻辑起点，经过“慈”“俭”“不敢为天下先”的论证；但是，其最终关怀不是单纯强调个体的消极无为、隐遁出世；相反，而是通过“无为”达到“无不为”的社会效果。

如果说孔子把人界定为精神的存在物，更多的是强调人的社会价值性的一面；那么，老子是把人界定为生物的存在物，更多的是强调人的个体价值性的一面。但是，老子在强调个体的价值性的同时，并没有否定人的价值的社会性的一面，而是把个体价值与社会价值联系起来思考问题，即以个体的“无为”为手段，实现“无不为”的目的。他说：“无为而无不为。取天下常以无事，及其有事，不足以取天下。”（四十八章）可见，“无不为”的最终目的是“取天下”。从这里可以看出，老子对个体价值的评价标准依然是一种社会标准，依然是坚持把主观动机和客观效果的统一作为评价个体价值的标准。他与孔子的差别在于个体价值实现方式的不同。孔子要求积极进取，奋力拼搏以实现个体的价值；老子则主张消极无为，在自然而然中实现个体的价值。正因为如此，老子学说的主题不是教人如何消极遁世，做与世无争的“隐士”，而是教人如何在社会大动荡的转轨时期，以特殊的方式保存自己，以特殊的方式与人们“争”天下。这点从老子所提出的系统的政治、法律、经济、文化、军事等爱民治国的思想和措施中也可以得到证实。从这种意义上说，老子的人生价值论是积极有为的，依然是从个人与社会的结合点上来讨论人生价值的实现，以“取天下”这样一种社会效果作为评价人生价值的标准。

综观孔子和老子的人生价值论，从总体上来说，其理论体系是完备的，内容是丰富的，基本倾向是积极进取、努力向上的，反映了他们深邃的理论思维水平和强烈的社会责任感，构成中华民族人生价值理论的内在精神。

但是，孔子和老子的人生价值观理论是当时社会历史条件的产物，反映了当时的人对人生价值问题思考的深度和广度。作为一种理论，用现代人的眼光去审视它，必然会发现其自身不可克服的理论局限性。

首先，孔子和老子对人的本质的错误理解，使之所设定的人生价值目标缺乏客观的现实基础。孔子把“仁”作为人的本质规定，在他看来，“人”指处于自然状态下的，没有经过任何加工修饰的形体；“仁”指人经过严格的自我修养，处处按照“礼”的原则行事所达到的某种理想状态的精神境界。“人”只有达到“仁”才是完全意义上的人。因此，“仁”作为一种精神性的东西构成人的本质。与孔子相反，老子则认为，现实生活状态中的人是经过许多后天因素加工修饰过的形体，而这种后天因素使人丧失了自己的本性；因此所谓人的修养，就是要去掉后天学到的仁义道德智慧技巧等东西，恢复自己自然无为、无知无欲的“婴孩”状态。可见，老子是把人的纯生物本性作为人的本质规定性。孔子和老子从两个极端来理解人的本质，或者把人作为精神存在物，或者把人作为肉体存在物，这样不可能为自己所设定的人生理想价值目标找到客观的现实基础。

其次，孔子和老子关于提高人生价值主体基本素质的观点包含着内在的矛盾。孔子肯定人有“欲仁”的自觉能动性，然而，人为什么会“欲仁”而不欲恶？孔子提倡“克己复礼为仁”，那么，从逻辑上讲，人之所以要“克己”，是因为人具有某些违背“仁”的不好的欲望，而肯定了这一点就恰好和“欲仁”的理想相矛盾。既然肯定了人有“欲仁”的自觉能动性，为什么还要人为地制造礼、乐等社会规范来制约人的行为？老子也肯定人有“返璞归真”的内在自觉性，然而现实生活中的人为什么总是要学那些不好的东西而丢掉人的本性呢？人要“返璞归真”，其内在动力是什么呢？这些都是孔子和老子所无法回答的问题。而这些问题本身成为后学丰富发展其学说的切入点。

最后，孔子和老子都试图把主体的修养和主体行为的社会后果联系起来，从主体与社会的结合点中确立人生价值的评价标准，这种思维方法本身是正确的，它奠定了中国人学的发展方向。但是，孔子和老子所理解的主体是道德化的主体或生物化的主体，而非社会化的主体；主体的行为主要是某种以己属人的道德行为或以己属己的本能行为，而不是今天我们所理解的社会行为；作为社会整体行为的统一，实则是通过个体的修养手段而牺牲个体特征为代价的；这种非社会化的主体之间的联系，只能是表面的、抽象的、无机的。因此，尽管孔子和老子试图通过把个人行为与社会效果联系起来，以解决个人与社会整体的关系问题，但是，由于其理论自身的局限性，最终没有解决这个问题。

（文章发表于《山东社会科学》1997 年第 3 期）

荀子对孔子和老子人生价值观的扬弃

人生价值观是中国传统文化不可缺少的组成部分。孔子、老子围绕这个问题进行了大量的思考，提出许多颇有见地的思想。荀子循着孔子和老子的思路对这个问题继续探讨。他汲取了孔子、老子人生价值观的合理成分，又以自己的方式试图解决孔子、老子所没有解决的问题，形成独具特色的人生价值观。对荀子与孔子和老子人生价值观的关系深入地进行比较研究，用现代意识去汲取其精华，总结其理论思维教训，对于构建中国特色社会主义的人生价值理论，不无裨益。

一

人生价值理论的核心内容是人生价值目标。孔子、老子从自己的人生哲学出发，设立了不同的人生价值目标。孔子认为，人生最高的价值目标是“成仁”，其根本精神是“爱人”；“仁”不仅仅是主体的一种道德规范，而且体现着主体在处理自己与他人或社会之间的关系时所表现的价值取向。显然，孔子的“仁”不是对现实人生的一种经验性的规定和事实性的描述，而是一种高度抽象的规定和对理想状态的描述。孔子用“仁”这样一个抽象的、理性的概念来界定人，来界定人生价值目标，便把人看作道德存在物或精神存在物。处于自然状态下的人只有经过严格的自我修养，处处按照“礼”的原则行事，才能达到理想的精神境界——“仁”。人只有达到“仁”才是完全意义上的人。因此，“仁”作为一种精神性的东西构成了人的本质。

老子与孔子的观点相反。他认为，恰恰是孔子所理解的作为人生最高价值目标的“仁”，使人丧失了人本身存在的价值和意义。因为，天地间最高的法则是“人法地，地法天，天法道，道法自然”，而现实生活中的人，由于多方面的原因，失去了人本身所应该具有的自然本性；失去自然本性的人，就与动物相差无几；这样的人在物欲的引诱下便相互残杀，导致社会混乱。于是，不得不用“仁”“义”等后天的道德规范来约束人，从而达到治理社会的目的。可见，“仁”“义”等道德规范的产生，恰恰源于人类自然本性的丧失。因此，人生最高的价值目标，是把为了适应当时混乱的社会生活而学得的仁义礼智等东西统统抛弃掉，“处无为之事，行不言之教，万物作焉而不辞，生而不有，为而不恃，功成而弗居”①，按照人类的自然本性去从事各种活动，这就是“无为”。“有为”是不好的。老子的要求是，作为一个“圣人”应该复归人的自然本性，“复归于婴儿”。可见，老子是把人的纯生物本性作为人的本质规定性。

孔子和老子从两个极端来理解人的本质，或者把人作为精神存在物，或者把人作为自然存在物，这样就不可能为自己所设定的人生理想价值目标找到客观的现实基础。

荀子吸取了孔子和老子在人生价值目标方面的积极成果，又以自己的理论思维方式，从解决人的本质规定性入手，提出了自己的人生价值目标。

人类与动物有自然同质性。“水火有气而无生，草木有生而无知，禽兽有知而无义；人有气、有生、有知亦且有义，故最为天下贵也。”② 人类

① 《老子·二章》，《诸子集成》，中华书局 1990 年版，第 2 页。

② 《王制》，《荀子新论》，中华书局 1979 年版，第 127 页。（以下只引篇名）

与自然的万物一样，是由最基本的物质“气”构成的；人类与自然界一切有机物一样，都是有生命的；人类与自然界的一切动物一样，都是有知觉能力的。人类作为一种自然物，其纯生物本性是“饥而欲食，寒而欲暖，劳而欲息，好利而恶害，是人之所生而有也，是无待而然者也，是禹、桀之所同也”。人类与动物的自然同质性，是人类能够作为人而存在的基础。舍弃人类与动物的自然同质性，就根本无法理解人，无法理解人的本质，就会把人变成一种神秘的创造物。

荀子不仅看到人类与动物的自然同质性，也看到了人类与动物的本质差异性，提出了关于人的本质规定性的思想。荀子似乎不同意孔子把人的本质规定为“仁”这样一个在理论上抽象、难懂，而在实践上又与战国末期天下混战的现实状况不相符合的概念。他在某些时候也谈到“仁”，但仅仅是作为一种道德规范来使用。荀子对人的本质规定，在不同的地方具有不同的说法。“人之所以为人者，非特以二足而无毛也，以其有辨也。”① 这里是把“辨”作为人的本质规定。如前所述：“人有气、有生、有知亦且有义，故最为天下贵也。”又把“义”作为人的本质规定。

荀子对“辨”和“义”二者内涵的规定性是不同的。所谓“辨”，是指人内在的一种思维能力；“辨”作为一种思维能力本身没有善与恶的分别，但人具备了“辨”的能力，就可以区别人世间的善与恶。“辨莫大于分。”② “辨”作为人的一种能力，可以区别人世间的一切事物，但其最高的功能是区分人世间的等级名分。所谓“义”，是指人内在的一种道德自觉，“义”本身就是善的。作为人的一种道德自觉，它要求人按照善的标准进行活动。由此可见，“辨”和“义”都是人所特有的，是动物所没有的。

谈到“义”必然要涉及“礼”。“礼”是荀子思想中的一个极端重要的概念。荀子在许多地方谈到“礼”。“礼者，贵贱有等，长幼有差，贫富轻

① 《非相》，第55、56页。
② 《非相》，第55、56页。

重皆有称者。”[①]“礼者，所以正身也。”[②]“礼者，人主之所以为群臣寸、尺、寻、丈检式也。”[③]“国无礼则不正。礼之所以正国也，譬之犹衡之于轻重也，犹绳墨之于曲直也，犹规矩之于方圆也。”[④]从这些引文可以看出，荀子是把“礼”作为一种约束人的行为的外在道德规范。正因为“义”“礼”作为两种道德规范能够相互补充，从不同的角度来共同制约、规范人的行为，缺少任何一种都是不行的，所以，在《荀子》一书中，“礼义”总是联在一起使用的。

荀子对人的本质规定还有一个重要概念，即“群”。他说：人“力不若牛，走不若马，而牛马为用，何也？曰：人能群，彼不能群也”[⑤]。所谓“群”，就是肯定人是一种社会性的动物。正因为人是一种能够组织起来共同生活的社会性动物，所以，人才能够征服和使用自然能力比人大的动物。显然，这是从社会关系的角度来研究人的本质规定性的。而人之所以能够以“群”的状态进行生活，其他动物不能以“群”的状态进行生活，这又是由人的“辨”“义”等其他本质规定性决定的。

正是在对人的本质规定性有了全面理解的基础上，荀子提出了自己的人生价值目标。在个别时候荀子也借用孔子“成人”的概念，“能定能应，夫是之谓成人”[⑥]。但是在大多数情况下，荀子使用了自己的概念“伪”。

“伪”这个价值目标的提出，是以肯定人和动物具有自然同质性为前提的。但是，人之所以为人，不仅仅因为人有“天之就也，不可学、不可事”[⑦]的自然本性，而且有“辨”“义”“群”的本质规定性。因为人有“辨”“义”“群”这样的本质规定性，人就能够按照“礼”的要求进行活动，而且也必须按照“礼”的要求进行活动，克服完全按照自然本性活

---

① 《富国》，第 141 页。
② 《修身》，第 23 页。
③ 《儒效》，第 111、107、109 页。
④ 《王霸》，第 169—170 页。
⑤ 《王制》，第 127、122 — 124 页。
⑥ 《劝学》，第 13、1、3、5 页。
⑦ 《性恶》，第 391、393、390 页。

动所带来的弊端。所以，荀子认为："性者，本始材朴也；伪者，文理隆盛也。无性则伪之无所加，无伪则性不能自美。性伪合，然后成圣人之名，一天下之功于是就也。"[①]"故圣人化性而起伪。""圣人之所以同于众其不异于众者，性也；所从异而过众者，伪也。"[②]圣人之所以为圣人就在于"伪"；"伪"是人生所应追求的最高价值目标。

可见，荀子对人生价值目标的思考汲取了孔子、老子思想的积极成果。他从人的自然性入手来探索人的本质，把人所具有的"仁义道德"看作后天学习得到的，这是对老子思维方式的继承。但是与老子思想的不同点在于，荀子并没有把人后天学到的"仁义道德"看作人性的丧失和人生价值的泯灭；相反，他恰恰肯定，正因为人后天学得了"仁义道德"才使人成为真正意义上的人，成为有价值的人。荀子肯定人必须学习"仁义道德"，按照"礼"的规范去行事，这是对孔子思想的继承。但是，他与孔子思想的区别在于，把"仁义道德"建立在人的自然本性的基础上。这样就使每一个有性、有情、有效的自然人通过必要的修养都可以成为圣人。圣人已经不是高不可攀的，"涂之人可以成禹"，为普通人成为圣人开了一张简便的通行证。

二

人是人生价值的物质承担者。人生价值正是通过人的各种活动来实现的。在价值目标确定以后，人的素质的高低，直接影响着价值目标实现的质量。因此，孔子、老子都提出了关于提高价值主体即人的素质的思想。

孔子把"仁"这样一个抽象化、理想化的概念作为人的最高价值目标，那么，人生下来并不是完全意义上的人，而只是具有生物属性的自然

① 《礼论》，第 322、314 页。

② 《性恶》，第 391、393、390 页。

人；人要成为完全意义上的人，必须通过主体的努力，经历一个“成人”的过程。“成人”的过程就是“修己”，“修己”的关键在于“求仁”。“为仁由己，而由人乎哉？”“我欲仁，斯仁至矣。”说明主体自身具有趋向“仁”的内在自觉性；他还提出，好学与力行是“求仁”的基本途径；“克己复礼”是“求仁”的重要措施。

老子从自然主义的人生价值观出发，认为现实生活中的人是非理想状态的人，其根本原因在于后天的仁义礼智以及由此引申出来的技巧、物欲等泯灭了人的自然本性。所以，要提高主体的素质，其实质在于排除后天的仁义礼智以及由此引申出来的技巧、物欲等因素对人的干扰，恢复人的自然本性。

但是，孔子、老子关于提高人生价值主体素质的观点包含着内在的矛盾。孔子肯定人有“欲仁”的自觉能动性，然而，人为什么会“欲仁”而不欲恶？孔子提倡“克己复礼为仁”，那么从逻辑上讲，人之所以要“克己”是因为人具有某些违背“仁”的不好的欲望，而肯定了这一点就恰好和“欲仁”的理论相矛盾。既然肯定了人有“欲仁”的自觉能动性，为什么还要人为地制造礼、乐等社会规范来制约人的行为？老子也肯定人有“返璞归真”的内在自觉性，然而现实中的人为什么总要学得那些不好的东西而丢掉人的本性呢？人要“返璞归真”，其内在动力是什么？这些都是孔子、老子所无法回答的问题。

荀子正是把解决孔子、老子学说的内在矛盾作为自己学说的切入点。荀子首先解决人为什么要修身的问题。他认为根本原因在于人性有趋向于恶的倾向。他说：“今人之性，生而有好利焉，顺是，故争夺生而辞让亡焉；生而有疾恶焉，顺是，故残贼生而忠信亡焉；生而有耳目之欲，有好声色焉，顺是，故淫乱生而礼义文理亡焉。然则从人之性，顺人之情，必出于争夺，合于犯分乱理而归于暴。”[①] 所以，如果完全按照人的自然本性来进行活动，人们就有可能干出许多恶事、坏事，人类社会就不可能存在

---

① 《性恶》，第 391、393、390 页。

下去；为了保证人类社会的存在，每个人都要按照一定的道德规范修炼自己，使自己成为与社会要求相统一的“伪”人，即圣人。

既然人的本性有趋向于恶的倾向，那么，人为什么会向善呢？在人性与“伪”之间的中介是什么呢？人能够向善的根本原因在于人所特有的本质规定性“辨”“义”“群”，人类作为一个群体如果要生存下去，群体中的每一个个体都必然抛弃自己与群体存在相矛盾的东西，个体自由意志的发挥必须以不侵犯群体的存在为前提，个体的自由意志必须服从群体的意志。而人之所以能够为了群体而约束自己，是因为人有“义”；“义”作为一种内在的道德自觉，它要求人遵循“是”或“善”的原则行事；而人之所以能够区分“善”与“不善”、“是”与“非”，是因为人有“辨”；所以，“辨”是有趋向于恶的可能性的人性与“伪”之间的中介。荀子又说：“不事而自然谓之性。性之好、恶、喜、怒、哀、乐谓之情。情然而心为之择谓之虑。心虑而能为之动谓之伪。”[①]“心”作为人的思维器官具有理性思维功能。可以说，“心”是“辨”的物质载体，“辨”是“心”的功能体现。正因为人有“心”，才能够“辨”；正因为有“辨”，人就能够辨别是非善恶。正因为人有“义”，就可以遏制人性趋向于恶的可能性，而引导人向善。所以，人内在的“辨”或“义”是人“欲仁”“欲善”的内在动力。

荀子特别强调，要使自然之人成为理想状态的圣人，仅靠内在的“辨”和“义”是远远不行的，必须有外在的社会规范作为一种强制的力量对人进行约束和规范；这种外在的强制力量就是“礼”。荀子说：“绳者，直之至；衡者，平之至；规矩者，方圆之至；礼者，人道之极。”[②]“礼”是维持人类社会生存和发展的最高原则。荀子关于“礼”的论述是非常多的。但根本一条是“礼者人之所履”。人从生到死都离不开礼。荀子试图以“礼”来调整人与人之间的关系，以“礼”来维持社会的发展

---

① 《正名》，第 367 页。
② 《礼论》，第 314 页。

与平衡，以“礼”来确定国家的等级制度，以“礼”来保证人生的基本权益，以“礼”来提高主体的素质。荀子把“礼”作为“人道之极”，反映出他对人类社会的秩序规范的一种清醒的认识，对人类这个特殊族类的一种清醒的认识。同时，又把“礼”从根源于先验的心理或本能的道德范畴中解脱出来，成为一种具有强制性的外在力量，奠定了中国专制统治的思想基础。

如果说孔子、老子因为把“仁”或“朴”看作主体内在的一种素质，那么，他们所说的提高主体的素质更主要的是发挥其内在自觉性。荀子在继承孔子、老子思想的基础上，做了进一步的发挥。

荀子认为，内省与外学的结合是提高主体素质的根本途径。他用了大量日常生活中的例子来进行说明。“木直中绳，輮以为轮，其曲中规，虽有槁暴，不复挺者，輮使之然也。故木受绳则直，金就砺则利，君子博学而日参省乎己，则知明而行无过矣。”[①] 作为君子要“博学”，根本目的在于学习“礼”，学习了“礼”才知道怎样做人；作为君子还要“省乎己”，即发挥自己内在的道德自觉，检查自己的言行是否符合“礼”的要求。

因为荀子是把“礼”作为“人道之极”，而“礼”是外在于人的，需要通过学习才能掌握；而人如果要成为一个有价值的人，又必须懂得“礼”。所以，荀子在许多时候更强调外学的重要性。“吾尝终日而思矣，不如须臾之所学也；吾尝跂而望矣，不如登高之博见也。登高而招，臂非加长也，而见者远；顺风而呼，声非加疾也，而闻者彰。假舆马者，非利足也，而致千里；假舟楫者，非能水也，而绝江河。”[②] 一个人如果学习了“礼”，掌握了“礼”，就如同登高而望、顺风而呼，就如同行路有了马车、渡河有了舟船，就可以更充分地发挥自己的才能，实现自己的价值。

荀子强调，按照“礼”的要求去行动是提高主体素质的重要措施。他说：“不闻不若闻之，闻之不若见之，见之不若知之，知之不若行之。学

---

① 《劝学》，第 13、1、3、5 页。
② 《劝学》，第 13、1、3、5 页。

至于行之而至矣。行之，明也，明之为圣人。圣人也者，本仁义，当是非，齐言行，不失毫厘，无它道焉，已乎行之矣。故闻之而不见，虽博必谬；见之而不知，虽识必妄；知之而不行，虽敦必困。”[①]所谓“行”有践履、行动、探索的意思。在荀子看来，行比知更重要；行为知的目的，为检验知的标准；如果脱离了行，知就没有任何价值。因为，只有通过实行，才能把自己的一切优秀品质都展示出来，从而证明自己是圣人。

荀子肯定“修己”是一个长期的过程。荀子说：“材性知能，君子小人一也。好荣恶辱，好利恶害，是君子、小人之所同也，若其所以求之之道则异矣。”[②]“途之百姓，积善而全尽，谓之圣人。……故圣人也者，人之所积也。”[③]圣人与普通人作为价值主体，其自然结构是一样的，而差别在于社会结构的不同。而社会结构是在后天形成的。之所以产生这种社会结构的差异，就在于“其所求之之道”的不同，即人生价值取向的不同。因此，“修己”就是要求人们克制或超越个人的意志，不断地根据社会规范来调整自己的欲望及其实现的方式，使体现群体意志的“礼”内化为个体的素质，使个体的意志体现或服从群体的意志，从而重新构建自己的社会结构，实现个体意志与群体意志的统一。显然，这个过程是一个长期的自我改造的过程，只有经过长期的努力，并舍弃掉个人的某些欲望，才能最终达到“礼”的精神境界。所以，荀子说：“积土成山，风雨兴焉；积水成渊，蛟龙生焉；积善成德，而神明自得，圣心备焉。故不积跬步，无以至千里；不积小流，无以成江海。”[④]这说明“修己”的长期性和艰苦性。

荀子关于提高人生价值主体素质的思想是从解决孔子、老子思想中所包含的矛盾作为切入点的。孔子、老子都极少谈论“性”，荀子则弥补了这个不足，以独特的思维方式提出了较系统的人性论。荀子以人性具有

---

① 《儒效》，第 111、107、109 页。
② 《荣辱》，第 42 页。
③ 《儒效》，第 111、107、109 页。
④ 《劝学》，第 13、1、3、5 页。

趋向于恶的可能性的观点解决了孔子、老子都无力解决的关于人为什么要“克己复礼”或“返璞归真”的问题，解决了为什么要人为地制造礼、乐等社会规范来制约人的行为的问题。荀子以人有“辨”“义”这种区分善恶是非的能力和内在的道德自觉，说明了孔子、老子无法说明的关于人为什么能够“欲仁”、能够“为善”的问题。

三

人生价值的评价标准问题是人生价值论的又一个重要方面。因为，能否确立正确的标准来评价人的价值，关系到能否正确衡量人的价值的实现及其实现程度，也是能否促进个人和社会不断创造和实现新价值的内在动力。所以，人生价值的评价标准问题，成为人生价值理论所必须解决的问题。

孔子把人理解为道德存在物，因此，如何提高主体的素质，也就是“修身”问题，就成为孔子理论的逻辑起点。但是，孔子并不是把人看作一个个孤立的、彼此之间毫无联系的个体存在物；相反，孔子把每一个个体的人都看作处于严密等级制度之网上相应位置的一个卒子，个人的每一个行为都必然要对周围的一切产生影响。因此，如何处理个人与社会的关系便成为孔子人生价值理论的逻辑终点。每一个人都要注意自我修养，但自我修养并不就是一切。作为自我修养的必然结果就是“安人”“安百姓”；不能够“安人”“安百姓”的自我修养是没有任何意义的。可见，孔子讲人生价值的评价标准并不是单纯讲主体的修养水平，而是把主体的修养与主体行为的社会效果联系起来，从主体与社会的结合点上寻找人生价值实现的途径，从而确定人生价值的评价标准。

老子的人生价值理论尽管是从“自然”“无为”这样一个自然主义的命题作为逻辑起点，但是经过“慈”“俭”“不敢为天下先”的论证，其最终关怀不是单纯强调个体的消极无为、隐遁出世，而是通过“无为”达到

“无不为”的社会后果。所以，从某种意义上说，老子的人生价值论依然是从个人与社会的结合点上来讨论人生价值的实现，以“取天下”这样一种社会后果作为评价人生价值的标准。

孔子、老子都试图把主体的修养与主体行为的社会后果联系起来，从主体与社会的结合点中确立人生价值的评价标准，这种思维方法本身是正确的，它奠定了中国人学的发展方向。但是，孔子、老子所理解的主体是道德化的主体或生物化的主体，而非社会化的主体；主体的行为主要是某种以己属人的道德行为或以己属己的本能行为，而不是我们今天所理解的社会行为；作为个人行为与社会整体行为的统一，实则是通过个体的修养手段而牺牲个体特征为代价的。因此，尽管孔子、老子试图通过把个人行为与社会效果联系起来，以解决个人与社会整体的关系问题，但是，由于其理论自身的局限性，最终没有解决这个问题。

荀子要使自己的人生价值理论超越于孔子、老子，就必然要对人生价值主体的属性问题有一个合理的解释。荀子试图摆脱对价值主体的道德化解释或生物化解释，而把价值主体放到“群”之中，进行社会化的解释。他说：“人之生，不能无群。”任何一个人都是群体中的一个分子，任何一个人的一切行为都是在群体之中进行的，那么，任何一个人的任何一个行为都必然对群体产生这样那样的影响。所以，对一个人的价值评价必须是通过对“群”所产生的意义来进行。

荀子思想还有一个重要特色，就是把价值主体放到与自然界的关系中进行考察。孔子、老子从自己的角度谈到价值主体与自然界的关系，但仅仅是表面的、零碎的，且含有大量的主观臆想。荀子则通过对人与自然界关系的研究，明确提出“明于天人之分”的命题。他认为，天和人各有自己的职能和发展规律，不能相互代替，也不能相互干预；自然界不能干预人类社会的治乱，人类也不能干预自然界的发展变化。人与自然界是处在平等的地位上。这个思想就把人从传统的自然神的奴仆的地位中解放出来，为价值主体能够按照自己的意志去创造价值提供了前提；同时又要求作为人生价值的评价标准不仅要考察人的活动对社会所产生的效果，而且要考察人的活动对自然所产生的效果。只有对价值主体从社会关系与自然关系两个方面进行考察，才能真正把握价值主体的社会性。

既然价值主体是社会性的而不是道德化的或生物化的，那么评价价值主体的标准也应该是社会性的。荀子认为，通过修养提高价值主体的素质，仅仅为人能够创造价值提供了一种可能性；要把这种可能性变成现实性，最根本的途径是实践；人在实践中实现自己的本质力量，在实践中发挥自己的创造性。因此，评价人生是否有价值的根本标准就是看其创造性。

首先，人要在掌握自然规律的基础上创造自己的物质生活条件。荀子说："强本而节用，则天不能贫；养备而动时，则天不能病；循道而不贰，则天不能祸。故水旱不能使之饥，寒暑不能使之疾，妖怪不能使之凶。本荒而用侈，则天不能使之富；养略而动罕，则天不能使之全；倍（背）道而妄行，则天不能使之吉。"[①]就是说，人不能等待自然的恩赐。人的命运掌握在人自己手中，人生的价值就在于努力工作，创造财富，创造人类生活所必需的一切物质生活条件，其他任何天神都是靠不住的。在此基础上，荀子提出了"制天命而用之"的光辉命题。

其次，人要在掌握社会规律的基础上创造完美和谐的社会生活条件。在《荀子》一书中，有许多篇是专门讨论如何治理社会的。荀子作为战国末期一位伟大的思想家，为建立统一的中央集权的封建统治提供了完整的治国思想。他认为，作为国家的统治者，必须"仁眇天下，义眇天下，威眇天下。仁眇天下，故天下莫不亲也。义眇天下，故天下莫不贵也。威眇天下，故天下莫不敢敌也。……如此三具者，欲王而王，欲霸而霸，欲强而强矣"。所谓"眇"有治理的意思。如果一个国家的统治者以"仁、义、威"来治理天下，那么，国家便会随统治者的意愿而发展。"仁、义、威"是治理国家的根本指导思想。在具体措施上，要"无德不

---

① 《天论》，第 269、274 页。

贵，无能不官，无功不赏，无罪不罚。朝无幸位，民无幸生。尚贤使能，而等位不遗；折愿禁悍，而刑罚不过。百姓晓然皆知夫为善于家而取赏于朝也，为不善于幽而蒙刑于显也”[①]。因此，一个国家的治乱兴衰并不是由社会之外的某种力量决定的，而是由社会的主体来决定的。“君子敬其在己者，而不慕其在天者，是以日进也”[②]，强调了人的努力进取、积极创造精神。

由此可见，在人生价值评价标准上，荀子超越孔子、老子的地方在于，首先，他不再是一般地从个人与社会的结合点上考察个人对社会的贡献，而是深入一步，具体考察人通过怎样的活动才能够对社会有所贡献。其次，他所讲的力行不再仅仅是一种道德践履或是一种本能体验，而是包含有社会实践的意义。再次，荀子已经突破了仅从人与人之间的关系的角度来评价人的存在及其价值，而是开始把人放在宇宙之中，来考察人与自然界的关系；如果按照荀子的思路发展下去，中国以自然界为研究对象的自然科学或许会发展起来。最后，荀子“制天命而用之”的思想开了中国“人类中心论”的先河，尽管现在人们对“人类中心论”提出了各种批评，但是不能否认，“人类中心论”相比“神中心论”是一个巨大的进步。

四

综观荀子的人生价值理论，对孔子、老子的思想有继承、有抛弃、有超越。他肯定了人与其他动物不仅具有自然同质性，而且具有本质区别，这为人成为价值主体提供了人性论基础；他认为人们后天的道德修养和学习是使处于自然状态下的人成为价值主体的基本途径，使每一个人都具有

---

① 《王制》，第 127、122 — 124 页。

② 《天论》，第 269、274 页。

成为圣人的可能性，这对于提高全社会人的素质是有积极意义的；他强调人们只有在改造自然和改造社会的实践中进行创造性的活动才能使价值主体真正实现自己的价值，这促使人们从神秘的天命观中解放出来，鼓励人们大胆探索、积极进取，依靠自己的努力去创造美好的生活。从总体来说，其理论体系更完备，内容更丰富，基本精神是积极进取、努力向上，反映出其深邃的理论思维水平和强烈的社会责任感。

当然，如果我们用现代意识去审视荀子人生价值理论，也会发现其中包含着不可克服的理论局限性。

首先，荀子对价值主体的认识具有片面性。一般说来，价值主体具有两层含义：作为整体的价值主体与作为个体的价值主体。前者反映了个人与他人或社会之间的关系，为满足他人或社会需要的实践所实现的是个人的社会价值；后者反映了个人的行为与作为主体的个人需要之间的关系，为满足个人需要的实践所实现的是个人价值。因此，在设计价值主体实现其价值途径时，必须兼顾社会价值和个人价值；单纯强调任何一个方面都是不行的。荀子在谈价值主体的修养时是以个人作为出发点，但是，在谈到价值实现时，则把整体作为价值主体，强调个人社会价值的实现，甚至认为为了实现个人的社会价值应该毫不犹豫地放弃个人价值的实现。这样，整体既是个人的定义者、评价者，也是个人的主宰；整体可以向个人发号施令，而个人必须完全跪拜在它的意志之下，无条件地奉献个人所有的一切。个人的修身养性仅仅是使个人能够更好地服从整体的手段，个人仅仅是实现整体利益的工具。而荀子所理解的整体实际上就是按照“礼”的原则所建立起来的封建等级社会。因此，荀子的人生价值理论的结论依然是，通过个体的修养手段去遏制个人的发展，以达到社会整体的和谐统一。

其次，荀子设定的人生价值目标“伪”与其人生价值的评价标准是相互矛盾的。荀子把人由自然人到社会人或者说由本性人到“伪”视为一个动态的转化过程，并且认为只有经过实践才能使价值主体创造价值由可能性转化成现实性，这些思想是非常可贵的。但是，从荀子对“伪”的解释可以看出，“伪”是标志着一个自然人通过内在的修养和外在的学习所达到的价值主体的完善程度。那么，“伪”就纯粹是一个主体性的概念。人们通过自我修养和多读圣贤之书就可以达到“伪”，就可以实现人生价值，那么，人们完全不必再去改造自然、改造社会，通过创造性的劳动来实现人生的价值。荀子人生价值目标的设定大大冲淡了他关于人生价值评价标准的真理性认识的意义。后人对荀子的思想多作为儒家学说强调修身养性来看待，而淡化其对人与自然关系的许多正确见解，不能说与此没有关系。

再次，荀子研究人生价值的出发点是个人。马克思指出，我们的出发点是从事实际活动的人，是从现实的、有生命的个人本身出发的。而“个人是什么样的，这取决于他们进行生产的物质条件”，“以一定的方式进行生产活动的一定的个人，发生一定的社会关系和政治关系”①。而荀子作为出发点的个人与马克思作为出发点的个人是完全不同的。尽管荀子把当时天下混战、杀人盈野的社会弊端抽象归结为人性恶，这似乎是从社会存在寻找人性的根源。但是，社会存在最根本的是“进行生产的物质条件”，即封建主义的生产方式。封建主义的私有制生产方式决定着天下混战、杀人盈野。荀子把天下混战作为人性恶的原因，进而又把人性恶作为天下混战的原因，导致理论上的循环。荀子批判孟子的性善论，实际上他的性恶论仅仅是从另一个方面对孟子学说的重复，仍然是对人性问题的抽象议论。因此，荀子作为出发点的个人是抽象的、道德化的。尽管荀子所讲的“群”，包含有对人的社会性的认识。但是，这种“群”是由抽象的、道德化的个体所组成的，这种个体是生活在以“礼”为模式而建立起来的社会之中的人，人与人之间最根本的是名分关系，即封建等级关系；而这种关系更多的是由血缘关系决定的。所以，这种“群”归根到底不是我们今天所理解的以经济关系为基础形成的社会关系，而只是一种以血缘关系为基础的伦理关系。所以，荀子在探讨“群”的发展规律时，实际上讲的仅

① 《马克思恩格斯选集》第1卷，人民出版社1995年版，第68、71页。

仅是社会一乱一治的规律。尽管荀子也试图探讨社会出现一乱一治的内在原因，但由于多方面的局限性，最终还是把原因归结为统治者的德行。所以，荀子在自然观上有许多唯物主义的思想，而在历史观上最终没有摆脱唯心主义。

（文章发表于《中共中央党校学报》1997 年第 2 期）

个性解放与强化整体的双重变奏

——严复人生哲学论纲

近代中国思想家面临着双重的启蒙任务，既要启发个体意识，争取个性解放，以便打碎封建专制枷锁；又要启发全民族的整体意识，增强集体凝聚力，以便团结起来抵抗帝国主义侵略。严复作为近代重要思想家，为了完成启蒙任务，以启发民族意识的觉醒、寻找“救亡之术”为主线，以“阔视远想，统新故而视其通，苞中外而计其全”[①]为原则，对中西方人生哲学思想加以“整合”，建立起具有特色的人生哲学体系。在建设社会主义现代化的过程中，依然存在着个性解放与增强民族凝聚力的问题。因此，研究严复的人生哲学思想，总结其理论思维教训，具有重要的理论价值和实践意义。

一、“任人为治”的天演观

特殊的历史条件需要特殊的人生哲学理论。处于世纪之交的中国，内忧外患，危机严重。古老的东方帝国已经不能按照传统的运行机制继续生存下去，而西方资本主义社会各种矛盾也已经暴露出来。时代呼唤着一种

① 《严复集》第3册，中华书局1984年版，第560页。

既有别于传统文化又有别于西方资本主义思想体系的崭新理论。

严复回应时代所提出的启蒙课题，形成具有自身特色的人生哲学体系。他通过改造达尔文、赫胥黎、斯宾塞等人的进化思想，又吸收中国传统人生哲学素养，形成具有鲜明时代特色的天演观；为摆脱封建专制统治而高呼个性解放，为抗击资本主义入侵而呼唤群体凝聚力增强，提出“适者生存”的自然竞争规律同样适用于人类社会；抛弃“任天而治”的观点，强调“任人而治”思想，突出人的因素在世界进化过程中的作用；这是严复人生哲学的理论基础，也是其天演观的灵魂所在。

要研究严复的天演观，有必要先搞清达尔文、斯宾塞、赫胥黎思想的差异。达尔文是一位自然科学家。值得注意的是，他轻视人在生物进化过程中的作用，认为即使在有人的意识活动加入的家养情况下，人的作用仅仅是根据人的需要来决定保存或淘汰某些变异。毫无疑问，达尔文的进化论作为一门自然科学，本身还不是哲学。但是，由于它科学地揭示了生物界发展的客观规律，揭示了生物界普遍联系和发展的原则，为世界的物质统一性提供了事实证明而具有了哲学意义。斯宾塞继承达尔文学说，但把其应用范围推广到人类社会，认为“最适者生存”不仅是生物进化的过程，而且是人类社会取得进步的方式；他特别将达尔文轻视人在进化过程中的作用的倾向推向极端，认为人类社会的进化是一个完全服从于生物规律的自然过程，从而得出“弱肉强食”乃是人类社会进化之必然的结论。赫胥黎则从另一个方面发展达尔文进化论。他肯定人的因素在宇宙进化过程中的作用，认为人的能力和智力活动就是宇宙过程通过人的能力和智力而产生作用的结果。人类社会进化过程的特殊性在于，人因为有意识便产生道德观念，即“良心”，从而使人类社会的进化表现为伦理化的过程。人的意识作用与自然规律的作用是统一的，“适者”就是发挥人的能力而取得胜利者。

显然，三种学说的根本区别之一，在于对人的因素在进化过程中作用的不同理解。面对这样三种学说，严复是怎样选择的呢？

严复在《原强》一文中开宗明义指出：进化乃是“近可以保身治生，

远可以利民经国之一大事”。毫无疑问，严复把进化论从自然科学提高到世界观方法论意义的高度，奠定其宣传进化论的基调。从这个基调出发，他扼要介绍了达尔文进化论思想之后，便大量引用斯宾塞的思想，反复说明“物竞”“天择”的公理不仅适用于自然界，而且适用于人类社会。严复告诫国人，世界本身是一个大竞争场，任何民族都无法逃避物竞天择的规律。中国人如果不思变、不发愤图强，不能适应已经变化的环境，亡国灭种是必然的。但是，由于斯宾塞的理论是“纯自然淘汰论”，否定人在社会发展进程中的作用，只能得出“弱者常为强肉、愚者常为智役”，中国只能心甘情愿做帝国主义殖民地的结论。这完全违背的严复理论的初衷。所以，为了补救斯宾塞“任天为治”思想的偏颇，严复又吸收了赫胥黎重视人在进化过程中的作用的“任人为治”的思想，说明目前中国虽贫穷落后，但是，只要中国人立即觉悟，鼓民力、开民智、新民德，就可以成为一个强大的民族，赶上和超过西方资本主义国家。

应该说，赫胥黎“任人为治”的思想真正迎合了严复深切的危机意识，迎合了正在寻找“救亡之术”的广大仁人志士的需要，从而产生了极大威力。正如著名桐城派大师吴汝纶所说：“推极乎古今万国盛衰兴坏之由，而大归以任天为治。赫胥黎氏起而尽变故说，以为天不可独任，要贵以人持天。以人持天，必究极乎天赋之能，使人治日既乎新，而后其国永存，而种族赖以不坠，是谓与天争胜。而人之争天而胜天者，又皆天事之所苞。是故天行人治，同归天演。”① 可以说，吴汝纶一语道破严复天演论的要义。

二、鼓民力、开民智、新民德

如何提高中华民族在世界“天演”场上的竞争能力，这是严复人生

① 《严复集》第5册，中华书局1984年版，第1317页。

哲学必须回答的问题。严复回顾了洋务运动以来中国人学习西方的历史过程。几十年来中国人尽管一直在学习西方的“长技”，但得到的是甲午战争的惨败，根本原因在于中国人所学的只是“末”而不是“本”。严复认为，事物整体的状况是由构成该事物的部分的状况决定的，那么，要研究一个事物整体的状况，必须先考察构成该事物的部分的状况，这是“昭昭若揭日月而行，亘天壤不刊之大例也”[①]。同理，国家是由“民”构成的；“民”的状况决定了国家的强弱，“民”的素质决定国家的盛衰；在整个社会“民力日茶，民智日卑，民德日薄”的情况下，无论有什么好的措施，都不可能实行。因此，治国之根本在于治“民”。很显然，严复这里所说的“民”，已经不同于中国传统文化仅仅从社会整体来理解，而是作为个体与整体的统一。

“民”的强弱决定着国家的强弱，要使国家强大必须先使“民”强壮，国家的强大是通过“民”的强壮来实现的。衡量“民”的强弱有三个标准：“一曰血气体力之强，二曰聪明智虑之强，三曰德行仁义之强。”在现实存在的国家中，“未有三者备而民生不优，亦未有三者备而国威不奋者也”。“贫民无富国，弱民无强国，乱民无治国”，正因为“民”的强弱状况直接决定着国家的强弱状况，所以，一个国家的统治者在治理国家的过程中，“发政施令之间，要其所归，皆以其民之力、智、德三者为准的”[②]。

因此，严复认为，要改变中国贫穷落后、危机深重的局面，首先就要改变“民”的状况。为此，他提出“一曰鼓民力，二曰开民智，三曰新民德”思想，并认为这是“救亡图存”、解救中国社会危机的根本“良方”。所谓“鼓民力”，就是要培养人民强壮的身体，重点在于用法律措施强迫人民改掉各种恶气。这是三者的基础。所谓“开民智”，就是要大办学堂，鼓励人民学习西方科学知识，掌握科学的思维方法，提高人民的文化科学水平，改变其愚昧无知的状况。这三者中此项最为重要。这实际上是主张

---

① 《严复集》第 1 册，中华书局 1984 年版，第 18 页。

② 《严复集》第 1 册，中华书局 1984 年版，第 18 页。

教育改革。所谓“新民德”，就是运用西方的民主、自由平等观念教育人民，培养人民的爱国心和社会公德，增强每个人的自信心和自尊心；而要做到这些，根本之点在于“设议院于京师，而令天下郡县各举其守宰”①。此项是三者中最难实施的。这实际上是主张政治改革。

要实现“鼓民力、开民智、新民德”，最根本的措施在于给人民自由。严复作为中国新兴资产阶级的代表，深刻意识到这个口号在反对封建专制革命中的作用。他反复强调，有无自由观念是中西文化的基本差别。中国要学习西方，首先要学习西方的自由观念。

什么是自由？自由“初义但云不为外物拘牵而已，无胜义亦无劣义也”。自由一词本是个中性词，它只是说明人的活动不受客观外界的制约而可以为所欲为。严复认识到，事实上这种纯粹的、绝对的自由不可能存在于人类社会。因为，“自入群而后，我自由者人亦自由，使无限制约束，便入强权世界，而互相冲突。故曰人得自由，而必以他人之自由为界”②。严复的这个思想是对斯宾塞自由思想的反叛。斯宾塞强调个性自由，强调建立在完全自由基础上的个人幸福，而忽视社会秩序，忽视社会集团的整体幸福。斯宾塞的这个思想显然不符合中国启蒙运动的需要。严复指出，假设按照斯宾塞的思想去行动，“夫苟其民契需恂，各备其私，则其群将涣。以将涣之群，而与鸷悍多智、爱国保种之民遇，小则虏辱，大则死亡”③。因此，中国社会所需要的自由是，“外对于邻敌，为独立之民群，此全体之自由也；内对于法律，为平等之民庶，此政令之自由也”④。严复经过这样一番改造，就把“个体自由”与“全体自由”、个性解放与救亡图存紧密地联系在一起。

严复又把中西方对于“自由”的看法进行了比较。“中国道理与西法自由最相似者，曰恕，曰絜矩。然谓之相似则可，谓之真同则大不可也。”

---

① 《严复集》第 1 册，中华书局 1984 年版，第 32 页。
② 《严复集》第 1 册，中华书局 1984 年版，第 132 页。
③ 《严复集》第 1 册，中华书局 1984 年版，第 18 页。
④ 《严复集》第 2 册，中华书局 1984 年版，第 241 页。

何谓“恕”？“己所不欲，勿施于人。”何谓“絜矩”？原为度量工具，引申为道德观念。严复说：“中国恕与絜矩，专以待人及物而言。而西人自由，则于及物之中，而实寓所以存我者也。”[①] 自由是一种关系性范畴，表现了主体与客体的对待关系。中国传统的“恕”与“絜矩”范畴体现在主客体对待关系中，要求主体否定自身价值，丢弃主体意识，以便使客体价值得到肯定和实现。主体价值是通过客体价值的肯定和实现而得到自身的肯定和实现的。所以，它否定个体意识，强调群体意识，把个性融于群性之中，以否定个性来求得群体的和谐、融洽和稳定，进而用群性代替个性，用群体代替个体。这种观念反映了中国封建社会封闭保守的生产关系和以血缘关系为纽带的宗法关系。与此相反，西方自由范畴首先要求“以存我”，即肯定自我存在、自我价值，要求发挥主体能动性以实现自我的价值。这种自由观乃是资本主义商品经济发展的产物。中西方这个根本观念的差异导致了中西方在政治、经济、人生态度和学术方面等一系列差别。

一般说来，实现人的价值有两种方式。一是求诸“社会”，即统治者。要求统治者改变自己的统治方式，以“慈悲”“仁政”宽厚待民，改变社会“吃人”的性质，使之出现一个“人”的社会，从而肯定人的价值，实现对人的本质占有。二是求诸“己”，求诸“自我”，通过自我觉悟，自我解放，推翻旧的“非人”的社会，建立全新的社会，以实现人的价值。严复显然是主张第一种方式，即把一切希望寄托于统治阶级；盼望通过统治阶级的某些变法，以改变人们的“非人”地位；盼望统治阶级赋予人们某些权利，使人们可以作为“人”生存下去。正是基于这种认识，严复虽然意识到“民”的作用，但却没有发现，也不可能发现人类整体中的主干部分——被压迫的工农大众的作用，而只能提出一个抽象的、超越于各阶级之上的“民”的范畴。这大大限制了严复人生哲学的理论价值和社会作用。

---

① 《严复集》第1册，中华书局1984年版，第3页。

三、民也，天下之真主也

黑暗、专制的封建大厦已面临倒塌，代之而起的将是一个怎样模式的建筑？这个建筑的理论基石是什么？这又是一个必须回答的问题。严复直揭西方资产阶级“天赋人权理论”，并与中国传统学说融于一体，以此为武器对中国封建意识形态和专制制度进行了猛烈的攻击，为在中国建立资本主义制度提供人学论证。这成为他人生哲学的理论目的。

“天赋人权论”于17—18世纪在欧洲广泛流行，其中影响最大的有两个人：英国资产阶级思想家霍布斯和法国资产阶级思想家卢梭。作为西方资产阶级启蒙运动的理论基石，其理论内容在英法两国有所差异，这是由两国资产阶级所处特定社会环境、阶级特点、革命任务等所决定的。所以，弄清严复思想的思想来源，有助于理解严复的思想，有助于理解戊戌时期中国改良派的思想。

卢梭和霍布斯在肯定人拥有天赋的自由、平等权利这个大前提下，在许多论述上是有分歧的。主要集中在三点：

第一，对自然状态中人与人之间关系状况的认识。霍布斯认为，人天性中存在着“竞争”“猜疑”“荣誉”三大观念驱逐着自然人相互争夺，结果使“人对人像狼”。卢梭则肯定自然人中存在关心自己的幸福和自我保存的“自爱心”和看到同类遭受灭亡和痛苦时产生的“怜悯心”，自然人按照这两个原则进行着自由、平等、独立的生活。这是人类的黄金时代。

严复对自然状态中人与人的关系既不完全同于霍布斯，又不完全同于卢梭。首先，严复不同意人生而自由平等的思想，并运用进化论思想对以卢梭为代表的天生论进行了批判。他指出，人刚刚来到世间，饮食、穿着、是非观念等，都不是个人所能选择或任意改变的，而是按照一种既定方式进行。这就是不自由。人又有强弱、灵愚、贤不肖的区别，从而导致贵贱、富贫的差别。这就是不平等。严复认为，人类的自由和平等是由人类演化和社会演化的深浅所决定的。所谓演化深浅，实质上是指人类征服自然和社会，主宰自身命运的能力。可见，严复对卢梭和霍布斯的学说进行了根本的改造，而这种改造是与他“任人为治”的天演观相一致的。其次，严复以荀子“群”的思想纠正卢梭、霍布斯的“孤立的自然人”的说法。“人之贵于禽兽者，以其能群也。”“群”即人的社会性。因为人是社会性的动物，所以才能共同生活，“相生相养，易事通功，推以至于刑政礼乐之大”，建立适合人类生存的社会环境。社会性是人的本质特征之一，是人类在演化进程中克服各种困难的力量所在。严复“群”的思想实质上否定了自然状态的存在。

第二，对人民出让权利方式的认识。霍布斯认为，由于人们对死亡和战争的畏惧和对和平幸福生活的向往，便自愿把自己所拥有的权利出让；而人们既然出让了自己的权利，就必须绝对服从统治。卢梭认为，人类趋于自我完善化的能力推动了社会的发展，导致私有制产生，进而导致社会的不平等；富人出于保护私有财产的目的，便对穷人进行欺骗，使穷人放弃自己的权利，与富人订立契约。

严复说：“有其相欺，有其相夺，有其强梗，人其患害，而民既为是粟米麻丝、作器皿、通货财与凡相生相养之事矣，今又使之操之其刑焉以锄，主其斗斛、权衡焉以信，造为城郭、甲兵焉以守，则其势不能。于是通功易事，择其公且贤者，立而为之君。……是故君也臣也，刑也兵也，皆缘卫民之事而后有也。”[①] 显然，这个思想接近于霍布斯，而不同于卢梭的“私有制”和“欺骗说”。

第三，对于人民是否保留主权的认识。霍布斯认为，人们放弃权利之后，必须绝对服从主权者的统治。卢梭认为，假如主权者利用权力为自己谋私利，并对广大人民构成损害，人们就有权利用暴力行为取消主权者的权利，恢复“天赋”的自由；契约是可以取消的。

严复认为，“君不能为民锄其强梗、防其患害则废；臣不能行其锄强梗、防患害之令则诛。”[②] 这种君可废、臣可诛的思想显然反对了霍布

① 《严复集》第1册，中华书局1984年版，第34页。
② 《严复集》第1册，中华书局1984年版，第33页。

斯君权至高无上、人民只能绝对服从的思想，与卢梭的主权在民和暴力思想是一致的。但是，卢梭的思想是为了启发人民群众起来推翻封建专制制度，建立资本主义国家，并且在实践中确实起到了这种作用。严复虽然批判了封建专制制度，但他并没有意识到要推翻封建制度的具体代表——清王朝，而是在其文章中多次为清王朝统治者辩护。这说明严复与卢梭在思想上的差距，这也是严复在辛亥革命前后逐渐趋于封建保守的思想基础。

由此可见，严复的"天赋人权"理论不能简单地归结为来源于卢梭或霍布斯，而是站在自己的立场上，把卢梭、霍布斯的思想和中国古代思想家的有关思想以及进化思想加以"整合"而形成的理论体系。在这个理论体系中，他更偏重于霍布斯的思想，而把卢梭思想中许多最激烈、最革命的东西舍弃掉了。因此，他所构想的社会是，通过改革对现存封建社会稍加修补，给人民一定的民主、自由权利，提高人民的民力、民智、民德水平，建立一种君主立宪的政治制度。

严复这种做法并非偶然，而具有阶级的必然性。恩格斯指出："当欧洲脱离中世纪的时候，新兴的城市中间阶级是欧洲的革命因素。这个阶级在中世纪的封建体制内已经赢得公认的地位，但是这个地位对它的扩张能力来说，也已经变得太狭小了。中间阶级即资产阶级的发展，已经不能同封建制度并存，因此，封建制度必定覆灭。"[①] 这一段话简明扼要地勾画出资产阶级在封建社会内部孕育、生长、成熟的过程。倘若抛开时间上的先后顺序，仅把资产阶级从与封建君主联盟到与封建君主决裂以建立资产阶级统治作为一个过程来看，中国资产阶级的戊戌变法、英国资产阶级革命、法国资产阶级革命正是依次发生在这个过程上的三个点。三点之间，中国资产阶级改良派与英国资产阶级更接近一些，其思想的共同点更多一些，英国资产阶级革命的形式更合中国资产阶级改良派的胃口，所以，就更容易接受其思想。严复正是站在软弱的资产阶级立场上，更直接运用英

① 《马克思恩格斯选集》第3卷，人民出版社1995年版，第705页。

国资产阶级的理论，来构建自己的理想社会。那么，这个社会只能是空想的。

四、绎新籀古折以中

严复在中国资产阶级初次登上历史舞台进行反对封建主义的斗争中，在理论极端贫乏的年代，放眼于世界，根据中国启蒙运动的迫切需要，把西方资产阶级人生哲学思想与中国人生哲学遗产进行“整合”，形成中国近代史上比较完整的人生哲学思想体系，推动了中国启蒙运动的发展。

首先，严复抓住当时中国社会最迫切的“救亡图存”问题，并以此作为自己人生哲学的出发点和归宿点，提出了自己的救亡图存方法，即“首明强弱兼并乃天行之至，而无可逃，次指中国之民智、德、力三者已窳之实迹”[①]。呼吁通过变法，提高民智、民德、民力的水平，增强中华民族的竞争能力。这个理论尽管存在着诸多的内在矛盾，但在当时对于启发人民觉悟，完成反对封建专制统治、抵抗帝国主义侵略的启蒙任务起到了积极的推动作用。

第二，为了寻找“救亡之术”，严复吸取了古今中外一切有助于“救亡”的人生哲学思想，对其进行“整合”，形成具有自身逻辑的理论体系。严复提出“任人为治”的思想，实际上从根本上扭转前人所认定的依靠引进西方“物”的力量救国的主张，而明确提出“民”的问题，主张依靠“民”的力量救国；严复对“民”的理解已经突破了前人仅是从整体上来认知的局限，而是看作个体与群体的统一；在呼吁确认并实现个人价值、启发个体意识觉醒的同时，又提出个人所得自由以他人之自由为界，要求唤起群体意识的觉醒，使整个民族团结起来，形成统一的人格，确认并实现中华民族的整体价值，共同抵抗帝国主义的侵略。在确保“个体自由”

① 《严复集》第3册，中华书局1984年版，第51页。

的同时，争取“国家自由”。这不仅使他的思想超越于同时代的康有为等人，无疑给后来的思想家开启了新的研究方向。

第三，严复总结和发展了戊戌前中国人生哲学思想，突破了前人思想的某些局限，并为以后的研究提供了思路和方向，促进了中国人生哲学由古代形态向近代形态、由地主阶级人生哲学向资产阶级人生哲学转变的过程。但是，现在回过头来看，我们常常在惊叹其观点新、文笔美之余，则不得不承认其许多观点的不成熟，有些思想尚处于朦胧状态，有些则是错误的认识。严复思想中的矛盾正是新时代的呼唤和旧时代的烙印的直接反映。

（此文发表于《齐鲁学刊》1999 年第 4 期，全文转载于中国人民大学复印报刊资料《中国哲学》1999 年第 9 期）

冲决重重罗网　令人人自立而平等

——纪念甲午战争 120 周年

120 年前，中日两国之间爆发了震惊世界的战争，史称甲午战争。让世界震惊的不是战争的过程，而是战争的结果：一直被视为“蛮貊”的东邻小国竟然战胜了庞大的中华帝国。更让当时先进中国人感到震惊的是，在整个战争过程中，清政府表现出来的可耻软弱与腐败无能。古老的东方帝国已经奄奄一息，根本无力抵抗列强像饿狼一样的肢解和瓜分，整个民族危机深重。甲午战争的失败，让更多的先进中国人清醒地意识到：北洋水师全军覆灭，标志着洋务派采取的“物质觉悟”政治策略的破产，“中学为体、西学为用”文化政策的失效，以“坚船利炮”为“夷之长技”的西方观的错误。事实证明，洋务运动救不了中国，要解救中华民族的危机必须探索一条全新的思路。这种思考直接催生了维新思潮的产生与发展，进而催生戊戌变法运动的形成。维新思潮既是指导那场试图通过维新变法，来完成救亡启蒙时代课题的思想武器；又是一场试图通过传播新思想、新文化，实现观念变革和文化批判的思想解放运动。

维新思潮的代表人物是严复、康有为、谭嗣同和梁启超。他们在反思甲午战争失败的基础上，总结作为“物质觉悟”的洋务运动的经验教训，重新思考和探索解决救亡启蒙时代课题的途径，把思考的重点由“物”转向“人”，提出一些今天读来依然令人激情澎湃、振聋发聩的思想，使戊戌维新运动同时成为中国近代史上一次人的解放运动。

一、人各有自立自主自由之人权

甲午战争的失败，彻底打碎了人们试图依靠西方“坚船利炮”等“物质文明”来完成“救亡图存”时代课题的美梦，促使人们把思考的重点由“物”转向“人”，开始研究人的问题。

严复明确提出要建立“人学”。严复认为，与“人学”相对应的是“群学”。“群学”作为社会学中国古已有之，荀子的“人之所以异于禽兽者以其能群也”，就是通过把人与禽兽相比较来探讨人的类本质的“群学”。“所谓群者，固积人而成者也。不精于其分，则末由见其全。……故人学者，群学入德之门也。”[①]很显然，“人学”是与“群学”相对应的以个体人为研究对象的学问。“人学”分为“生学”和“心学”两科。“生学者，论人类长养孳乳之大法也。心学者，言斯民知行感应之秘机也。”前者即生理学，后者即心理学。

康有为从传统文化的角度，力图揭示人的本质特征。他在《实理公法全书·总论人类门》中说：“人各分天地原质以为人。人各具一魂，故有知识，所谓智也。然灵魂之性，各各不同。”这段话含有三层意思：其一，这里所说的“人各分天地原质以为人”，既不是西方的上帝抟土以造人，也不是程朱理学的畀天理以成人。因为，“凡人皆天生，不论男女，人人皆有天与之体，即有自立之权，上隶于天，人尽平等”，人“各为一身，各有自立自主自由之人权”；就是说，人生来就是自立、自主、自由、平等的，是先天自足的。其二，这里所说的“魂”或“灵魂”，不是指超越于肉体之外的、永生不灭的神秘的灵魂，而是指人的精神，即人所特有的认识和思考能力；人认识和思考能力各不相同，使一个人区别于其他人而具有了自己的特殊性，即个性。其三，这里所说的“人有自主之权”，显然强调的是具有不同的认识和思考能力的人，在认识问题解决问题的过程中具有自己的自主意识，即自己的选择、判断的权利。

---

① 严复：《原强》，《严复集》第1册，第6—7页。

康有为在《中庸注》中提出一种独立人格模式。《中庸》原文为："故君子和而不流，强哉矫。中立而不倚，强哉矫。国有道，不变塞焉，强哉矫。国无道，至死不变，强哉矫。"规定了君子的人格品质，突出其自主自立的基本精神特征。康有为对这段话加以注释。他认为，"矫，大力貌。""《易》曰'旁行而不流'。行于非道，而不入于非道；与物委蛇，而不没靡焉，尤有神力矣。其居中履正，独立不惧，无所倚傍，自行其是，有大力矣。若隐居求志，行义达道；穷达一辙，不以曲学阿世；遭乱际变，守节奉义；生死一致，不以患难易操。凡四者，皆大勇也。"[①] 在这段注中，康有为通过"力"的概念，把独立人格模式划分成三个层次："神力"作为最高层次，强调人们在日常生活中保持自己的个性、独立性、自主性，决不把自己与其他人混同；因为这是最难做到的，故需要"神力"。"大力"作为次高层次，强调人们尊重自己的独立意志，按照自己的意志进行选择和判断，决不依傍其他人；在各种力量交错的复杂社会环境中，这也是比较难做到的，故需要"大力"。"大勇"作为第三个层次，强调人们在非日常生活中，即个人生活发生变故或社会动荡之际，依然能够守持自己的独立人格，守持自己的操行信念，不因外力的作用而随意改变自己；这也是比较难做到的，故需要"大勇"。

要实现人的自立自主，其前提是人必须有自由。这个时期的思想家已经开始从哲学思维的高度来思考和诠释"自由"概念，正式提出个体自由与国家自由、个体自主之权与国家自主之权等问题，试图解答近代中国思想家面临的双重启蒙任务的课题，并力图在二者之间找到最佳的契合点。什么是自由？自由"初义但云不为外物拘牵而已，无胜义亦无劣义也"。严复认为，事实上这种纯粹、绝对的自由在人类社会里是不可能存在的。因为，"自入群而后，我自由者人亦自由，使无限制约束，便入强权世界，而相互冲突。故曰人得自由，而必以他人之自由为界"[②]。严复的这个思想

---

① 康有为：《中庸注》，《孟子微、礼运注、中庸注》，中华书局 1987 年版，第 194 页。
② 严复：《〈群己权界论〉译凡例》，《严复集》第 1 册，第 132 页。

是对斯宾塞自由思想的反叛。斯宾塞强调建立在个体绝对自由基础上的个人幸福，忽视社会秩序，忽视社会集团的整体幸福。斯宾塞的这个思想显然不符合中国启蒙运动的需要。严复指出，假如按照斯宾塞的思想去行动，“夫苟其民契需恂愗，各备其私，则其群将涣。以将涣之群，而与鸷悍多智、爱国保种之民遇，小则虏辱，大则死亡”[①]。因此，中国社会所需要的自由是，“外对于邻敌，为独立之民群，此全体之自由也；内对于法律，为平等之民庶，此政令之自由也”[②]。严复经过这番改造，就把“个体自由”与“群体自由”、个性解放与救亡图存紧密联系在一起。

二、封建社会使民力日苶，民智日卑，民德日薄

这个时期的思想家比较全面而深刻地揭露了封建社会对人的种种束缚。特别值得注意的是，他们已经初步认识到帝国主义侵略本性，指出帝国主义把中国人民当作奴隶和俘虏来使用，成为束缚中国人的发展的新枷锁。这一切构成维新思潮中最有特色的内容，最有华彩的部分。

（一）天下为君主囊橐中之私产，民亦以奴虏自待

维新思潮思考问题的模式是，把统治者与被统治者的关系比作主人与奴隶、胜利者与俘虏的关系，进而说明作为最大多数的被统治者像奴隶或俘虏一样，失去人身自由，失去精神自由，失去独立人格。如严复说：“盖自秦以降，为治虽有宽苛之异，而大抵皆以奴虏待吾民。”[③]最可悲的是，“上既以奴虏待民，则民亦以奴虏自待”。严复把中国人与西方人作了比较，认为中国人把自己当作别人的奴隶或俘虏，没有独立人格，也就没有人的自尊、自信、自爱；西方人把自己当作一个独立自主的人，才有自尊、自信、自爱，并把这种品质看作是自身绝对不能受到侵害的

① 严复：《原强修订稿》，《严复集》第 1 册，第 18 页。

② 严复：《宪法大义》，《严复集》第 2 册，第 241 页。

③ 严复：《原强修订稿》，《严复集》第 1 册，第 31 页。

一个组成部分。

严复以西方“天赋人权”理论为武器，批判中国封建专制君主取得统治权的非法性，揭露了封建君主为维护其非法取得的政权所采取的统治措施必然导致的恶果。他说：“秦以来之为君，正所谓大盗窃国者耳。国谁窃？转相窃之于民而已。”统治者“非不知智勇之民之可贵也，然以为无益于治安，而或害吾治，由是凡其作民厉学之政，大抵皆去异尚同，而旌其纯[谆]良谨慤者，所谓豪侠健果，重然诺、立节概之风，则皆惩其末流而黜之矣。夫如是，数传之后，天下靡靡驯伏，易安而难危，乱萌无由起”。[①]统治者在获得统治权之后，尽管也知道要有富强之国必须有“智勇之民”，但为了维护自己的统治，便置国家利益于不顾，采取各种“去异尚同”的措施，即消除每个人的个性，使之同化于统治者所要求的“同”之中，久而久之使人的主体意识逐渐丧失，各种能力日益萎缩，成为心甘情愿被统治的奴隶。在这种情况下，窃国大盗们便利用从人民手中窃取的权利，去压迫人民、剥削人民，“安坐而出其唯所欲为之令，而使天下无数之民，各出其苦筋力、劳神虑者，以供其欲，少不如是焉则诛”，[②]致使整个中国社会“民力日茶，民智日卑，民德日薄”，最终成为西方列强的口中之肉。

严复思想的精彩之处在于，指出封建专制体制的束缚不仅使“民”失去独立的人格而成为奴隶或俘虏，而且使“官”也失去独立的官格而成为奴隶或俘虏。严复在《论胶州知州某君》一文中就生动地阐述了这种状况：“中国之州县官，非人所为”，“上司重叠，皆得制吾之死命；同寮比肩，互相搏噬，以争腐鼠；其下则门丁胥役，幕友官亲，相为环伺，咸以本官为其发财之机器，而又不顾其机器之损坏”。所以，作为州县的官员，无人不可责备，无日不有处分。在这种情况之下，州县的官员整日忙于周旋在各种关系之中，讨好各方以求减少处分，久而久之，必然丧失自我的

---

① 严复：《拟上皇帝书》，《严复集》第1册，第66—67页。

② 严复：《辟韩》，《严复集》第1册，第34页。

责任感、使命感，丧失自我的独立心、自尊心，最终丧失自己的个性，成为只知周旋讨好的奴隶。严复的深刻之处在于，他没有把官员的失职行为归之于官员个人的品质，而是归结为在封建专制制度的束缚之下，官员们失去其独立人格、独立官格的奴隶性格的一种自然流露。

谭嗣同则以其“仁学”思想为武器，批判封建专制制度作为“钳制束缚之具”对人的个性的摧残。他认为，封建专制制度的本质在于以“天下为君主囊橐中之私产”。为了维护这种专制统治，统治者对被统治者采取了“锢其耳目，桎其手足，压制其心思，绝其利源，窘其生计，塞蔽其智术”的统治策略，再加之利用生计上的窘境，生活上的艰难，使人们日日纠缠于衣食之中，无暇去闻见，去行为，去思考。仅仅如此还不够，统治者又“繁拜跪之仪以挫其气节，而士大夫之才窘矣；立著书之禁以缄其口说，而文字之祸烈矣”。[①] 在这种情况下，假如偶有一两个不肯失去个性甘做奴隶的人，则“拜跪之仪”和“著书之禁”也使其不敢犯上作乱。至此，人们不仅完全失去其思想自由、言论自由的权利，也失去了思想自由、言论自由的能力，而失去能力比失去权利更可怕。

康有为在《大同书》中指出，封建专制制度像“桎梏”“囹圄”一样，压制了人们物质和精神需要，束缚了人的存在和发展。他用一段深刻而传神的文字描写道：“大抵压制之国，政权不许参预，赋税日以繁苛，摧抑民生，凌锄士气。务令其身体拘屈，谦耻凋丧，志气扫荡，神明幽郁，若巫来由之民，蠢愚若豕、卑屈若奴而后已焉。入专制国而见其民枯槁屈束、绝无生气者是也。”读了这段文字，人们似乎看到一群由于封建专制制度重压而扭曲的人。这群人没有主体意识，没有创造冲动，没有选择自由，没有独立人格，而是像猪狗、奴隶一样地生活着。这就真实地揭露出封建专制制度对人的个性的摧残和扭曲。

（二）“三纲”关其口使不敢昌言，锢其心使不敢涉想

维新思潮深刻揭露了作为封建专制制度理论基础的“三纲五常”观念

---

① 谭嗣同：《仁学》，《谭嗣同全集》，第 341 页。

对人性的压抑和束缚。谭嗣同认为，几千年来“三纲五常”观念给中国人的发展造成极大的祸害。他说：“俗学陋行，动言名教，敬若天命而不敢渝，畏若国宪而不敢议。嗟乎！以名为教，则其教已为实之宾，而决非实也。又况名者，由人创造，以上制其下，而下不能不奉之，则数千年来，三纲五常之惨祸烈毒，由是酷焉矣。君以名桎臣，官以名轭民，父以名压子，夫以名困妻，兄弟朋友各挟一名以相抗拒，……中国积以威刑钳制天下，则不得不广立名为钳制之器。……于钳制之术不便，故不能不有忠教廉节等一切分别等衰之名。……忠教既为臣子之专名，则终必不能以此反之。虽或他有所摭，意欲诘诉，而终不敌忠孝之名为名教之所出，反更益其罪。”“名之所在，不惟关其口，使不敢昌言，乃并锢其心，使不敢涉想。”[①]“君为臣纲”是三纲之首，也是一切罪恶之根源。谭嗣同说：“二千年来君臣一伦，尤为黑暗否塞，无复人理，沿及今兹，方愈剧矣。夫彼君主犹是耳目手足，非有两头四目，而智力出于人人也，亦果何所恃以虐四万万之众哉？则赖乎早有三纲五伦字样，能制人之身者，兼能制人之心。”他把几千年来的封建帝王看成窃国大盗，并从政治、经济、军事和文化等方面，历数了封建专制的残暴和罪恶。又对那些专为封建专制制度服务的封建文人进行猛烈抨击，认为他们的理论无非是媚事君主、助其钳制人民精神的枷锁。他说：“二千年来之政，秦政也，皆大盗也；二千年来之学，荀学也，皆乡愿也。惟大盗利用乡愿；惟乡愿工媚大盗，二者交相资。”[②]前者利用后者以钳制天下的思想，巩固自己的统治；后者事媚前者以取得干禄，维持自己的生存。正是“大盗”和“乡愿”相互利用，造成人间地狱。他借用一位朝鲜人的话说：“地球上不论何国，但读宋、明腐儒之书，而自命为礼义之邦者，即是人间地狱。”[③]在这里，谭嗣同把封建思想文化的罪恶算在荀子学说的账上固然失之偏颇，但对其为封建专制统治服务本质的揭露则入木三分。谭嗣同还提出，冲决“父为子纲”的网

① 谭嗣同：《仁学》，《谭嗣同全集》，第 299、348 页。

② 谭嗣同：《仁学》，《谭嗣同全集》，第 337 页。

③ 谭嗣同：《仁学》，《谭嗣同全集》，第 343 页。

罗，建立父子平等的新型家庭关系；冲决“夫为妻纲”的罗网，建立男女平等的新型性别关系。

谭嗣同对“三纲五常”观念的批判，继承了明末顾炎武、黄宗羲等人的优秀思想传统，又根据近代新的社会现实赋予其新的含义，把统治者的政治思想与为其服务的学术思想作为相互为用的整体进行批判，这实际上是从整体上、根本上否定了封建意识形态存在的合理性和必然性，为彻底推翻封建意识形态作了思想文化上的铺垫。

（三）“中学为体、西学为用”观念，徒塞一己之聪明以自欺

“中学为体、西学为用”是近代思想史上文化保守主义价值观念与思维方式的集中体现。它是一种貌似学习西方，实则力拒西方先进思想文化、顽固维护封建纲常名教的文化主张。这种主张渗透到社会政治、经济、文化、外交等领域，严重阻碍着中国近代社会的对外开放、向西方学习、实现自身现代化的历史进程。

甲午战争的失败，在实践上标志着洋务运动的失败，也标志着“中体西用”作为价值观念和思维方式的破产。然而，如何从理论上来分析洋务运动失败的原因，说明“中体西用”作为价值观念和思维方式的局限性所导致实践失败的必然性，成为维新思想家必须要解决的重要课题。严复自觉承担起这个课题。他认为，“中学为体、西学为用”，“主于中学、以西学辅其不足”，这些学说“其持之皆有故，而其言之也，则未必皆成理”；在“人心昧昧”不分是非之际，“彼闻一二钜子之论，以为至当，循而用之，其害于吾国长进之机，少者十年，多者数纪”。因此，必须对其进行批判。

严复从三个层面对“中体西用”观念进行了批判。首先，抱有“华夏优越论”“华夏中心论”的人，由于不了解西方先进的物质文明和精神文明这个事实而盲目自大，拒绝向西方学习，其结果只能是：“徒塞一己之聪明以自欺，而常受他族之侵侮，而莫与谁何？”[①] 因循守旧，故步自封，

① 严复：《论世变之亟》，《严复集》第1册，第2页。

不求进步，面对外族的入侵而无可奈何。其次，从逻辑上证明“中体西用”理论的荒谬。严复说：“体用者，即一物而言之也。……故中学有中学之体用；西学有西学之体用。分之则两立，合之则两亡。”他特别指出，如果固持“中体西用”学说，结果是“使所取以辅者与所主者绝不同物，将无异取骥之四蹏，以附牛之项领，从而责千里焉，固不可得，而田陇之功，又以废也。”[①]“中体”得不到坚持，“西用”也发挥不了应有的作用。再次，从实践结果上说明“中体西用”观念的错误。严复说，“夫自海禁既开以还，中国之仿行西法也，亦不少矣。”他列举了总署、船政、招商局、制造局、海军等十二项措施。然而，学习西方的结果是，“日本以寥寥数舰之舟师，区区数万人之众，一战而翦我最亲之藩属，再战而陪都动摇，三战而夺我最坚之海口，四战而威海之海军熸矣”。其根本原因在于，只学习了西学之“末”，而没有学习西方之“本”。因为，“末”是依附于“本”的，“有其本则皆立，无其本则终废。”[②]

严复思想的深刻之处在于，不仅破除流行的错误观念，指出其谬误所在，而且提出正确观念以取代错误观念，有“破”亦有“立”。正是在批判“中体西用”观念的基础上，严复提出西学之本在于“自由为体，民主为用”，学习西方必须“体”“用”皆学的思想。应该肯定，严复以“自由为体、民主为用”观念取代“中体西用”观念，对于推动中国人放眼看世界，学习西方先进的物质文明和精神文明，推进中国现代化历史进程，有着积极意义。但是，由于这个观念没有从根本上解决如何认识西方，如何学习西方，怎样学习西方等一些基本问题，使其理论批判的意义大大打了折扣。

（四）西洋使吾民束缚驰骤，奴使而虏用之

中国人对帝国主义侵略本性的认识有一个过程。在甲午战争前，人们更多看到西方社会先进的物质文明成果，认为只要把这些先进的物质文

① 严复：《与〈外交报〉主人书》，《严复集》第3册，第558—560页。
② 严复：《原强修订稿》，《严复集》第1册，第19、32页。

明成果搬到中国大地上来，与中国古老的传统文化相嫁接，便可以实现中国社会的富强，完成由古代社会向近代社会的转轨，完成重新选择和构建中国社会模式的历史使命。然而，甲午战争的失败，把中国思想家“中体西用”之美梦彻底惊醒；通过对洋务运动以来中国人学习西方历史进程的反思，通过对西方列强在中国所作所为的思考，使他们初步认识到西方资本主义社会不仅有其“本”，而且有其“末”，学习西方要“本”“末”皆学，不可强调一方面而忽视另一方面；更重要的是，开始初步认识到西方列强来到中国，决不是为了要给中国送来物质文明和精神文明成果，而是要抢占中国市场，掠夺中国资源，控制中国经济，奴役中国人民。西方列强的入侵是阻碍中国人的发展的又一个束缚。严复说：“第使彼常为君而我常为臣，彼常为雄而我常为雌，我耕而彼食其实，我劳而彼享其逸，以战则我居先，为治则我居后，彼且以我为天之僇民，谓是种也固不足以自由而自治也。于是束缚驰骤，奴使而虏用之，使吾之民智无由以增，民力无由于奋，是蚩蚩者长为此困苦无聊之众而已矣。”假如是这样，中国人在西方列强的奴役下，没有自由自治的权利，没有独立自主的人格，成为西方列强的奴隶或俘虏，那和“无以自存”“无以遗种”是没有什么两样的；假如中国人成为西方列强的奴隶或俘虏，那么“其生也不如其死，其存也不如其亡”。①

可见，维新思想家已经初步认识到帝国主义的本质，并产生了初步的反对帝国主义的意识。但是，他们坚持的主要是一种从中国“内治”作起的救亡理论，如严复就明确说明：“今日之积弱，由于外患者十之三，由于内治者十之七也。”② 所以，只要清政府肯于进行改革，除旧布新，实现国家的富强，帝国主义就不能侵略我们；因此，中国当时最重要的是搞好内部事务的治理。这种思想认识一直影响到胡适等持自由主义思想观点的人。

---

① 严复：《原强》，《严复集》第1册，第12页。

② 严复：《拟上皇帝书》，《严复集》第1册，第63页。

三、维新变法，以鼓民力、开民智、新民德

维新思想家对于当时社会中存在的束缚人的发展的制度、观念、习俗的揭露是深刻的、犀利的。揭露的深刻必然带来批判意识的强烈，带来改革意识的高涨。他们从中国“救亡图存”的时代需要出发，吸取了西方资产阶级的政治理论，借鉴了中国古代思想家的基本观点，并大胆进行理论创新，探讨了在中国历史条件下实现人的解放的途径。

（一）共举一民为君，人人得以行其意申其言

以严复、谭嗣同为代表的思想家们通过对中西方社会发展学说进行比较选择，直揭西方资产阶级“天赋人权理论”，并与中国传统学说融于一体，构建起具有中国特色的政治学说，为在中国建立理想的资本主义制度提供论证。

严复继承并改造了卢梭、霍布斯的理论，明确提出设立君、臣的目的是为民服务的。“君不能为民锄其强梗、防其患害则废；臣不能行其锄强梗、防患害之令则诛。”①严复据此构建起理想社会模式，即在京师设立议院，建立一种君主立宪的政治制度。在这种政治制度下，“捐忌讳，去烦苛，决壅敝，人人得以行其意，申其言，上下之势不相悬，君不甚尊，民不甚贱，而联若一体者。”②很显然，这个社会去掉了一切枷锁和束缚，使人得到充分解放，充满自由平等和谐的政治气氛。每个人都知道自己的权利和义务，并自觉去履行自己的权利和义务；既不需要强权的压制或强迫，也不需要别人的指导或监督。而人们能够做到这一点，是以每个人都是独立、自主、有个性的人为前提的。

谭嗣同接受西方资产阶级社会契约论的某些思想又加以中国化的改造，提出自己关于君民关系的观点。他说：“生民之初，本无所谓君臣，则皆民也。民不能相治，亦不暇治，于是共举一民为君。夫曰共举

---

① 严复：《辟韩》，《严复集》第1册，第34、33页。

② 严复：《原强》，《严复集》第1册，第11页。

之，则非君择民，而民择君也。……夫曰共举之，则因有民而后有君；君末也，民本也。”这就从根本上把中国封建思想中关于君民关系的观点颠倒过来。“君也者，为民办事者也；臣也者，助办民事者也。赋税之取于民，所以为办民事之资也。如此而事犹不办，事不办而易其人，亦天下之通义也。”[①] 正因为民为本，君为末，君主不过是民众推选出来为大家办事的，因此，如果君主不为民众办事或办不好事，民众完全有权利废弃君主，“彼君之不善，人人得而戮之”。这并不是什么“大逆不道”，而完全是正义的。他比同时代的人更激进的是，不仅发出了冲决封建网罗的战斗呐喊，甚至提出只有向外国人学习，通过暴力手段才能达到这个目的。他说：“法人之改民主也，其言曰：‘誓杀尽天下之君主，使流血满地球，以泄万民之恨。’”[②] 在谭嗣同的理想社会里，既无君臣之别，更无独夫民贼。“夫大同之治，不独父其父，不独子其子；父子且无，更何有于君臣？举凡独夫民贼所为一相钳制束缚之名，皆无得而加诸。”这样谭嗣同就剥去数千年来统治者所拥有的“君权神授”的神圣外衣，否定了君为臣纲的基本政治原则，否定了君主视社稷为一己之私产的观念，肯定人民具有选择明君或诛杀暴君的权利。

令人遗憾的是，谭嗣同从“仁”就是“心力”的哲学观念出发，认为由于各人的私念而起“机心”，生“我相”，于是有了“不通”；因此，要“冲决网罗”，只要断绝主观意识就行了。“意识断，则我相除；我相除，则异同泯；异同泯，则平等出。”“平等”不必再求之于武器的批判和冲决，单靠精神性的“心力”改造就可以实现。这种遗憾并不是偶然的，而是由中国资产阶级软弱的政治本性所决定的。中国资产阶级由于缺乏强大物质力量作为依靠，无论他们如何慷慨激昂，只要一遇到困难和打击，就会很快丧失现实斗争的勇气和信心，到宗教唯心主义那里去寻找精神上的安慰。谭嗣同理论上的矛盾正是这样一个心路历程的再现。

---

① 谭嗣同：《仁学》，《谭嗣同全集》，第 339 页。

② 谭嗣同：《仁学》，《谭嗣同全集》，第 334、342—343 页。

（二）鼓民力、开民智、新民德

严复认为，事物整体状况由构成该事物部分状况决定，要研究一个事物的整体状况，必须先考察构成该事物的部分状况，这是“昭昭若揭日月而行，亘天壤不刊之大例也”。按照这样一个公理来考察人类社会，“则一种之所以强，一群之所以立，本斯而谈，断可识矣”。国家是由“民”构成的，“民”的状况决定了国家的强弱，“民”的素质决定国家的盛衰，因此，治国之根本在于治“民”。很显然，严复这里所说的“民”，已经不同于中国传统文化仅仅从整体来理解，而是作为个体与整体的统一；严复更多的是从个体的角度来讲“民”。

“民”的强弱决定着国家的强弱，要使国家强大必须先使“民”强壮，国家的强大是通过“民”的强壮来实现的。衡量“民”的强弱有三个标准：“一曰血气体力之强，二曰聪明智虑之强，三曰德行仁义之强。”在现实存在的国家中，“未有三者备而民生不优，亦未有三者备而国威不奋者也”。“贫民无富国，弱民无强国，乱民无治国。”正因为“民”的强弱状况直接决定着国家的强弱状况，所以，一个国家的统治者在治理国家的过程中，“发政施令之间，要其所归，皆以其民之力、智、德三者为准的”。[①]而回眸中国社会，“民力日茶，民智日卑，民德日薄”，因此，改变中国贫穷落后、危机深重的局面，首先就要改变“民”的状况，其具体措施“一曰鼓民力，二曰开民智，三曰新民德”。

要实现“鼓民力、开民智、新民德”，最根本的措施是给人民自由。严复作为中国新兴资产阶级的代表，深刻意识到这个口号对于反对封建专制制度的革命作用。他反复强调，有无自由观念，是中西文化的基本差别。中国要学习西方，首先要学习西方的自由观念。

一般说来，实现人的价值有两种方式。一是求诸“社会”，即统治者，要求统治者改变自己的统治方式，以“慈悲”“仁政”宽厚待民，改变社会“吃人”的性质，使之出现一个“人”的社会，从而肯定人的价值，实

---

① 严复：《原强修订稿》，《严复集》第1册，第18、19页。

现对人的本质的占有。二是求诸“己”，求诸“自我”，通过自我觉悟，自我解放，推翻旧的“非人”的社会，建立全新的社会，以实现人的价值。严复显然是主张第一种方式，即把一切希望寄托于统治阶级；盼望通过统治阶级的某些变法，以改变人们的“非人”地位；盼望统治阶级赋予人们某些权利，使人们可以作为“人”生存下去。正是基于这种认识，严复虽然意识到“民”的作用，但却没有发现，也不可能发现人类整体中的主干部分——被压迫的人民大众的作用，而只能提出一个抽象的、超越于各阶级之上的“民”的范畴。这大大限制了严复学说的理论价值和社会作用。

（三）至平、至公、至仁

康有为集一生对于人的问题的全部思考而写成《大同书》，描述了至平、至公、至仁的人类理想社会。康有为写作《大同书》的基本依据是中国传统儒学的“仁”学，《公羊》的“三世”说，《礼记·礼运》的小康、大同说，西方的达尔文进化论，卢梭的天赋人权说，资产阶级自由、平等、博爱观等等。他把这些思想融会综合，其主旨在于说明怎样冲破各个方面强加于人的肉体和精神的束缚和枷锁，使人过上富裕而快乐的生活。

康有为在《大同书》甲部“绪言”中探讨了人的本质及其价值，这是全书的理论基点。康有为认为，“人有不忍人之心”，即是“仁”，这是人区别于动物的本质，从而使人成为“天地之精英”，成为宇宙间最可宝贵的存在物。因此，应该以“人”作为评判是非、善恶的标准：“凡有害于人者则为非，无害于人者则为是。”[①]“普天之下，有生之德，皆以求乐免苦而已，无他道矣。”人类在不断追求“求乐免苦”的过程中，推动了人类社会由低级至高级的进步，也推动了人自身由野蛮至文明的进化，实现了人的发展。

然而，现实社会是违背人道的，通过各种束缚而使人深深陷入苦难之中。康有为以饱蘸同情的笔锋、优美的文字，花费大量的笔墨来描写人的痛苦。人的痛苦来自六个方面：人生之苦、天灾之苦、人道之苦、人治之

---

① 康有为：《大同书》，中州古籍出版社，第341页。

苦、人情之苦、人所尊尚之苦。正是这六个方面的痛苦，使人成为肉体上或精神上的奴婢、囚犯，从整体上导致人种日益衰弱、社会退化。康有为指出，产生这六种痛苦的根源在于九界，即国界、级界、种界、形界、家界、业界、乱界、类界、苦界。解除痛苦的途径在于破除九界。一曰去国界，合大地也。二曰去级界，平民族也。三曰去种界，同人类也。四曰去形界，保独立也。五曰去家界，为天民也。六曰去业界，公生业也。七曰去乱界，治太平也。八曰去类界，爱众生也。九曰去苦界，至极乐也。九界既去，束缚人的各种枷锁也就全部解除，使人性日善，人格日美，人体日健，人种日强，使人真正成为万物之灵。

特别值得注意的是，康有为已经明确意识到，在“至平、至公、至仁”的大同社会，由于物质文明和精神文明的充分发达，社会实行有计划的生产、分配、交换和消费，大大提高了劳动生产率，避免了许多不必要的重复和浪费，从而缩短了必要劳动时间，使人们可以有更多的时间根据自己的爱好去进行活动，丰富和发展自己的个性。这个思想即使在今天也具有重要的意义。

总之，这是一个没有阶级，人人平等，且物质文明和精神文明高度发达的社会。很显然，这是一种带有空想性质的社会，反映出康有为已经冲破近代早期中国人对西方物质文明的迷信，试图立足于中国自身的文化传统，来汲取和改造西方文明，创造出一种既有中国本土特色又包含有外来文化因子的新的社会理论。

以严复、康有为、谭嗣同为代表的维新派思想家，在中国资产阶级初次登上政治舞台之际，面对由于帝国主义列强的穷凶极恶和清政府的软弱无能，使中华民族处于“四千余年之文明行将扫地而尽”的危机；面对甲午战争的失败而导致的洋务运动的破产，进而证明“中体西用”理论的错误，致使中国思想界处于理论极端贫乏、学术极端荒芜的危机；他们根据中国社会“救亡图存”的迫切需要，以解决双重启蒙任务为根本目的，放眼于西方世界，把引进的西方资产阶级思想与中国古代优秀遗产进行“整合”，形成中国近代史上比较完整的理论体系。维新派思想家已经初步意识到外来的帝国主义和中国的封建主义是中国人民的共同敌人，意识到自己面临着既要反对帝国主义又要反对封建主义这个双重的启蒙任务，意识到在中国争取民族解放与个性解放是同一个过程的两个方面，意识到在中国实现国家自立与个人自立具有某种内在统一性。但是，他们对“救亡”与“启蒙”这个时代课题把握得不够准确。表现为一方面他们虽然初步认识到外来帝国主义的侵略是导致中华民族灭亡的根本原因，突出“救亡”意识；但对于帝国主义的侵略本性的认识是浮浅的，对其批判和揭露也仅仅是初步的。另一方面他们对封建专制制度的本质有一定的认识，而且对其批判和揭露也比较深刻，但是却不能从根本上否定封建专制制度，而把封建专制制度的一切罪恶都归因于慈禧太后的专权，试图依靠皇帝的支持来进行维新变法运动，来完成“救亡图存”的时代课题。正是因为这种双重的矛盾关系，确使他们虽然明确意识到民族解放与个性解放、群体自由与个人自由、国家自立与个人自立之间存在着紧张的关系，又不知道该如何来处理这种紧张关系，最终导致对个性解放、个人自由、个人自立的轻视。这充分反映出中国资产阶级的软弱性。

（文章发表于《哲学与社会》2014 年第 7 辑）

道天下所不敢道　为天下所不敢为

——梁启超新民思想研究

1902年至1905年间，梁启超在日本创办的《新民丛报》上发表了一大批以“新民”为主题的文章。他以“饱含感情”的笔触，分析中国戊戌变法失败的原因，控诉封建专制制度对人的压迫，探索中国社会所处时代的基本特征，构建未来理想社会的模式，规定理想人格的行为规范，甚至提出以破坏和革命为手段推翻封建专制制度建立理想社会制度。今天读来依然如雷贯耳，感受颇深。

一、封建社会使人变为奴隶、为妾妇、为机器

梁启超用敏锐而犀利的笔触，深刻而全面地揭露了旧的思想观念、风俗习惯和封建专制制度对人的束缚和压制，指出是封建社会使人变成奴隶、变成妾妇、变成机器，使人不成其为人。

（一）沉迷于古先之垂训，为理想之奴隶

梁启超认为，所谓“理想”就是人们头脑中所具有的传统观念和习惯。他说：“人人胸中所想象，而认为通常至当之理者也。凡无论何族之民，必有其社会数千年遗传之习惯，与其先哲名人之所垂训所传述，渐渍深入于人人之脑中，涤之不去，磨之不磷，是之谓理想。”所以，千万不

可忽视这些传统观念和习惯在社会发展过程中所起的作用。因为，“理想者天下之最大力量者也，其力能生出种种风俗，种种事业”[①]。梁启超的这个观点固然有否定经济因素在社会生活中基础作用的倾向，但是我们不得不承认，在每一次社会大变革的过程中，思想家们总是立足于一定社会历史条件，首先倡导思想解放、观念转变。思想解放、观念转变作为社会变革的前导，这似乎已经成为一种规律。思想解放、观念转变之所以能够成为社会变革的前导，是因为它解决的是人的问题，是社会主体的问题。那么，梁启超作为一个思想家十分看重思想解放、观念转变在社会变革过程中的作用，也就十分必然了。

梁启超指出，对古代圣贤豪杰的盲目崇拜，使人们失去自主意识，失去创新精神，成为古人的奴隶。他说：“古人之所以能为圣贤为豪杰者，岂不以其能自有我乎哉？”这里的“自有我”意义很广泛：有自己的思想、自己的业绩、自己的创造、自己的学术成果，而这一切的根本点在于有自我意志，所以才不迷信古人，不因循旧说，不墨守成规，进而有所创新。创新是普通人能够成为圣贤豪杰的关键所在。“我辈诵法孔子，曾亦思孔子所以能为孔子，彼盖有立于尧舜之外者。”“立于尧舜之外者”，即对尧舜道德文章的发展和创新。社会日益发展，人的智力水平日益提高，即使是大哲人的思想学说，也只能“匡一时之弊，规当世之利，而决不足以范围千百万年以后之人”。而中国人却不是这样，盲目地崇拜迷信古人，“于古人之言论行事，非惟辩难之辞不敢出于口，抑且怀疑之念不敢萌于心”[②]。因而“委身以嫁古人”，一切以古人之是为是，以古人之非为非，不敢越古人半步，失去自我，失去创新的勇气，成为古人的奴隶。

（二）固守奴、愚、我、伪、怯、静，为风俗之奴隶

梁启超深刻分析了中国国民的劣根性，即“奴性”“愚昧”“为

---

① 梁启超：《中国积弱溯源论》，《饮冰室合集·文集之五》，第15页。

② 梁启超：《新民说》，《饮冰室合集·专集之三》，第47页。

我”“好伪”“怯懦”“无动”。“奴性”的本质特征是，“既无自治之力，亦无独立之心”。表现为：“倚赖之外无思想，服从之外无性质，谄媚之外无笑语，奔走之外无事业，伺候之外无精神；呼之不敢不来，麾之不敢不去，命之生不敢不生，命之死亦不敢不死；得主人之一盼，博主人之一笑，则如获异宝。……虽极其凌蹴践踏，不敢有分毫抵忤之色，不敢生分毫愤奋之心；他人视为大耻奇辱，不能一刻忍受，而彼恰然安为本分；是即所谓奴性者也。”

“愚昧”的本质特征是，“四肢五官具备，而无脑筋”，无智慧。“有智慧则能长其志气，有智慧则能增其胆识，有智慧则能生其实力，有智慧则能广其谋生之途，有智慧则能美其合群之治。”有智慧的反面就是愚昧，“愚昧”只能使人做奴隶。

“为我”的本质特征是，“不知群之物为何物，群之义为何义也，故人人心目中但有一身之我，不有一群之我”。表现为不能够绌身而就群、捐小我而卫大我；当外敌入侵我国时，“亡此国而无损于我也，则束手以任其亡，无所芥蒂焉；甚且亡此国而有益于我也，则出力以助其亡，无所惭怍焉”。“为我”只能使人做自我利益的奴隶。

“好伪”的本质特征是，虚伪作假以自欺欺人。表现在社会生活方面，人们相互之间交往“皆以伪之一字行之”；“奏章之所报者，无一非伪事；条告之所颁者，无一非伪文；应对之所接者，无一非伪语”。官吏多无事可做，谓之伪职；法律多无人遵守，谓之伪律，等等。“好伪”只能使人做虚伪作假的奴隶。

“怯懦”的本质特征是，以尚武冒险为大戒，遂养成千千万万柔脆无骨无血无气之怪物。表现为不思保护自己的权利，遇势力之强于己者，始而让之，继而畏之，终而媚之，奴隶之性日深一日，民权由此而失，国权由此而亡。“怯懦”只能使人做别人或别国的奴隶。

“无动”的本质特征是，保守僵化，墨守成规，不思进取，不敢创新。表现为国人皆以安静、持重、老成等语来誉人，而以好事、轻进、纷更等语来贬人；“有其举之莫敢废，有其废之莫敢举，一则曰依成法，再则曰查旧例，务使全国之人如木偶，如枯骨，入于陨然不动之域后已”[①]。“无动”只能使人做陈规陋俗的奴隶。

在梁启超看来，在这六种劣根性中，“奴性”是最根本的，它决定着其他五种劣根性，又表现为其他五种劣根性。因此，他关于“奴性”一部分花费笔墨最多，写得也最精彩。特别是以其辛辣的笔锋描写了中国社会“以奴隶待别人”和“以奴隶自待”的状况，真实地刻画出全国每个人既是奴隶、又是奴隶的主人，既要主宰别人、又要受别人的主宰，既要依附于别人、又要被别人所依附的情境，指出正是人的这种双重身份决定其必然要受双重的束缚，而这种双重束缚必然造成人格的双重扭曲，最终完全丧失其主体性，丧失其自主意识，丧失其独立意识，成为失去其人的规定性的“人”。这个思想对当时的思想家产生了深刻的影响，并逐渐成为此后国民性和个性解放理论研究中的一个思路，至新文化运动时达到高潮。

（三）把天下作私产，为专制制度之奴隶

如果说梁启超分析理想、风俗为积弱之根源，目的在于说明传统观念、陈规陋俗束缚人，是造成国民素质低下国力不强的原因的话，那么，他分析政术为积弱之根源的目的则在于说明，专制制度及专制统治者的恶劣统治术要对这种局面负根本的责任。他说：“数千年民贼，既以国家为彼一姓之私产，于是凡百经营，凡百措置，皆为保护己之私产而设，此实中国数千年来政术之总根源也。”[②]专制统治者正是为了永葆天下为自己的私产，才运用各种措施去“陶铸”民众，使民众于不知不觉中成为专制统治者的奴隶。

统治者为了能够把国家当作私人财产，最重要的是把有思想有意识的国人驯服成无思想无意识的木头人，驯服成听人玩弄的机器，驯服成依人取乐的妾妇。为达到这个目的，统治者便采取了四种统治术：

---

① 梁启超：《中国积弱溯源论》，《饮冰室合集·文集之五》，第 20、23、26 页。

② 梁启超：《中国积弱溯源论》，《饮冰室合集·文集之五》，第 83 页。

一是驯之之术。统治者使用驯之之术使人丧失天生所有的求智、独立、合群等本性，成为可以任人耍弄的动物、妾妇。假如遇有一个不具奴性、不甘愚昧、不专为我、不甚好伪、不安怯懦、不乐无动者，则举国之人，视之为怪物，视之为大逆不道，非要把他驯服不可。是非易位，憎尚反常，人之本性全失。

二是饵之之术。即用官位禄俸诱惑人们，使人们“各竞于其职，孜孜莫敢怠，以官阶之高下，禄俸之多寡，互相夸耀，往往望贵人之一颦一笑，如天帝、如鬼神然”。国人正是在斤斤于官位俸禄的过程中，失去了自身的尊严，放弃了自身存在的价值。

三是役之之术。统治者选官的目的是为保卫自己的私产，因此，在选官标准上便不问其贤能才德，而以安静、谨慎、愿朴，能遵守旧规、服从命令者为贵。中国统治者使用官吏就像西方人使用机器一样，因为中国的官吏已经变成“无脑无骨无血无气之死物”。

四是监之之术。即设立官吏、军队和法律，以监视偶尔有一两个不甘为奴隶、为妾妇、为机器的人。从而使今日文明诸国所最尊最重者，如思想之自由、信教之自由、集会之自由、言论之自由、著述之自由、行动之自由，在中国荡然无存。

梁启超的结论是，“夫国也者，积民而成，未有以民为奴隶、为妾妇、为机器、为盗贼而可以成国者”。[①] 梁启超对中国专制统治者所采用的统治术的揭露，真可谓深刻、全面、生动、精彩，令人捧腹，令人叹息，令人深思。

（四）心被顽躯浊壳所困扰，为情欲之奴隶

梁启超面对物欲横流、人欲泛滥的社会现实，深深感叹：“情欲之毒人深也！”他借用古人的话：“心为形役，形而为役，犹可愈也；心而为役，将奈之何？心役于他，犹可拔也；心役于形，将奈之何？”这里强调的是，假如人的形体被精神所奴役、所主宰，尚有办法获得解脱；反之，

① 梁启超：《中国积弱溯源论》，《饮冰室合集·文集之五》，第33、34页。

假如人的精神被形体即情欲所奴役、所主宰，那就没有办法获得解脱。可是在现实生活中，人的精神一刻也不能离开形体，人的精神如果被自身的情欲所主宰、所支配，一切按情欲之感觉去行为，人也就失去了自由。梁启超认为，“凡有过人之才者，必有过人之欲；有过人之才，有过人之欲，而无过人之道德心以自主之，则其才正为其欲之奴隶，曾几何时，而销磨尽矣”。所以，他要求人人都要克制自己的情欲，“以己克己，谓之自胜；自胜之谓强”。

梁启超在这里以他所特有的方式重提中国哲学史上“理欲”关系问题。他回答问题的思路基本上是与宋明理学的思路相一致的，在理论上也没有什么创新。但是，梁启超谈“理欲”关系的意义在于，面对由于西方物质文明的大量涌入，导致国人因对物质的追求而产生对人生意义理解的物化，对终极关怀追求的商品化，对价值取向理解的金钱化，提醒人们要注意克服物化、商品化和金钱化的倾向，冲破各种物质欲望对人的束缚，固守着人作为精神存在物的本性，自觉地超越自己。因此，梁启超重提“理欲”关系，决不是无病呻吟，而具有很强的针对性，有重要的现实意义。

从上述的叙述中可以看出，梁启超通过对中国国民性的系统分析，从多个方面揭露了束缚人发展的因素，把封建专制制度和封建学术思想作为造成国民“民德”低下的主要原因，认为中国积弱之大源，“其成就之者在国民，而孕育之者仍在政府”[①]，政府乃是中国积弱的根本。按照这个逻辑，要解决中国积弱的问题，首先就要推翻封建专制统治。这个结论毫无疑问会冲破梁启超的新民理论框架。然而，梁启超没有按照这个逻辑合理地推导下去，没有再深入一步得出推翻封建专制制度和清王朝的革命结论，而是把思路一转，认为，“夫国者，积民而成”，民的素质决定了国家的状况，强调国人应该“自责”而“自新”，人人做“新民”。那么，要解决中国积弱的问题，便由解决政府的问题而转变成解决“民”的问题，把

① 梁启超：《中国积弱溯源论》，《饮冰室合集·文集之五》，第34页。

对中国社会制度的根本改造变换成个人的道德修养。这是梁启超改良主义思想的理论基础。

二、新民为今日中国第一急务

梁启超继承了传统的“新民”思想，又从新的历史条件出发，给其赋予了现代的意义。他在《新民议·叙论》中阐述了自己研究“新民”的意图。他说：“余为新民说，欲以探求我国民腐败堕落之根原，而以他国所以发达进步者比较之，使国民知受病所在，以自警厉、自策进。”因此，“新民”的根本内容在于建立全新的道德规范，培养具有现代社会理想人格的人。

“新民”的目的是“淬厉本有采补本无，以求同吾群、善吾群、进吾群”，使中国摆脱贫困、走向富强。梁启超认为，国民是构成国家的基础，在国家生活中占有重要地位。因为，“国也者，积民而成。国之有民，犹身之有四肢、五脏、筋脉、血轮也。未有四肢已断、五脏已瘵、筋脉已伤、血轮已涸，而身犹能存者；则亦未有其民愚陋怯弱，涣散混浊，而国犹能立者。故欲其身之长生久视，则摄生之术不可不明，欲其国之安富尊荣，则新民之道不可不讲”。他认为，国民之文明程度低下，就不可能有新制度、新政府、新国家；相反，国民之文明程度高，即便偶有“暴君污吏”，其国民也“自能补救之而整顿之。”他的结论是：“苟有新民，何患无新制度，无新政府，无新国家。”因此，他要研究新民问题，把能否培养出具有理想人格的国民作为解救民族危机、建立富强国家的根本举措。

“新民”的根本方法是把中华民族优秀传统与西方民族文明成果结合起来。梁启超在解释“新民之义”时指出：“新民云者，非欲吾民尽弃其旧以从人也。新之义有二：一曰淬厉其所本有而新之，二曰采补其所本无而新之。二者缺一，时乃无功。先哲之立教也，不外因材而笃与变化气质之两途，斯即吾淬厉所固有采补所本无之说也。一人如是，众民亦然。”在梁启超看来，凡一个国家能自立于世界之上，其国民必然具有“独具之特质”；上自道德法律，下至风俗习惯、文学美术，“皆有一种独立之精神”。这种“特质”和“精神”世代相传，构成本民族区别于其他民族的内在本质特征，成为本民族立足于世界的精神支柱。因此，要新民，就必须继承发扬民族精神中之“高尚完美”之精华，革除“愚陋怯弱”之糟粕。同时，“不可不博考各国民族所以自立之道，汇择其长者而取之，以补我之所未及”。即“采补所本无”以弥补自身的不足。正是通过这种“淬厉其所本有”，“采补其所本无”的工作，“而发明一种新道德，以求所以固吾群、善吾群、进吾群之道”。[①] 梁启超明确指出：“吾所谓新民者，必非如心醉西风者流，蔑弃吾数千年之道学术风俗，以求伍于他人；亦非如墨守故纸者流，谓仅抱数千年之道德学术风俗，遂足以立于大地也。”[②] 就是说，“心醉西风”或“墨守故纸”这样两种做法都是不可取的。

“新民”以培养个人之私德为第一义，如倡导进取冒险之精神，培养权利义务思想，培养自治能力，培养自尊自爱的人格。梁启超对于“新民”内容的思考和论述基本上是按照这样一个思路进行的：从中国启蒙思想家面临的既要启发个性觉醒、以反对封建专制统治，又要增强民族整体凝聚力、以抵抗帝国主义侵略这个双重启蒙任务出发，在对本土传统道德观念进行分析批判的基础上，吸收和借鉴西方资产阶级道德观念中为我所用者，试图构建一个能够满足中国社会需要的道德规范体系。他通过一系列具体道德规范的讨论，明确提出私德与公德、个体与群体、权利与义务等关系问题，从而把严复已经意识到但尚未明确提出的个性解放与社会发展的思想鲜明地提了出来，并试图按照自己的理论思维方式给予解决。梁启超的探索在理论上有许多值得肯定的东西，也包含着某些不合理的因

---

① 梁启超：《新民说》，《饮冰室合集·专集之三》，第 15 页。

② 梁启超：《新民说》，《饮冰室合集·专集之三》，第 7 页。

素，在理论思维上值得我们很好地研究和借鉴。

“破坏主义为救国救种之下手第一著”。梁启超在戊戌维新时期一直主张通过维新变法的和平手段来消除封建制度自身的某些弊端，使中国成为富强的国家。亡命日本后，其思想逐渐发生变化，其最显著的变化在于主张破坏主义。他说：“今日之中国，又积数千年之沈疴，合四百兆之痼疾，盘踞膏肓，命在旦夕者也，非去其病，则一切调摄滋补荣卫之术，皆无所用，故破坏之药，遂成为今日第一要件，遂成为今日第一美德。”[①] 在中国“破坏”的对象有两个：一个是延续数千年的封建专制政体，另一个是延续数千年的为封建专制制度服务的思想体系。“破坏”的内容非常广泛：既有生产技术的改进，也有学术研究的进步；既有思想观念的创新，也有法律法规的制定，等等。“破坏”的方式有两种：一是无血的破坏，二是有血的破坏。前者指日本式的改良维新运动，后者指法国式的暴力革命。在他看来，在中国能用第一种方法来进行社会改造，那是最理想的，要“馨香而祝之”；假如不行，就要使用有血的破坏；但是不进行破坏是绝对不可能的。“破坏”作为事情来说不是祥事，作为语言来说不是仁言。但是，“当夫破坏之运之相迫也，破坏亦破坏，不破坏亦破坏。破坏既终不可免，早一日则受一日之福，迟一日则重一日之害”。“故破坏主义之在今日，实万无可避者也。”“破坏主义者，实冲破文明进步之阻力，扫荡魑魅魍魉之巢穴，而救国救种之下手第一著也。”[②]

这个时期是梁氏政治思想最亢奋的时期，他因为“言革”而几乎与康有为闹到决裂的地步。但是，梁启超的“君主立宪”的政治立场，和新民学说的内在矛盾性，决定其主张充满空想色彩。即使是这样一个空想的主张，此后不久也被他放弃了，转而极力反对革命。

---

① 梁启超：《十种德性相反相成义》，《饮冰室合集·文集之五》，第50页。
② 梁启超：《十种德性相反相成义》，《饮冰室合集·文集之五》，第50页。

三、新民理论的历史地位

梁启超从完成中国近代启蒙任务出发，对“新民”问题进行了大胆的探索，全面的阐释，基本上构建起一个具有特色的理论系统，把近代中国资产阶级思想家关于“民”的问题研究向前推进一大步。

（一）对人的内在规定性的关注

新民理论既是维新思想的深化，也是理论研究的推进。维新思潮强调的是揭露和批判旧制度、旧文化对人的束缚；新民思潮更加注重研究人的“德性”，力图构建新的行为规范和人格理想，注重探索新民的根本途径。应该肯定，梁启超的新民理论，反映了当时思想界的最高思维水平。他提出的对于人的私德的要求，如进取冒险精神、权利义务思想、自由自治能力、自尊自爱人格等，实际是对人的“德性”做出规定。然而，由于梁启超对“国民”的理解只是一种抽象的理解，他对人的“德性”的规定作为人类社会普遍适用的原则，也是一种抽象的规定。这两种抽象碰到一起，就决定梁启超的理论尽管看起来很全面，也充满美丽的词句，但是却带有浓重的空想色彩，在现实生活中是根本行不通的，只能成为思想史上一个美丽的传说。

（二）生动的揭露、犀利的批判与思想的局限

梁启超继承了维新思潮对封建专制制度的批判精神，罗列出中国封建社会对国民的种种束缚：如封建专制制度和专制统治者，腐朽的思想观念，陈旧的风俗习惯，对贤圣的盲目迷信，恶劣的自然环境和社会环境，放纵的物质欲望等。这种揭露是大胆的、尖锐的、深刻的；对中国民众所处的似奴隶、如妾妇、像禽兽、类木偶而被统治者玩弄取笑的境遇的描写，是生动的、犀利的、细致的，令人同情也令人愤怒。这是梁启超新民学说的重要贡献。但是，由于梁启超坚持“君主立宪”的政治主张，使他只是一般性地批判封建专制制度，而没有明确批判封建专制制度的代表——清王朝，即使在最革命的时候也只是咒骂西太后几句，依然指望通过光绪皇帝进行“无血的革命”，实现“新民”的历史使命；这使其对

封建专制制度的批判大打折扣。特别重要的是，梁启超没有认识到帝国主义的侵略本质，而在行文中处处要求中国人以西方某些资本主义国家为楷模，向他们学习，没有把帝国主义对中国的侵略当作束缚中国人个性解放的最大障碍之一。因此，梁启超没有能把中国人争取解放运动与争取阶级解放、民族解放的运动联系起来。这一切就使梁启超的个性解放理论带上了浓重的空想色彩和不彻底性。

（三）对国民素质和社会发展关系问题的再思考

梁启超清晰地提出国民素质和社会发展的关系问题，并以自己独特思维方式力图去解决这个问题，这比维新思潮大大前进了一步。维新思潮对这个问题尚没有很清醒的意识，也没有进行充分的理性思考和探索；到新民思潮时，由于帝国主义侵略的加剧，民族危机的加深，使得社会发展的问题、民族凝聚力的问题更加严峻地摆在中国思想家们面前。因此，这个时期的思想家不仅从其思想中明确地表露出要正确处理国民素质和社会发展的关系问题，而且特别注意到社会发展的问题。中国严峻的社会现实使“图强”与“救亡”发生双重变奏，这就导致了国民素质与社会发展的双重变奏。这种双重变奏看起来似乎是相互矛盾的，实际上则具有内在的互动性和统一性。但是，由于梁启超受阶级和时代的局限性，没有从根本上解决二者的关系问题。从这一点也可以看出，在中国封建社会的历史条件下，要提高国民素质是多么困难；如果没有社会经济的发展，没有新的思想资料，没有新的思维模式，尽管有锐利的眼光，优美的文笔，满腔的热忱，一腔的热血，依然解决不了理论上和实践中的问题。

（文章发表于《哲学与社会》）

革命以复天赋之人权 除奴隶而为主人

——辛亥革命时期个性解放思想研究

辛亥革命时期，以孙中山、章太炎等人为代表的先进中国人，在探索和解决“中国向何处去”问题的过程中，十分关注人的解放和个性解放问题，提出了许多有见地的思想，构成其思想体系的重要内容。

一、人生之目的在全其本性

这个时期，“个性”“个性解放”作为一个固定的概念还没有被提出，但其同意义的概念却被广泛使用，其思想内涵也越来越清晰。1903 年 3 月出版的《直报》第二期发表“权利篇”一文，明确提出“人生之目的在全其本性”“个人本性”“己之本性”等概念。文章认为，人具有耳目口鼻四肢五脏肉体上之诸官能，又有心思智虑精神上之诸官能；而“自由平等，是其质格中之最高尚者”；[①] 假如人的每个官能都能充分发挥作用，并且其作用发挥的适度，就是“全”其本性，就是人生之目的的实现。这是人之所以为万物之灵、人之所以异于禽兽者的根本原因。同年 8 月，《游学译编》第九期“教育泛论”一文中又明确提出“一人有一人之性质”，

① 《直报·权利篇》，《辛亥革命前十年时论选集》第 1 卷，第 479 页。

个人的行为必然是由个人的意志和知识决定的。[①]很显然，这个“全”字具有全面发展的意蕴；而“人之本性”“个人本性”“己之本性”，则具有现代意义的“个性”含义。“个性”概念已呼之欲出，个性解放的问题实际上已经成为思想界关注的焦点。

邹容在《革命军》中提出一种新的人格理想：“一曰养成上天下地惟我自尊独立不羁之精神。一曰养成冒险进取赴汤蹈火乐死不避之气慨。一曰养成相亲相爱爱群敬己尽瘁义务之公德。一曰养成个人自治团体自治以进人格之人群。”[②]这四条，一是强调培养个人自主自尊独立的精神，二是强调培养个人进取冒险创新的气慨，三是强调培养个人爱群敬己负责的公德，四是强调培养个人具有全面的自治能力。这四条实际上是对人的个性内涵的规定。

他们在理解“个性”概念时，特别注重对人自觉能动性特点的把握，强调人的意识在社会发展过程中的作用。如胡汉民曾说：“人类之生，始于自营，知物之为障于己，则未有不思所以排之者；……我国民终不自觉，斯亦已矣；苟能自觉则发挥其能力，斩除其惰性，遇艰险而益厉，更丧败而益前，虽天下之至强，将莫能御。”[③]就是说，人类的产生和发展是一个自我进化的过程，也是排除各种外在阻碍以获得自我完善的过程。这个过程的内在动力是“思”，即人的意识的作用。这种“思”并不是一般性地去“意识”，即认识和把握某种事物发展的规律，而是包含着实践意义的一种积极能动的作用。在他看来，正是因为中国人一直没有自觉到这种“思”的作用，才使中国衰弱到如此境地。假如中国人能自觉发挥这种能动性，去掉懒惰性，就可以“遇艰险而益厉，更丧败而益前”，使中国成为天下“至强”之国。

章太炎也特别强调人的“思”的作用。他说：“夫自诸异物而渐化为人者，此亦以思自造者也。”猿类之所以在进化过程中能够最终战胜其他

---

① 《游学译编·教育泛论》，《辛亥革命前十年时论选集》第1卷，第401页。

② 邹容：《革命军》，《猛回头——陈天华邹容集》，辽宁人民出版社1994年版，第205页。

③ 去非：《国民报·发刊词》第1年1号。

动物而演化为高级的人类，是靠“思”即意志力的作用。他借用并改造佛教学说，提出“依自不依他”观点。所谓“依自”，就是依赖自我，尊重自我，肯定自我的价值，而不要依赖于上帝，依赖统治者，依赖他人；就是发挥人的能动性。因为，“自”的本质是“心”，“心”是人从事一切活动的主宰。假如一个人不仅能自尊，而且能发挥“心”的能动性，就一定能克服一切困难，干出一番惊天动地的事业。“自心”的规定性在于：不惧怕生死，不崇拜金钱，不依赖别人，不斤斤于退屈，不醉迷于德色，不怯懦，不浮华，不猥贱，不作伪；就是说，确立“自心”，就可能超然于生死、金钱、依赖、退屈、物欲、怯懦、浮华、猥贱、虚伪的束缚，做一个堂堂正正的、自主自立自尊的“人”。这个“人”是本来意义上的人。

这些人特别关注“思”“心”的问题，强调发挥人的主观能动性在社会革命进程中的重要作用，就是为了解决资产阶级革命的动力源泉问题，而这个理论也确实起到了鼓舞革命者斗志的作用；但是，胡汉民、章太炎等人没有注意到“思”“心”等的物质基础，没有注意到人发挥其主观能动性要受客观条件限制，所以很容易陷入唯意志论。

孙中山则试图从理论上弥补这一缺憾，主张人的主观能动性的发挥要建立在遵守“公理”的基础上。他说：“要知凡事须论公理，放胆而自行公理，不必更有一毫畏惧心。”[①] 这里的“公理”包含有事物发展客观规律的意思。就是说，人自觉按照事物发展的客观规律办事，就会取得行动的自由，就会取得理想的结果，那么也就没有必要存在畏惧心理。孙中山的这个思想仅仅是初步的。

值得注意的是，章太炎已经意识到用西方“个性解放”的理论来指导中国启蒙运动，二者之间存在着尖锐的矛盾。这个思想是通过对程朱理学的“天理”与西方资产阶级的“公理”的矛盾来表述的。他认为，程朱理学“天理”的“疵瑕”在于“疑于本体自性”，“其极至于锢情灭性，烝

---

① 孙中山：《在上海寰球中国学生会武昌起义纪念会的演说》，《孙中山全集》第2卷，第494页。

民常业，几一切废弃之”。宋明理学主张存天理而灭人欲，实际上使人失去人之所以为人的本质性规定，人成了为实现“天理”而存在的存在物。而西方的“公理”，“于男女饮食之事，放任无遮，独此所以为异”。西方资产阶级所主张的个性自由学说，则表现为个人物欲膨胀，使整个社会物欲横流，人成为被物欲所支配的存在物。因此，章太炎明确指出，假如以西方资产阶级个性解放学说“为本根，以陵藉个人之自主，其束缚人，亦与言天理者相若”；“天理之束缚人，甚于法律，而公理之束缚人，又几甚于天理矣”。[①]假如用这种西方资产阶级个性解放理论来指导中国的个性解放运动，其结果将是对个性的又一种新的束缚，而且这种束缚比宋明理学的束缚更严重，更恶劣。因此，必须在中国的“天理”和西方的“公理”之外，重建一种新的人的解放理论，重新寻找一种新的人的解放途径。

由此可见，随着中国民族资产阶级的日益成熟，民主革命运动的深入发展，中国资产阶级思想家已经感到，中国固有的传统学说已经不能为自己所用，外来的西方资产阶级学说又存在种种弊病而不适合中国国情，因此，迫切需要创立新的理论，来指导自己的革命实践。理论创新的任务迫在眉睫。

二、有生之初，无人不自由，无人不平等

这个时期的思想家以“天赋人权”理论为基础，论证了人有独立的人格，说明人免受外物奴役的必然性。章太炎说：“盖人者，委蜕遗形，倏然裸胸而出，要为生气所流，机械所制；非为世界而生，非为社会而生，非为国家而生，非互为他人而生。故人之对于世界、社会、国家，与其对于他人，本无责任。责任者，后起之事。……即实而言，人本独生，非为

① 章太炎：《民报·四惑论》，《章太炎全集》第4卷，第444页。

他生。而造物无物，亦不得有其命令者。吾为他人尽力，利泽及彼，而不求圭撮之报酬。此自本吾隐爱之念以成，非有他律为之规定。”[①]这就是说，人生而具有独立的人格，并不是为世界、社会、他人而生，也就没有必要接受世界、社会、他人的命令，受世界、社会、他人的奴役；同时人也不应该去依赖于世界、社会、他人，既不能依赖其进行生活，也不能依赖其进行思想。世界、社会、他人作为个人生存的依托，不能够因此而给个人发布任何命令。人生而本无责任，就有权利不接受来自任何方面的命令，而按照自己的意志行事。章太炎在这里强调了人的独立性和个体性，以此论证人的自主性和平等性。

许多思想家则以“天赋人权”理论为基础，论证国人具有自由平等权利，说明这些权利是不可剥夺或转让的。他们认为，中国“已处于文明潮流漩涡，立竞争剧烈之舞台，国民权利自由之思想，已如旭日中天，离明四照”，人所拥有的自然权利如自由、平等、独立、民主、人权等是永恒的，人为收复自己的自然权利所进行斗争是必然的，“大机已动，谁能遏止？”邹容说：“生命自由及一切利益之事，皆属于天赋之权利，不得侵犯人自由，如言论、思想、出版等事。”[②]他们也认识到自由并非各行其是，随心所欲，而是有界限的；破坏这个界限就是侵犯人的自由，而侵人自由者，人人得而诛之。这里依然强调的是“总体”的自由，“惟欲求总体之自由，故不能无对于个人之干涉”；“共和者亦为多数人计，而不得不限制少数人之自由。”[③]这时对自由范围进一步确定，大体上包括“言论自由、出版自由、迁徙自由、集会自由”等。[④]

“天赋人权”理论关于“自由”“平等”“独立”等观念，成为激发人们人权意识觉醒的催醒剂，激励人们反对封建专制统治的响亮口号。人们

① 章太炎：《民报·四惑论》，《章太炎全集》第4卷，第444—445页。

② 邹容：《革命军》，《猛回头——陈天华邹容集》，辽宁人民出版社1994年版，第218页。

③ 陈天华：《论中国宜改创民主政体》，《陈天华集》，第208页。

④ 《为外人之奴隶与为满洲政府之奴隶无别》，《辛亥革命前十年时论选集》第1卷，第526页。

带着这种清醒的意识去审视现实中国社会，发现现实中国社会与理论却有着巨大的差距。原因在哪里？《国民报》于1901年曾发表《论国民》的文章，文章说："天之生人也，原非有尊卑上下之分"；"天之生人也，既与以身体自由之权利，即与以参预国政之权利"。① 邹容说："人人当知平等自由之大义。有生之初，无人不自由，无人不平等，初无所谓君也，所谓臣也。若尧、舜，若禹、稷，其能尽义务于同胞开莫大之利益以孝敬于同胞，故吾同胞视之为代表，尊之为君，实不过一团体之头领耳，而平等自由也自若。后世之人不知此义，一任无数之民贼独夫，大盗巨寇，举众人所有而独有之，以为一家一姓之私产，而自尊曰君，曰皇帝，使天下之人无一平等，无一自由，甚至使成吉思汗、觉罗福临等，以游牧贱族入主我中国，以羞我黄帝始祖于九原。故我同胞今日之革命，当共逐君临我之异族，杀尽专制我之君主，以复我天赋之人权，以立于性天智日之下，以与我同胞熙熙攘攘，游幸于平等自由城郭之中。"又说："今试问吾侪何为而革命？必有障碍吾国民天赋权利之恶魔焉，吾侪得而扫除之，以复我天赋之权利。"② 这就是对现实中国社会与理论上的描述之间所存在巨大差距所作的思考和答案。

孙中山对这个问题也作了思考。他认为："人权原自天赋，……况世界潮流所趋，几于大同，若以芸芸众生，长听安危于一人，既非人道之平，抑亦放弃人职。今全国同胞见及于此，群起解除专制，并非仇满，实欲合全国人民，无分汉、满、蒙、回、藏，相与共享人类之自由。"③ 这里提出两个观点：一是把人权确定为"天赋"的"公理"或"人职"，即人的本性。那么，用适合于人的本性的"公理"去取代封建专制制度的"天理"就是必然的，是符合世界发展潮流的。二是从人的能力发展的角度去论证封建专制制度违背人的本性，而共和制则适应于人的本性。为什么不能实行"长听安危于一人"的专制政体呢？因为这种政体不仅违背人的本性，而

① 玄中：《国民报·说国民》，《辛亥革命前十年时论选集》第1卷，第72页。
② 邹容：《革命军》，《猛回头——陈天华邹容集》，辽宁人民出版社1994年版，第205页。
③ 孙中山：《临时大总统致喀尔沁亲王电》，《中华民国史档案资料汇编》。

且导致人们“放弃天职”，也就是压抑人的本性的发挥，阻碍人的能力的发展。后来朱执信也说：“国民之能力，以干涉而愈萎缩，以应用而愈舒畅。”[①] 社会应该去掉对人的干涉和束缚，为个人能力的发展和发挥提供一个自由理想的空间；而个人能力的发展和发挥又会给社会的发展提供无穷的活力。

正是基于对现实中国社会与理论之间所存在巨大差距的原因的思考和探索，促使人们由人权意识的觉醒进而到民权意识的觉醒，由对于中国封建专制制度的改良要求而发展到对其彻底否定的革命要求。孙中山说：“夫中华民国者，人民之国也。君政时代则大权独揽于一人，今则主权属于国民之全体，是四万万人民即今之皇帝也。国中之百官，上而总统，下而巡差，皆人民之公仆也。而中国四万万之人民，由远祖初生以来，素为专制君主之奴隶，向来多有不识为主人、不敢为主人、不能为主人者，而今皆当为主人矣。”[②] 孙中山从西方资产阶级的“天赋人权”理论，推导出必须通过革命手段全面否定中国封建专制制度，必须通过民主共和制度真正使人民行使自由平等民主的权利的结论。这是中国资产阶级对“天赋人权”理论的最高理解。

三、革命使吾民为民而吾能尽其为民者也

他们针对当时的中国“不论上下，不论贵贱，其不为奴隶者盖鲜”，不为国人之奴隶，即为外人之奴隶，或者既是国人之奴隶，又是外人之奴隶的现象，对中国之所以成为奴隶国的根源进行了深入细致的分析。

《国民报》第一期曾发表一篇《二十世纪之中国》的文章，从远因和近因两个方面进行了阐述。从远因方面说：“嬴秦暴兴以降，独夫民贼无

① 朱执信：《开明专制》，《朱执信集》，第223页。
② 孙中山：《建国方略》，《孙中山全集》第6卷，第211页。

代不作，率皆敝屣公理，私土地、人民为己有，使天下之人，知有朝廷不知有国家；又恐其民之秀杰者，不满于己之所为，乃施以种种牢笼、束缚、压制、威胁之术，以便其私图。故夫学术者，所以智民也，而民贼愚之。取古先儒言论之最便于己者，作一姓机关之学术；利于民者，辟之为邪说；专以柔顺为教，养成奴隶之性质，以便供己轭束役使之用。是故中国之学术，为一人矣，而中国无学术。政治者，国民公共之机捩也，而民贼专之。举一切用人行政之大权，悉出于一人之喜怒爱憎，其喜且爱者，不计国民之利害而妄行之，其怒且憎者，不计国民之利害而擅废之；于其喜且爱之人，则可加以非常之宠荣，其怒且恶之人，则可处以无名之杀戮。是故中国之政治，为一人矣，而中国无政治。法律者，国民之公器，称之曰国法，非一家之法也，而民贼私之。以五刑为不足，又设种种严酷惨毒之制，恃为威胁人民、摧锄士气之具；且更畀以私号，曰'祖法'，曰'祖制'。是故中国之法律，为一人也，而中国无法律。夫学术也，政治也，法律也，其显然易见者也，他如种种不可思议之敝政，乃至不可以枚举。而中国之民，驯伏柔顺，安之若素，似性质然者，驯至易姓受命之事，而恬然不以为怪。……呜呼哀哉！中国二千年之学术、政治、法律及一切，一人一家之私教养成之者也。"[①]二千多年封建社会条件下所形成的学术、政治、法律等，都是为专制制度服务的；专制统治者为了实现"家天下""私天下"的目的，使用各种手段去掉民众独立自主的人格，把民众驯服成听话的奴隶。这是使国民养成奴隶性人格的远因。

从近因方面说，国人在向西方学习的过程中，没有学习西方"民权"这个"为政之本源"的思想，而依然保持其奴隶人格。文章认为，海禁洞开数十年，缔交通商之国十余个。然而，国人在与外国的交往之中，却没有找到"欧美为政之本源，致强之要道"。作为外交官，"其来也，以钻营奔走而得；其去也，以保举薪俸而终。故名为外交官，而周围十丈使署以

---

① 《国民报·二十世纪之中国》，《辛亥革命前十年时论选集》第1卷，第67—68页。

外无天地，左右数人唯诺请安通译以外无见闻，一递国书照例报销谢恩以外无经济。名为游学生，而闻铃就膳、鸣钟上堂而外无事业，语言文字器械工艺而外无学问，风俗妇女饮食玩好而外无交游”。出现这种现象的原因，是中国民众“柔顺之学精，奴隶之根性深”，人权与民权丧失既久，便没有自由、平等、独立、自主、创新等意识。没有民权，也就没有国权。所以，民权之丧失是中国成为奴隶国的近因。

这个时期的思想家在构建自己的思想体系时，以开放的胸襟放眼于世界，主张向先进国家学习，吸取各国革命斗争的经验，特别是学习法国资产阶级暴力革命经验。他们认为，要使中国人摆脱奴隶性人格，培养出具有能够适应目前“天演如是其剧，物竞如此其酷”局面的人格的国民，就必须学习孟德斯鸠、伏尔泰、卢梭等人的学说。否则，以当今世界有国民之国群起染指亚洲大陆极东之地的时候，“以国民而伐奴隶之兵，奴隶安有不败者；以国民而握奴隶之利，奴隶安有所不穷者”。[①] 又有人说：“吾知美必曰，脱英压制，独立而强；法必曰，倾君之专制，革命而强；英必曰，去贵族之钳制，改革而强；意必曰，除澳之羁绊，自主而强；日必曰，复幕府之专政，维新而强。且必谓吾之所以能脱之倾之去之除之复之者，在种吾民革命之种子，养吾民独立之精神，而可一言以蔽之曰：民权而已。”[②] 这里对各国救亡图强经验进行了经典性的概括，认为中国要完成救亡图强的时代课题，就必须吸取各国的经验，运用各国的方法，确立国人的革命意识，培养国人的独立精神，其最根本的在于给予国民以民权。

这个时期的思想家认为，运用暴力革命手段推翻满清王朝的封建专制统治，是去掉国人奴隶根性、实现人的解放的根本。章太炎说：“人心进化，孟晋不已。……公理之未明，即以革命明之；旧俗之俱在，即以革命去之。革命非天雄、大黄之猛剂，而实补泻兼备之良药矣。”[③] 充分说明“革命”所包含的意义，所适用的范围，所起到的作用。

---

① 《国民报·说国民》，《辛亥革命前十年时论选集》第1卷，第77页。
② 《国民报·二十世纪之中国》，《辛亥革命前十年时论选集》第1卷，第69页。
③ 章太炎：《驳康有为论革命书》，《章太炎全集》第4卷，第181页。

邹容则高呼："革命者，天演之公例也；革命者，世界之公理也；革命者，争存争亡过渡时代之要义也；革命者，顺乎天而应乎人者也；革命者，去腐败而存良善者也；革命者，由野蛮而进文明者也；革命者，除奴隶而为主人者也。"[①] 邹容用了七个排比句来表述"革命"在人类社会发展进程中的地位和作用。这七个排比句的排列顺序并不是随意的，而是有着深刻的内在逻辑结构；而这个逻辑结构的终点也是革命的最终目的，即"除奴隶而为主人"；按照当时民主革命者的通常理解，"奴隶"或"主人"不仅仅指人的一种身份、一种存在状态，而是指一种人格、一种本性。因此，革命的最终目的是通过对具有"奴隶"性人格的人的改造，把人变成具有自主性、能动性、独立性和创造性的人格的人，以实现人的解放。正因为此，这七个排比句从它诞生之日起，就日益深入人心，成为鼓舞一切革命者进行革命斗争的号角。

应该引起我们注意的是，邹容不仅把革命作为社会改造的一种手段和工具，而且作为一种新的价值观的核心理念。他认为，每个人有每个人的思想，千百万人有千百万种思想，但人们思想中共同的东西就是"革命"。"革命"作为人们一种新的价值观念，引导着人们的日常生活，规定着人们判断是非的标准，规范着人们评价善恶的准则。正因为"革命"是适合新的世界潮流而产生的一种新价值观，所以，它才能够指导人们进行推翻旧社会制度的政治活动，进行改造自然征服自然的经济活动，进行批判传统思想观念的文化活动，从而把人类社会的发展推进到一个全新的阶段。

孙中山也特别强调运用暴力革命手段实现其三民主义理想，主张运用革命的手段反对封建专制，给人民以权力，认为"革命以民权为目的"，"革命之志在获民权"。[②] 这说明，新三民主义作为以孙中山为代表的资产阶级革命派的政治纲领，就其思想内容来说，达到了当时资产阶级革命派

---

① 邹容：《革命军》，《猛回头——陈天华邹容集》，辽宁人民出版社 1994 年版，第 182 页。

② 孙中山：《与汪精卫的谈话》，《孙中山全集》第 1 卷，第 289 页。

所能提出的纲领的应有高度，甚至在一定程度上突破了欧美资产阶级民主革命时期纲领的内容。就其个性和个性解放理论来说，尽管他没有构建起完整的理论体系，但他提出的各种思想观点代表了当时中国个性解放理论的最高水平。

总之，这个时期的思想家自觉吸收天赋人权基本思想以构建自己的人权理论，进而由人权意识的觉醒到民权意识的觉醒，其结果导致以封建专制统治为核心的价值系统开始崩溃，得出推翻封建专制制度建立资产阶级民主共和国的结论，并在这个理论指导下进行了辛亥革命运动，推翻满清王朝的专制统治。但是，他们所理解的“民”从本质上说不是指广大劳动群众，更多的是指资产阶级本身。因此，他们的理论就不可能被广大人民群众所接受，他们的革命行动也就不完全被广大人民群众所理解。没有广大人民群众的理解和支持，是辛亥革命胜利成果很快丧失的一个重要原因。他们对于阻碍个性解放的种种枷锁的揭露和批判，紧紧围绕着完成自己的革命任务来进行，具有很强的针对性。孙中山所提出的三民主义，其民族主义的实质在于摆脱帝国主义对中国人民的侵略和奴役，争取民族的解放；其民权主义的实质是推翻封建专制制度对人的压迫和剥削，争取阶级的解放；其民生主义的实质是通过“平均地权”发展生产，争取经济的解放。这样，孙中山实际上是试图把民族解放、阶级解放、经济解放与人的解放、个性解放统一起来。这说明他们已经越来越能够把握到中国个性解放运动的实质，这不仅大大向前推动了中国个性解放运动的进程，而且大大启发了以后的思想家。

（文章发表于《哲学与社会》2012年第5辑）

新文化运动中胡适的科学观

一

胡适早年接受了中国传统无神论思想和怀疑倾向，接受了西方近代自然科学知识。胡适新文化运动中的科学观，是他早年这方面思想的继续和发展。

追溯一下胡适新文化运动中科学观的形成和发展过程，大致可分为两个阶段。

第一个阶段，是从胡适的早年到出国之前即1910年之前。这时期的胡适在思想方法上有两个明显的特点，一是怀疑的倾向，二是注重用自然科学知识分析解决问题。胡适出身于官僚、地主兼商人的家庭，童年多读儒家经典和各种小说，逐渐产生了无神论思想萌芽。据他说，11岁时读习马温公家训中“形既朽灭，神亦飘散，虽有剉烧舂磨，亦无所施”几句话时，高兴地跳起来，这几句话竟影响其后来逐渐形成无神论宗教观。[①]胡适后来回忆自己离开母亲来到上海求学时的心情写道：“孤另另的一个小孩子，所有的防身之具只是一个慈母的爱，一点点用功的习惯和一点点怀疑的倾向。”[②]在上海读书期间，胡适大大发展了怀疑倾向，对中国的传统文化、伦理道德观念，不仅采取怀疑态度，而且写文章猛烈抨击，并用

---

① 胡适：《四十自述》。
② 胡适：《四十自述》。

功学习各种科学知识和新思想。在梅溪学堂，胡适接触了新思潮，特别是阅读了大量梁启超的文章，受了“无穷的恩惠”。在澄衷学堂，他读了《天演论》《群己权限论》等书，大开眼界，并开始尝试用所学到的知识来解释和分析问题。在澄衷学堂第二年曾发表演说“论性”，批判孟子的“性善说”，认为，水向下是由于地心的吸力，高地的蓄水塔也可以使自来水管里的水向上，“水无上无下，只保持他的水平，却有可上可下，正像人性本无善无恶，却又可善可恶”。[①] 在中国公学，胡适在《竞业旬刊》创刊号上发表了用白话文写的第一篇文章《地理学》，根据当时的地理学知识，以苹果和苍蝇为例说明地球是圆球形的。其后又发表章回小说《真如岛》，提倡“破除迷信，开通民智”，独立思考，不盲信古人的精神。

第二个阶段，是从 1910 年胡适出国到 1917 年留学结束。胡适像当时许多先进的中国人一样，抱着科学救国的热忱，于 1910 年 8 月到美国留学。出国前，他二哥告诉他：家道中落，国家需才，赴美国应学习铁路工程或矿冶工程，以复兴家业并振兴国家实业。由于胡适对铁路矿冶不感兴趣，便决定选习农科，以农报国。[②] 胡适到美国后，先在康奈尔大学学习果树业，由于感到与自己对政治史和文学的爱好兴趣相违背，三个学期后又转到文理学院。这期间，胡适读了大量的实用主义哲学家约翰·杜威、查理·皮尔士和威廉·詹姆士等人的著作，对杜威和杜威派哲学渐渐发生了兴趣。1915 年暑假，他又对实用主义著作和思想作了一番系统的阅读和研究，经过认真考虑和选择于 1915 年 9 月决定到哥伦比亚大学向杜威学习哲学。胡适由学习果树业这种具体自然科学知识到研究哲学这种世界观学问的转变，是胡适由具体科学知识的科学观升华为方法论的科学观的标志，这是与许多资产阶级思想家世界观的转变过程和中国社会发展的要求相一致的。从洋务运动到戊戌变法，许多先进的中国人提出要学习西方的“坚船利炮”政策以救国，可是，战争的接踵失败，特别是甲午战

① 胡适：《四十自述》。
② 吴相湘：《民国百人传》（一）。

争的失败，洋务运动彻底破产，促使中国人反思，认识到要拯救中国，改变中国的落后面貌，单靠学习西方先进的科学技术是不行的，必须学习最根本的东西，即民主和科学。在胡适看来，科学不仅是指自然科学及技术，而重要的是指科学精神、科学方法、科学态度等内容。那就是说，从思想领域入手去教育和改造中国人民，以达到救国救民的目的。所以说，胡适决定到哥伦比亚大学哲学系向杜威学习哲学，特别是经过两年时间学习之后，胡适的科学观才最终形成了。

二

新文化运动中胡适的科学观，包括科学精神、科学态度、科学方法这样几部分内容。

先看科学精神。在胡适看来，科学精神是严格的不信任一切没有充分证据的东西，对历史遗留下来的或现存的一切东西，都要采取怀疑的态度，评判的态度。他说："评判的态度，简单说来，只是凡事要重新分别一个好与不好。仔细说来，评判的态度含有几种特别的要求，（一）对于习惯相传下来的制度风俗，要问：'这种制度现在还有存在的价值吗？'（二）对于古代遗传下来的圣贤教训，要问：'这句话在今日还是不错吗？'（三）对于社会上糊涂公认的行为与信仰，都要问：'大家公认的，就不会错吗？人家这样做，我也该这样做吗？难道没有别样做法比这个更好，更有理，更有益吗？'"[①] 胡适认为，"科学只要求一切信仰须要禁得起理智的评判，须要有充分的证据，凡没有充分证据的，只可存疑，不足信仰。"[②] 胡适要同旧的制度、风俗习惯、传统观念决裂，要对历史遗留的礼教圣训进行再评价，要对社会公认的糊涂行为与信仰进行再思考，

---

① 胡适：《新思潮的意义》。

② 胡适：《我们对于西洋近代文明的态度》。

这正是反映并代表了刚刚登上政治舞台的中国资产阶级的愿望和要求。这对于荡涤封建主义思想观念，抨击国粹派，起到了振聋发聩、启发民智的作用。

胡适的科学精神并不只是存疑和怀疑一切，而且进一步认为，“科学的根本精神在于求真理”。[①] 因为“人生世间，受环境的逼迫，受习惯的支配，受迷信与成见的拘束。只有真理可以使你自由，使你强有力，使你聪明圣智；只有真理可以使你打破你的环境里的一切束缚，使你戡天，使你缩地，使你天不怕，地不怕，堂堂地做一个人”[②]。为什么只有科学才能求得真理呢？因为，“真理是深藏在事物之中的，你不去寻求探讨，他决不会露面。科学的文明教人训练我们的官能智慧，一点一滴地去寻求真理，一丝一毫不放过，一钱一两地积起来。这是求真理的唯一法门。自然是一个最狡猾的妖魔，只有敲打逼拶可以逼他吐露真情”。[③] 由上不难看出，胡适把科学的根本精神归结为求真理，并且认为真理是深藏于事物之中的，只有用科学去“敲打逼拶”才能认识它，显示出他科学精神中的唯物主义光辉。

再看胡适的科学态度。胡适多次强调说：“科学态度在于撇开成见，搁起感情，只认得事实，只跟着证据走。”[④] 科学态度与科学精神是密切联系的。科学精神要求对现存的一切采取存疑、怀疑主义，要进行重新评价，科学态度说明在评价时要只认得事实，只注重证据，抛弃主观因素，采取客观的态度。胡适常常运用这种科学态度来研究社会问题。1920 年他在“研究社会问题底方法”的演讲中说，研究社会问题首先要避免两件事，一是须避掉偏辟的成见，二是须要避免抽象的方法。“我们研究一种问题，最要紧的就是把成见除掉，不然就会受他底障碍”，“我们研究一种

---

① 胡适:《我们对于西洋近代文明的态度》。
② 胡适:《我们对于西洋近代文明的态度》。
③ 胡适:《我们对于西洋近代文明的态度》。
④ 胡适:《介绍我自己的思想》。

问题，若是没有具体的方法，就永远没有解决的日子”。[①]

胡适针对当时中国思想界，拒绝接受一切外来文化的“国粹主义”和全盘接受、生吞活剥西方文化，彻底否定中国传统文化的民族虚无主义两种思潮，提出既要批判中国的国粹派，又要结合中国的具体情况有选择地吸收外国的主义和原理，再造中国文明的思想主张。胡适作为一个资产阶级思想家，在对马克思主义进行评价时，认为马克思的阶级斗争学说对社会主义运动史与工党发展史上是极重要的，并对唯物史观基本采取了肯定态度，而且认为唯物的历史观能解决中国社会的大部分问题。[②]这在一定程度上也反映了胡适的科学态度。胡适在整理国故、进行学术研究的过程中，处处顾到史料的可信，证据的可靠，更是表现了一个学术研究工作者严肃认真的科学态度。

最后看胡适的科学方法。胡适说：“科学方法只是‘大胆的假设，小心的求证’。”[③]这是胡适对实用主义五步思维方法的提炼和简单化，也是胡适在许多文章里反复论述和使用的方法。“科学方法的要点，第一在注重事实。科学方法是用事实作起点，而不问孔子怎么说，柏拉图怎么说，不要相信古代圣贤之言。第二在重假设，即在研究了大量的现实材料之后，要从中提出几种假设，然后找出每一种假设的含义，看其能否解释所观察的事实。为了能够提出假设，必须广泛学习，学问是供给我们种种假设的来源。第三注重证实。”[④]这就是胡适的三步法思维方式，是胡适的得意之作，在当时得到了广泛传播，影响了一代学者。

当然，胡适的三步法思维方式，存在许多不合理的因素。他所强调的注重事实材料，多是指书本的、文字的东西，而很少指人们在实践中通过调查了解得到的客观存在的东西。他所谓的注重假设、大胆地提出假设，是说在研究了具体事实材料之后，归纳出例律性的东西。为了进行科学研

---

① 胡适：《研究社会问题底方法》。
② 胡适：《问题与主义》。
③ 胡适：《少年中国之精神》。
④ 胡适：《少年中国之精神》。

究，在对大量的事实材料进行细致分析、研究的基础上，提出合理的假设是完全必要的。假设能否成立，不在于是否大胆，而在于研究或所依据的事实材料是否可信，对事实材料研究、抽象的方法是否正确。显然，这两条胡适都是相差甚远的。他所强调的注重证实即所谓实验，实质上是用什么标准来判断认识的真理性问题。胡适说："实验主义绝不承认我们所谓'真理'就是永久不变的天理；他只承认一切'真理'都是应用的假设；假设的真不真，全靠他能不能发生他所应该发生的效果。"科学例律"不过是人造出的假设用来解释事物现象的，解释的满意，就是真的。解释不满人意，便不是真的，便该寻别种假设来代他了"。[①] 这样，胡适实际上就已经完全滑向实用主义了。

三

综观新文化运动中胡适的科学观，我们可以得出以下几点结论。

其一，胡适作为一个资产阶级思想家、新文化运动的先锋和旗手，在新文化运动中形成并发展了自己的科学观。胡适同其他先进的中国人一样，其出发点是探索救国救民之路，为旧中国察病开方。他对于宣传新思想、新文化、反对封建主义的意识形态，启发民智，起到了重要的推动历史进步的作用，尤其是在新文化运动的前期，这一作用更为明显。

其二，胡适的科学观所倡导的科学救国，不同于其他的靠具体的自然科学技术救国，而是力图从思想方法上和世界观上观察和考虑问题，提出治病药方。

其三，胡适的科学观在实质上是赫胥黎的存疑主义（不可知论）和杜威的实用主义的混合物。1915 年 9 月胡适转到哥伦比亚大学向杜威学习哲学，这是胡适的思想上飞跃的关键时期，也即是其科学观的形成期。胡

① 胡适:《实验主义》。

适说："我的思想受两个人的影响最大，一个是赫胥黎，一个是杜威先生。赫胥黎教我怎样怀疑，教我不相信一切没有充分证据的东西。杜威先生教我怎样思想，教我处处顾到当前的问题，教我把一切学说理想都看作待证的假证，教我处处顾到思想的结果，这两个人使我明了科学方法的性质与功用。"[①] 胡适以中国传统的怀疑倾向去理解赫胥黎的不可知论，把"不可知论"译成存疑主义，认为它就是孔子说的"知之为知之，不知为不知，是知也"。特别强调"严格的不相信一切没有充分证据的东西"。[②] 胡适对杜威哲学最感兴趣的主要有两点，一是杜威实用主义的思想方法，二是"多谈科学少谈宗教的更接近机具主义的思想方式"。[③] 从胡适的科学观的内容，即所谓科学精神、科学态度、科学方法来看，也都没有超出赫胥黎的怀疑主义和杜威的实用主义。

对于新文化运动中胡适的科学观，目前学术界毁誉各半。胡适是我国著名的资产阶级学者和教育家，是一位在国际国内都有重大影响的人物，对于他的思想包括他的科学观，应该给予实事求是的估价。本文权作一言，以期引起讨论。

（文章发表于《聊城师范学院学报》1987 年第 1 期）

① 胡适：《介绍我自己的思想》。
② 胡适：《演化与存疑主义》。
③ 葛懋春等：《胡适哲学思想资料选》（下）。